国家职业资格培训教材

汽车电工（高级）

主编　鲁植雄

编者　韩　英　鞠卫平　李　和　李雨晖
王沁敏　张集乐　赵兰英　刘奕贯
万志远　袁越阳　陈明江　谢民望
王向前　丁方宁　宋军伟　田安燕
刘松山　龚国庆　尹中好　逄小凤
尹　宁　陈桂香　方　芳　吕　瑞

审稿　杨益明

中国劳动社会保障出版社

图书在版编目（CIP）数据

汽车电工：高级/劳动和社会保障部教材办公室组织编写．—北京：中国劳动社会保障出版社，2007

国家职业资格培训教材

ISBN 978-7-5045-6135-0

Ⅰ.汽… Ⅱ.劳… Ⅲ.汽车-电工-技术培训-教材 Ⅳ.U463.6

中国版本图书馆 CIP 数据核字(2007)第 072424 号

中国劳动社会保障出版社出版发行

（北京市惠新东街 1 号　邮政编码：100029）

出 版 人：张梦欣

*

北京市艺辉印刷有限公司印刷装订　新华书店经销

787 毫米×1092 毫米　16 开本　19 印张　375 千字

2007 年 6 月第 1 版　　2007 年 6 月第 1 次印刷

定价：30.00 元

读者服务部电话：010-64929211

发行部电话：010-64927085

出版社网址：http：//www.class.com.cn

内容简介

本教材由劳动和社会保障部教材办公室依据组织编写，以高级汽车电工工作实际需要为出发点和落脚点，从强化培养操作技能、掌握实用技能的角度，较好地体现了当前最新的实用知识和操作技术，内容涉及职业道德，相关法律法规，计算机知识，汽车音响的原理与检修，电子仪表与远视点成像的原理与检修，汽车防盗系统的原理与检修，安全气囊的原理与检修，自动空调系统的原理与检修，汽车控制器局域网的原理与检修，汽车数据流和波形分析，对从业人员提高业务素质、掌握高级汽车电工的核心技能有直接的帮助和指导作用。

本教材的编写面向高级汽车电工的工作实际，是高级汽车电工知识和技能培训的必备教材，也是各级各类职业技术学校汽车维修专业师生的教学参考用书，还可供汽车电工有关人员参考。

前　言

经济社会的发展与企业未来的竞争，关键是科技的竞争，归根结底是人才的竞争。实行国家职业资格证书制度是加强人力资源建设，加快推进一线产业技能人才辈出战略，提高劳动者素质的有效举措。十余年来，参加国家和行业、地方职业技能鉴定的人数稳步增长，已达到每年千万人的规模。

随着国家职业资格证书制度的逐步完善和持续推进，我国正在形成废旧职业不断蜕变、新职业不断产生的良好态势，针对新职业的技术培训、技能鉴定方兴未艾。汽车电工职业即是在我国汽车行业飞速发展，数字化、集成化技术日益成为汽车技术核心和产业发展的主导方向的背景下，逐步从汽车修理工职业中分化确立起来的。职业的发展，关键在于人才；人才的获得，基础在于培训；开展职业培训，教材是支柱。为了满足各级培训、鉴定部门和广大劳动者的需要，劳动和社会保障部教材办公室、中国劳动社会保障出版社在总结以往教材编写经验的基础上，组织编写了《汽车电工》系列“国家职业资格培训教材”。这套教材的主要特点是：

在编写模式上，采用分级模块化编写。纵向上，教材按照国家职业资格等级单独成册，各等级合理衔接、步步提升，为技能型人才培养搭建科学的阶梯型培训架构。横向上，教材按照职业功能分模块展开，安排足量、适用的内容，贴近生产实际，贴近培训对象需要，贴近市场需求。

在编写原则上，突出以职业能力为核心。教材编写贯穿“以企业需求为导向，以职业能力为核心”的理念。要求依据国家职业标准，贴近企业实际，反映岗位需求，突出新知识、新技术、新工艺、新方法，注重职业能力培养，凡是职业岗位工作中要求掌握的知识和技能，均作详细介绍。

在使用功能上，注重服务于培训和鉴定。根据职业发展的实际情况和培训对象的培训需求，教材力求体现职业培训的规律，满足职业技能培训的需要；力求反映地方、行业和企业职业技能鉴定考核的基本要求，满足培训对象参加各级各类鉴定考试的需要。

在内容安排上，增强教材的可读性。为便于培训、鉴定部门在有限的时间内把最重要的知识和技能传授给培训对象，同时也便于培训对象迅速抓住重点、提高学习效率，教材精心设置了“培训目标”“单元小结”等栏目，以提示应该达到的目标、需要掌握的重点、难点。在强调实用性、典型性的前提下，充分重视内容的先进性，尽可能地反映与本职业相关联的新技术、新工艺、新设备、新材料、新方法。

本书由韩英、鞠卫平、李和、李雨晖、王沁敏、张集乐、赵兰英、刘奕贯、万志远、袁越阳、陈明江、谢民望、王向前、丁方宁、宋军伟、田安燕、刘松山、龚国庆、尹中好、逄小凤、尹宁、陈桂香、方芳、吕瑞编写，鲁植雄主编；杨益明审稿。

本书在编写过程中得到了江苏省职业技能鉴定中心的大力支持和热情帮助，在此一并致以诚挚的谢意。

编写“国家职业资格培训教材”是一项探索性的工作，教材中存在不足之处在所难免，恳切希望各使用单位和个人不吝赐教，提出宝贵意见和建议。

劳动和社会保障部教材办公室

目　录

基本知识和基本技能篇

专 业 技 能 篇

GUOJIA ZHIYEZIGE PEIXUN JIAOCAI

基本知识和基本技能篇

单元 1 职业道德与相关法律法规

培训目标

本单元主要讲述职业道德知识与相关法律法规，通过本单元的学习，读者应：

◎理解道德与职业道德的含义；

◎掌握职业道德的特点和社会作用；

◎掌握汽车电工的职业道德规范与职业守则；

◎熟悉汽车维修安全操作规程；

◎熟悉汽车维修企业经营行为规则；

◎了解劳动法律基础知识；

◎了解汽车检测与维修的法律法规。

§1—1 职业及职业道德

一、道德

1. 道德与其他行为规范

(1) 道德的概念

道德是依靠人们的内心信念、传统习惯和社会舆论来调整个人与个人、个人与社会之间关系的行为准则和规范的总和。首先，它是人们的一种行为准则和规范；其次，它对人们作用的方式与其他行为规范不同，它是通过人们的内心信念、传统习惯和社会舆论对人起作用的；第三，它作为一种特有的行为规范，具有与其他行为规范相同的社会作用，即调整人们之间以及个人与社会之间的关系。

(2) 道德与其他行为准则和规范的关系

法律、规章制度、道德等都是人们的行为准则和规范。道德与法律、规章制度有共同之处，它们都是调整人们之间以及个人与社会之间关系的行为准则和规范。

道德与它们又有不同之处。法律、规章制度等作为人们的行为准则和规范，对人们来说都是一种外在约束，人们常常是迫于法律、规章制度的威严而不去违犯法律、规章制度，因而相对道德来说人们在法律、规章制度面前是被动的、不自由的。道德对人们来说是一种内在约束，而且这种约束是建立在自觉自愿、没有外在压力的基础上的。如果说道德也有外在压力的话，那么这种压力就是社会舆论，而它对人起作用不是直接的，而是以对人的良心谴责方式来最终对人起作用的。

(3) 道德与法律的区别

1）从产生的方式来看　法律是由国家权力机关制定，而且是严格按照法定的程序制定出来的；而道德则不然，它不是由某个人或某个部门制定的，而是人们在日常生活中自然而然形成的，即约定俗成的。

2）从起作用的方式来看　法律是靠国家强制力来保证执行的；而道德对人起作用却是建立在自我内在道德信念、良心和外在社会舆论基础上的，并最终通过人的内心信念和良心对人起作用。

3）从起作用的范围来看　任何法律都有其特定的适用范围，而道德却是无时不在，无处不有的。从社会历史角度看，道德起作用的时间跨度较大：在国家、法律产生之前的原始社会，道德是维系社会的唯一力量，也就是说个人与个人之间、个人与社会之间关系的调整完全靠的是道德准则和规范；将来国家、法律消亡了，而道德不会消亡，维系社会的唯一力量仍然是道德。从现实的情况看，道德是其他行为规范起作用的基础。法律作为人们的一种行为规范对人的约束是外在的，而道德作为一种行为规范却是内在的。任何外在的东西如不转化为内在的，它就不可能对人从根本上起作用。一个人可以迫于法律的威严不敢去犯法，但却不能从根本上保证他不犯法。一个道德高尚的人会自觉维护法律的尊严，自觉遵守法律。

4）从存在方式来看　法律是诉诸文字的，措辞严谨，无懈可击；而道德则诉诸人们口头语言和行为模仿而历代流传，以传统、风俗、习惯的方式存在着。

5）从心理倾向来看　法律偏重于客观分析，而道德则偏重于主观情感。

2. 道德的社会功能

道德和其他社会意识一样，一经产生就会积极地以自己特有的方式反作用于社会经济基础。道德对于经济基础的反作用，有革命或进步、反动或保守的区别。当道德所代表的生产关系适合生产力发展的需要时，它对社会的发展起着积极促进作用；否则，就对社会的发展起阻碍作用。

道德对社会的能动作用，主要表现在三个方面。

(1) 道德的认识作用

道德作为一种社会意识，以原则、规范的形式反映现实生活，是人类认识世界的一种方式。道德的认识作用主要表现在道德不仅能够使人们正确认识自己和他人、集体、国家之间的关系，以及自己应承担的社会责任和义务，而且还帮助人们提高觉悟，正确地选择自己的行为方式和人生道路。

(2) 道德的调节作用

在社会生活中，人们之间形成多种多样的交际关系和多种多样的利益关系，道德就发挥着调节这些关系的社会功能，以维护社会生活的正常进行。道德的这些调节作用，除了表现在协调各种人际关系之外，最主要表现在协调个人和社会、个人与个人之间的利益关系，尤其是个人、集体、国家之间的利益关系。

(3) 道德的教育作用

思想道德素质作为人整体素质的一个重要组成部分，其形成、发育过程本身，就是对人的一种特殊教育作用。一个人经历了家庭、学校、社会（主要是职业）等各种途径的道德教育后，有了一定的道德意识、道德情感、道德意志、道德信念，从而逐步形成自己的道德人格特征。

3. 道德的类型

道德现象是人类社会独有的现象，它渗透在社会生活的每一个角落，因此它的划分与社会生活的划分相一致。人类社会生活大致可以分为三种类型，即家庭生活、社会公共生活和职业生活。相应地道德也可以分为三种类型，即家庭道德、社会公德和职业道德。同样，在社会主义社会，存在着社会主义家庭美德、社会公德和社会主义职业道德，统称为社会主义道德。

4. 影响道德观念转变的主要因素

每个人的道德观念、思想认识并非完全一样，也不是一生下来就一成不变。影响道德观念转变的因素主要有三个方面。

(1) 自身文化素质、修养的影响

主要是指一个人的文化素质、人生观、思想觉悟的高低，遵纪守法的自觉性。如果一个人从小立志成材，刻苦学习，树立了为人民服务的世界观和人生观，达到了我为人人的思想境界，那么他自然会处处严格要求自己，尊老爱幼，乐于助人，有较高的道德观念，如雷锋同志，把为他人服务、多做好事作为自己的人生观。一个不学无术，不求上进，无事生非的人，就不会懂得做人的道理，不会主动帮助、服务他人，更不会有高尚的道德观。因此，经常参加学习，钻研业务知识，提高自己的思想觉悟，树立正确的人生观，才能不断提高自我道德修养，整个社会道德标准才能随之提高。

(2) 环境条件的影响

环境条件主要包括：生活环境、工作环境、地理环境条件等。环境条件，对每个人的工作、生活以及道德影响较大。一个人品、道德观念都很好的人，由于种种原因经常生活、工作在低级的社会环境条件中，如他（她）不严格要求自己，经过耳闻目染、潜移默化的作用，过不多久，便会像变成另外一个人一样。“近朱者赤，近墨者黑”，这样的例子到处可见。同样，一个思想觉悟不高的人甚至是犯过罪的人，只要自我觉悟，严格自律，又工作、生活在一个比较好的社会环境条件下，也会逐渐变成一个有理想、有道德、有文化的社会新人。由于我国地域广阔，民族众多，各民族的宗教信仰、风土人情、传统生活习惯等也各不相同，道德观念亦会有差异，有不同的道德标准，但都要求人们做一些不违常规，对大众有益的事，做一个真正有良心的人。

(3) 时间因素的影响

从古至今，时代在变迁，万物在发展，没有一成不变的事情。常言道：时间会改变一切。一些道德败坏、不学无术的人，决不会一夜之间成为有礼貌、有理想、有道德、助人为乐的人，他们需要不断学习、提高自身认识以及良好的社会风气、社会公德等共同作用。随着时间的流逝，好人可能学坏，同样坏人也可能变好。

二、职业道德

1. 职业与职业道德的概念

(1) 职业

职业是指人们在不同的社会生活中对社会所承担的一定职责和从事的专门业务，具有一定的社会责任性。职业产生于社会分工，并随着生产力的发展，不断产生新的职业。在现实生活中，人们习惯于把每个人在社会中所从事的并作为主要生活来源的工作称为职业。

(2) 职业道德

职业道德是指从事一定职业的人们在职业活动中应当遵循的职业行为规范，即道德观念、行为规范和风俗习惯的总和。

2. 职业道德的特点

职业道德具有以下特点：

(1) 具有适用范围的有限性

每种职业都担负着一种特定的职业责任和职业义务。各种职业的职业责任和义务不同，从而形成各自特定的职业道德的具体规范。

(2) 具有发展的历史继承性

由于职业具有不断发展和世代延续的特征，不仅其技术世代延续，其管理员工的方法、与服务对象打交道的方法，也有一定历史继承性。如“有教无类”“学而不厌，诲人不倦”，从古至今始终是教师的职业道德。

（3）表达形式多种多样

由于各种职业道德的要求都较为具体、细致，因此其表达形式多种多样。

（4）有很强的纪律性

纪律也是一种行为规范，但它是介于法律和道德之间的一种特殊的规范。它既要求人们能自觉遵守，又带有一定的强制性。就前者而言，它具有道德色彩；就后者而言，又带有一定的法律色彩。就是说，一方面遵守纪律是一种美德，另一方面，遵守纪律又带有强制性，具有法令的要求。例如，工人必须执行操作规程和安全规定，军人要有严明的纪律，等等。因此，职业道德有时又以制度、章程、条例的形式表达，让从业人员认识到职业道德又具有纪律的规范性。

3. 职业道德的社会作用

职业道德是社会道德体系的重要组成部分，它一方面具有社会道德的一般作用，另一方面又具有自身的特殊作用，具体表现在：

（1）调节职业交往中从业人员内部以及从业人员与服务对象间的关系

职业道德的基本职能是调节职能。它一方面可以调节从业人员内部的关系，即运用职业道德规范约束本职业内部人员的行为，促进本职业内部人员的团结与合作。如职业道德规范要求各行各业的从业人员，都要团结、互助、爱岗、敬业、齐心协力地为发展本行业、本职业服务。另一方面，职业道德又可以调节从业人员和服务对象之间的关系。如职业道德规定了制造产品的工人要怎样对用户负责；营销人员怎样对顾客负责；医生怎样对病人负责；教师怎样对学生负责，等等。

（2）有助于维护和提高本行业的信誉

一个行业、一个企业的信誉，也就是它们的形象、信用和声誉，是指企业及其产品与服务在社会公众中的信任程度。提高企业的信誉主要靠产品的质量和服务质量，而从业人员职业道德水平高是产品质量和服务质量的有效保证。若从业人员职业道德水平不高，很难生产出优质的产品和提供优质的服务。

（3）促进本行业的发展

行业、企业的发展有赖于高的经济效益，而高的经济效益源于高的员工素质。员工素质主要包含知识、能力、责任心三个方面，其中责任心是最重要的。良好的职业道德能促进员工摆脱雇佣劳动思想，产生高度的归属感和凝聚力，与企业形成命运共同体，从而促进本企业、行业的发展。

（4）有助于提高全社会的道德水平

职业道德是整个社会道德的主要内容。职业道德一方面涉及到每个从业者如何对待职业，如何对待工作，同时也是一个从业人员的生活态度、价值观念的表现，是一个人的道德意识、道德行为发展的成熟阶段，具有较强的稳定性和连续性；另一方面，职业道德也是一个职业集体，甚至一个行业全体人员的行为表现，如果每个行业，每个职业集体都具备良好的道德，对整个社会道德水平的提高将会发挥重要作用。

4. 各行业共同的职业道德

各行业共同的职业道德为：爱岗敬业、诚实守信、办事公道、服务群众、奉献社会。由于社会上有很多行业，因而，职业道德也有很多种类，可以说各个行业都有自己具有行业特征的职业道德。其共同特点是：对职业充满情感、信念与责任感。职业道德使人产生爱业、敬业乃至殉业精神；职业的信念能形成求生存、谋发展、争创一流的决心与行动；职业责任感能使人刻苦钻研业务，诚实高效地完成各项任务。无论从事什么职业，只要为国家的富强、人民的需要做出了贡献，都会受到国家和人民的尊重。因此，人人应当看得起自己的工作，热爱自己的岗位，树立职业的责任感和荣誉感，这种高尚的职业道德情操，是社会主义道德的重要内容。

三、汽车电工职业道德

汽车电工职业道德是指汽车电工从业人员在工作中必须遵循的职业道德准则和行为规范。

汽车电工是我国汽车维修业的一部分，是为道路运输服务的。我国道路运输生产活动的社会主义性质，决定了汽车电工职业利益和社会利益的一致性。汽车电工工作质量直接影响汽车维修市场秩序，影响到公众的利益和人民生命、国家财产的安全。汽车电工在汽车维修工作中，直接与服务对象（托修方）进行面对面的交往，还经常同社会其他职业（如汽车保险、汽车销售、汽车配件经营等行业）发生直接联系，这种特有的工作性质，要求从业者在实践汽车电工职业道德时，首先要履行社会公德，要自觉地将自己置身于社会大环境下严格要求。

汽车电工职业道德范畴反映汽车电工与其他职业之间，汽车电工与社会之间，汽车电工内部职工之间的最本质、最重要、最普遍的职业道德关系。认识并掌握这些范畴，对于正确理解和履行汽车电工职业道德，具有重要的指导意义。汽车电工职业道德范畴主要有如下几方面：

1. 汽车电工的职业责任和良心

(1) 汽车电工职业责任

汽车电工的职业责任是：热爱汽车维修，献身汽车维修，对车辆进行客观、真实、公正的维修，确保道路运输车辆技术状况，努力发展我国汽车维修事业。

(2) 汽车电工职业良心

汽车电工职业良心是同汽车电工职业责任密切相关的重要道德范畴，是蕴藏在汽车电工从业人员内心深处的一种情感，一种意识活动，是对道德责任的自觉意识。汽车电工职业良心主要有两层含义：一是汽车电工从业人员内心强烈的对汽车维修、对服务对象的道德责任感；二是汽车电工从业人员依据汽车电工职业道德的基本要求进行自我评价的能力。

汽车电工职业良心对职业行为影响很大，它可以激发鼓励从业人员行为从善，抑制不道德行为。职业良心是从业人员内心的道德法庭，它对职业行为的后果和影响有评价作用。履行了职业义务并产生良好的后果和影响，良心上会感到满足，否则，就会受到良心的谴责。汽车电工必须在职业活动中自觉培养职业良心，使自己的职业行为更加符合社会道德规范。

2. 汽车电工的职业信誉和尊严

(1) 汽车电工职业信誉

汽车电工职业信誉是指汽车电工职业的信用和名誉，它表现为社会对汽车电工职业的信任感和汽车电工在社会生活中的声誉。在社会主义市场经济条件下，信誉对于汽车电工职业至关重要。信誉高，在社会上产生强大的吸引力、凝聚力，能增强从业者的职业荣誉感和责任感。汽车电工职业的社会声誉，是汽车电工职业形象的外在表现的反映。形象是资源、是效益，形象好，社会信誉就好，由此而带来的生产和经营效果就会好；否则，经济效益和社会效益都会直接受到影响。汽车电工是汽车维修职业的首要岗位，对树立汽车维修业的形象以及社会声誉关系极大。因此，汽车电工从业人员，一定要重视职业信誉在道德建设中的作用，树立良好的汽车电工职业信誉的观念。

(2) 汽车电工职业尊严

汽车电工职业尊严是指社会或他人对汽车电工职业的尊重，也指汽车电工从业人员对汽车电工职业的尊重和爱护。职业尊严可以使从业人员自我控制和支配职业行为，使自己的一举一动都从维护汽车电工职业尊严出发，避免不利于或者有损于职业尊严的行为。

职业尊严是职业形象内在素质的客观反映，与职业义务、职业责任、职业纪律、职业道德有紧密联系。从业者认真履行职业义务、尽职尽责地为服务对象服务，人们就会尊重你的职业活动，尊重你的为人，也就树立了你的职业形象；如果对服务对象傲慢无礼，甚至妨碍、侵害其利益，就会受到社会的谴责而损害职业形象。因此，维护职业尊严就要忠实地履行职业义务，全心全意为客户服务。

3. 汽车电工的社会责任和情感

汽车电工社会责任是指汽车电工从业人员所承担的社会责任。在现实世界，任何一种正当职业都承担着一定的社会责任。汽车电工职业所承担的社会责任具体讲就是对汽车技术状况和安全负责，对托修方负责。从宏观上讲，就是承担着保障汽车维修业发展的重要职能。正确、圆满地履行这种社会责任，必须具备高度的对人民负责的职业情感。只有具备了这种情感，才能主动地、自觉地为托修方服务。

没有感情的举动是机械运动。在汽车电工职业活动中，对学习掌握汽车维修技术缺少积极性，对汽车维修电工作业马马虎虎等现象，就是缺乏这种职业情感的具体反映。汽车电工从业人员，在汽车维修行业中承担着重要的社会责任，应关心托修方的利益，以高度的责任感和饱满的激情，全心全意为托修方提供高效、优质的汽车维修服务。

四、汽车电工职业守则

1. 服务用户，质量第一

汽车维修，顾名思义就是为托修方提供服务。在汽车维修行业中，汽车维修一般可分为对外与对内两种服务形式。对外服务就是指具备一定的技术力量、生产设施和经营规模的汽车维修工厂，专门对外承接汽车维修业务。对内服务是指一些拥有汽车维修质量手段的企事业单位，以维护、修理本单位的汽车为主的业务活动。

在服务过程中，为用户提供优质服务，是汽车电工职业守则的首要内容。

(1) 树立服务思想

树立“服务为本，用户至上”的思想，在汽车维修职业活动实践中，汽车维修从业者应把用户的利益放在首位，处处为用户着想，处处为用户提供方便，即使是对内，也要做到“修车人要想到开车人”。

一般情况下，用户修车一是要求质量好，二是要求维修期限短，三是要求维修费用低。这就要求：汽车维修各工种之间要紧密配合、互相协调，要严格按照维修作业计划保质保量地完成，按期交付使用。维修时，要减少材料消耗，降低修车成本。总之，尽量满足用户的需要是汽车维修从业者应有的职业道德素养。

(2) 坚持质量第一

汽车维修质量，可以从两方面来反映，一是汽车维修的工作质量；二是汽车维修车辆质量。工作质量是车辆质量的保证，车辆质量是工作质量的体现。

1) 不断提高汽车维修的工作质量。为了确保工作质量，汽车维修行业根据长期的工作实践，总结制订出一系列技术规范、操作规程，从客观上保证了工作质量。比如，车辆技术管理规定中对车辆维护应贯彻预防为主、强制维护的原则，并规定了车辆维护作业的内容主要是清洁、检查、补给、润滑、坚固与调整等。除主要总成发生故障必须解体维修外，其他不进行解体维护。对车辆修理应贯彻“视情修理”的原则，即根据车辆检测诊断和技术鉴定的结果，视情况按不同作业范围和深度进行，坏啥修啥，既要防止拖延修理造成车况恶化，又要防止提前修理造成浪费。这些原则的规定都是为一个目的，就是要向托修方提供技术性能良好、整旧如新、经济、优质的车辆。然而要达到这个目的，需要维修工自觉地严格按照工艺要求去完成每项作业，否则是很难达到预期目的的。

2）确保汽车维修的车辆质量。在汽车维修过程中，大至各类总成，小至一个螺栓螺母，无不与汽车的安全行驶密切相关。只有确保了车辆质量，才能保证车辆安全行驶，因此，汽车维修从业者要充分明确质量与安全的紧密联系。

要做到确保车辆质量，除了每一名汽车维修职工都要严格按照工艺规范要求进行操作，保证本岗位工作质量外，汽车维修厂更要加强检验，不让有丝毫不符合质量要求的车辆出厂。

2. 遵章守纪，文明生产

人们在职业活动中，总是要发生直接或间接的联系，企业为了维持和协调人与人之间的相互关系，使生产得以顺利进行，制订了各项规章制度，规定什么样的行为可以做，什么样的行为不可以做。显然，规章制度也是一种行为规范。然而，它与职业道德规范不同的是：规章制度是企业制订的，而职业道德规范则是通过舆论形成的；规章制度具有外在的强制力，靠组织和行政的力量来维护，违反规章制度，要受到相应的处罚，而职业道德规范主要是以社会舆论和内心信念起作用。要做到认真执行各种规章制度，坚持文明生产，不仅需要规章制度的强制力来调节，同时也需要有职业道德的力量来支持与保障。

（1）自觉遵章守纪

汽车维修是一种劳动力密集型的生产活动，其生产过程中各个环节的衔接，各工种的协调，主要依靠人们的行为联系。规章制度是汽车维修企业为维护正常的生产秩序而对从事该项职业活动的人们提出的带有强制性的行为规范。规章制度在汽车维修企业集中表现为劳动纪律。劳动纪律要求从业人员必须遵守作息制度（按时上下班、工间休息等），服从生产指挥和调配。遵守工作时间制度，是保证生产正常进行的基本条件；服从生产指挥和调配则是协调整个生产的必要条件。因此，自觉遵章守纪是汽车维修从业者应有的职业道德品质。

（2）坚持文明生产

文明生产，就是按照生产的客观规律进行生产活动。坚持文明生产可以使汽车维修活动井然有序、管理有条不紊、环境优美协调、厂容整洁卫生。如果不讲文明生产，野蛮操作，必定会造成生产混乱，管理无序，环境污秽，事故频繁，维修质量难以保证。

汽车电工在工作中要做到文明生产，就要在维护、修理车辆过程中，做到着装整洁，遵守工艺规范和操作规程，使用文明用语，并注意保持工具、设备、配件、车辆和工作场所的整洁卫生。在这样的环境中工作，充满了安全感和舒适感，有利于提高工作效率，有利于促进车辆维修质量的提高。

3. 钻研技术，开拓创新

汽车电工职业道德要求全心全意为用户服务。从汽车电工职业活动的实践来看，要做好本职工作，光有为用户服务的良好愿望，显然是不够的，还要掌握过硬的维修技术和熟悉与本职业相关的业务知识。要做到这一点，就是要刻苦地学习，勤于钻研，努力提高自己的文化水平和技术技能。

(1) 刻苦钻研技术

在现代企业中，科学技术对生产过程的渗透日益广泛和深入，科学技术越来越迅速地转化为巨大的生产力。我国加入 WTO 后，世界先进的车辆和制造技术不断引进国内，作为一名汽车电工，必须吸取新的知识，刻苦地钻研技术，才能更好履行自己的职业义务。

(2) 努力开拓创新

人类的探索和创新是无穷无尽的。人类在与自然界和自身作斗争的过程中不断地有所发现、有所发明、有所创造、有所前进，不断地否定旧事物，向着新的目标奋进。汽车维修行业也是如此，要做到努力开拓创新，应该立足自己的本职岗位，敢于探索，勇于创新，始终保持高涨的进取精神，迎接世界范围内的新技术革命的挑战。

要做到努力开拓创新，就必须破除墨守成规的思想，不要别人过去怎么做，就照着做；必须积极投向到改革伟业中去，勤于探索与创造，努力使自己成为本行业的开拓型人才。

4. 团结协作，尊师爱徒

团结协作，尊师爱徒是根据汽车维修行业的特点，结合汽车电工工作的特性提出的道德规范之一，是集体主义原则在汽车电工职业道德中的具体体现。

(1) 发扬互助精神

团结互助作为社会主义职业道德的一项重要内容，是与社会主义道德的精髓——集体主义原则血肉相连的，并且是它的一个重要组成部分。只有搞好团结，发扬风格，密切配合，才能更好地保质保量地完成维修任务。要搞好团结，必须注意做到相同岗位上的员工之间要相互关照、相互帮助；不同岗位员工之间要互相体谅、互相配合，不能互相扯皮、互不相让，这样才能鼓舞人们的劳动情绪，增进职业活动的效能，提高维修工作的效率。

(2) 建立新型师徒关系

社会主义新型的师徒关系，是指师徒双方要做到互尊互爱，师傅要悉心地传授技艺，关心徒弟在德、智、体各方面的发展；徒弟则要尊重师傅，虚心向师傅学习。无论师傅，还是徒弟，都要把建立社会主义新型师徒关系从保证社会主义汽车维修职业能够不断持续地发展、后继有人的高度来认识。

5. 热爱企业，勤俭节约

(1) 培养爱岗敬业思想

要热爱企业，以厂为家，爱护企业的生产设备，注意对设备进行定期维护等。

要爱护企业的声誉。认真做好自己的本职工作，做到保质保量地完成生产任务，不做有损企业声誉的事，同有损企业声誉的人和事作斗争；在与用户交往中，不要收受礼品，按合同规定按时按质履约，对用户的特殊要求，要尽量满足，使用户高兴而来，满意而归。

要具有正确的劳动态度。要求汽车电工以正确的态度对待自己所从事的职业劳动，努力培养对它的感情，热爱汽车维修行业，树立起职业荣誉感，从而在职业活动中发挥更大的积极性和创造性。

要关心企业的前途。了解企业的生产经营状况，将企业的兴衰荣辱与个人的利益紧密联系在一起，爱厂如家。积极开动脑筋，经常就企业的生产、管理提出合理化建议，为企业增产增收节支、挖潜增能献计献策。

要自觉维护企业利益。就是要正确地处理个人、企业和国家三者之间的利益关系。在家庭、集体、个人三者利益之间，首先要把国家利益放在首位，先国家，后集体，再个人。汽车电工作为一个服务性职业，在其经营活动中，要坚持经济效益和社会效益并举，不能只顾经济效益，而忽视社会服务效益，甚至损害他人利益；当经济效益与社会服务效益发生冲突时，要以社会效益为重，尽可能地使两者达到统一。

（2）养成勤俭节约习惯

在生产活动中，每一个从业者都应该自觉地在自己的本职岗位上为国家、为企业勤俭节约、精打细算。勤俭节约不光体现一种职业责任感和职业良心，而且是一种有利于社会发展的道德体现，是社会主义劳动者应该具备的美德，也是爱厂这种优良作风的具体体现。

要做到精打细算、勤俭节约，就要努力降低原材料费用，降低生产成本。要在保证车辆维修质量的前提下，尽量以最少的耗费取得最理想的成果，这也是为国家、为企业提供更多积累的一个重要途径。

五、汽车维修安全操作规程

1. 汽车修理作业中的基本安全操作规则

在汽车修理作业中，应遵守下列基本安全操作规则：

（1）汽车拆卸前应清除外部的泥沙、污垢，并放尽燃料及润滑油。

（2）拆卸前，应用专用支架或举升设备稳固地把车架牢，不准在支持点处垫砖块或其他物体。

（3）拆装发动机及底盘各总成时，应选用适宜的起重设备；起升及运输过程中，应避免吊件摇晃或站在运件下操作，以确保运件及人身安全。

（4）拆卸汽车及总成零件时，应选用合适的扳手。

（5）使用电动机具、设备时，必须遵守安全操作规程，并预先检查其技术状况，确认良好时，才可使用。

（6）不得用手伸入装在车上的变速器内检查齿轮；不准在试验制动系的汽车下工作；不

得在运转的发动机上摆放各种工具。

2. 在汽车底下作业安全操作规程

（1）正在进行车底修理作业的汽车，应挂上“正在修理”的标示牌，要拉紧驻车制动器并用三角木塞住车轮。

（2）用千斤顶顶车时，千斤顶应放置平稳，人应在车的外侧。架车应用架车凳，禁止使用砖头或其他易破碎的物体架车。

（3）用千斤顶顶起卸下车轮的汽车时，不许在车上或车下工作。用千斤顶使车轮放下时打开液压开关要缓慢，打开前应检查周围是否有障碍物和可能有压着自己的危险。

（4）在装配总成时，严禁采用不正确的操作方法（如用手指试探螺孔、锁孔等），以免轧断手指。

（5）试验发动机时，不得在车下工作。

3. 使用吊装设备安全操作规程

（1）使用起重设备前，要检查设备是否有效可靠，必要时可试吊并检查各部件是否有异常，确认完好后，方可起吊。吊运重物时，其最大质量不允许超过起重设备的额定载荷。

（2）提升重物时，应使吊钩位于吊件重心的正上方，以免起吊后倾斜、翻倒，发生事故。

（3）吊运中，重物所经过的下方不得站人，严禁人和重物一起吊运。

（4）起吊和落下时应平稳可靠，不可过急，以免发生事故。

（5）吊运过程中，重物不可在空中悬吊时间过长，或将悬吊的重物终止在空中。

4. 维护蓄电池安全操作规程

着手维护蓄电池或在蓄电池旁边作业之前，必须知道一些预防措施。为避免受伤或损坏器材，应遵守以下预防措施：

（1）蓄电池酸液的腐蚀性很强，不可触及皮肤、眼睛和衣服。假若酸液溅到眼睛，要用净水冲洗并立刻找医生处理和治疗。皮肤接触了酸液，也可用净水冲洗，水中加些小苏打则效果更好。咽进了酸液，可先饮大量开水或牛奶，继之服用氧化镁和鸡蛋（或蔬菜汁）拌成的乳状液。

（2）连接蓄电池电缆时要注意极性，不能接反。

（3）拆蓄电池电缆时要先拆负极（搭铁）电缆。

（4）接蓄电池电缆时要后接负极电缆。

（5）禁止在蓄电池附近进行电焊或气焊作业，严禁在蓄电池附近吸烟。因为蓄电池充、放电过程中，会析出易爆的氢气。

（6）蓄电池充电要遵照厂家说明书进行。充电场所要有良好的通风，充电器接通后就不要再拆、接充电器的连接导线。

(7) 如果蓄电池液面低了，不要加电解液，只加蒸馏水。

(8) 维护蓄电池时，不要戴首饰或手表。若不小心将蓄电池正极桩与搭铁连上，电流流过它们会造成人体严重灼伤。

(9) 千万不可在蓄电池上方传递工具，若碰巧跌落在两极桩上，会造成蓄电池短路引起爆炸。

(10) 维护蓄电池要戴护目镜或防护面罩。

5. 维护起动系统安全操作规程

(1) 分开蓄电池电缆的正确步骤要参照制造厂手册，因为有些装有计算机的汽车需要辅助电源供电。

(2) 分开起动机电路接线，或拆下起动机之前，要分开蓄电池搭铁电缆。

(3) 应确认汽车已在整车举升器或安全支座上稳当就位。

(4) 进行起动试验前，应确认汽车变速器是挂在驻车挡或空挡并且施加了手制动，然后在一个前轮胎和一个后轮胎放置挡轮块。

(5) 按制造厂使用说明书，使点火系统不能工作。

(6) 确认试验接线不会与发动机旋转部件纠缠。

(7) 切勿用溶剂或汽油清洗电器部件，只许用压缩空气吹净，或用变性酒精清洗，或用清洁布擦净。

6. 维护充电系统安全操作规程

(1) 在蓄电池电缆已分开的情况下，不要推动汽车。因为蓄电池在充电系统中起到了缓和、消除电压尖峰的作用，而电压尖峰或许是损坏汽车电子设备的原因。

(2) 进行充电系统试验时，不要让输出电压增至 16 V 以上。

(3) 如果蓄电池必须补充充电，每当充电时要分开蓄电池电缆。

(4) 当蓄电池接入后，不要从车上拆电器部件。

(5) 插拔任何插接器之前，点火开关必须置于“OFF”位置。

(6) 只要接通了蓄电池，就不要碰交流发电机的 BAT 端子，因该端子始终存在蓄电池电压。

BAT 是端子的标识，此端子接蓄电池正极桩。

7. 维护安全气囊系统安全操作规程

(1) 维护安全气囊系统或在其附近作业时，要密切注意有关的安全警告和预防措施，不要将手臂放在组件上方。

(2) 安全气囊系统中装有不用蓄电池电源亦能使其胀开的部件，这是系统所要求的，因而万一在事故中蓄电池损坏或电缆分开时系统不致丧失作用。在失去蓄电池电压后，其储备电能维持 10 min 以上。因此要使系统不能开动，需按维修手册所述的步骤处理。

(3) 运送安全气囊组件时，气囊和装饰盖要离开人的身体，这样，即使偶然胀开，气囊也不会冲着人。

(4) 将组件放到工作台时，也要气囊和装饰盖朝上，一旦气囊胀开，有膨胀的自由空间。

(5) 查找安全气囊系统故障时，不准使用带电源（干电池或交流电源）的电压表、欧姆表等仪表，除了维修手册中指定的设备外，不准使用别的设备，更不准用试灯来查找系统故障。

(6) 当有必要修理或更换安全气囊系统的部件时，进行维修前要始终让蓄电池负极电缆分开，最好用带子或皮管将电缆接头绝缘，以防它与电池极桩接触。

(7) 安全气囊系统在事故情况下从转向盘或乘员侧板装饰板冲出一只气囊，是作为对头和脸提供附加保护的一种补充约束而设计的。

8. 维修防抱死制动系统安全操作规程

(1) 在新型汽车中，大多装备了防抱死制动系统（ABS）。在用的系统有许多种，每种系统的维修，都有各自的安全要求。因此，进行维修前，要研读维修手册，熟悉与维修的系统有关的警告和注意事项。

(2) ABS 有些部件是不维修的，因此不要设法拆下或分开这些部件，只有那些在维修手册所述的步骤里许可拆装的部件才可能需要维修。

(3) 在操作时需要分开管子、软管和接头。ABS 用了高达 2 800 psi 的液体压力和一只贮存压力液体的蓄能器。分开管路或接头之前，必须让蓄能器完全卸压。系统卸压要按维修手册所述的步骤。

(4) 防抱死制动系统（ABS）自动地一连串点刹车，在紧急制动和低附着情况下阻止车轮抱死。

六、汽车维修企业经营行为规则

为建立统一、开放、竞争、有序的汽车维修市场，规范维修业的经营行为，促进行业自律，制定了本规则。本规则牵涉到维修价格、合同、工时定额、维修质量等方面的内容。

(1) 经营汽车维修业务的单位或个人，必须取得交通主管部门核发的《道路运输经营许可证》。

(2) 经营汽车维修业务的单位或个人，在变更维修范围、经营地点、停业、开业时，必须在 30 天内到原发证管理部门办理相关手续。

(3) 经营汽车维修业务的单位或个人，应按规定与托修方签订维修合同，使用维修合同示范文本。双方必须履行合同义务。维修业务单位或个人如需变更合同内容，应征得托修方同意，并签章生效。

(4) 经营汽车维修业务的单位或个人，应遵循自愿、平等、互利的原则，做到优质修车、优良服务、合理收费、公平竞争。

(5) 经营汽车维修业务的单位或个人，必须执行颁布的工时定额，收费应符合国家的价格政策。不得突破规定的上下浮动幅度，不准巧立名目，擅自增加收费项目。

(6) 经营汽车维修业务的单位或个人，必须使用汽车维修行业统一票据，内容填写应真实有效，不得转让和代开票据。票据后面必须附有工时清单和材料清单；开具的材料清单，必须与实际发生配件的数量、名称相符。维修人员不得伪造工时和材料清单。

(7) 经营汽车维修业务的单位或个人，在收取管理费时，应在实际使用的配件价格的基础上按规定收取。不得使用国产配件材料收取进口配件价格，牟取暴利。

(8) 经营汽车维修业务的单位或个人，必须按照行业管理部门核定的维修类别承修车辆，不准越级维修。

(9) 经营汽车维修业务的单位或个人，必须严格执行汽车修理技术标准，制定主修车型的维修工艺和操作规程，按标准、工艺规范维修到位。

(10) 车辆大修、基础总成件修理、车辆二级维护等，必须填写车辆技术档案，向用户提供维修技术资料。维修车辆进、出厂时，承托双方必须办理车辆交接手续。

(11) 经营汽车维修业务的单位或个人，为保证维修质量，应使用优质零部件，不得以旧、以次充好。更换下来的零部件应由客户认定后方可处理。

(12) 需改变车辆外形及车身颜色的，经营汽车维修业务的单位或个人，应检查车辆证明、有关部门的批文、单位介绍信和送修人身份证，并作记录。严禁用报废车辆总成和零部件拼装车辆、私自改型。

(13) 在修车过程中因操作不当造成机件损坏，经营汽车维修业务的单位或个人，必须无条件返修，并向用户赔偿直接经济损失。

(14) 对汽车大修、总成大修、二级维护竣工的车辆，须按规定到指定的汽车综合性能检测站进行质量检测合格后，方可出具竣工出厂合格证。车辆送检率和质量检验一次合格率必须符合要求。

(15) 为提高维修质量，经营汽车维修业务的单位或个人，应加强总检验员和维修工人的技术培训，取得相应的技术等级资格和岗位证书，方可上岗。

(16) 自修企业经营汽车维修业务也必须取得交通主管部门核发的非经营性《道路运输经营许可证》，按核定的维修类别自修车辆。

(17) 车辆承托修双方因维修质量、收费和其他情况发生纠纷，应向当地行业管理部门或仲裁部门投诉，接受调解和处理。

(18) 经营汽车维修业务的单位或个人应定期走访客户，开展跟踪服务，征求用户意见，提高服务质量。

企业应端正自己的经营行为，而且要从企业的长远发展出发，考虑如何更好地为用户服务。服务承诺是一个好方法，在遵守共同制定的行为规则的同时，要进一步制定为用户服务的措施，说到做到，在用户中树立良好的服务形象。

§1—2　相关法律法规

一、劳动法律基础知识

1. 劳动关系与劳动法律关系

(1) 劳动关系

1) 定义　劳动关系是指管理方与劳动者个人及团体之间产生的，由双方利益引起的，表现为合作、冲突、力量和权力关系的总和，它受制于一定社会中经济、技术、政策、法律制度和社会文化的背景影响（图 1—1）。

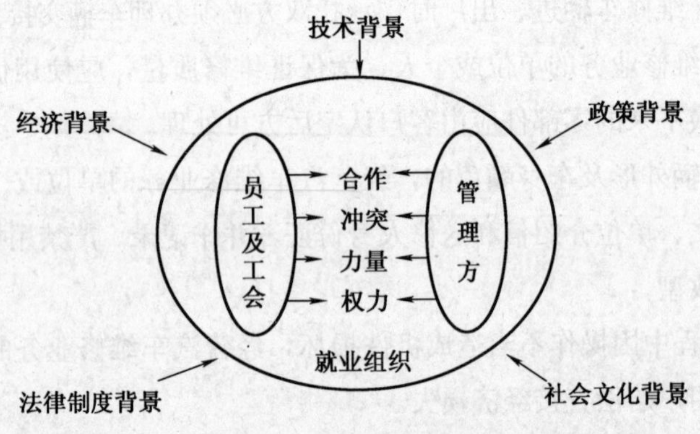

图 1—1　劳动关系示意图

管理方：具有产权并在就业组织中具有主要决策权力的人或团体。

劳动关系：又被称为劳资关系、雇佣关系、劳工关系、劳使关系、产业关系。

2) 劳动关系的基本内容

①劳动者与用人单位之间在工作时间、休息时间、劳动报酬、劳动安全卫生、劳动纪律和奖惩、劳动保险、职业培训等方面形成的关系。

②劳动行政部门与用人单位、劳动者之间在劳动就业、劳动争议和社会保险等方面的关系。

③工会与用人单位、职工之间在履行工会职责、职权，代表和维护职工合法权益时发生的关系。

(2) 劳动法律关系

1）定义　劳动法律关系是指劳动法律规范在调整劳动关系过程中所形成的法律上的劳动权利和劳动义务关系，是劳动关系在法律上的表现，是当事人之间发生的符合劳动法律规范、具有权利义务内容的关系。

劳动关系经劳动法律规范、调整后，即改变为劳动法律关系，它与劳动关系的区别在于劳动法律关系体现了国家意志。

2）劳动法律关系的构成　主体是依法参与劳动法律关系、享有权利和承担义务的当事人，一方为企业，另一方为劳动者。客体是主体权利义务所共同指向的对象，即劳动法律关系所要达到的目的和结果，如劳动给付、劳动报酬、保险福利、劳动纪律、安全卫生、职业培训等体现劳动权利义务的事务。

3）劳动法律关系的特征　劳动法律关系具有以下特征：

①以劳动关系和劳动法律规范为前提。

②以法律上的权利义务为纽带。

③劳动法律关系是一种双务关系，任何一方在自己未履行义务的前提下，无权要求对方履行义务。

④劳动法律关系是以国家强制力作为保障手段的社会关系。

(3) 劳动关系与劳动法律关系的联系

1）劳动关系是劳动法律关系产生的基础，劳动法律关系是劳动关系在法律上的表现形式；

2）现实劳动关系唯有取得劳动法律关系形式后，其运行过程才有法律保障。

劳动关系在现实生活中通常表现为劳动法律关系，它是劳动关系的现实形态，故人们在运用劳动关系的概念时，一般对劳动关系和劳动法律关系并不加以严格区分。

(4) 劳动关系与劳动法律关系的区别

劳动关系与劳动法律关系的区别见表 1—1。

表 1—1　劳动关系与劳动法律关系的区别

项目	劳动关系	劳动法律关系
性质	劳动法的调整对象	受国家强制力保护，劳动法调整关系的结果体现
组成部分	生产关系/经济基础	思想意志关系/上层建筑
形成前提	劳动交换	劳动法律、法规
内容	是交换劳动的实践过程中发生的关系，是以劳动为内容的事实关系	每一具体劳动关系必有相应法律法规存在，是以法定的权利和义务为内容的
效力	如果没有相应法律法规，劳动关系没有上升为劳动法律关系，则不具备效力	

2. 劳动法概述

《劳动法》于 1994 年 7 月 5 日经全国人大常委会八届八次会议审议通过，1995 年 1 月 1 日开始实施。

(1) 定义

劳动法是调整劳动关系以及与劳动关系密切联系的其他社会关系的法律规范的总和。

(2) 立法的指导思想

1) 充分体现宪法原则，突出对劳动者权益的保护。

2) 有利于促进生产力的发展。

3) 规定统一的基本标准和规范。

4) 坚持从我国的国情出发，尽量与国际惯例接轨。

(3) 劳动法的调整范围

1) 企业的劳动关系。

2) 个体经济组织的劳动关系。

3) 国家机关、事业组织和社会团体中的劳动合同关系。

国家机关、事业组织、社会团体中的非合同劳动关系，农民、家政服务人员等非职工劳动者的劳动关系，不在劳动法的调整范围。

(4) 劳动法的体系

劳动法的体系如图 1—2 所示。

(5) 劳动法的形式

按规范的效力层次与范围不同，可分为七类：

1) 宪法，我国劳动立法的基础和最高法律依据。

2) 法律，全国人民代表大会负责制定和修改。

3) 行政法规，国务院根据宪法和法律的有关原则制定。

4) 规章，国务院劳动行政部门单独或会同有关部门制定。

5) 地方性法规/规章，省、自治区、直辖市人大常委会制定。

- 劳动法体系
  - 劳动关系协调法
    - 劳动合同
    - 集体合同
    - 职工民主管理
    - 劳动争议处理
  - 劳动标准法
    - 工作时间与休息休假
    - 工资
    - 劳动安全与卫生
    - 特殊劳动保护
  - 劳动保障法
    - 促进就业
    - 职业技能开发
    - 社会保险和福利
  - 劳动监督法——劳动监察

图 1—2　劳动法体系

6) 国际劳工公约，经我国政府批准、在我国产生法律效力。

7) 规范性劳动法律、法规解释，在我国一般是国务院劳动行政主管部门享有解释权。

(6) 劳动法规定的权利和义务

劳动法规定的权利和义务，包括劳动者与用人单位双方的权利和义务，见表 1—2。

表1—2　　劳动法规定的权利和义务

	权　利	义　务
劳动者的权利和义务	1. 平等就业和选择职业 2. 取得劳动报酬 3. 享有休息休假 4. 获得劳动安全卫生保护 5. 接受职业技能培训 6. 社会保险和福利 7. 依法变更、解除、终止劳动合同 8. 组织工会和参加企业民主管理 9. 提请劳动争议处理 10. 法律规定的其他劳动权利	1. 积极完成劳动任务 2. 不断提高劳动技能 3. 认真执行劳动安全卫生规程 4. 严格遵守劳动纪律和职业道德 5. 保守国家机密、单位商业机密
用人单位的权利和义务	1. 要求劳动者按质按量完成劳动任务 2. 要求劳动者努力提高职业技能 3. 要求劳动者认真执行劳动安全卫生规程 4. 要求劳动者严格遵守劳动纪律和职业道德	1. 平等和择优录用职工 2. 保证劳动者享有休息休假 3. 提供劳动者职业培训 4. 配合解决劳动争议 5. 支付劳动报酬 6. 提供安全卫生和劳动保护 7. 提供社会保障和福利 8. 保证劳动者实现法律规定的其他权利

3. 劳动合同

(1) 劳动合同的概念

劳动合同是劳动者与用人单位确立劳动关系、明确双方权利和义务的协议。据此协议，劳动者就与用人单位之间确立了具体的劳动法律关系。

(2) 劳动合同的特点

1）劳动合同不同于其他合同的特点

①主体：一方是用人单位，另一方是劳动者。

②内容：明确双方在劳动关系中的权利与义务。

③地位：兼有平等和隶属关系。

④目的：确立双方之间的劳动关系（非其他社会关系）。

2）与其他合同的共同点

①明确当事人的权利和义务。

②必须遵守法律、法规。

③平等自愿与协商一致的原则。

④各方必须自觉履行合同。

(3) 劳动合同的适用范围

1）适用范围

①各类企业、个体经济组织、企业化管理的事业组织。

②机关、事业组织、社会团体内劳动合同人员。

2）不适用范围

①国家机关、事业组织、社会团体中的非劳动合同关系。

②农民、家政服务人员、职业保险代理人、从事有收入活动的在校学生、劳务人员等不属于建立劳动合同范围的非职工劳动者的劳动关系。

(4) 劳动合同的主要内容

1）必备条款（又称“法定条款”）

①劳动合同期限。

②工作内容。

③劳动保护和劳动条件。

④劳动报酬。

⑤劳动纪律。

⑥劳动合同终止的条件。

⑦违反劳动合同的责任。

2）协商约定条款

①法定的协商约定条款：试用期和保密事项。

②补充的协商约定条款。

(5) 订立劳动合同程序

1）要约（要约人、要约的内容、期限）。

2）承诺。

3）双方协商（承诺方、要约方磋商；在新要约的基础上表示新的承诺）。

4）双方签约。

5）备案或鉴证（效力）。

签订劳动合同的程序尚待立法确定。

(6) 劳动合同的效力

1）劳动合同的生效　劳动合同自双方当事人签字、盖章之日起生效，当事人对生效的期限或者条件有约定的，从其约定。

劳动合同生效的前提如下：

①当事人必须具有订立劳动合同的资格。

②当事人的意思表示必须真实。

③合同的内容不违反法律的或社会公共利益。

④合同须具有法律所要求的形式，即书面形式。

2）无效劳动合同　无效劳动合同指劳动合同虽已成立，但其内容或者形式违反法律或者社会公共利益，因而不能对当事人产生法律约束力和不发生履行效力的劳动合同。也指违反法律、行政法规的劳动合同和采取欺诈、威胁等手段订立的劳动合同。

其特点是：违法性，国家直接干预，不得履行性，自始无效。

其处理措施是：撤销合同，修正合同，赔偿损失。

(7) 劳动合同的变更

劳动合同的变更是指劳动合同成立以后，尚未履行或履行完毕之前，当事人在原合同基础上达成协议，修改或者补充合同内容的法律行为。

1）变更应当具备以下条件：

①变更的前提：双方当事人订有劳动合同，且合同在履行中。

②变更的客观条件：订立劳动合同时所依据的情况发生了变化。

③变更的主观条件：必须经双方当事人协商一致。

④属于要约行为：采用书面形式将变更的内容确定下来。

2）劳动合同的变更可涉及以下内容：

①主体的变更。

②工作内容的变更。

③工作地点的变更。

④劳动报酬的变更。

既可以对一个条款变更，也可以对几个条款变更。

3）下述情况不属于劳动合同变更的有：

①用人单位名称变更。

②劳动者甲签订了一份劳动合同，现由乙代替甲来履行。

③甲单位参股乙单位，乙单位控股丙单位。

④劳动者本来叫张三，现改名为李四。

⑤企业法人更换。

(8) 劳动合同的解除

劳动合同的解除是指劳动合同签订后，尚未履行完毕以前，由于某种因素导致当事人双方提前结束劳动合同的法律效力，解除双方权利义务关系的法律行为。

1）协商解除　双方当事人因某种原因，协商同意提前终止劳动合同的法律效力。经劳动合同当事人协商一致，劳动合同可以解除。双方当事人应按照他约、要约、承诺的程序，签订劳动合同解除的书面协议。

2）法定解除　法定解除是指用人单位或者劳动者根据发生法律、法规或劳动合同规定的情况，提前终止劳动合同的法律效力。

法定解除有两种方式，一种是用人单位的法定解除，另一种是劳动者的法定解除。

3）用人单位的法定解除

①下列情况下允许用人单位随时解除劳动合同：

• 在试用期间被证明不符合录用条件的；

• 严重违反劳动纪律或用人单位规章制度的；

• 严重失职、营私舞弊，对用人单位利益造成重大损害的；

• 被依法追究刑事责任的。

②下列情况下允许提前 30 天通知劳动者解除劳动合同：

• 劳动者患病或者非因工负伤，医疗期满后，不能从事原工作也不能从事由用人单位另行安排的工作的；

• 劳动者不能胜任工作，经培训或调整工作岗位，仍不能胜任工作的；

• 劳动合同订立时所依据的客观情况有重大变化，致使原劳动合同无法履行，经当事人协商不能变更劳动合同达成协议的经济性裁减人员（法定程序）。

注意：

◆用人单位单方解除合同必须符合法定的实质条件和程序性条件。

◆劳动者辞职只需符合提前 30 天通知的程序条件即可。

4）劳动者的法定解除　劳动者的法定解除是指劳动者辞职必须提前 30 日以书面形式通知用人单位。

下列情况下劳动者可以随时通知用人单位解除劳动合同：

①在试用期内；

②用人单位以暴力、威胁或者非法限制人身自由的手段强迫劳动的；

③用人单位未按照劳动合同约定支付劳动报酬或者提供劳动条件的。

在上述第二种或第三种情况发生时，劳动者不仅享有解除劳动合同的权利，而且可以依法要求用人单位承担赔偿责任和其他形式的法律责任。

5）用人单位不得解除劳动合同的情况　用人单位不得依据《劳动法》第 26、27 条的规定（非过失）解除劳动合同。

①劳动者患职业病或者因工负伤并被确认丧失或部分丧失劳动能力的；

②劳动者患病或者负伤，在规定的医疗期内的；

③女职工在孕期、产期、哺乳期内的；

④法律、行政法规规定的其他情形。

6）用人单位提前解除劳动合同的经济补偿　下列情况下用人单位提前解除劳动合同，应给予劳动者一定的经济补偿：

①由用人单位提出，并经劳动合同当事人协商一致解除劳动合同的；

②医疗期满不能从事原工作，也不能从事用人单位另行安排的工作而解除的；

③劳动者不能胜任工作，经培训或调整工作岗位仍不能胜任工作，由用人单位解除劳动合同的；

④劳动合同订立时所依据的客观情况发生重大变化，致使原劳动合同无法履行，经当事人协商不能就变更劳动合同达成协议，由用人单位解除的；

⑤用人单位濒临破产进行法定整顿期间或者生产经营状况发生严重困难，必须裁减人员的。

用人单位按劳动者在本单位工作的年限支付经济补偿金。在本单位工作的时间不满 1 个月，发给相当于 1 个月工资的经济补偿金。符合①，③解除的，最多 12 个月；符合②解除的，除按上述规定支付经济补偿金外，另须支付不低于 6 个月的医疗补助金。

(9) 劳动合同的终止

劳动合同的终止是指合同到期或终止的条件出现，立即终止合同的法律效力。条件是：

1）劳动合同期限已满；

2）双方约定的终止劳动合同的条件出现。

(10) 劳动合同的鉴证

劳动合同的鉴证是指劳动行政部门依法对劳动合同内容进行审查，并对其内容的合法性、真实性予以证明的一项行政监督、服务制度。主要审查劳动合同内容的合法性、真实性和可行性以确保劳动合同的全面履行，预防和减少劳动争议，建立和谐稳定的社会劳动关系，保护劳动合同双方当事人的合法权益。

二、汽车检测与维修法规知识

1. 汽车维修合同实施细则

(1) 合同的实施与监督检查

由各地道路运政管理机构和工商行政管理机关组织实施，并负责监督、检查。

(2) 汽车维修合同签订的范围

汽车大修，主要总成大修，二级维护，维修预计费用在 1 000 元以上的，应签订汽车维修合同。

(3) 合同签订的要求

承、托修双方必须按要求使用汽车维修合同示范文本。

合同必须按照平等互利、协商一致、等价有偿的原则依法签订，承、托修双方签字、盖章后生效。

承、托修双方根据需要可签订单车或成批汽车的维修合同，也可签订一定期限的包修合同。

承修方在维修过程中，发现其他故障需要增加维修项目及延长维修期限时，应征得托修方同意后方可承修。

代订合同，要有委托单位证明，根据授权范围，以委托单位的名义签订，对委托单位直接产生权利和义务。

(4) 合同的主要内容

承、托修双方的名称；签订日期及地点；合同编号；送修汽车的车种车型、牌照号、发动机型号（编号）、底盘号；维修类别及项目；预计维修费用；质量保证期；送修日期、地点、方式；交车日期、地点、方式；托修方所提供材料的规格、数量、质量及费用结算原则；验收标准和方式；结算方式及期限；违约责任和金额；解决合同纠纷的方式；双方商定的其他条款。

(5) 合同的履行义务

汽车维修合同依法签订，具有法律效力，双方当事人应严格按合同规定履行各自的义务。

1）托修方的义务　按合同规定的时间送修汽车和接收维修竣工汽车；提供送修汽车的有关情况（包括送修汽车基础技术资料、技术档案等）；按合同规定的方式和期限交纳维修费用。

2）承修方的义务　按合同规定的时间交付修竣汽车；按照有关汽车修理技术标准（条件）修车，保证维修质量，向托修方提供竣工出厂合格证；建立承修汽车维修技术档案，并向托修方提供维修汽车的有关资料及使用的注意事项；按规定收取维修费用，并向托修方提供维修工时、材料明细表。

(6) 合同的变更和解除

汽车维修合同签订后，任何一方不得擅自变更或解除。但是由于情况发生变化，在一定条件下是允许变更和解除合同的，当事人一方要求变更或解除维修合同时，应及时以书面形式通知对方。因变更或解除合同使一方遭受损失的，除依法可以免除责任的外，应由责任方负责赔偿。

(7) 合同纠纷的处理

承、托修双方在履行合同中发生纠纷时，即汽车维修经济活动中发生争议、争执时，应及时协商解决；协商不成时，任何一方均可向当地经济合同仲裁部门申请仲裁或直接向当地人民法院起诉。维修汽车在质量保证期内发生质量问题，当事人也可先到所在道路运政管理机构提请调解处理。

(8) 违反《实施细则》的处理

凡属于汽车维修合同签订的范围而不签合同的，道路运政管理机构可对汽车维修企业予以警告和罚款，每次罚款额按实际发生或额定的维修费用总额 2%（至少 20 元）计。由此而引起汽车维修质量或经济方面的纠纷，道路运政管理机构不予受理。

维修企业不按规定签订的合同，道路运政管理机构责令维修企业整改。

2. 汽车维修质量纠纷调解方法

《汽车维修质量纠纷调解方法》（以下简称《调解方法》）于 1998 年 9 月 1 日起实施，其目的是为维护汽车维修业的正常经营秩序，保障承、托修双方当事人合法权益，规范汽车维修质量纠纷调解工作。

(1) 总则

汽车维修质量纠纷调解是指在汽车维修质量保证期内或汽车维修合同约定期内，承修方与托修方因维修竣工出厂汽车的维修质量产生纠纷，双方自愿向道路运政管理机构申请进行的调解。县级以上地方人民政府交通行政主管部门所属道路运政管理机构负责纠纷调解工作。

(2) 纠纷调解申请的受理

1）纠纷调解的条件　纠纷发生的时段限制为质量保证期或合同约定期内；纠纷调解的范围限制为对维修竣工出厂汽车的维修质量产生的纠纷；受理纠纷调解的先决条件为双方自愿申请调解。

2）申请调解应提供的资料　包括申请调解方的名称；法定代表人的姓名、单位、地址、电话；当事人的姓名、单位、地址、电话；纠纷详细过程及申请调解的理由与要求的书面报告；汽车维修合同、维修竣工出厂合格证、汽车维修费用结算凭证等其必要的资料。

3）填写《汽车维修质量纠纷调解申请书》　道路运政管理机构应在接到申请书后的 5 个工作日内，根据《调解办法》的规定，做出是否受理的答复意见。

4）举证的要求　参加调解纠纷双方当事人均有举证责任，并对举证事实负责。

5）保护当事汽车原始状态　这是调解质量纠纷的基本条件。

(3) 技术分析鉴定

1）技术分析和鉴定的责任　技术分析和鉴定的责任由各级道路运政管理机构组织有关人员或委托有质量检测资格的汽车综合性能检测站进行。

2）技术分析和鉴定的要求　技术分析和鉴定人员应依据现场拆检记录、汽车维修原始记录和汽车维修合同、汽车使用情况以及其他有关证据，分析原因，得出结论，并填写《技术分析和鉴定意见书》。

(4) 质量事故的责任认定

应对维修中承、托修双方发生的维修质量纠纷，通过调查、了解、技术鉴定等手段，认真划分双方责任。

1）承修方应承担的责任范围主要有：未按有关规定和标准操作或维修操作不规范，使用有质量问题的配件、油料或装前未经鉴定等。

2）托修方应承担的责任是：违反驾驶操作规程和汽车使用维护规定而发生的质量责任。

(5) 纠纷调解

1）调解过程及要求　调解应以公开的方式进行。调解程序是由调解员根据有关技术标准和资料、技术分析鉴定书及当事双方的陈述、质证、辩论，分析事故原因，确定纠纷双方应负的责任，调解各方应承担的经济损失。

2）经济损失及承担　经济损失主要包括：在质量事故中直接损失的机件、燃料及其他车用液体、气体、材料等；返修工时费、材料费、材料管理费、辅助材料费、委外加工费、检测费等。经济损失应由责任人按过失比例承担；对不能修复或没有修复价值的零部件按汽车折旧率和市场价格计算价值。

3）终止调解的规定　在调解维修质量纠纷过程中，若出现了不利于纠纷调解工作继续进行下去的情况，允许终止调解。

4）调解达成协议及履行　经调解达成协议的，道路运政管理机构应填写《汽车维修质量纠纷调解协议书》，当事人各方应当自觉履行。达成协议后当事人反悔的或逾期不履行协议的，视为调解不成。

如调解不能达成协议或调解达成协议后，一方不履行协议，有关当事方可依法提请仲裁机构仲裁或向人民法院提起民事诉讼。

单元小结

1. 道德是依靠人们的内心信念、传统习惯和社会舆论来调整个人与个人、个人与社会之间关系的行为准则和规范的总和。

2. 道德与法律、规章制度都是调整人们之间以及个人与社会之间关系的行为准则和规范。道德与它们又有不同之处。法律、规章制度等作为人们的行为准则和规范，对人们来说都是一种外在约束，是被动的、不自由的；而道德对人们来说是一种内在约束，而且这种约束是建立在自觉自愿、没有外在压力的基础上的。

3. 道德与法律的区别应从产生的方式、起作用的方式、起作用的范围、存在方式、心理倾向等方面去分析。

4. 道德对社会的能动作用，主要表现在三个方面：即道德的认识作用、道德的调节作用、道德的教育作用。

5. 影响道德观念转变的主要因素主要有三大方面：即自身文化素质修养的影响、环境条件的影响、时间因素的影响。

6. 职业道德是指从事一定职业的人们在职业活动中应当遵循的职业行为道德规范，即道德观念、行为规范和风俗习惯的总和。各行业共同的职业道德为：爱岗敬业、诚实守信、办事公道、服务群众、奉献社会。

7. 职业道德应具有适用范围的有限性、发展的历史继承性、表达形式多种多样、有很强的纪律性等特点。

8. 职业道德是社会道德体系的重要组成部分，它一方面具有社会道德的一般作用，另一方面它又具有自身的特殊作用，具体表现在：调节职业交往中从业人员内部以及从业人员与服务对象间的关系、有助于维护和提高本行业的信誉、促进本行业的发展、有助于提高全社会的道德水平。

9. 汽车电工职业道德是指汽车电工从业人员在工作中必须遵循的职业道德准则和行为规范。我国汽车电工职业责任是：热爱汽车维修，献身汽车维修，对车辆进行客观、真实、公正的维修，确保道路运输车辆技术状况，努力发展我国汽车维修事业。

10. 汽车电工职业良心主要有两层含义：一是汽车电工从业人员内心强烈的对汽车维修、对服务对象的道德责任感；二是汽车电工从业人员依据汽车电工职业道德的基本要求进行自我评价的能力。

11. 汽车维修电工的职业守则：服务用户，质量第一；遵章守纪，文明生产；钻研技术，开拓创新；团结协作，尊师爱徒；热爱企业，勤俭节约。

12. 汽车维修安全操作规程包括：汽车修理作业中的基本安全操作规则，在汽车底下作业安全操作规程，使用吊装设备安全操作规程，维护蓄电池安全操作规程，维护起动系统安全操作规程，维护充电系统安全操作规程，维护安全气囊系统安全操作规程，维修防抱死制动系统安全操作规程。

13. 劳动关系与劳动法律关系的联系：劳动关系是劳动法律关系产生的基础，劳动法律关系是劳动关系在法律上的表现形式。

劳动关系与劳动法律关系的区别应从性质、组成部分、形成前提、内容、效力等方面去分析。

14.《劳动法》于1994年7月5日经全国人大常委会八届八次会议审议通过，1995年1月1日实施。劳动法是调整劳动关系以及与劳动关系密切联系的其他社会关系的法律规范的总和。

15. 汽车维修合同应依法签订，具有法律效力，双方当事人应严格按合同规定履行各自的义务。

16.《汽车维修质量纠纷调解方法》于 1998 年 9 月 1 日起实施，其目的是为维护汽车维修业的正常经营秩序，保障承、托修双方当事人合法权益，规范汽车维修质量纠纷调解工作。

单元 2　计算机知识

培训目标

本单元主要讲述计算机基本知识，通过本单元的学习，读者应：

◎掌握计算机的基本组成和工作原理；

◎熟悉计算机的常用术语；

◎掌握计算机的主要技术指标；

◎熟悉计算机的硬件和软件系统；

◎熟悉汽车计算机控制系统的组成。

§2—1　计算机的组成与原理

一、计算机的组成

计算机俗称电脑，人们平时所指的电脑很多时候是指个人计算机，而人们一般所称的电脑则是指计算机的硬件系统。但是，从严格意义上说，计算机应包括硬件系统和软件系统，两者缺一不可。硬件系统是计算机应用的基础，它包括了各种设备；而软件系统就是人们平常所说的程序，是一组有序的计算机指令，这些指令用来指挥计算机硬件系统进行工作。硬件系统往往是固定不变的，而计算机千变万化的功能则是通过软件实现。

最小的计算机系统应该具有运算器、存储器和控制器三个装置才能完成计算功能。运算器有表达数字及执行运算的功能，算盘就是最直观的机械式运算器。然而计算机还必须有保存、记录原始数据、计算步骤、中间结果和最终结果的功能，这就是存储器的任务。按照问题涉及的计算要求，取出对应数据，安排计算步骤是控制器的任务。

运算器要完成不同计算任务，还必须有输入、输出设备，才能将计算步骤和原始数据送至存储器，然后将计算结果以人们可理解的方式输出和显示出来，此外还必须有电源和控制台。通常将运算器、存储器和控制器称为主机部分，将输入输出设备和外部存储器称为外围设备。计算机的一般构成如图 2—1 和图 2—2 所示。

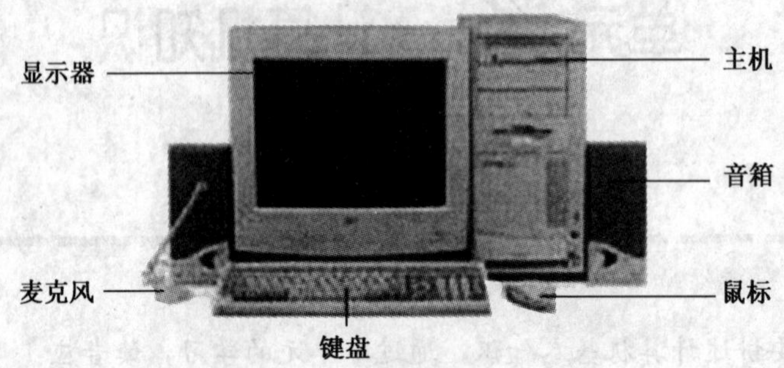

图 2—1　个人计算机

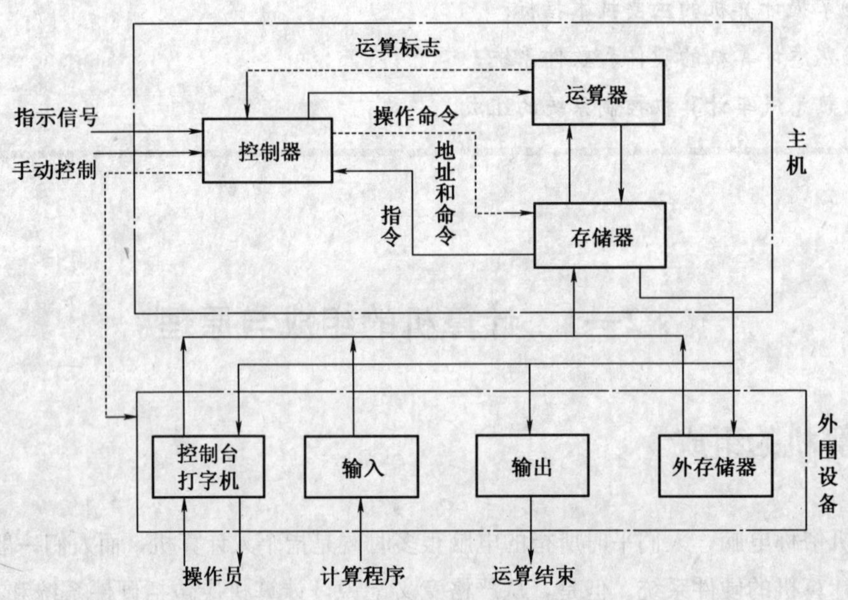

图 2—2　电子计算机的组成框图

二、计算机的工作原理

计算机的基本工作原理是存储程序和进行程序控制。预先把指挥计算机如何进行操作的指令序列（称为程序）和原始数据输入到计算机内存中，每一条指令中明确规定了计算机从哪个地址取数，进行什么操作，然后送到什么地方去等步骤。计算机在运行时，先从内存中取出第 1 条指令，通过控制器的译码器接受指令的要求，再从存储器中取出数据进行指定的运算和逻辑操作等，然后再按地址把结果送到内存中去。接下来，取出第 2 条指令，在控制器的指挥下完成规定操作，依此进行下去，直到遇到停止指令。程序与数据一样存储。其工作原理如图 2—3 所示。

这一原理最初是由美籍匈牙利数学家冯·诺依曼于 1945 年提出来的，故称为冯·诺依曼原理。虽然现在的计算机系统从性能指标、运算速度、工作方式、应用领域和价格等方面与当时的计算机有很大差别，但基本结构没有变。

从图 2—3 可以看出，计算机中基本上有两股信息在流动。一种是数据，即各种原始数据、中间结果和程序等。原始数据和程序要由输入设备输入并经运算器存于存储器中，最后结果由运算器通过输出设备输出。在运行过程中，数据从存储器读入运算器进行运算，中间结果也要存入存储器中。人们用机器自身所具有的指令编排的指令序列，即程序，也是以数据的形式由存储器送入控制器，再由控制器向机器的各个部分发出相应的控制信号。另一种信息是控制信息，它控制机器的各部件执行指令规定的各种操作。

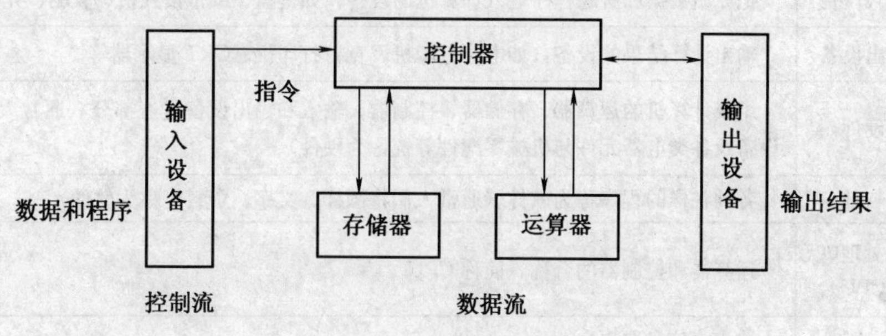

图 2—3　计算机的工作原理图

§ 2—2　计算机常用术语和主要技术指标

一、计算机常用术语

计算机常用术语见表 2—1。

表 2—1 计算机常用术语

序号	术语	解 释
1	微处理器	把计算机的运算器和控制器集成在一个芯片（集成块）上所构成的器件称为微处理器（微处理器就是微型计算机的 CPU）
2	微处理机	微处理器 CPU 和内存储器称为微处理机，亦称主机
3	微型计算机	把 CPU，存储器，输入、输出接口电路（用来与外围设备连接）集成在若干块芯片上，加上控制电路和电源等所组成的计算机，称为微型计算机
4	单板机	把 CPU，存储器，输入、输出接口电路装在一块印制电路板上所构成的计算机，称为单板机
5	单片机	把 CPU，一定容量的存储器，输入、输出接口电路集成在一个芯片（一个集成块）上所构成的超微型计算机
6	运算器	用来进行加、减、乘、除等算术运算及逻辑运算的器件
7	存储器	用来存储原始数据、计算步骤、运算的中间和最终结果的器件（常分为内存和外存两部分，内存采用半导体存储器，外存常用磁盘和磁带）
8	控制器	用来控制计算机各部件按预先规定的计算步骤（即程序）自动地进行指定操作的器件
9	输入设备	把原始数据和解题程序输入计算机的设备，如键盘、纸带读入机、软驱、光驱
10	输出设备	输出计算结果的设备，如电传打印机、宽行打印机、CRT 显示器等
11	硬件	组成计算机的运算器、存储器、控制器、输入和输出设备这五部分（通常人们将机械电器设备及各类电器元件与机械零配件等统称为硬件）
12	软件	各种各样的程序称为软件（通常人们将图样、文字、资料等称为软件）
13	中央处理单元(CPU)	运算器和控制器的合称，简称 CPU
14	读	输出（信息取出）
15	写	输入（信息存入）
16	只读存储器(ROM)	只能输出的存储器
17	EPROM	可以改输入内容的只读存储器
18	读写存储器(RAM)	即又能读又能写的存储器（或称为随机存取存储器，既能输出又能输入的存储器）
19	字长	在计算机中用一组二进制编码表示一个信息，这组编码称为计算机的字（简称字）。组成字的二进制数的位数，称为“字长”。字长标志着计算的精度。微型机的字长为 4 位、8 位、16 位、32 位。每 8 位字长称为一个“字节”。依照位数（字长）称为某位机。例如，字长为 4 位数的称为 4 位机，字长 8 位数的称为 8 位机，以此类推，n 位数的称 n 位机
20	内存储器容量	内存储器中能存储的字节数称为容量。每 1 024 个字节称为 1 K 字节。计算机的容量随机型不同而有所不同，例如微型机通常为 2 K、4 K、8 K、16 K、32 K、64 K、128 K 字节，以助记符“KB”表示

续表

序号	术语	解释
21	存取周期	存储器进行一次“读”（取出）“写”（存入）信息（信号）操作所需的时间。例如，微机的内存储器存取周期为 100 ns（10^{-9}s）
22	运算速度	计算机每秒钟能执行指令的条数，单位是“次/s”
23	指令	人们指定计算机进行某种操作的命令
24	定点	指在计算机中，把小数点固定在数的某个位置
25	浮点	指在计算机中，小数点可在某数指定范围内浮动
26	波特率	串行口每秒钟发出（或接收）的位数称为波特率，用“1/T”表示。T 为发送（或接收）一位所需的时间
27	权	同一个数字符号处于数的不同位置，它所代表的数值不同，这种规则称为“权”。例如：十进制数中的个、十、百、千就是各位的“权”
28	原码	在计算机中，数值位保持二进制不变的数码称为原码
29	反码	在计算机中，与原码相反的数码称为反码
30	补码	在计算机中，在反码的末位再加 1 所成的数码称为补码，即 $[X]_{补}=[X]_{反}+1$
31	地址	在计算机的存储器中，每个存储单元按字节给定一个顺序编号，这个编号称为地址
32	机器语言	用二进制代码表示的能为计算机主机识别和执行的指令，称为机器语言
33	手编语言	用机器语言编写的程序称为手编程序
34	汇编语言	采用一些简单而又形象的符号来代表操作码或地址码所编写的指令，称为汇编语言。例如，MCS—51 单片计算机指令系统中用 ADD 表示加法，MOV 表示送数，用 16 进制数表示地址等，就是汇编语言
35	源程序	用汇编语言编写的程序，称为汇编语言源程序，简称为源程序
36	目标程序	由于计算机只认识 0 和 1 编写的机器语言，因此，必须设法把用汇编语言编写的源程序“翻译”成机器语言程序，这种经过翻译之后形成的机器语言程序称为目标程序
37	高级语言	是一种符号语言，它的形式与数学公式非常接近。用高级语言编写的程序输入计算机，必须经过“翻译”变成机器语言才能予以识别和执行，这种翻译工作是由计算机自动进行的（高级语言计算机需要大量的硬、软件，因为它的编译程序占 16 KB～32 KB)。目前使用较普遍的高级语言有 BASIC、FORTRAN、ALGOL60、COBOL、LISP、ALGOL68、PL/1、APL、PASCAL 等。例如：算式 F＝a×b＋c，用 BASIC 来写是 LET F＝A * B＋C；用 ALGOL60 来写是 F：＝A×B＋C；用 FORTRAN 来写是 F＝A * B＋C
38	编译程序	把用高级语言编写的源程序，全部翻译成目标程序之后，机器再执行目标的程序，称为编译程序
39	子程序	指把需要经常用到的一些算法过程编成独立的程序段，存放在存储器的某个区域，当需要时，在程序中用一条调用子程序指令即可。这种独立程序段，称为子程序
40	主程序	含有调用子程序指令的程序称为主程序
41	转子	从主程序转到子程序的过程，称为转子
42	返主	从子程序返回到主程序的过程，称为返主

续表

序号	术语	解　释
43	断点	主程序中调用子程序指令的下一条指令所在的地点，称为断点
44	中断	就是暂时停止 CPU 正在执行的程序（主程序），转而去执行申请中断的外部设备程序（称为中断服务程序）
45	堆栈	按照数据先进后出原则组成的一段内存区域，称为堆栈。它用来保留断点（因为当主程序转子程序有个断点需要保留，否则执行完子程序不能回归执行主程序）
46	嵌套	当主程序转子程序 1 后，还需要从子程序 1 转子程序 2、从子程序 2 转子程序 3，依次类推，转子程序 n，在执行完子程序 n，然后从子程序 n 逐一返回继续执行主程序。这种一层套一层的过程，称为嵌套
47	模数转换 A/D	将模拟信号的电压变成数字信号称为模数转换

二、计算机使用的数和数制

用一串数字或一串符号表示某个数时，这串数字或符号就是这个数的码和编码。表达一个数的大小和正负的不同方法称为码制。

在计算机中，数是以二进制形式表示和运算的，但二进制数书写起来太长，易错，通常用八进制或十六进制来书写。特别在微型计算机中，目前通用的字长为 8，它正好可用两位十六进制数表示，故十六进制在微型计算机中应用十分普遍。

表 2—2 列出了四种进位制中数的表示法，其中 B 是 Binary 的缩写，表示该数为二进制数，Q 表示该数为八进制数（Octal 的缩写应为字母“O”，为避免写成数字“0”改为“Q”），H 是 Hexadecimal 的缩写，表示该数是十六进制数，十进制数后面不必写符号。一个数字可以用不同的进制表示，当然各种进制之间可以通过一定的数学公式进行转换。

在二进制数计数制中，采用“逢二进一”和“借一当二”的规则，各数位上只有 0 和 1 两种取值，用电路实现时最为方便，因为它是电子计算机内部采用的计数制，除了物理实现方便以外，二进制计数制的运算也特别简单。

在八进制数计数制中，采用“逢八进一”和“借一当八”的规则。八进制计数制在人们书写计算机程序时常常被采用。

在十进制数计数制中，采用“逢十进一”和“借一当十”的规则。十进制计数是人们日常生活中最常采用的计数制。

在十六进制数计数制中，采用“逢十六进一”和“借一当十六”的规则，从 0～15 这十六个数中取值，其中 0～9 这十个数字借用十进制中的数码，10～15 这六个数可采用两种表示方法，即 0、1、2、3、4、5 或 A、B、C、D、E、F。十六进制计数制也常常在书写计算机程序时被采用。

表 2—2　　十进制数与二进制、八进制、十六进制数码对照表

十进制	二进制	八进制	十六进制
0	0000B	0Q	0H
1	0001B	1Q	1H
2	0010B	2Q	2H
3	0011B	3 Q	3H
4	0100B	4Q	4H
5	0101B	5Q	5H
6	0110B	6Q	6H
7	0111B	7Q	7H
8	1000B	10Q	8H
9	1001B	11Q	9H
10	1010B	12Q	AH 或 0H
11	1011B	13Q	BH 或 1H
12	1100B	14Q	CH 或 2H
13	1101B	15Q	DH 或 3H
14	1110B	16Q	EH 或 4H
15	1111B	17Q	FH 或 5H
16	10000B	20Q	10H

三、计算机的主要性能指标

1. 运算速度

运算速度是衡量计算机性能的一项重要指标。通常所说的计算机运算速度（平均运算速度），是指每秒钟所能执行的指令条数，一般用“百万条指令/秒”（mips，Million Instruction per Second）来描述。同一台计算机，执行不同的运算所需时间可能不同，因而对运算速度的描述常采用不同的方法。常用的有 CPU 时钟频率（主频）、每秒平均执行指令数等。微型计算机一般采用主频来描述运算速度，例如，Pentium/133 的主频为 133 MHz，Pentium Ⅲ/800 的主频为 800 MHz，Pentium Ⅳ 1.5 G 的主频为 1.5 GHz。一般说来，主频越高，运算速度就越快。

2. 字长

一般说来，计算机在同一时间内处理的一组二进制数称为一个计算机的“字”，而这组

二进制数的位数就是“字长”。在其他指标相同时，字长越大计算机处理数据的速度就越快。早期的微型计算机的字长一般是 8 位和 16 位，586 以上（Pentium，Pentium Pro，Pentium Ⅱ，Pentium Ⅲ，Pentium Ⅳ）大多是 32 位，有些高档的微机已达到 64 位。

3. 内存储器的容量

内存储器，也简称主存，是 CPU 可以直接访问的存储器，需要执行的程序与需要处理的数据就是存放在主存中的。内存储器容量的大小反映了计算机即时存储信息的能力。随着操作系统的升级，应用软件的不断丰富及其功能的不断扩展，人们对计算机内存容量的需求也不断提高。目前，运行 Windows 95 或 Windows 98 操作系统至少需要 16 M 的内存容量，Windows XP 则需要 128 M 以上的内存容量。内存容量越大，系统功能就越强大，能处理的数据量就越庞大。

PC 机的内存储器已由 286 机配置的 1 MB，发展到现在 P4（奔腾 4）配置 256 MB，甚至 512 MB 以上。内存容量的加大，对于运行大型软件十分必要，否则会让人感到慢得无法忍受。

4. 外存储器的容量

外存储器容量通常是指硬盘容量（包括内置硬盘和移动硬盘）。外存储器容量越大，可存储的信息就越多，可安装的应用软件就越丰富。目前，硬盘容量一般为 10 G 至 60 G，有的已达到 120 G。

以上只是一些主要性能指标。除了上述这些主要性能指标外，微型计算机还有其他一些指标，例如，所配置外围设备的性能指标以及所配置系统软件的情况等。另外，各项指标之间也不是彼此孤立的，在实际应用时，应该把它们综合起来考虑，而且还要遵循“性能价格比”的原则。

5. 显示器及显示器的分辨率

显示器有单色和彩色之分，目前微机多采用彩色显示器。显示器的分辨率是逐次提高的，PC/AX 机显示器彩色显示时的分辨率只有 320×200 pixel，IBM 公司的 EGA 型显示器分辨率为 640×350 pixel，VGA 型的分辨率为 640×480 pixel。现在普遍用的显示器的分辨率已达到 1 024×768 pixel。更高分辨率的显示器也已经在使用了。

§2—3 计算机硬件系统

硬件系统是指构成计算机的一些看得见、摸得着的物理设备，它是计算机软件运行的基础。从计算机的外观看，它是由主机、显示器、键盘和鼠标等几个部分组成，如图 2－4 所示。具体是由五大功能部件组成，即运算器、控制器、存储器、输入设备和输出设备。这五大功能部件相互配合，协同工作。其中，运算器和控制器集成在一片或几片大规模或超大规模集成电路中，称为中央处理器（CPU）。硬件系统采用总线结构，各个部件之间通过总线相连构成一个统一的整体。

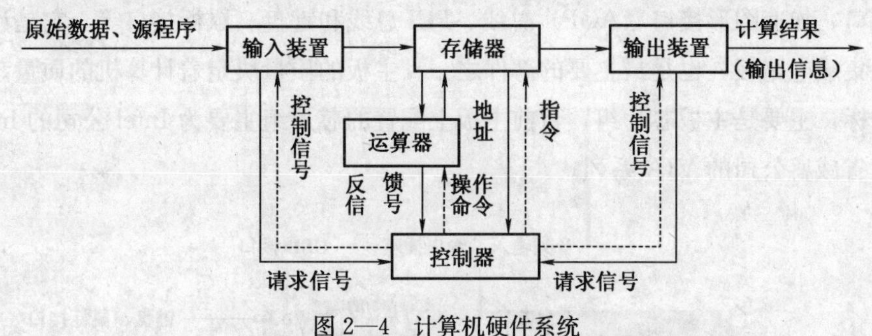

图 2—4　计算机硬件系统

一、主机

计算机的主机是由主机板（主板）、CPU、内存、机箱和电源构成的。主机安装在主机箱内。在主机箱内有主机板、硬盘驱动器、CD-ROM 驱动器、软盘驱动器、电源和显示适配器（显卡）等（图 2—5）。

主机从外观上分为卧式和立式两种。通常在主机箱正面都有电源开关、Reset（复位）按钮和 Turbo 按钮。Reset 按钮用来重新启动计算机；Turbo 按钮是速度按钮，用来使系统在不同速度的两种主频间切换。在主机箱的正面都有一个或两个软盘驱动器的插口，用来插入软盘，以便从软盘中读取数据或将有用的数据存储在软盘上。现在的计算机主机箱正面一般都配置了光盘驱动器，用来读取光盘上的信息。而主机的背面则是连接诸如电源、显示器、鼠标、键盘、打印机等设备的各种接口。

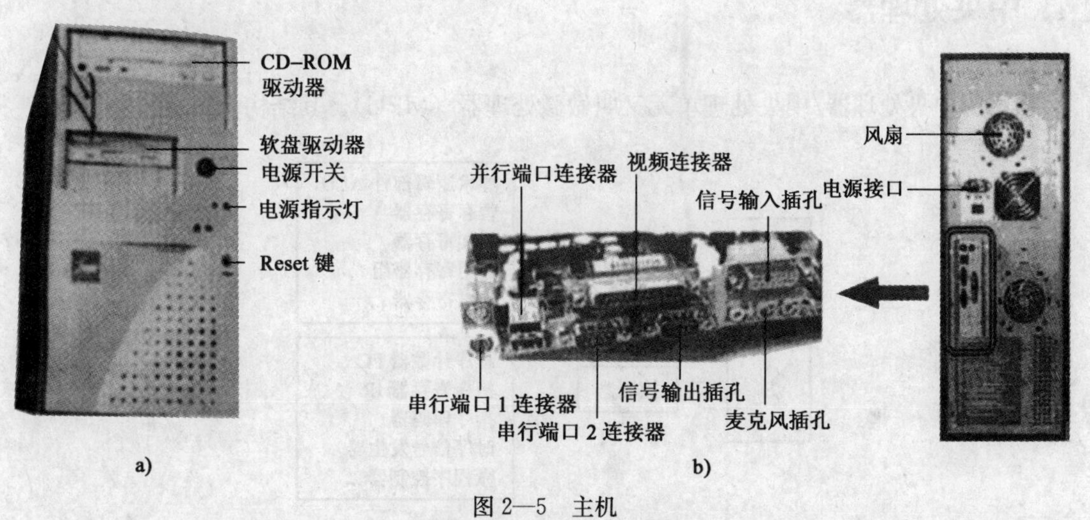

图 2—5　主机

a）主机外观　b）主机背面接口

主机板也称为主板。如图 2—6 所示为一款最新的 Socket 结构的主机板，该主机板上面集成了软盘接口、两个 EIDE 硬盘接口、一个并行接口、两个串行接口、两个 USB（通用串行总线）接口、加速图形接口（AGP）总线、PCI 总线和键盘、鼠标接口等。它是计算机内最大的一块集成电路板，也是最主要的部件之一。主板的质量决定着计算机的质量。衡量主板性能的指标，主要是主板芯片组，目前主板上配置的芯片组主要为 Intel 公司的 Intel 系列和我国台湾省威盛公司的 VIA 系列。

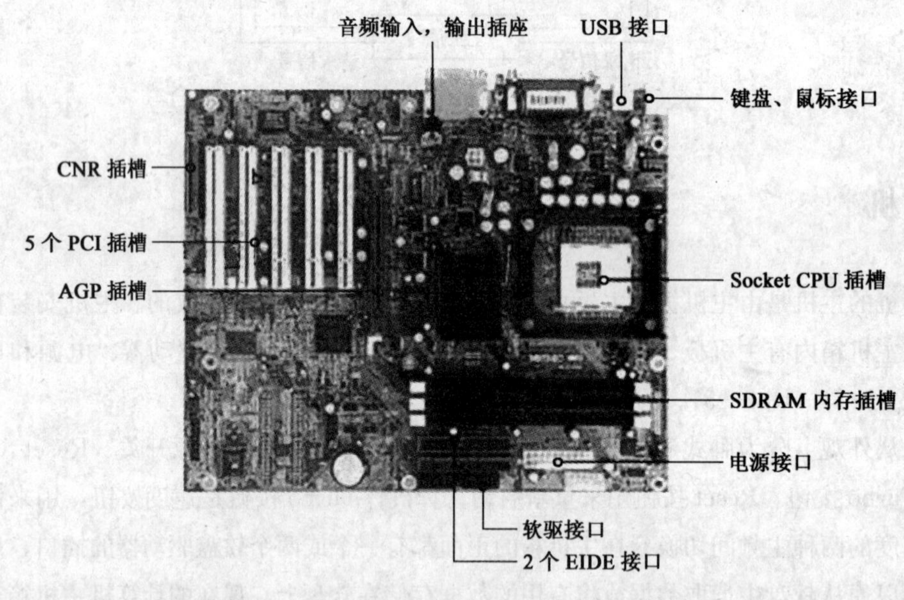

图 2—6　主机板

二、中央处理器

微机的中央处理器/中央处理单元又叫做微处理器（MPU），其结构如图 2—7 所示。

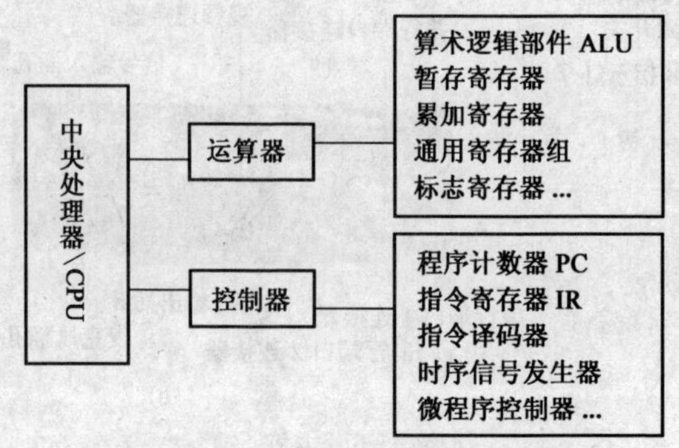

图 2—7　微处理器的组成

中央处理器（CPU）是整台计算机的核心部件。它主要由控制器和运算器组成，是采用大规模集成电路工艺制成的芯片，又称为微处理器芯片。

三、内部存储器

微机的内存是记忆或用来存放处理程序、待处理数据及运算结果的部件。内存根据基本功能分为只读存储器（ROM）和随机存储器（RAM）两种。在 386 以上的微机中，还有高速缓冲存储器，简称高速缓存（Cache）。几种内部存储器的特点及用途见表 2—3。

表 2—3　　**内存储器的类型、特点及用途**

内存储器类型		特　点	用　途
随机存储器（RAM）	动态存储器 DRAM	可以读出，也可以写入；读出时并不损坏原来存储的内容，只有写入时才修改原来所存储的内容；断电后，存储内容立即消失，即具有易失性	在主板上的随机存储器，也称为主存，一般采用 DRAM。主板上一般配有 3 个或 4 个内存插槽，每个内存插槽可用来插入一根内存条，一根内存条的引脚目前多为 128 芯，容量一般为 128 MB 或 256 MB
	静态存储器 SRAM		
只读存储器（ROM）	可编程只读存储器	ROM 上面存储的信息都具有永久保存的优点，不会因断电而丢失。只读存储器上面存储的信息可以随机读出，但不可以高速地随机写入	ROM 一般用来存放专用的固定程序和数据。在主板上都装有 ROM，在它里面固化了一个基本输入/输出系统，称为 BIOS。主要作用是完成对系统的加电自检、系统中各功能模块的初始化，以及引导操作系统
	可擦除可编程的只读存储器，称为 EPROM		
高速缓冲存储器（Cache）	CPU 内部 Cache	高速缓冲存储器的特点是速度比 RAM 存储器更快，属于可读写的存储器，位于 CPU 和 RAM 存储器之间	主要用来作为 CPU 和 RAM 之间的一个缓冲，以提高计算机的整体性能
	CPU 外部 Cache		

1. 只读存储器（ROM）

ROM 是一种只能读出不能写入的存储器，其信息通常是厂家制造时在脱机情况下或者非正常情况下写入的。它最大的特点是在断电后信息不会消失，因此常用它来存放至关重要的、经常要用到的程序和数据，如监控程序等，只要一接通电源，需要时就可调入 RAM，即使发生电源中断，也不会破坏存储的程序。目前虽已推出可擦写的 EPROM、EEPROM

受到一些用户的欢迎，但其可靠性还不如 ROM。

2. 随机存储器（RAM）

RAM 可随时进行读出和写入，是对信息进行操作的场所，也就是计算机的工作区域。它可以存放用户的程序和数据，也可以存放临时调用的系统程序。RAM 空间越大，计算机能够执行的任务就越复杂，相应地计算机的功能也就越强。因此，人们总要求 RAM 存储容量更大一些，速度再快一些，价格再低一些。值得注意的是，关机后，RAM 中的内容自动消失，而且不可恢复。一定要在关机前将工作成果保存在软盘或硬盘里。

RAM 分双极型（TTL）和单极型（MOS）两种。微型机使用的主要是单极型 MOS 存储器，它又分为静态存储器（SRAM）和动态存储器（DRAM）两种。动态 RAM 的容量可以扩展，可以从 1 MB 扩展到 128 MB，甚至更高。常规内存、扩展内存和扩充内存都属于 DRAM。虽然基本内存还是 640 KB，但 CPU 可直接存取的内存可达 64 GB 之巨。通过在主板上的存储器槽口插入内存条，可以扩充内存。其数量取决于 CPU 的档次和系统主板的结构。静态 RAM 的速度比动态 RAM 快 2～3 倍，但容量少而价格昂贵，存储范围数 KB 至 512 KB，只有 386 以上的 PC 机内才有，常用作高速缓存 Cache。

3. 高速缓存（Cache）

Cache 在逻辑上位于 CPU 和内存之间，其运算速度高于内存而低于 CPU。Cache 一般采用 SRAM，也有同时内置于 CPU 的。Cache 的内容是 RAM 中部分内容的副本。CPU 读写程序和数据时先访问 Cache，若 Cache 中没有时，再访问 RAM。

Cache 分内部、外部两种。内部 Cache 集成到 CPU 芯片内部，称为一级 Cache，容量较小；外部 Cache 在系统板上，称为二级 Cache，其容量比内部 Cache 大一个数量级以上，从 Pentium Pro 开始，一、二级 Cache 都集成在 CPU 的芯片中，因此与 Pentium Pro 以上相配套的系统板结构与一般 Pentium 不同。增加 Cache，只是提高 CPU 的读写速度，而不会改变内存的容量。

四、外围设备

计算机的输入输出设备和外存储器，统称为计算机的外围设备。它是人与计算机互相联系进行数据交换的设备，即人——机接口设备（或称人——机对话设备），是计算机系统的重要组成部分。常用的输入设备有键盘、纸带读出机、卡片输入机、各种传感器等，常用的输出设备有显示终端、各种打印机、执行机构等。

1. 键盘

键盘是人和计算机对话的主要设备。微机的通用标准键盘上有 26 个英文字母、0～9 共 10 个阿拉伯数字和一些其他功能键。人们通过键盘将编好的程序、命令等信息输入给微处理机。

汽车上用的微机系统一般尺寸很小，不便于安装键盘。微机是专门用于汽车检测与自动控制（如点火、喷油、防滑制动等）的。它的程序都是固定不变的，是事先编好存在微机存储器内的，只要通过传感器等信号启动相应的程序即可完成相应的自动控制。如果汽车的自动控制系统出现问题，需要调用系统的自诊断程序时，可以通过开关或简单的连接线即可实现人机对话的目的。有的高级汽车装有微型键盘，以方便进行较多的人机对话。

2. 外部存储器

微机的外存储器是外部设备的一部分，用于存放当前不需要立即使用的信息，同时可以用来记录各种信息，存储系统软件、用户的程序及数据。它既是输入设备，也是输出设备，是内存的后备和补充。它只能与内存交换信息，而不能被计算机系统中的其他部件直接访问。

微机常见的外存储器有软盘存储器、硬盘存储器、光盘存储器、闪盘存储器等。磁盘有软磁盘和硬磁盘两种。光盘有只读型光盘 CD-ROM、一次写入型光盘 WORM 和可重写型光盘 MO 三种。

(1) 软盘存储器

由软盘、软盘驱动器和软盘控制适配器（或软盘驱动卡）三部分组成，只有软盘插入软盘驱动器才能工作。软盘是存储介质，软盘驱动器简称软驱，是微机存取软盘上的数据必需的设备（是读写装置，由机械转动装置和读写磁头两部分组成）。软驱的全部机械运动与读写操作，必须在软盘驱动卡的控制下完成。驱动卡一般插在主板中的某个扩展槽中。

微机配置的软驱按直径分有 5.25 英寸（1 英寸＝2.54 厘米）、3.5 英寸、2.5 英寸、1.8 英寸和 1.3 英寸等，在向缩小尺寸的方向发展。常用的软驱有两种，一是 1.2 MB—5.25 英寸薄型高密驱动器，适用于存储量为 1.2 MB 的 5.25 英寸高密软盘，目前正淘汰；一是 1.44 MB—3.5 英寸薄型高密驱动器，适用于存储量为 1.44 MB 的 3.5 英寸高密软盘，这是 20 世纪 90 年代的主流产品。

软盘携带方便，价格便宜，但是存储量有限，读写速度慢，在驱动器内转速为 300 r/min，传输速率为 15 KB/s。大储量的信息还需要用光盘来存储。

(2) 硬盘存储器

微机的硬盘按直径大小分，有 5.25 英寸、3.5 英寸、2.5 英寸、1.8 英寸等几种，其容量一般为几十 MB 至几百个 GB。

目前硬盘的转速为 3 600～7 200 r/min，数据传输速率为 1.5～3 200 Mbps，读写速度是软盘的 20～30 倍，在相同尺寸上的存储容量是软盘的 20～5 000 倍。硬盘一般用来存放数据的中间及最终运算成果，是计算机的主要工作区域。硬盘的大小和硬驱的速度是衡量计算机性能的重要技术指标。

(3) 光盘存储器

光盘是 20 世纪 70 年代问世的。它具有存储容量大、可靠性强、读取速度快、价格便宜、携带方便等优点。目前一张普通光盘 CD-ROM 容量达 650 MB，DVD-ROM 可达 5 GB 以上。光盘主要有以下几种类型：

1）只读型光盘　即上面提到的 CD-ROM。直径约 5.25 英寸，特点是由厂家将信息写入光盘，用户只能读出，而不能写入信息。

2）可写一次型光盘　又称 WORM 或简称 WO 光盘。这种光盘开始无信息刻入，用户可以写入信息一次。

3）可重写型光盘　又称为可擦写光盘或可抹型光盘。主要有三种类型：磁光型、相变型和染料聚合型。目前在计算机中使用的是磁光型可抹光盘，简称 MO。

(4) 闪盘存储器

闪盘存储器是一种便携式移动外存储设备，以闪存芯片为存储介质。

闪存是“闪存软盘”的简称，又称 U 盘，具有低功耗、高密度、体积小、可靠性高、可擦除、可重写、可重复编程等诸多特性。与软盘相比，闪存的优点一是容量大，起步就在几十兆，主流产品的容量为 128 M、256 M、512 M 等，并将很快超越 1 G 甚至数 G；二是应用范围广，已广泛用于 MP3、手机、DC 等数码产品；三具有防磁、防震、防潮，兼具杀毒、保密等功能，为存储数据提供可靠的安全保障；四是读写速度更快，约为普通软盘的 15 倍；五是体积小、携带方便，不通电也可完成数据保存与转移；六是功能强大。

3. 显示器

显示器由监视器和显示控制适配器（又称作显卡）两部分组成，是微机必不可少的外部设备之一，用于显示输出各种数据，将电信号转换成可以直接观察到的字符、图形或图像。平常所说的显示器是指监视器。

显示器可以分为单色显示器（简称为单显）和彩色显示器（简称为彩显）两类。从显示器所采用的器件上看，一般的台式机使用的是以阴极射线管（缩写为 CRT）为核心的显示器，笔记本电脑使用的是液晶（LCD）显示器。

显示器按 CRT 的分辨率（指像素点的大小）可分为高、中、低三种分辨率显示器。一般是把整个屏幕分成行与列，然后用行数和列数的乘积来表示分辨率。显然，分辨率越高，像素点越小，精确度越大。低分辨率一般在 300×200 左右，中分辨率一般在 600×350 左右，高分辨率可达到 640×480、1 024×768，甚至是 1 280×1 024 等。

常用的显示器的适配器（显卡）有以下几种：

1）CGA——彩色图形适配器　这是第一代显示标准，适用于低分辨率的彩色图形和字符显示。分辨率可达 640×200。

2）EGA——增强型彩色图形适配器　这是第二代显示标准，适用于中分辨率的图形显示器。分辨率可达 640×350。

3）VGA——视频图形阵列适配器　这是第三代显示标准，适用于高分辨率的彩色显示器。分辨率可达 640×480 以上，能显示 256 种以上颜色。

4）SCGA、VGA＋、XGA　新一代显示标准，分辨率高达 800×200、1 024×768、1 280×1 024。

显示器是微机的输出装置。汽车上的显示器主要有 LED（发光二极管）、LCD（液晶）和 CRT（阴极射线显像管）几种，显示器按显示的方式又分为段码显示和点阵式显示。段码显示是用 7 个段码以不同的形式组合显示阿拉伯数字、英文字母等；点阵式显示是用圆点以不同的形式组合成数字、中西文、图像等。

4. 打印机

打印机是最常用的输出设备。按照打印成字的方式，可以分为击打式和非击打式两大类。击打式打印机中，常用的是点阵打印机。它用钢针将字打出来的，最多有 96×96 根。显然，钢针愈多，分辨率愈高，打印结果越精美。但是它速度慢，一秒钟约输出 80 个字符，而且噪声很大。

非击打式打印机是靠电磁作用来实现打印的，没有机械动作，主要有激光打印机和喷墨打印机。其优点是分辨率高，打印速度快。

激光打印机又叫激光印字机，是一种高速度、高精度、低噪声的非击打式打印机。它是激光扫描技术与电子照相技术相结合的产物，由激光扫描系统、电子照相系统和控制系统三大部分组成。打印效果清晰、精美，每分钟最快可达 120 页，而且基本上没有什么噪声。喷墨打印机又叫喷墨印字机。

打印机在汽车上的微机系统中用得较少，但在某些汽车维修专家系统中有所应用。

5. 鼠标

鼠标开始出现于 1963 年，因为它拖着长长的“尾巴”（电缆联线），形似老鼠而得名。利用鼠标，可以很方便地在屏幕上移动光标，尤其是长距离的移动更是如此（如图 2—8 所示）。鼠标与键盘各有长短，一般配合使用。

鼠标可以分为光学鼠标、机械鼠标、光学机械鼠标三类。一般常用的是第三种。

鼠标还可分为有线和无线两类。无线鼠标以红外线遥控，距离一般在 2 m 之内。常用的是有线鼠标。

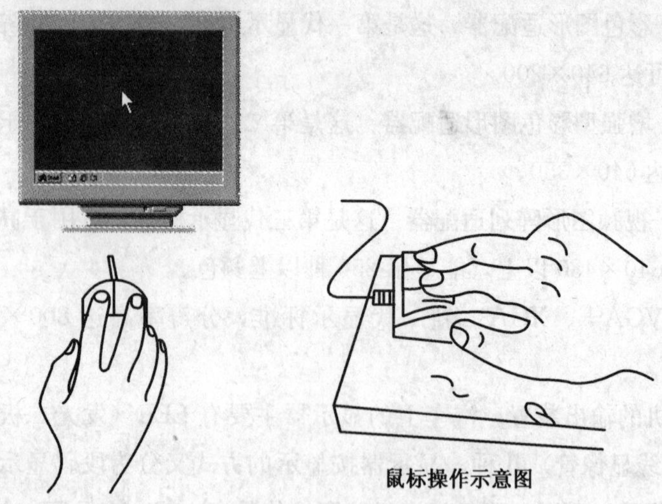

图 2—8 鼠标

6. 传感器（输入设备）

（1）模拟量输入装置

微机控制对象的各种被测参数，如水温、空气流量、气温等，都是先通过传感器变成模拟电信号，然后经过 A/D 转换器转变成数字量进入 CPU。

（2）数字量输入装置

数字量输入装置大都产生离散信号，通常这些信号代表两种状态，如开与关、限内与限外、高电平与低电平等。例如，在防滑制动中的轮胎转速传感器就是一种数字传感器。数字传感器产生的信号，经过预处理变成 CPU 要求的标准脉冲后，进入 CPU 控制的计数器，通过测频或测周期的算法，就求出相应的转速值。

7. 执行器（输出设备）

（1）模拟量输出装置

模拟量输出装置多是执行机构，例如，控制空燃比用的节气门开度控制器就是把 CPU 送来的数字信号通过步进电机变成机械转动量（模拟量）。

（2）数字量输出装置

数字量输出装置是汽车自动控制的执行机构的一种，例如，电子喷油量的电子线圈、电子点火的点火线圈等都是。喷油的自动控制主要解决两个问题：一是喷油量的多少，主要是由 CPU 送给喷油器电磁线圈脉冲的宽度来决定的；二是在什么时间开始喷油，由发动机曲轴转到上止点时的一个窄脉冲作为点火喷油的基准信号。

五、接口

微处理器和外围设备之间控制数据流动和数据格式的电路称为接口。简单说，接口就是连接两个电子设备单元的部件。

微处理器要通过外围设备与外界联系。例如，在发动机的优化控制中，CPU 要在极短的时间内对发动机的许多工况（通过传感器）进行巡回检测，又要对点火提前角、燃油喷射、自动变速等进行自动控制或是优化控制。许多输入输出设备与微机连接时，必须有其专用的接口电路。接口电路可以把输入设备接收和发送的数据与微处理器所能处理的数据格式匹配起来，同时接口电路还向微处理器传送各种状态的信息，如“准备就绪”“采样结束”“忙着”等等。再者，微处理器的运算处理速度和信息传输速度很快，而输入输出设备的工作速度较慢，也需要用接口电路协调。就是说，外围设备必须通过各种接口和输入输出总线与微处理器相连接，而微处理器对外部设备的控制和信息交换也要通过接口来实现。不同的外部设备要求不同功能的接口，所以接口的结构多种多样。接口从大的方面分为并行和串行接口两种。并行和串行接口通称为输入输出接口。

(1) 串行接口

一次传输一位数据称为串行，进行串行通信时使用的接口叫串行接口。串行接口由接收器、发送器和控制器三部分组成。接收器把外围设备送来的串行数据变为并行数据送到数据总线；发送器把数据总线上的并行数据变为串行数据发送到外围设备去。控制器是控制上面两种变换过程的电路，串行接口主要用途是进行串/并和并/串转换。

(2) 并行接口

同时传送两个或者两个以上的数据称为并行。它是把多种数据，例如 8 位数据的各个位同时传送。微机内部几乎都用并行传送方式。由于 CPU 与外设的速度不同，外设的数据线不能直接接到总线上。为使 CPU 与外设的动作匹配，中间需要有缓冲器和锁存器，用于暂时保存数据。具有这些功能的电路称为并行接口。

§ 2—4　计算机软件系统

软件是和硬件相对应的概念，是指具有重复使用和多用户使用价值的程序，泛指能在计算机上运行的各种程序甚至包括各种有关的资料。没有配制任何软件的计算机称为“裸机”，在裸机上只能运行机器语言源程序。

软件可以分为系统软件和应用软件两大类。

一、系统软件

系统软件是管理、监督和维护计算机资源的软件。系统软件的作用是缩短用户准备程序的时间，扩大计算机处理程序的能力，提高其使用效率，充分发挥计算机的各种设备的作用等。它包括操作系统、程序设计语言、语言处理程序、数据库管理系统、网络软件、系统服务程序等。

1. 操作系统

操作系统是高级管理程序，是系统软件的核心，如存储管理程序、设备管理程序、信息管理程序、处理器管理程序等。操作系统的作用是在计算机裸机与应用软件及用户之间，架起一道沟通的桥梁；没有它，用户就无法自如地应用各种软件或程序。著名的操作系统有：Microsoft 公司的 DOS，Unix，IBM 的 OS/2，Apple 公司的 Macintosh，现在最有名的则是 Microsoft 公司的 Windows 系列（95 到 XP）。

2. 程序设计语言

程序设计语言从历史发展的角度来看，包括以下几种：

（1）机器语言

机器语言也称作二进制代码语言，是用直接与计算机打交道的二进制代码指令组成的计算机程序设计语言。一条指令就是机器语言中的一个语句。每一条指令都由一个操作码和一个操作数组成。这是第一代语言。

（2）汇编语言

汇编语言是第二代语言，是一种符号化的机器语言，也称作符号语言，20 世纪 50 年代开始使用。它更接近于机器语言而不是人的自然语言，所以仍然是一种面向机器的语言。汇编语言执行速度快，占用内存小。它保留了机器语言中每一条指令都有操作码和操作数的形式。使用汇编语言，不需要直接使用二进制“0”和“1”来编写，不必熟悉计算机的机器指令代码，但是还要一条指令一条指令地进行编写，比较麻烦。

（3）高级语言

高级语言是第三代语言，从 20 世纪 50 年代中期开始使用。它是一种算法语言，可读性强，从根本上摆脱了语言对机器的依附，由面向机器变为面向进程，进而面向用户。目前在我国常用的高级语言有：BASIC，PASCAL，LISP，COBOL，FORTRAN，C，JAVA 等。

目前，第四代非过程语言、第五代智能语言相继出现，又出现可视化编程，就像处理文档一样简单。发展的趋势是使用更便捷，而计算机的功能更强大。

3. 语言处理程序

语言处理程序主要是源程序和目标程序。用汇编语言和各种高级语言编写的程序就称为源程序，编写过程中使用的是各种语言规定的符号并遵循其规则。将计算机本身不能直接读懂的源程序翻译成相应的机器语言程序，称为目标程序。这个翻译过程有两种方式：解释方式和编译方式。

4. 数据库管理系统

主要由数据库及数据库管理系统组成。常见的关系型数据库管理系统有：dBASE，FoxBASE，FoxPro，Oracle，Access 等。

5. 网络软件

主要指网络操作系统，如 Unix、Windows NT 等。

6. 系统服务程序

系统服务程序又称为软件研制开发工具、支持软件、支撑软件、工具软件，主要有编辑程序、调试程序、装配和连接程序、测试程序等。

二、应用软件

应用软件是用户为了解决某些特定具体问题而开发和研制或外购的各种程序，它往往涉及应用领域的知识，并在系统软件的支持下运行。例如，字处理、电子表格、绘图、课件制作、网络通信（如 WordStar、WORD，WPS，Excel，PowerPoint，E-mail 等），以及用户程序（如工资管理程序、财务管理程序等）。

用户与计算机各系统之间的关系如图 2—9 所示。

<table>
<tr><td>用户</td><td>各种应用软件</td></tr>
<tr><td rowspan="2">系统软件</td><td>程序设计语言
语言处理程序
数据库管理系统
网格软件
系统服务程序等</td></tr>
<tr><td>操作系统</td></tr>
<tr><td colspan="2">硬件结构</td></tr>
</table>

图 2—9　用户与计算机各系统之间的关系

§2—5　汽车计算机控制系统

一、基本组成

电子工业的发展，特别是大规模集成电路及微型计算机（以下简称“微机”）的应用，推动了汽车工业高速发展。用微机实施对汽车的控制远比一般手动操作或机械控制要准确、可靠，因此，现代汽车上原有的某些机械控制系统已被微机控制系统所取代。微机在解决汽车所面临的安全、能源和污染三大问题上起着重要的作用。

(1) 汽车计算机控制系统类型

目前，汽车计算机控制系统主要类型有：

1）发动机计算机控制系统　主要包括：汽油喷射电子控制系统、汽油机点火电子控制系统、怠速电子控制系统、废气再循环电子控制系统、进气电子控制系统、气缸变排量电子控制系统、可变压缩比电子控制系统、柴油机电子控制系统等。

2）汽车传动系统计算机控制系统　主要有自动变速器电子控制系统、四轮驱动电子控制系统、防滑差速器电子控制系统等。

3）汽车转向和行驶系统计算机控制系统　如动力转向电子控制系统、主动悬架电子控制系统、巡航行驶电子控制系统等。

4）保证行车安全的计算机控制系统　主要有防抱死制动电子控制系统（ABS)、电子防滑电子控制系统（ASR)、安全气囊和安全带电子控制系统、防撞报警系统、电子防盗系统等。

5）满足驾驶员与乘员舒适性和娱乐性的计算机控制系统　包括全天候空调电子控制系统、自动驾驶电子控制系统、汽车导向信息电子控制系统、车载电视电子控制系统等。

6）汽车工况监视及信息管理系统　主要有数字式仪表、油耗指示仪、维修间隔指示仪、汽车导向行驶系统、电子地图等。

(2) 汽车计算机控制系统基本组成

汽车计算机控制系统基本组成如图 2—10 所示。

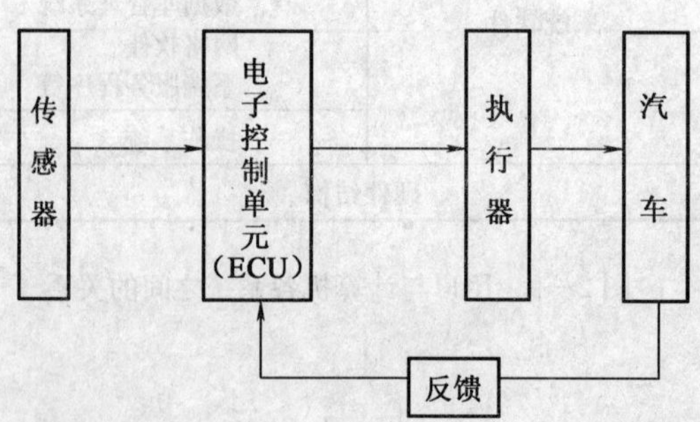

图 2—10　汽车计算机控制系统的基本组成

1）传感器　传感器将装置的物理参数转换为电信号（数字式或模拟式），用以监测装置的运行情况和环境条件，并将这些信号输送到控制器。换言之，传感器用各种电信号将一个虚拟的、与实际装置相同的“模拟装置”反映到控制系统中。传感器可被视为控制系统的神经。

2）电子控制单元（ECU）　电子控制单元（ECU）接收和处理传感器发出的各种信息，并对这些信息进行分析，以了解装置的情况；利用事先制定的控制策略，决定在当前的状态下该如何控制这个装置；最后将这种决定转换成一条或多条指令输送到执行器。电子控制单元（ECU）含有一个微处理器，并在内存中存储着设计者事先编制的程序或控制软件。电子控制单元（ECU）可被视为控制系统的大脑。

3）执行器　执行器接收电子控制单元（ECU）发来的各种指令，通过本身的设计，将电信号转变为执行元件的动作（可为电器元件的动作，也可为某种机械运动），这些元件的动作将改变装置的运行条件，决定装置的运行和输出。执行器可被视为控制系统的肌肉。

可以看出，整个控制系统中一直贯穿着大量信息的流动。计算机控制系统正是从传感器的信息中了解装置的运行情况，用输入信息与自身存储的信息来决定控制的方式和指令，并将所产生的指令信息输送到执行器来完成整个控制过程。

二、电子控制单元

电子控制单元（以下简称 ECU）是汽车计算机控制系统的核心，它利用内部存储的软件（各种函数、算法程序、数据表格）与硬件（各种整形、放大、A/D、D/A）处理从各种传感器输入的信号，并以这些信号为基础，结合内部软件的其他信息，制定出各种控制命令送到各种执行器，从而实现发动机的控制。目前的 ECU 型号与种类均很多，不同的厂家生产不同的系列，即使在同一厂家，不同的发动机所使用的 ECU 也不同。ECU 的名称也不统一，如 GM 汽车称之为 ECM，Ford 汽车称之为 MCU 等。

ECU 通常设计为一个金属盒，将所有电路和芯片包含在其内部，通过一个引出接头与传感器及执行器相连。根据 ECU 功能的复杂程度，引出接头有 30～88 芯，ECU 内部有印制电路板，上面有各种集成电路芯片、电子元器件等。图 2—11 所示为 ECU 内部结构的一个例子。该 ECU 用于 Bosch Motronic 系统，大约有 200 个电子元器件。上面的印制电路板主要是数字线路部分，包括微机和大规模集成电路芯片、存储与输入整形电路等；下面的印制电路板则包含喷射系统、点火系统以及燃油泵控制的输出级。其中，放大器和输出元件安装在导热较好的各冷却点上，通过壳体散热。一个 35 芯的接头将 ECU 与传感器、执行器以及蓄电池等部件连接起来。

ECU 是电控系统中的“智能化”部分，具有下列功能：

- 处理输入信息，将之转变为微机能接受的信号。
- 存储输入信息，供微机在合适的时刻使用。
- 存储各种程序、该车型的参数、各种数据表格等。
- 计算、处理各种信息，产生控制命令的数值以及进行故障诊断等。
- 存储输出指令。
- 处理输出指令。
- 产生各种参考电压，通常为 5 V，也有 2 V，9 V 和 12 V 的。

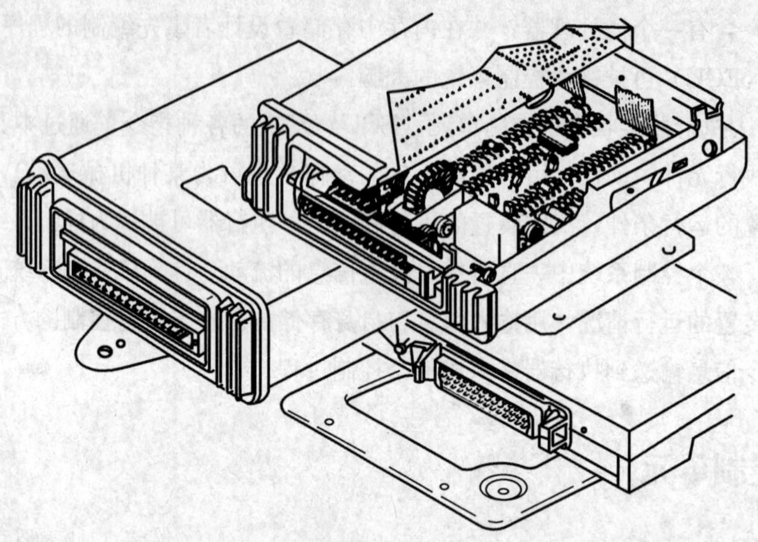

图 2—11　电控系统的 ECU 内部结构

图 2—12 所示为 ECU 组成的示意图，从图中也可以看出，ECU 可以分成三个部分，即：

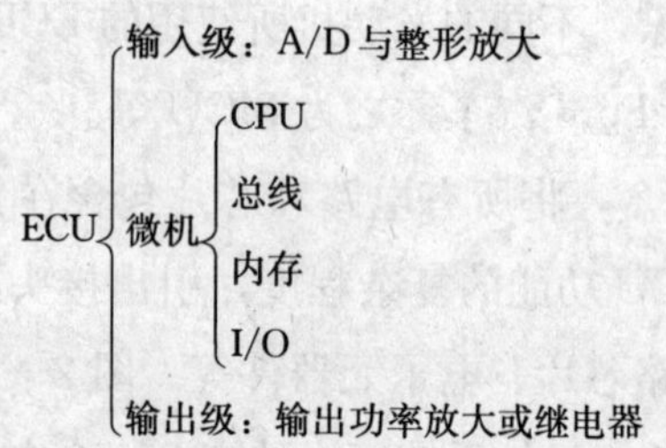

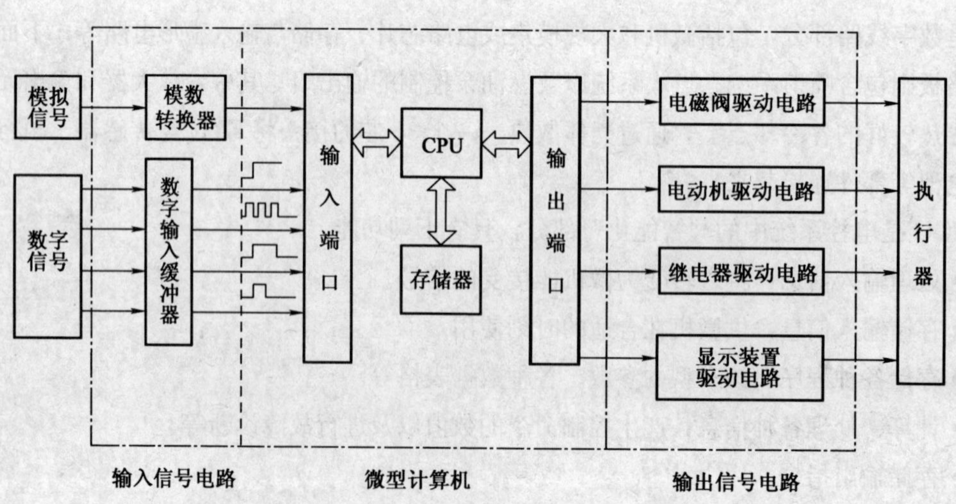

图 2—12　ECU 结构示意图

1. ECU 的输入级

(1) 作用

输入级的作用是将电控系统中各传感器检测到的信号通过 I/O 接口送入微机，完成 ECU 对控制装置运行工况的实时检测。

从传感器来的信号进入输入级后，首先要经过预处理，如采用滤波器除去杂波等。有的信号，如电磁式曲轴位置传感器来的信号，并不是矩形波而是正弦波，且其信号的电压幅值会随转速的变化而变化，这些信号均不能直接输入微机。图 2—13 所示给出了输入回路的处理效果。

(2) 模拟信号与数字信号

从传感器来的信号有模拟信号和数字信号两种。模拟信号是连续的变量，如图 2—14a 所示，其模拟量的变化（如电压）直接与所感受到的作用成正比。模拟量的精度常受各种因素限制。由于传感器的原因，很多输入信号为模拟信号，如各种可变电阻，包括热敏电阻 ECT 与 LAT；各种电位器，如 TP 与翼片式 VAF；电源电压等。数字信号为离散的变量如图 2—14b 所示，数字信号的精度依赖于信号发生装置的设计。例如，电磁式曲轴位置传感器与霍尔效应式传感器所发出的信号都是数字信号，其精度与触发轮上的齿数有关，增加齿数，可以相应地增加曲轴位置精度。要注意，这里所指的数字信号并不是真正的“数字”，它仍是一系列的电量或脉冲。

对于电控系统来说，数字信号的优点不只是其精度高，更重要的是数字信号所表现的值并不会由于其电流或电压的变化而受到影响。例如，曲轴位置信号并不会由于其电平的高低而使所表现的曲轴位置变化（其位置仅由脉冲形状与时刻决定），这对于 ECU 辨识很有好处，因为信号的电平总会由于转速、接触点情况、电源电压等而发生变化。ECU 中的微机，只能接受数字信号。所有的模拟信号都要先经过 A/D 转换后才能被接收。

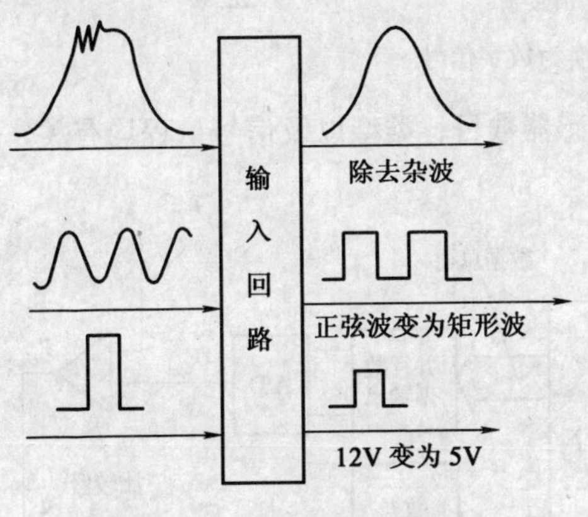

图 2—13 输入回路的作用

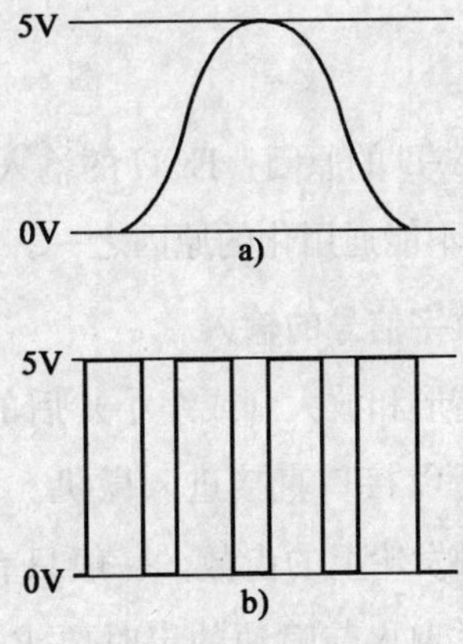

图 2—14 模拟信号与数字信号

a）模拟信号 b）数字信号

(3) **模拟信号的输入**

模拟信号在进入 A/D 转换器之前，先要进行预处理，包括去杂波、将电平大小调整到与 A/D 转换器规定的量程相符等，如氧传感器信号电平太小需放大，而电源电压信号电平太大需减小。在 A/D 转换电路（图 2—15）中，模拟量被转换成一系列的离散数字量。

A/D 转换器内部的工作如图 2—16 所示。被转换的模拟量 V_{in} 直接进入比较器，比较器的另一输入是比较量 V_{out}。当开始 A/D 转换时，微机由并行数字输出口输出一系列二进制数字，进入 A/D 后产生 V_{comp}。这一系列数字由小到大按顺序发出，V_{out} 亦逐渐增大。当 V_{out} 小于 V_{in} 时，比较器使 V_{comp} 为低电平输出；一旦 V_{out} 大于 V_{in}，V_{comp} 立即变为高电平反馈回微机，微机立即停止二进制数字系列的发送，并将最后的数字作为 V_{in} 在这一时刻的数字量。之后，微机重新发送下一个二进制数字系列，测取 V_{in} 下一时刻的值。目前 A/D 转换器的频率已很高，且可独立工作。ECU 中的微机只需指令 A/D 开始工作，就可以中断而转向其他工作，待 A/D 结束后才回到读数状态。

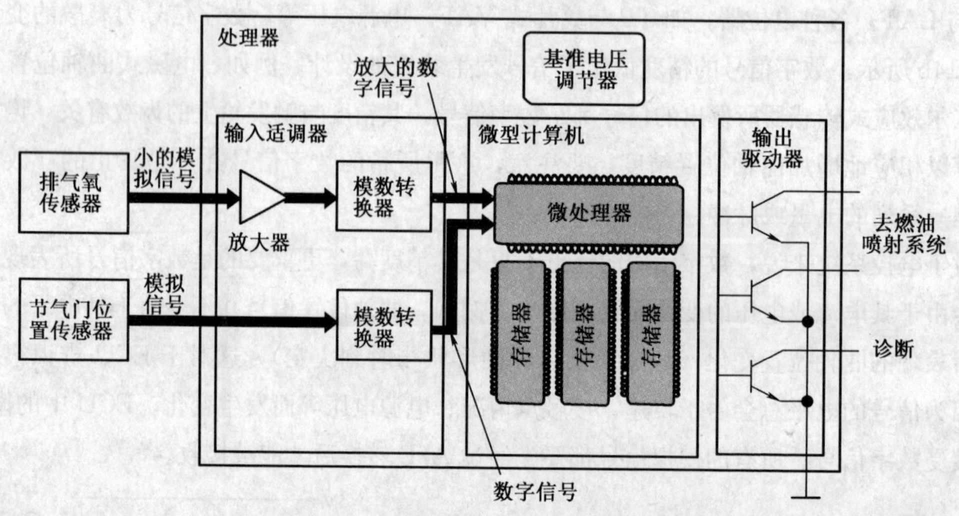

图 2—15 模拟信号转换为数字信号

由于 A/D 的原因，ECU 的输入级与系统的传感器数目、类型以及信号量程均有关，这也是 ECU 不能通用化的原因之一。

(4) **数字信号的输入**

经过整形和放大（或缩小）后的数字信号，即可通过 I/O 接口直接进入微机。曲轴转角信号取决于触发轮上的齿数，一般只有几十个齿，而发动机对点火与喷油的定时要求往往需要精确到 0.5。因此，微机内还设有分频器或脉冲发生器，将几十个曲轴转角脉冲转换为每转 720

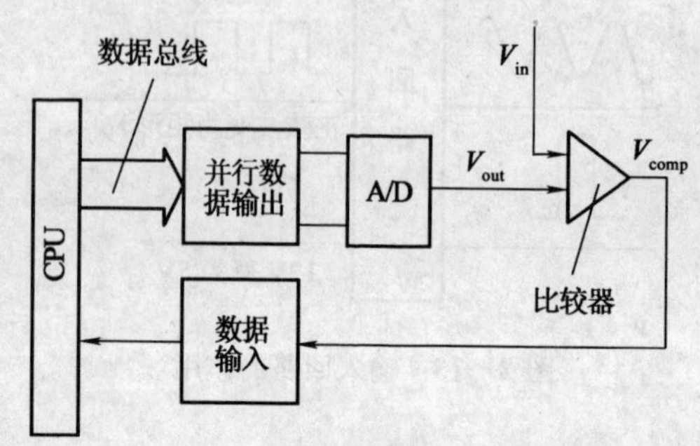

图 2—16 A/D 转换器的工作原理

个脉冲，从而提高了曲轴位置的分辨力。

2. ECU 中的微处理器

微处理器是各种汽车计算机控制模块或电子控制单元（ECU）的核心，如防抱死制动系统（ABS）、发动机控制系统、巡航控制系统和汽车动态控制系统的电子控制装置中都至少有一个微处理器，以实现其必需的控制功能。它根据三方面的信息决定输出的指令，即传感器的信息（发动机当前工作条件）、系统的控制策略（事先制定的对策）和内存中的各种数表（事先制定的目标值）。

ECU 所用的微处理器与通常的微处理器相比，除外部设备不同外其他均很相似，其组成如图 2—17 所示。

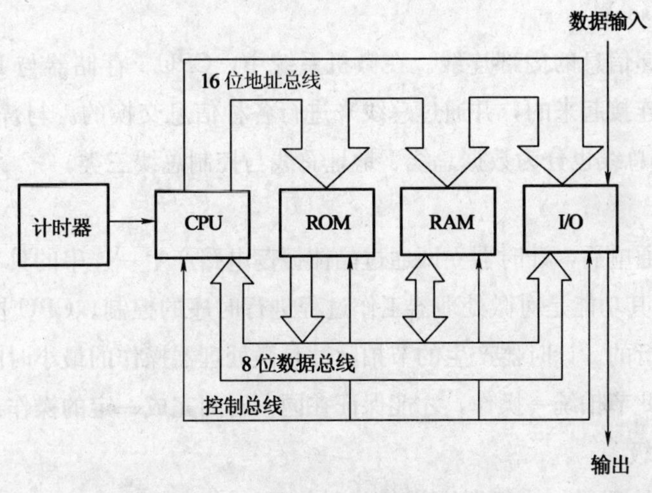

图 2—17　ECU 中的微处理器构成

目前常用 16 位或 32 位的 CPU 芯片。如 GM 公司 Buick 轿车的 PCM 采用 Motorola 68332 CPU，32 位；Ford EEC-Ⅳ的 PCM 采用 Intel 8061 CPU，16 位；Bosch Motronic ECU 用 Siemens CPU 80C517，16 位。

ECU 对 CPU 的运算速度要求很高。以 6 缸发动机的 SFI（顺序燃油喷射）系统为例，当转速为 6 000 r/min 时，每秒要处理喷油与点火各 300 次，每一次处理喷油与点火只有 3.3 ms 可用。在过渡工况下，CPU 大概要用 2.5 ms 来计算各缸不同的喷油与点火时刻（因转速变动较大），包括接收输入信号、处理信号、计算输出指令等，只剩下 0.8 ms 来做其他工作。在稳定工况下，CPU 还能有几毫秒的时间来处理其他工作，如怠速控制、排放控制、诊断等。因此，CPU 的速度必须满足程序的复杂程度以及转速的要求。程序越复杂，转速越高，所要求的 CPU 速度也越高。

发动机的工作是不稳定的。例如，正常运行时，可能会突然踏下加速踏板，或突然放开加速踏板。此时，CPU 必须快速响应这一动态变化，这就要求 CPU 要有合适的中断方式。

CPU 常用的中断方式可能有多种（如 Intel 8061 提供 8 种中断），CPU 决定何种中断请求是最重要的，然后将正在运行的程序暂时存入内存 RAM 中，而转向最重要事件的程序。

(1) 输入/输出接口 (I/O)

I/O 接口是 CPU 与输入装置（传感器）、输出装置（执行器）间进行信息交流的控制电路。根据 CPU 的命令，输入信号以所需要的频率通过 I/O 接口被 CPU 接收，输出信号则按所发出的控制信号的形式与要求通过 I/O 接口，以最佳的速度送出（或送入中间存储器）。输入/输出装置一般都要通过 I/O 接口才能与微处理器连接。因此，I/O 接口是 CPU 与外界进行信息交换的纽带。它是微机系统必不可少的部分，具有数据缓冲、电平匹配、时序匹配等多种功能。

(2) 总线 (Buses)

总线是一束传递信息的内部连线。在微机系统中，CPU、存储器与 I/O 接口是由若干组传递信息的总线连接起来的，并通过总线来进行各种信息交换的。与普通微处理器一样，ECU 中微处理器的总线也分为数据总线、地址总线与控制总线三类。

(3) 计时器

微处理器一旦通电后，计时器立即通过晶体振荡电路产生一连串的具有一定频率与宽度的脉冲送入 CPU。其功能是对微处理器工作过程进行时序的控制。CPU 执行指令是按精确的定时一步一步进行的。计时器产生的节拍脉冲是微处理器操作的最小时间单位，系统中各部分的元件都要按此节拍统一操作，才能保证在同一时间完成一定的操作。

3. ECU 的输出级

输出级是在微处理器与执行器之间起关联作用的装置。它的功能是将微处理器输出的电流很小的控制命令变成可以驱动执行器的控制信号，使执行器产生动作。微处理器输出的控制命令一般为数字信号，电流为毫安级。输出级具有控制信号的生成与放大等功能。通过输出级后，可以产生 4 种类型的输出（见图 2—18），以适应不同执行器或其他装置的需要。

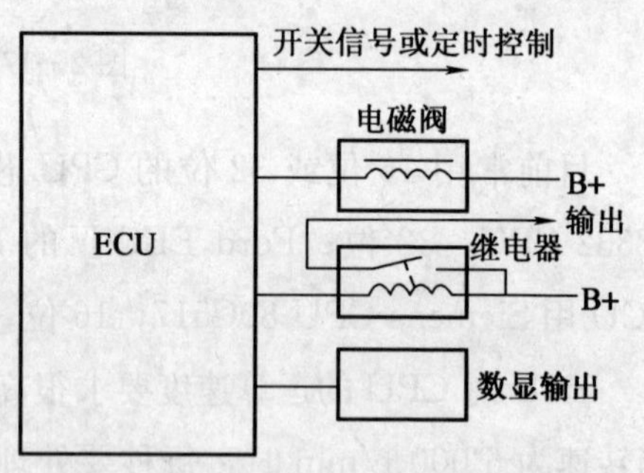

图 2—18 ECU 的 4 种输出方式

(1) 输出驱动器

输出驱动器的具体形式有很多种。图 2—19 所示为最常见的晶体管放大的输出驱动器示意图。电控系统的大部分执行器均直接由蓄电池提供电源，即一直带正 12 V 电压。ECU 要控制的只是执行器的接地端。当微机输出的电平加到晶体管基极后，晶体管导通，执行器工作电流即通过晶体管接地，形成回路。此时，微处理器的输出是一系列的电脉冲。当脉冲为高电平时，晶体管导通，喷油器喷油；当脉冲为低电平时，晶体管截止，喷油器停止喷油。

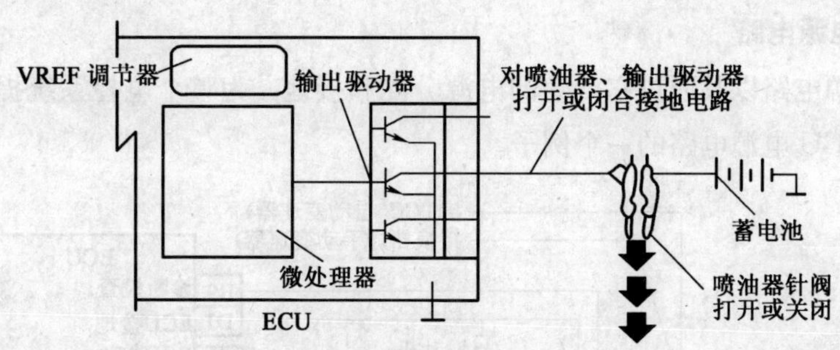

图 2—19　典型的输出驱动器示意图

微处理器只要控制这一电脉冲的形成，就可以使喷油器按需要的方式进行喷射时刻与喷油量均可控制的喷射。

(2) 脉宽调制信号 PWM

脉宽调制信号 PWM 是 ECU 常用的输出控制脉冲，如图 2—20 所示。PWM 信号处于高电平（ON）的时间占脉冲全部时间的百分比称为脉宽率（又称占空比），一个脉冲中高电平所占的时间称为脉宽。

PWM 经常应用的一种方式是获得稳定的平均电压。电控系统常用的电磁阀并不只有“开”“关”两种状态，当所受诸力平衡时也可以处于某一中间状态。如图 2—21 所示，电磁力取决于线圈电压的高低，电压越高，电磁力越大。只要调整线圈的电压，就可以移动电磁力与弹簧力的平衡点，而使电磁阀的磁芯稳定在任何中间位置。然而，对于微处理器来说，要输出可控的电压（模拟量）并不容易。微处理器最擅长的是处理数字信号，如图 2—20 所示，只要调整 PWM 的脉宽率（占空比），就可以得到 0～12 V 的任意平均电压，且精度可以很高。当然，当 PWM 信号用于这类电磁阀时也是有一定条件的，一是 PWM 的频率要较高，一般为 30～50 Hz；二是电磁阀的惯性较大，且只用于反应较慢的场合。这里，如果两个条件都能满足，PWM 的脉冲就不会使电磁阀振动，其工作将是平稳的。

PWM 应用的另一种方式是驱动喷油器。由于喷油器针阀质量轻、惯性小，针阀提升与落座很快，可在一个脉冲内完成，所以 PWM 信号的脉冲宽度决定了喷油期的长短与喷油量的多少。

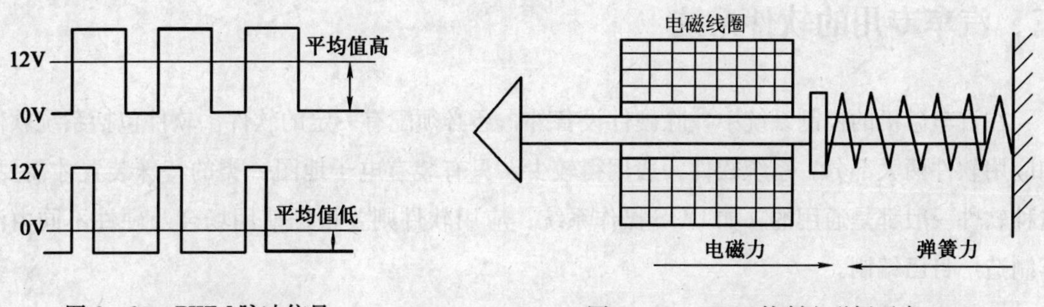

图 2—20　PWM 脉冲信号　　图 2—21　PWM 控制电磁阀开度

4. ECU 的电源电路

ECU 的电源电路以及通过它产生的电源分配和接地，为整个电控系统提供了电源。图 2—22 所示为 ECU 电源电路的一个例子。

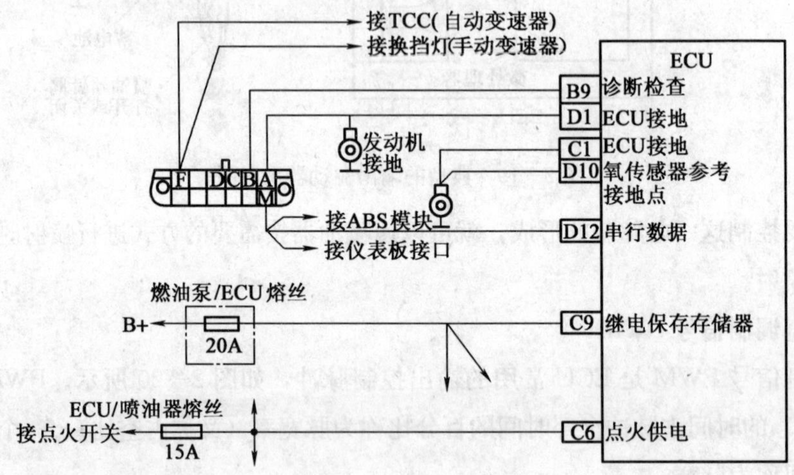

图 2—22　ECU 的电源与接地

在图 2—22 中，ECU 接头终端 C6 接收系统的电流。这一电流由点火开关控制，并串接 15～20 A 的熔丝。这一电源将被调节为 5 V 或 12 V，用于 ECU 内部的运行以及外部的一些运行（如传感器的参考电压）。当 C6 接收的电压低于 6 V 时，ECU 将不工作。

ECU 在点火开关断开后仍需要供电。这一方面是内部的 RAM 需要供电才能保存其中的信息，另一方面也是由于其他功能，如中央门锁等在停车时仍然需要工作。这一电源直接由蓄电池供给，通过 20 A 的熔丝输送到 C9 终端。C9 如断电，将使 RAM 中的所有信息，如故障诊断结果等全部消失。

ECU 的接地对其工作的可靠性也是十分重要的。为了得到可靠的接地，一般至少会有两个接地端子，如图 2—21 中的 C1 与 D1。为保证接地可靠，从接地端子到蓄电池负极的电压降一般应小于 500 mV。

三、汽车专用的软件系统

在汽车微机的控制系统中，除硬件设备外，还必须配有一定的软件。软件包括系统软件和应用软件两大部分。系统软件一般用得较少，只有装有电子地图一类的特殊装置才需要，这种软件一般都是通用的，如 DOS 操作系统；应用软件则要根据使用场合及硬件不同由汽车制造厂自己编制。

汽车微机控制系统中的应用软件主要是指为了过程控制或其他控制而编制的用户程序。这类程序一般实时性要求高，因此多数情况下采用汇编语言。

在微机控制系统中，控制对象都是不一样的，因此不仅控制系统本身的硬件配置不同，而且系统应用软件也各不相同，但控制应用软件必须满足实时性、针对性、灵活性、通用性和可靠性几个方面的基本要求。

单元小结

1. 计算机应包括硬件系统和软件系统。硬件系统主要有主机（中央处理器、内部存储器）、显示器、外部存储器、键盘和鼠标等。软件又分为系统软件和应用软件两大类。

2. 计算机在运行时，先从内存中取出第1条指令，通过控制器的译码器接受指令的要求，再从存储器中取出数据进行指定的运算和逻辑操作等，然后再按地址把结果送到内存中去。接下来，取出第2条指令，在控制器的指挥下完成规定操作，依此进行下去，直到遇到停止指令。这一原理最初是由美籍匈牙利数学家冯·诺依曼于1945年提出来的，故称为冯·诺依曼原理。

3. 计算机的常用术语很多，主要有：微处理器、微处理机、微型计算机、单板机、单片机、运算器、存储器、控制器、输入设备、输出设备、硬件、软件、中央处理单元CPU、读、写、只读存储器ROM、EPROM、读写存储器RAM、字长、内存储器容量、存取周期、运算速度、指令、定点、浮点、波特率、权、原码、反码、补码、地址、机器语言、手编语言、汇编语言、源程序、目标程序、高级语言、编译程序、子程序、主程序、转子、返主、断点、中断、堆栈、嵌套、模数转换A/D。

4. 在计算机中，数是以二进制形式表示和运算的，通常用八进制或十六进制来书写。十六进制在微型计算机中应用十分普遍。

5. 评价计算机的主要性能指标有：运算速度、字长、内存储器的容量、外存储器的容量、显示器及显示器的分辨率。

6. 中央处理器（CPU）是整台计算机的核心部件。它主要由控制器和运算器组成，是采用大规模集成电路工艺制成的芯片，又称为微处理器芯片。

7. 微机的内存分为只读存储器（ROM）和随机存储器（RAM）两种。在386以上的微机中，还有高速缓冲存储器，简称高速缓存（Cache）。

8. 微处理机和外围设备之间控制数据流动和数据格式的电路称为接口。简单说，接口就是连接两个电子设备单元的部件。接口通常分为并行接口和串行接口两种。

9. 汽车微机控制系统基本组成主要包括：传感器、电子控制单元、执行器三大部分。

传感器是将装置的物理参数转换为电信号（数字式或模拟式），用以监测装置的运行情况和环境条件，并将这些信号输送到电子控制单元。电子控制单元接收和处理传感器发出的各种信息，并对这些信息进行分析，发出一条或多条指令输送到执行器。执行器接收电子控制单元发来的各种指令，将电信号转变为执行元件的动作。

GUOJIA ZHIYEZIGE PEIXUN JIAOCAI

专业技能篇

单元 3　汽车音响的原理与检修

培训目标

本单元主要讲述汽车音响的原理与检修，通过本单元的学习，读者应：

◎掌握汽车音响的特点和类型；

◎掌握汽车音响的基本组成；

◎掌握汽车收音机、磁带放音机、CD 唱机、VCD 影碟机、DVD 影碟机的基本组成和工作原理；

◎了解汽车音响防盗系统；能正确进行音响防盗密码的设定、取消和解码；

◎掌握汽车音响检修的基本方法；

◎能正确对汽车收音机、磁带放音机、CD 唱机、VCD 影碟机和 DVD 影碟机进行故障诊断和排除。

§3—1　汽车音响的类型和基本组成

一、汽车音响的特点

汽车音响作为音响产业中不可缺少的一部分，已经从最早的单 AM（调幅）收音机，发展至具有 AM/FM（调幅/调频）收音、磁带放音及 CD 放音，并兼容 DCC 机、DAT 数字音响，形成了多功能、数字化、高技术、高性能、大功率输出的 Hi—Fi 立体声音响系统。它与家用音响之间既有共同点，又有很多独具的特殊点，归纳起来主要有以下几方面：

1. 外形体积受到限制

汽车音响的体积，按DIN标准（德国工业标准）规定为183 mm（长）×50 mm（高）×153 mm（深），在这有限的安装空间中，汽车音响一般使用高密度粘贴元件，采用多层立体装配结构方式。相比之下，家用音响的体积则不受此限制。

2. 在环境条件恶劣的情况下使用

汽车在不同等级的路面上行驶，致使汽车音响常受到震动和冲击；同时，汽车音响的安装部位又离发动机不远，故经常在温度较高的条件下（温度有时高达60℃）工作，这就要求汽车音响中的元件焊接装配绝对牢固，很多元件引脚均采用折弯焊接，个别元件还要用强力胶加以固定。

3. 采用低压12 V（或24 V）电瓶作直流供电

汽车中使用的音响，除了大型载重车以外，一般均为负极接地方式，且用12 V（或24 V）直流供电。若要求输出功率大，一般只有降低扬声器阻抗和将功率放大级连接成BTL桥接式负载方式。一般扬声器阻抗多为4 Ω，故在BTL工作方式时，可获得2×20 W RMS（有效值）功率。少数机器选用的扬声器阻抗只有2 Ω或1.6 Ω的特制规格，以获得更大的功率。由此就要求汽车音响的功率放大级应具有大电流线性良好、饱和压降小、效率高，并且具有过热、短路保护等措施，这与家用音响有较大的区别。

4. 抗干扰能力强

在整个汽车电器中，汽车发动机的点火装置以及各种电器都共用一个汽车电瓶，这就会通过电源对汽车音响的AM/FM接收产生传导干扰和辐射干扰。

汽车音响中都装有一个用以滤除上述干扰的CHOCK（扼流圈）元件，对电源进行滤波；而空间干扰则采用全密封的冷轧铁皮壳进行隔离。

个别高级汽车音响还装有专用于抗干扰的集成电路，用以降低外来噪声的干扰。

5. AM/FM接收灵敏度高，动态范围大

汽车音响对AM波段的接收灵敏度一般要求小于50 FV，FM波段的接收灵敏度要求小于3 FV。AM波段的自动增益控制（AGC）范围一般要求大于40 dB，且能承受1 000 mV大信号输入而不产生阻塞失真。否则，当汽车在高速公路上飞速行驶时，就无法保证正常的收听。对FM波段的调谐，则要求捕捉稳定可靠，更要求FM的灵敏度、S/N（信号噪声比）等都具有较高性能。无线电发射频率区分见表3—1。

6. 具有夜间灯光照明

为了方便夜间操作，汽车音响都设有透光照明按键，以照亮（内照明）各按键的操作字符、旋钮位置等。若有LCD（液晶）数字显示功能，其LCD的内照明还要求从各个角度观看无反射光，某些高档音响中还设有灯光照明亮度选择。

表 3—1　　**无线电发射频率的区分**

发射区分	频带区域		波段间距
AM 长波发射	150～288 kHz		美国：10 kHz，其他：9 kHz
AM 中波发射	520～1 710 kHz		—
AM 短波发射	2 300～26 000 kHz		—
FM 发射	日本	76.0～90.0 MHz	0.1 MHz 美国：0.2 MHz 欧洲：0.05 MHz
	日本以外	89.9～107.9 MHz	

7. 配用功率大、阻抗小、体积小的扬声器

与汽车音响相配套的扬声器多为 4 Ω，口径一般在 4～6 英寸（10.16～15.24 cm）之间（因其受安装空间的限制，故不可能做得很大）。扬声器的结构方式分为全频带、同轴二或三分频，功率约在 30～100 W 之间。扬声器引线很粗，接线柱采用镀银（镍）铜排，以降低接触电阻，减小线损。

8. 其他特殊要求

部分高档汽车音响中还具有多功能大屏幕 LCD 显示屏以及线路输出（LINE OUT）端口。其中，LINE OUT 端口可连接大功率专用汽车音响功放。还有一些高档汽车音响具有激光唱机输入（CD IN）接续端子和 CD 控制功能（微型数字盒式录音机 DCC、数字磁带录音机 DAT 信号也从 CD IN 进入），有 FADER（音量渐弱控制器）接口、遥控电源端等；某些进口的高级汽车音响还具有防盗功能，即在电源切断后 30 s 内可抽出主机带走，30 s 后电磁铁锁扣释放，主机被牢牢地锁在汽车车身上，从而使偷盗者无法拿走。

二、汽车音响的类型

汽车音响基本有 4 种类型，分 4 个档次，即普通型、中级型、高级型、超高级型。

1. 普通型汽车音响

普通型汽车音响来源于一些普通型车辆，原车安装和市场零售较多。这种机型一般机体较轻，机内线路布局比较单一，突出特点有如下几个方面：

（1）采用电位器开关启动电源。

（2）采用单片功放电路设计。

（3）采用微型压动开关完成收、放音转换。

（4）采用微型压动开关完成 AM、FM 频段的转换。

（5）采用刻盘指针移动指示选台位置，通过调谐器电感量的变化进行具体选台。

（6）采用基础型放音机械。

2. 中级型汽车音响

中级型汽车音响多数系原车安装，少量有市场零售产品。这种机型一般机体较重，机内线路布局相对合理，突出特点表现有如下几个方面：

（1）采用电位器开关启动电源。

（2）采用双片功放电路设计。

（3）显示屏显示由数字电路控制。

（4）采用微型压动开关完成收、放音电路的转换。

（5）采用电子电路控制 AM、FM 等频段的转换。

（6）采用“电脑”自动完成选台任务。

（7）采用基础型音响机械。

3. 高级型汽车音响

高级型汽车音响基本上是原车安装。这种机型一般机体较重，机内线路及放音机械整体结构复杂程度较高，突出特点表现在如下几个方面：

（1）采用电子电路控制机器电源开关。

（2）功放电路设有单片、双片、四片、八片（根据机型不同功放电路实际应用也不同）。

（3）显示屏显示由数字电路控制。

（4）采用电子电路控制收、放音转换。

（5）采用电子电路控制 AM、FM 等频段的转换。

（6）收音机选台是通过“电脑”自动搜索完成的。

（7）放音机械采用与原机设计相配套的结构。

4. 超高级型汽车音响

超高级型汽车音响是指 CD 激光唱机与收放机共用功放电路的机型，在汽车音响中凡与 CD 相关的机型均可列为超高级类型，其中包括单碟、六碟、十碟等。CD 激光唱机有下面几个特点：

单碟机：单碟机一般直接受到收放机主机的控制。

多碟机：多碟机一般存在两种控制方式，一种为有脉冲电路控制（受主机直接控制）；另一种为无脉冲电路控制（受遥控器控制）。

三、汽车音响的基本组成

汽车音响主要由主机（信号源）、扬声器、功率放大器（功放）、天线、显示器等组成（图 3—1），各零件分布位置如图 3—2 所示。

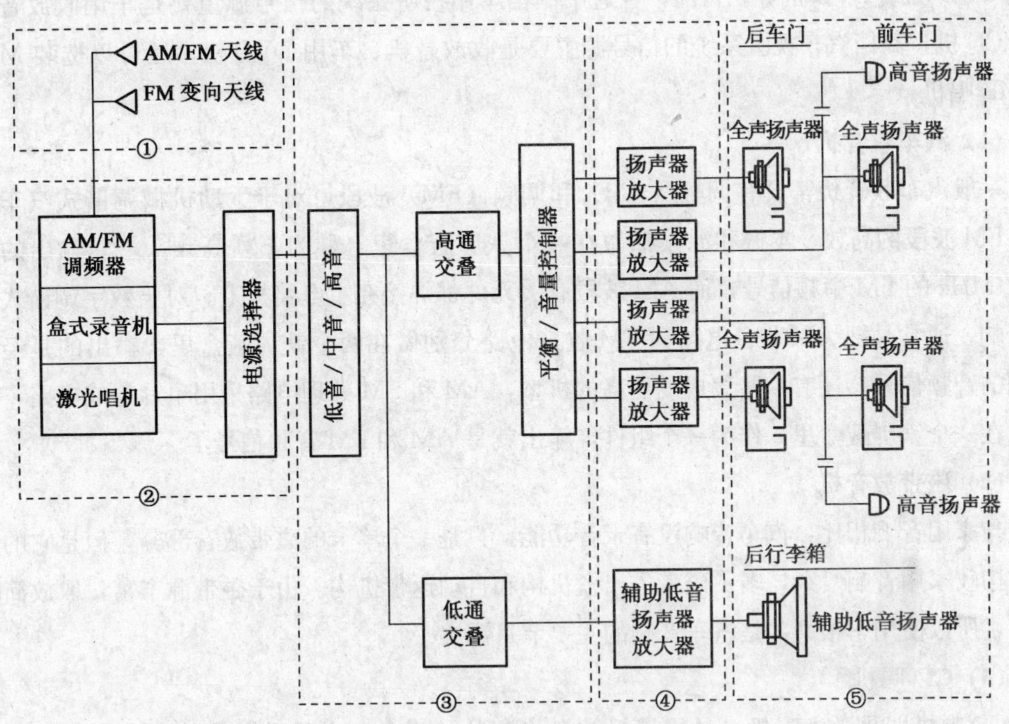

图 3—1　汽车音响的组成

①—天线　②—主机　③—均衡器　④—功放　⑤—扬声器

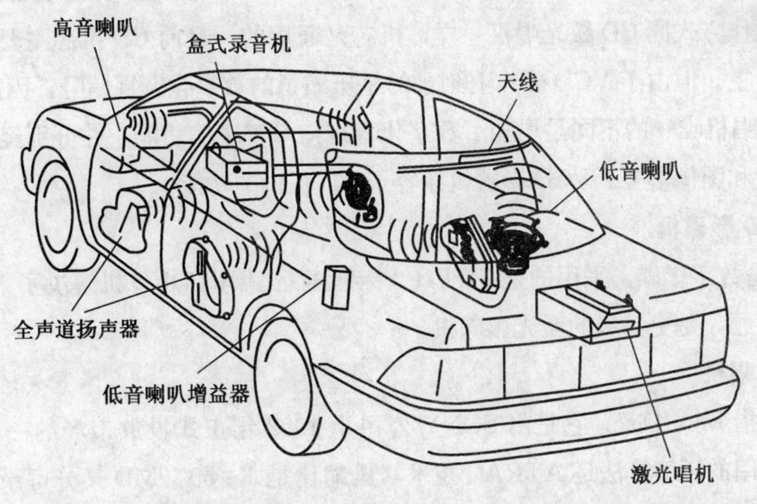

图 3—2　汽车音响各部件的分布位置

1. 信号源

信号源是汽车视听系统的节目源，包括汽车收音机（调谐器）、磁带放音机、CD 唱机、车用 VCD 机或 DVD 机等。目前，普通中低档车用视听系统的信号源主要是车用收放音机和 VCD 机，高档汽车视听系统的信号源主要是收放音机、车用 DVD 机，还可以选装 MP3 和 MD 唱机。

(1) 汽车收音机

一般汽车收音机都设有调幅（AM）和调频（FM）波段，对于手动机械调谐式汽车音响，FM 波段的高放、本振和混频都做在一个铁屏蔽盒里，称为 FM 高频头，它输出的是 10.7 MHz 的 FM 中频信号，而 AM 波段有关元件都焊接在主电路板上。对于数字调谐式汽车音响，通常是把 AM 收音电路和 FM 收音电路分别做在两个铁屏蔽盒里，输出的是经过解调的音频信号。还有一些集成度更高的机型，AM 和 FM 处理电路采用单片集成电路，将其做在一个铁屏蔽盒里，作为一个组件，输出就是 AM 和 FM 音频信号了。

(2) 磁带放音机

与家用音响相比，汽车音响没有录音功能，只是一个单卡的磁带放音部分，但是它的机芯结构较家用音响复杂，多了磁带进出盒机构和自动返带机构。由于磁带源丰富，取放简单容易，所以使用率很高，是汽车音响的主要节目源之一。

(3) CD 唱机

CD 唱机即是激光唱机，是用来播放激光唱片的设备。它是融激光技术、精密伺服技术、微处理器技术和大规模集成电路为一体的高档音响设备。

(4) VCD 影碟机

VCD 机是用来播放采用 MPEG-1 标准压缩编码的 VCD 激光影碟的设备。VCD 影碟机激光拾音器工作方式同 CD 激光唱机一样，机芯是通用的，目前 CD 机芯主要以飞利浦机芯和索尼机芯为主。但由于 VCD 碟片上刻录的是压缩了的数字化音视信号，因此，VCD 影碟机与 CD 激光唱机唯一的不同是增加了数字化音视信号解压缩功能，并分别经数模变换后输出模拟的声音和图像信号。VCD 影碟机兼容了 CD 唱机的功能。

(5) DVD 影碟机

DVD 即是数字影碟，采用的是 MPEG-2 标准压缩编码。DVD 机解决了 VCD 图像清晰度不够高的问题，是更高级的激光影碟机。

(6) MD 唱机

MD 即是指 Mini Disc，它是由 SONY 公司于 1992 年正式投放市场的一种音乐储存媒体。MD 所采用的压缩算法是 ATRAC 技术（压缩比是 1∶5）。MD 又分可录型 MD（有磁头和激光头两个头）和单放型 MD（只有激光头）。MD 是集磁、光、电、机于一体的高科技产品。它既具有 CD 的音质和长期保存性，又具有卡带的可录可抹性。

MD 光碟直径为 64 mm，尺寸只是 CD 激光唱片的一半，与 CD 不同，MD 被组装在一个 70 mm×70 mm 的保护匣子中，这样可以方便用手拿取，也可以保护盘片避免震荡和灰尘。MD 光碟可以储存 74 min（立体声）或 148 min（单声道）的音乐节目。

由于 MD 唱机体积小、可以反复擦录、具有强大的编辑功能，同时具有媲美 CD 唱机的音质和功能，使得 MD 唱机成为现代汽车视听系统的选装配置。目前车用 MD 主要有索尼、健伍等品牌。

(7) MP3 唱机

MP3 是 MPEG-1 Layer 3 压缩格式（1∶10）的缩写，是数码技术和网络化的产物，同时 MP3 是一种计算机音频文件格式。它的特点是生成的声音文件音质接近 CD，而文件大小却只有其十分之一。因此，原本一张光盘只能储存约 12～20 首的 CD 格式音轨，若存成 MP3 格式，则约可储存将近 100 首。汽车上一般不单独装用 MP3 唱机，而是在 CD 机内集成了 MP3 播放功能，用于播放 MP3 节目。目前，汽车电子系统和通讯装置正向网络化发展，装备一套具有 MP3 功能的音响系统，车主可以在任何时候，通过互联网下载自己喜爱的歌曲，使得汽车音响的个性化得到了充分的发挥。

2. 扬声器

扬声器俗称喇叭，它是能把电信号转换成声音的电-声转换器件，是汽车音响的终端元件。扬声器的种类很多，按换能机理可分为电动式（动圈式）、电磁式（舌簧式）、压电式等；按频响可分为高音、中音、低音和全频扬声器；按结构可分为内磁式和外磁式；按外形可分为圆形和椭圆形扬声器；按阻抗可分为 4 Ω，8 Ω，16 Ω 等扬声器；按口径，圆形和椭圆形扬声器又可分为不同的口径系列。一般来讲，扬声器口径越大，其功率也越大，低频特性也越好，但高频特性相对较差。目前汽车上因安装位置的限制，扬声器口径一般不超过 152.4 mm（6 英寸）。

其中电动式扬声器因性能优良，在音响设备中被广泛应用。汽车音响一般采用电动、外磁式圆形或椭圆形扬声器。内磁式扬声器没有磁场泄漏，多用于彩电和多媒体计算机，以防止漏磁干扰显示屏正常工作。家用音响一般采用 8 Ω 扬声器，为提高输出功率，汽车音响多采用 4 Ω 扬声器。

图 3—3 是电动普通纸盆式扬声器的构造。当音圈中流过音频电流时，在音圈的周围产生随信号电流变化的磁场，因永久磁铁和导磁芯柱是固定的，在磁铁的磁力作用下，带动纸盆分别振动，发出声音。

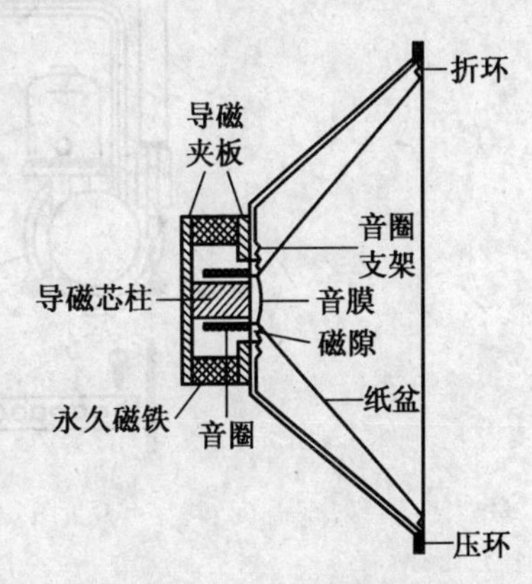

图 3—3　扬声器的构造

3. 功率放大器

功率放大器简称功放。其作用是将经过前级放大的音频信号进行功率放大（电流放大），用来驱动扬声器。信号放大是整套汽车音响中至关重要的部分，虽然大多数主机都内置功率放大器，但其功率和效果却无法与外置功放相提并论。

4. 显示器

车载显示器是视听系统必不可少的组成之一，目前轿车 VCD 或 DVD 使用的显示器一般均为液晶超薄显示器，而大型客车一般使用的是电视机。

5. 天线

车用天线是汽车收放机接收电台信号（AM 或 FM）不可缺少的信号来源。车用天线有固定拉杆式、后窗玻璃式、自动伸缩式几种。前两种都属固定式。固定拉杆式类似于收音（录）机中的短波和调频（FM）拉杆天线，仅是外形尺寸不同。后窗玻璃式天线贴附在后窗玻璃上方，就像除雾器的电热线一样，多用于轿车上，其特点是不能操作天线的升降，但安全性能好，没有风吹天线的啸叫声，寿命较长。自动伸缩式天线在一些高级轿车上使用，可用于将天线自动从其保护套中伸出或回收。它可以在打开汽车收放机开关的同时，通过电动机驱动，使车外天线自动伸出，关掉收放机时又使其自动收回。

自动天线的结构如图 3—4 所示，自动天线是使用永磁式电动机驱动升降的天线系统。这种永磁式电动机通过改变通电电流的方向可实现正转或反转。电动机通常经过一个减速器，再通过两块波形板来带动一根驱动绳，驱动绳一般是塑料制成，以避免无线电干扰，它和天线的端部相连，当天线收缩时，多余的驱动绳绕进靠近波形板的一个盘管中。天线的上下运动由一个双向开关控制输入电动机的电流方向，以改变其极性，使电动机按要求的方向转动。天线开关可以装在音响以外的地方，也可以和音响设备装在一起，以便自动操纵天线。

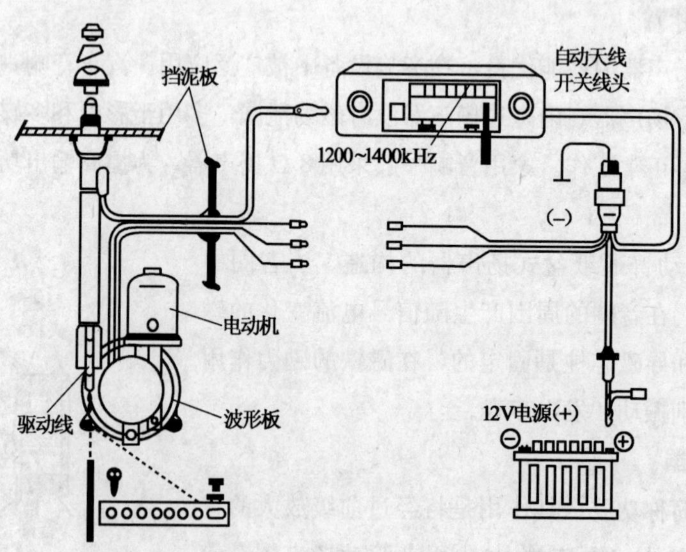

图 3—4　自动天线的结构

四、主要性能参数

1. 整机频率特性

频率特性又称频率响应特性或有效频率范围，它是指汽车音响能够重放音频信号的频率范围及在此范围内允许的振幅偏离量。汽车音响的频率范围越宽，振幅偏离越小，则频率特性就越好。

目前高档汽车音响的频率响应已达 20～20 000 Hz（±1 dB）。

2. 信噪比

信噪比指信号噪声比，它是指放大器输出的声音信号（S）功率（或电压）与噪声（N）功率（或电压）之比，信噪比越大，汽车音响性能越好。

目前高档汽车音响信噪比可达：CD＞90 dB；磁带放音＞50 dB；FM＞60 dB；AM＞45 dB。

3. 灵敏度

灵敏度指调谐器接收微弱信号的能力。它表示在规定的音频输出信噪比下，产生标准功率输出所需要的最小输入信号强度。其值越小，灵敏度越高，调谐器性能越好。

目前高档汽车音响的灵敏度可达：FM＜1.5 μV（在信噪比 30 dB 时）；AM＜15 μV（在信噪比 20 dB 时）。

4. 失真度

失真度主要指谐波失真，又称谐波畸变，它是指音响设备重放后的声音比原输入信号多出来的谐波成分，由放大器的非线性引起。失真度常用各谐波成分之和的有效值与原信号有效值的百分比来表示，因而又称为总谐波失真。音响设备除谐波失真外，还有互调失真、相位失真、瞬态失真等。

目前高档汽车音响的失真度可达：CD＜0.01%，收音＜0.1%（1 kHz，1 W）。

5. 左、右声道串音衰减

左、右声道串音衰减又称立体声分离度，它是指立体声放音设备的左、右声道信号互相串扰的程度，如果分离度过小，立体声效果将被减弱。

目前高档汽车音响的左、右声道分离度可达：CD＞75 dB；磁带放音＞40 dB；FM 立体声＞35 dB。

6. 选择性

选择性是收音机选择不同电台的能力的一项指标，它表明调谐器分离邻近电台的能力。选择性的规定方法是这样的：先将收音机调谐在某一电台信号频率上（如已知频率为 99.2 MHz），然后再将收音机调偏规定的频偏 $\triangle f$，逐渐加大输入信号强度，使收音机达到标准功率，将此时的输入信号强度与正调谐时的信号强度的比值换算成分贝表示，这个分贝数就是收音机选择性的标称值。

目前高档汽车音响的选择性可达：FM>70 dB；AM>40 dB。

7. 带速误差

磁带放音时是以 4.76 cm/s 恒速走带，只有都采用这一恒速走带标准，不同磁带的节目信号间才能互换使用。带速误差是以磁带的实际走带速度与标准走带速度之差的百分比来表示。普通家用盒式收录机带速误差为±（2%～3%），高档汽车音响带速误差达±1.5%。

8. 抖晃率

在放音时，磁带经过磁头时所产生的不规则运动而引起的放音信号频率变化称为抖晃率。抖晃率一般在 200 Hz 以下，通常听觉上能察觉到的音调变化较快的成分称为抖；把听觉上听到的音调变化较慢的成分称为晃；更缓慢的变化称为漂移。由于人耳对放音时音调的变化十分敏感，所以机芯的抖晃率是一项重要的指标。我国采用计权峰值计抖晃率，有的国家如日本，采用 JIS 标准，按计权有效值计抖晃率。汽车音响机芯的放音抖晃率一般<0.35%。

9. 输出功率

音响设备的标称输出功率即额定输出功率，是指应该达到的最低限度的不失真输出功率。普通汽车音响输出功率在 2×10 W 左右，中高档汽车音响在 4×30 W 左右，有些发烧友自行加装的带功放的低音炮功率可达 100 W 以上。

10. 计权

计权是表示音响性能指标的一个常用术语。因为人耳对声音的反应受多种因素的影响，测量时若加入听觉校正网络，则称为计权。常用的计权网络有上述的抖晃计权网络、315 Hz 计权网络（Y 网络）和 A 计权网络。

§3—2 汽车音响信号源

一、汽车收音机

无线电广播，就是把人的声音和音乐转变成电气信号，以电波作载体向远方传送的无线通讯，电信号以电波为载体的方式分为 AM 方式（振幅调制）和 FM 方式（频率调制）两种。AM 无线电广播，使用波长比较长的电波（频率低），在广播电台远方（数十至数千千米）可以接收，但能够发送的声音和音乐的频率带极其狭小，并易于受到周围电磁的干扰，所以失真度较大；FM 无线电广播，使用短波长的电波（频率高），距离广播电台近的地点（30～50 km）范围内，没有山或建筑物等遮蔽电波的障碍物的地方，可以期待获得不失真的信号。

其优点是不易受到外来干涉的影响，信号的频率域比 AM 要宽数倍（50～15 000 Hz），而且能同时进行 2 通道节目的立体声多重播送，可欣赏优美音乐。

1. 调谐器组成与功能

车用调谐器的主要任务是接收广播电台发送的调幅/调频广播信号，并对其进行加工处理后得到音频信号，传送给功放电路及扬声器还原成声音。调谐器包括调幅（中波和短波）接收电路、调频接收电路及辅助电路。

图 3—5 所示为调谐器电路结构、组成框图。上部为调幅接收电路，由天线、中波输入调谐电路、短波输入调谐电路、变频电路、中放电路和检波电路等组成。其主要作用是经输入电路从众多的无线电信号中选出所要接收的电台信号，经高频放大后送入变频级，达到变换载频的目的，变频级输出的是 465 kHz 的中频信号，利用中频放大器将幅度放大到检波电路所需要的幅度后，送入检波器。检波器对中频调幅波进行解调，得到音频信号，输入到放大器和扬声器还原成声音。

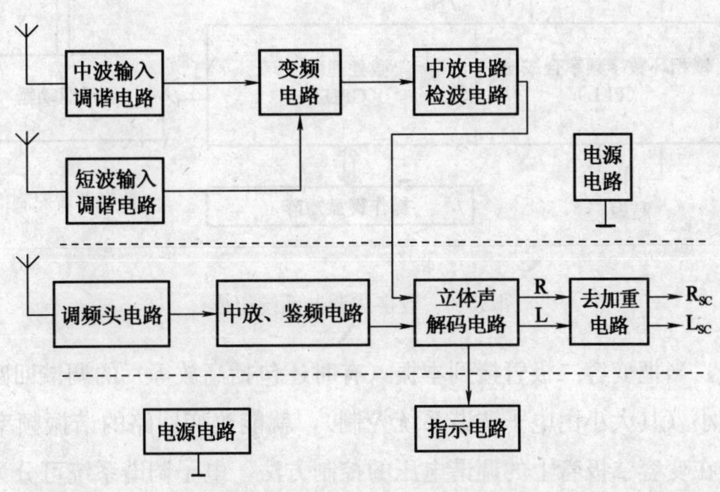

图 3—5　调谐器电路结构、组成

中部为调频接收电路，由调频头电路、中放、鉴频电路、立体声解码电路和去加重电路等组成。其主要作用是把输入电路选出的电台信号经过高频放大后送入变频级电路，变频级将载频变换成固定的中频，最后把中频信号送入放大器和扬声器，还原成声音。

辅助电路主要包括电源电路和指示电路等。

目前，国内外都广泛采用把调幅、调频电路集成在一体的集成式调幅调频调谐器。

2. 数字调谐系统

数字调谐系统简称 DTS，是在电子调谐系统的基础上发展起来的智能化调谐器，目前成为汽车无线电调谐器的主流。图 3—6 所示为数字调谐系统组成图。

电子调谐的简单原理是：在变容二极管的两端加上反向直流偏压时，其等效电容随反向

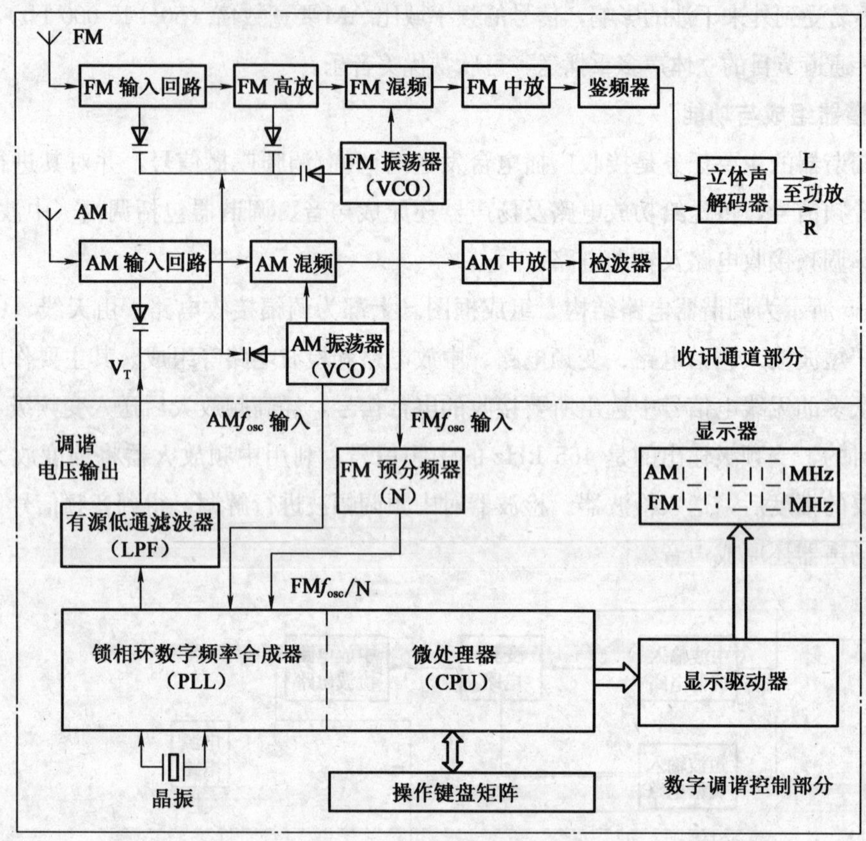

图 3—6　数字式调谐系统组成

偏压而改变。当把变容二极管接到本振（有时还包括高放等）的调谐回路上时，只要改变反向偏压的大小（其大小由电子调谐系统控制），就能改变回路的谐振频率，从而实现电子调谐。按施加在变容二极管上的调谐电压的控制方法，电子调谐系统可分为模拟式和数字式两类。其中模拟式采用电位器和电压记忆元件进行控制，数字式采用锁相环频率合成器或数模转换电压合成器进行控制。

数字调谐系统是按照相应的广播频率的数值来控制施加于变容二极管的调谐电压，进而对接收机调谐的一种方式。由于它适合于大规模集成化，具有多功能、低成本的特点，故已成为电子调谐系统发展的主流。

3. 汽车天线

(1) 柱式天线

柱式天线设置位置通常在车身前、后部或车顶等处。天线长约 1 m，较适宜于接收 FM 发射的波长，从 AM 发射波长来看则不适宜。柱式天线的类型有内装式和非内装型。

1）内装式天线　内装式天线又可分为电动式和手动式两种。其中电动式与调谐器的电源开关联动，使天线柱可以上下运动，当不需要时可收藏在车身内；手动式是与 FM 发射波的波长相配合，选择最适宜的天线长度。

2）非内装型天线　这种天线结构简单、价格低，但与车身造型有冲突，目前基本不用。

(2) 玻璃天线

玻璃天线是在汽车挡风玻璃的中间层埋入 0.3 mm 以下的细导线。玻璃与空气一样，可以看成高频绝缘体。但是，玻璃前后及周围被车身所包围，作为绝缘体面积不够大，所以，天线长度及形状不可能进行单纯理论计算。挡风玻璃从安全视野观点来看，最好配置导体，但是自由度小，所以通常使用后窗玻璃。后窗玻璃的 FM 用天线形状，由于汽车车身及玻璃形状受到微妙的影响，所以要进行匹配。AM 天线通过共用防干扰器发热导线，可提高接收灵敏度。

(3) 自动天线

高级轿车一般装用电动式自动天线，当开启收音机电源时，天线逐节自动伸出到顶，关闭电源时又自动缩回。

自动天线主要由壳体、直流永磁电动机、蜗杆蜗轮副、槽轮组件、接电盒、拉线和几节天线套管组成。与直流永磁电动机同轴的蜗杆与蜗轮啮合，通过摩擦保险器齿盘拉动拉线，使天线伸缩。蜗轮上带有主动销和锁止弧，使槽轮旋转，通过接电盘控制电路，使直流永磁电动机起动、停止、正反转，达到天线伸缩的目的。

二、磁带放音机

1. 磁带放音机的基本组成

车用磁带放音机与一般盒式录音机的结构组成基本相同，只是没有录音和抹音功能。其主要由控制面板、机芯、控制电路和磁带等部分组成。

2. 磁带放音机的原理

磁带放音的原理见图 3—7，录有音频信号的磁带，以录音时的恒速（4.76 cm/s）经过放音磁头的工作缝隙时，磁带上的音频剩磁的磁感应线通过磁头铁心形成回路。磁带不断经过放音磁头的缝隙时，铁心上产生的磁通密度也不断地产生变化，变化的磁场切割放音磁头的线圈，便在线圈两端产生感应电动势，在磁头线圈中产生感应电流。此感应电流的大小与原来录音音频信号电流的大小成正比，把这个微弱的感应信号送到音频前置放大器进行电压放大，再进行功率放大，最后推动扬声器放出原来的声音。

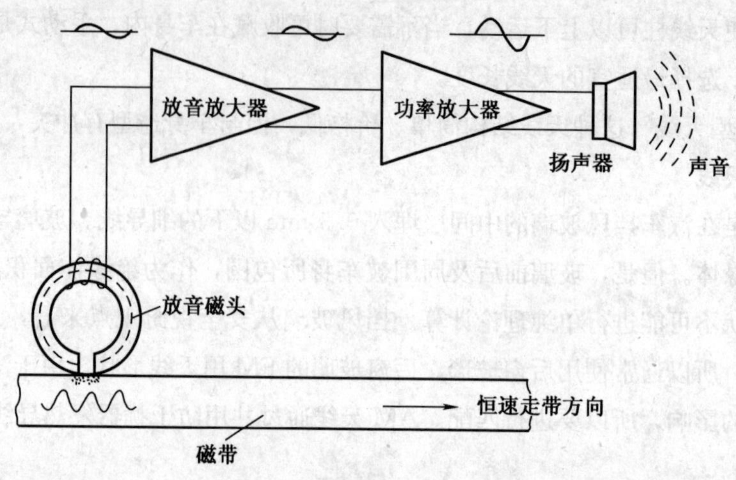

图 3—7　磁带放音原理

3. 机芯

(1) 机芯类型

汽车收放机机芯可分为 3 种类型：

1）低档汽车收放机机芯　这种机芯结构和功能简单，仅能单面放音，不能自动返转，多用于大货车或一般大客车，如 M310 机芯。

2）中档汽车收放机机芯　一般具有自动返带功能，采用高档四磁迹磁头或升降式二磁迹磁头，用于普通轿车、中高档轿车和旅行车，如 CDS36 机芯，用在 TB989A，PHLIPS RC186，DC155 等机型。

3）高档汽车收放机机芯　采用全逻辑或半逻辑机芯，具有自动返转、自动进出带，轻触式按键操作。如 PHLIPS DC596/RC518，DC589，RC418，RC358，RC508 等机型。

目前，中、低档机芯的社会保有量及维修量较大，占整个机型的 90%以上，下面着重介绍 CDS36 中档机芯的结构原理与维修。

(2) 机芯组成

磁带放音机的机芯主要由磁带定位仓、驱动电机、传动带、卷带轮、主导轴、压带轮、磁头等零件组成，如图 3—8 所示。

1）磁头　磁头主要由铁心、线圈、工作缝隙、屏蔽罩、固定支架及导带叉等组成，如图 3—9 所示。

铁心多采用坡莫合金、铁氧体、铁硅铝等高磁导材料制成，而对不绕线圈的抹音磁头，铁心可采用磁钢等硬磁性材料充磁而成。铁心被前后两个缝隙分割成两个对称部分。其中，铁心前部与磁带相接触的缝隙，称为工作缝隙，它决定磁头的频响特性、使用寿命等；铁心后缝隙的作用是为了录音时不易将铁心磁化到饱和程度。为了防止外磁场对内铁心的磁场干

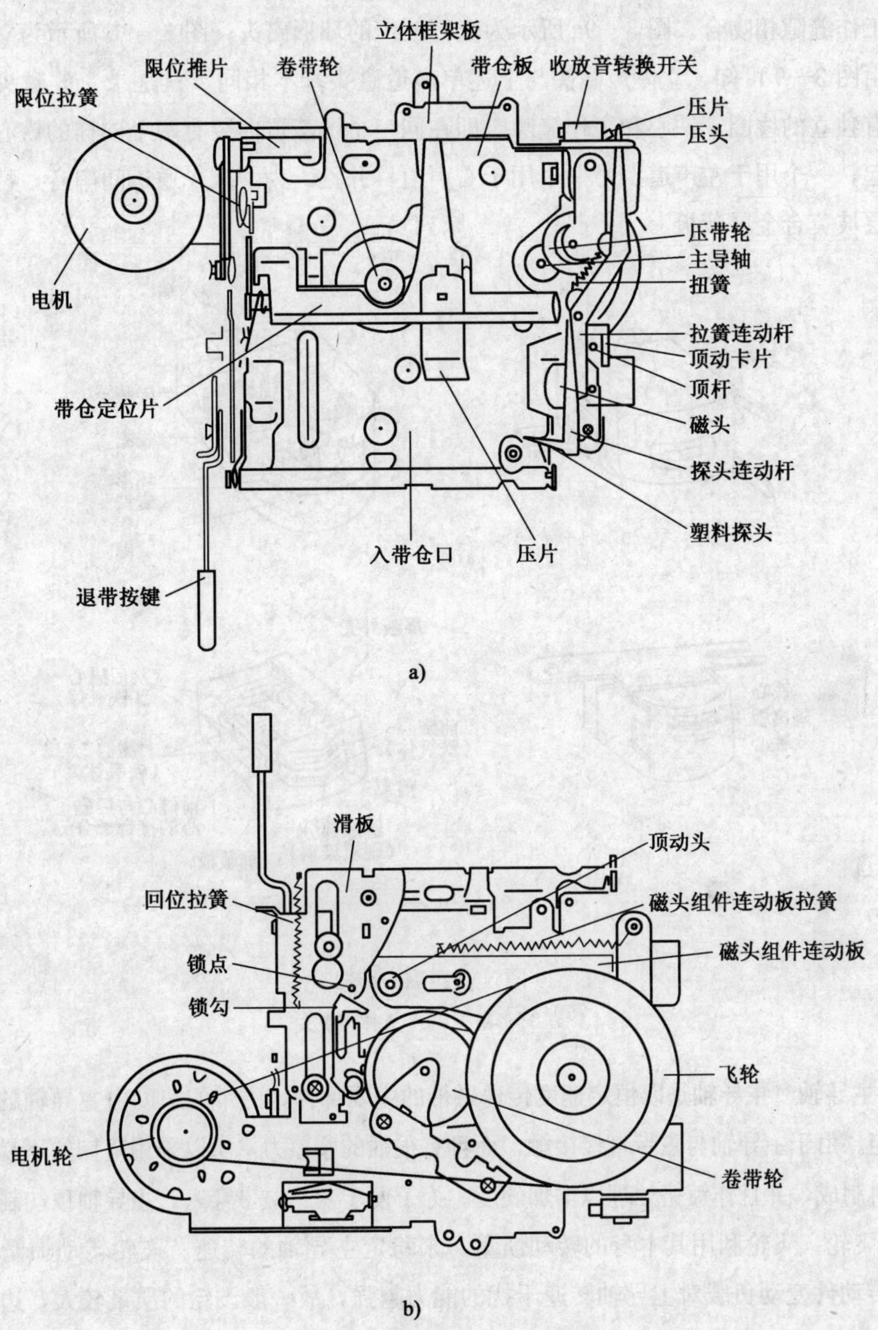

图 3—8　磁带放音机机芯组成

a）正面　b）背面

扰，磁头铁心都装在由磁导率很高的磁性材料制成的屏蔽罩中，并且磁头正面经过研磨抛光处理。线圈绕在磁头铁心上，其作用是供通过电流而产生信号。交直流抹音、录音、放音磁头及录放两用磁头线圈只有两根引线。导带叉固定在磁头外壳上，其作用是保证磁带行走时与磁头工作缝隙相吻合。图 3—9a 所示为流行较广的环形磁头；图 3—9b 所示为立体声磁头结构。由图 3—9 可知，立体声磁头与上述单声道磁头基本相同，只是录、放磁头中左右声道各具有独立的线圈、铁心和工作缝隙。即在同一个屏蔽罩内装有两个同样的铁心，上下叠装在一起，一个用于左声道，另一个用于右声道。并且，为了减少通道间串音，特在两铁心间加一层坡莫合金屏蔽板。

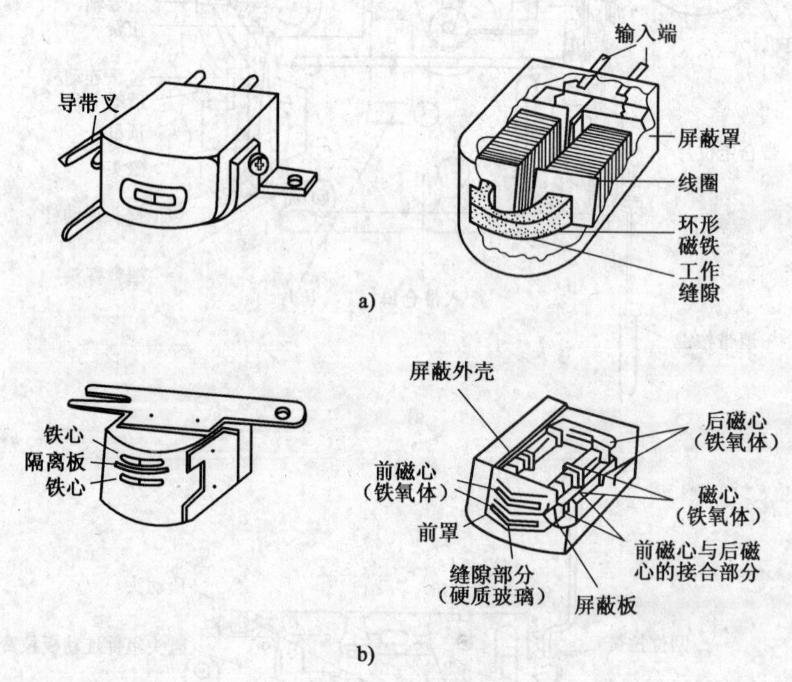

图 3—9　磁头结构

a）环形磁头　b）立体声磁头

2）主导轴　主导轴是以恒定速度传送磁带的主要部件，磁带的速度由主导轴的速度与其外径决定。由于主导轴与磁带直接接触，而且有很强的摩擦力，所以采用坚韧的不易磁化的不锈钢材料制成，并且作镀铬处理以增加硬度。为了便于盒式磁带穿入，主导轴顶端制成锥形。

3）飞轮　飞轮利用其本身的转动惯量，来稳定主导轴的转速。飞轮转动惯量越大，抑制中间传动件变动负载对主导轴转速干扰的能力越强，故一般飞轮的质量较大，边缘部分较厚（转动惯量与物体半径的平方成反比）。

主导轴与飞轮之间一般采用黄铜套紧配合安装，然后将飞轮主导轴体系一起安装在机芯底板上的含油轴承中。

4）压带轮　压带轮的作用是将磁带紧贴在主导轴上，使磁带能被主导轴稳速带动，在金属轮上套一个橡胶轮套，轮套的外形有宽压带轮和鼓压带轮等。其中鼓压带轮可避免走带时由于压带轮与主导轴间不平行而引起变形；宽压带轮牵引力较大，但易由于磁带两边压力不均匀而引起滑动。

压带轮的压力一般在 400 g 左右，压力过小时磁带运行中易出现打滑，造成抖动；压力过大时，会使走带速度变慢，也易引起主导轴变形，引起抖晃。

压带轮与主导轴必须严格平行，否则会引起磁带上下偏移，造成轧带现象。

5）传动带（橡胶带）　在带传动方式中，橡胶带是一种扰性连接元件，利用摩擦力将电机转矩传送给飞轮，使飞轮转动。采用带传动的优点是可以缓冲、隔离电机振动，过载时还能打滑，以保护录音机与磁带。

6）恒速走带机构　不同机型机芯恒速走带机构的原理基本相同。放音时，磁带是在主导轴和压带轮的驱动下，以恒定的速度和合适的张力经过磁头的，走带速度是 4.76 cm/s，同时走过的磁带要及时卷绕到磁带盒的盘心上。提供磁带一侧的盘心叫供带盘，卷绕磁带的盘心叫卷带盘。在快进或快倒时，驱动机构使卷带盘或供带盘快速旋转，带动盘心快速绕带。这些功能是由微电机输出力矩而实现的，微电机是驱动机构的总动力源。

为便于理解，将整个机芯驱动机构分为磁带恒速驱动机构、盘心驱动机构和进出盒机构三大部分。磁带恒速机构的功能是将供带盘上的磁带以恒定的速度牵引出来；而盘心驱动机构的作用是将恒速驱动过来的磁带及时卷绕到卷带盘的盘心上，它与磁带恒速驱动机构是一个互相牵连的有机整体。汽车收放机的磁带装载机构与家用产品不同，有专门的一套进出盒机构。

图 3—10 是磁带放音机机芯的主导轴驱动机构，电机转动时，通过一条橡胶带同时驱动两个主导轴转动，因电机内部有稳速机构，它以恒速旋转，所以主导轴也以恒速旋转。与此同时，压带轮以一定的压力将磁带压贴于主导轴表面，这样，磁带就以恒定的速度经过磁头。由图 3—10 中驱动带的绕向可知，两个主导轴的旋转方向相反，所以，即使电机的旋转方向不变，当两组主导轴与压带轮分别单独工作时，磁带是向两个相反的方向走带的。

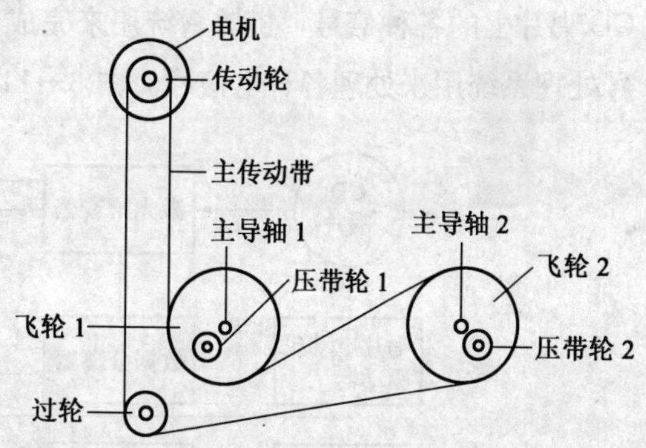

图 3—10　磁带放音机机芯的主导轴驱动机构

7）供、卷带轮及离合器机构　供、卷带轮及离合器机构是盘心驱动机构的重要驱动部件，除逻辑机芯没有离合器外，其他各种机构的供、卷带轮机构原理基本相同。磁带入盒后，磁带盒的供带盘心孔和卷带盘心孔分别插入机芯的供、卷带轴，两者相互啮合，带动供、卷带盘转动，在提供适当走带张力的同时，达到供、卷带的目的，在快速进带和快速倒带时提供绕带动力。

在放音状态，利用其自身的阻尼力给磁带以适当的反张力，使恒速驱动过来的磁带不至于松弛；在快速倒带状态，通过盘心驱动机构的齿轮啮合传动，使供带轮反向高速旋转，把磁带收回来。

在放音状态下，随着放音的进行，卷带盘上的磁带越来越多，直径越来越大，每转一周所卷磁带越来越多，磁带的线速度越来越大；而从主导轴与压带轮送来的磁带的速度是不变的，这需要卷带轴与其驱动齿轮间要有相对滑动，这由卷带轮组中的离合器来完成。卷带轴与卷带齿轮压合为一体，卷带帽套在卷带轴上滑转，力矩由压簧、压垫和摩擦垫传递，当磁带卷带直径逐渐增大时，压垫与摩擦垫之间开始打滑，使卷带帽转速降低。这种离合器摩擦力的大小由弹簧压力来调整。为保证可靠卷带，设计时应保证卷带直径最小时的磁带线速度略大于恒速走带速度（4.76 cm/s）。

三、车用CD唱机

车用CD激光唱机与普通CD唱机的结构大体相同，由激光拾音器拾取CD唱片上的数字信号，送入信号处理系统进行解调和纠错，经数模变换器变换为模拟音频信号输出。为了拾取信号的精确，还要配置有精密机械结构和伺服系统。这一切都在唱机所带的微处理器的控制下进行，可以实现放音、暂停、快进、快退、编程放音、自动选曲、一曲或多曲重放等多种功能，操作方便，使用灵活。

CD唱机由光学系统、机械系统和电信号处理系统三大部分组成。光学系统用来拾取CD唱片上的各种信号，机械系统用来完成CD唱片的运转及激光拾音器的循迹运动，电信号处理系统用来处理各种电信号。图3—11为CD唱机结构框图。

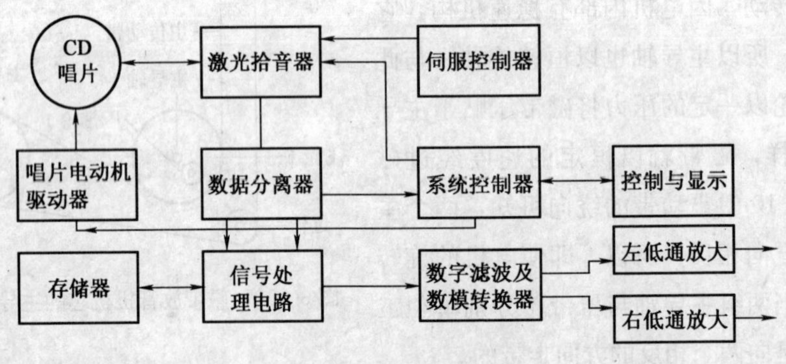

图3—11 CD唱机结构框图

1. 激光拾音器

激光拾音器简称“激光头”，它是激光唱机的关键部件，主要是发射激光和接收由CD唱片表面反射回来的光信号并进行光电转换。激光拾音器分为三光束系统和单光束系统两种，索尼机芯多采用三光束系统，菲利浦机芯多采用单光束系统。

2. 转盘电动机驱动器

CD唱片上记录的信号从里向外呈螺旋状分布。重放时，拾音器以1.2 m/s恒定线速度进行循迹扫描。当拾音器在唱片的里圈循迹时，唱片的转速很快，随着播放的进行，唱片的转速均匀变慢。这就要求驱动电动机的转速从 500 r/min 逐渐减至 200 r/min。这项工作由控制电路通过电动机驱动器来完成。

3. 数据分离器

激光拾音器输出的电信号经过前置放大后，送入数据分离器。数据分离器能正确地识别 0.9～3.3 μm变化的几种信号的长度和彼此的间隔，从而分离出各种信号代码，并产生时钟信号。

4. 数字信号处理及数模（D/A）转换器

数字信号处理电路的作用是将代表音频信号的数字信号进行解码，变成音频信号。处理过程是：从激光拾音器输出的电信号，首先变成标准脉冲编码，然后经数字滤波器滤除噪声，再送入 D/A 转换器，还原成音频信号。数字信号处理电路还将演奏时间、曲目等信号及激光系统的数据控制信号送到微处理器，进行系统控制。

5. 伺服系统

激光唱机中的伺服系统主要是聚焦伺服、循迹伺服和进给伺服。激光唱片在旋转中，由于机械结构的精度及唱片本身的翘曲、偏心等，将会在垂直方向（聚焦方向）产生±1 mm 的偏移，也会在径向方向（循迹方向）产生±0.1 mm 的偏移。为了确保激光点正确地跟踪唱片的坑点轨迹，必须采用聚焦伺服和循迹伺服。

（1）聚焦伺服

聚焦伺服是利用从反射光中检测出的误差信号，驱动聚焦物镜沿光轴方向移动，跟踪唱片的上下波动，使激光束准确聚焦。

聚焦伺服电路主要由聚焦误差检测、相位补偿及驱动电路组成，如图 3—12 所示。唱机接通电源后，开启激光的同时，由 CPU 发出启动信号，由聚焦控制逻辑电路输出聚焦伺服控制信号，接通聚焦搜索开关，断开聚焦误差环路开关。聚焦伺服搜索放大电路输出锯齿波搜索信号，驱动物镜致动器中聚焦线圈，强迫物镜上下移动，这就是通常看到的开机时物镜上下动三次。当唱片和物镜之间的距离接近锁定聚焦范围时，聚焦误差检出电路有信号输出，此时搜索开关断开，聚焦误差环路开关接通，聚焦伺服环路闭合开始工作。聚焦误差检测系统提供物镜偏离最佳聚焦的方位和大小的信息，一经聚焦误差检出电路放大、相位补偿后变成物镜致动器中聚焦线圈的电流，产生的磁场对物镜产生垂直方向作用力，使物镜向最佳聚焦的方向移动，达到自动聚焦的目的。

聚焦伺服的原理是：在反射光路径中的柱面透镜使光束形成图像，图像的形状随唱片的上下波动而改变，再由四只光电二极管组成的光检测器测定光量分布的变化情况。当聚焦准确时，四只光电二极管上的成像为圆形。这时，各光电二极管接收的光量相同，聚焦误差为零，聚焦伺服电路使拾音头的物镜保持不动。如果光束聚焦不正确，形成的检测光点将变为椭圆，使四只光电二极管受光量不相等，这时，光检测器将产生大小和极性不同的聚焦误差信号，聚焦误差信号经放大处理后，控制聚焦线移动，调节拾音器物镜在垂直方向的位置，使其聚焦准确。

(2) 循迹伺服

循迹伺服原理类似于聚焦伺服，也是从反射光中提取误差信号，用来控制光点沿径向的移动，以准确跟踪坑点轨迹的移动。循迹伺服电路主要由循迹误差检测、相位补偿和驱动等电路组成，如图 3—13 所示。图中的循迹伺服控制信号是用于开机后的快速自由选曲，让整个激光唱头沿唱片径向作大幅度的移动，以便移到唱片上的选定部分播放。进给伺服控制信号是根据用户在唱机面板上的按键输入信息，由微处理器发出的，其驱动输出送往进给伺服电机，通过滑动或摆动臂机构实现对激光唱头的进给控制。当选曲结束，激光唱头进入选定的循迹跟踪范围时，由微处理器发出循迹跟踪伺服控制信号接通循迹跟踪伺服环路，进入循迹跟踪伺服。循迹误差检测提供物镜偏离纹迹中心的方向和大小的信息，经相位补偿和驱动等电路后变成物镜致动器中循迹跟踪线圈的电流，产生的磁场作用力使激光唱头物镜沿径向移动，从而实现精确的纹迹跟踪。

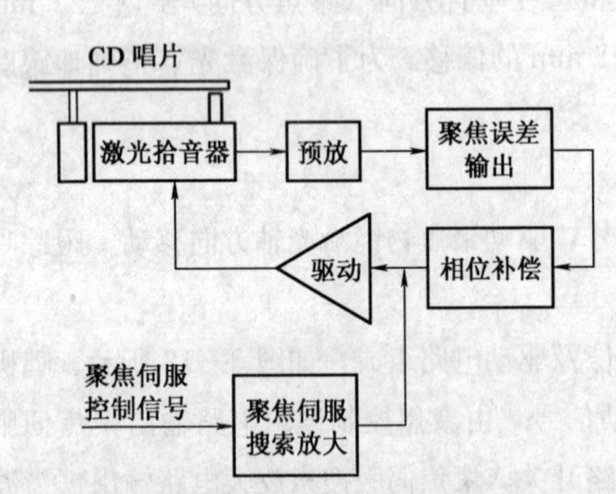

图 3—12　CD 唱机的聚焦伺服器电路原理

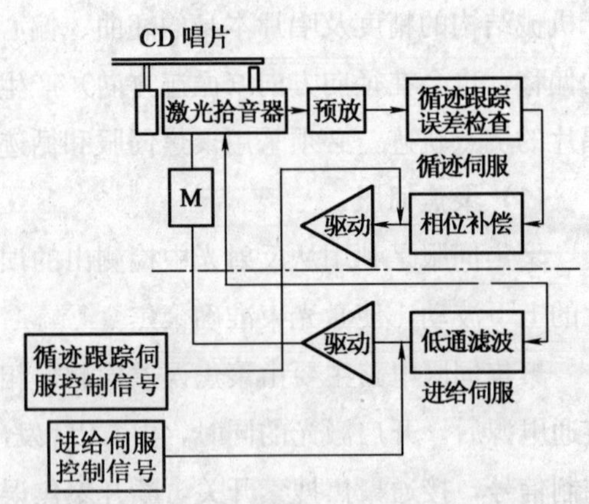

图 3—13　CD 唱机的循迹和进给伺服器原理

6. 信息存储和控制显示系统

激光唱机的信息存储和控制显示系统是为了便于操作和显示放唱时间、曲目等信息而设置的。它有放音、快进、快退、停止、暂停、记时和音量指示等多种功能。信息存储系统由微处理器组成，它可以事先编排节目次序进行存储，然后按存储内容进行播放。

由于激光拾音器是通过激光从唱片上拾取信号的，所以它不仅能实现电唱盘不能做到的快进、快退、暂停等操作，而且还能做到快速正向、快速反向寻找乐曲段落进行重放。

四、车用 VCD 影碟机

车用 VCD 影碟机是构成汽车视听系统的重要组成，是移动影院的视频信号源。目前中、大型的长途客车和旅游客车上普遍装用了车用 VCD 系统，而且为了使用方便，一般都还配有多片式自动换片机。

车用 VCD、DVD 等激光影音装置与普通 VCD、DVD 的结构、组成基本一致，主要区别是机芯集成度更高，结构更紧凑，具有防振功能。如图 3—14 所示，VCD 影碟机主要由 CD 机芯、伺服电路、系统控制电路、MPEG-1 解码电路、PAL/NTSC 编码器、音频电路和 RF 变换器等构成。

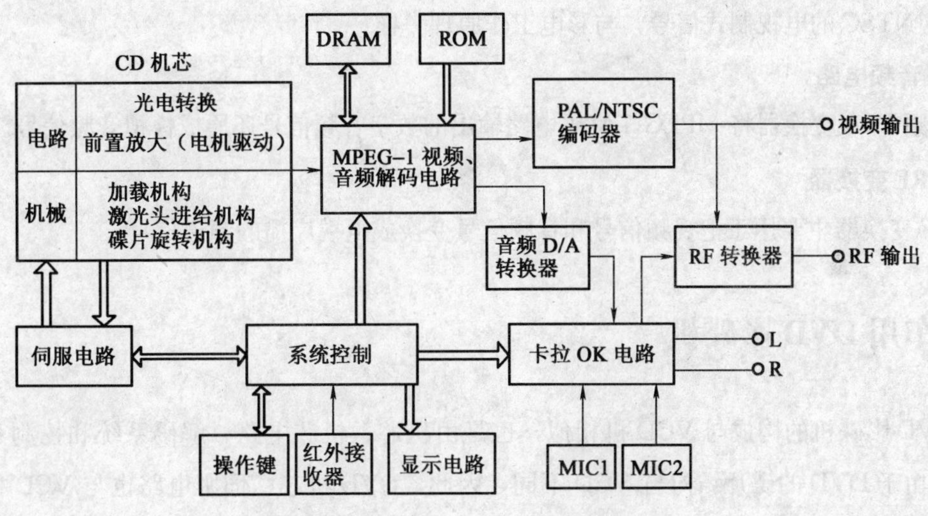

图 3—14　车用 VCD 影碟机的基本构成

1. CD 机芯

这部分与 CD 机相同，主要由电路部分和机械部分组成。电路部分主要包括光电转换电路、前置放大电路和驱动电路。机械部分主要由光盘加载部分、激光拾音器进给机构和碟片旋转机构组成。

2. 伺服电路

伺服电路用于保证激光拾音器从光盘上准确地拾取信息。它包括：

（1）聚焦伺服电路：通过聚焦线圈控制激光拾音器的上下移动，以保证激光聚焦在光盘上的信息轨迹面上。

（2）循迹伺服电路：通过循迹线圈控制激光拾音器的水平微动，以保证激光焦点沿着光盘上的信息轨迹移动。

（3）进给伺服电路：通过进给电机驱动电路驱动进给电机，以便带动激光拾音器沿着光盘上的信息轨迹从最内圈移动到最外圈，或使激光拾音器进行跳跃式移动。

3. 系统控制电路

系统控制电路用于控制 VCD 机按用户的要求进入各种工作方式，操作电路设置在操作板上，操作板上还有红外接收器和显示器，接收遥控操作指令，显示 VCD 的工作方式、播放节目和时间。

4. MPEG-1 视、音频解码电路

这是 VCD 的核心部分，主要用于将压缩的视频和音频信号还原成未经压缩的视频和音频信号。一般它具有 32 K 的只读存贮器（ROM）和 4M 的动态随机存贮器（DRAM）。

5. PAL/NTSC 编码器

通过用户对系统控制电路操作，按用户的要求，把 MPEG-1 解码出的视频信号编排成 PAL 或 NTSC 的电视制式信号，与彩电工作原理一样。

6. 音频电路

音频 D/A 变换器将 MPEG-1 解码电路输出的数字音频信号还原成模拟音频信号。

7. RF 变换器

RF 变换器主要用于把视频信号和音频信号变换成电视广播的频道信号。

五、车用 DVD 影碟机

DVD 影碟机的构成与 VCD 机相似，也是由机芯、机芯电路、解码系统和控制系统组成。但由于 DVD 的碟片结构与 VCD 不同，因此，DVD 机芯、伺服电路也与 VCD 机的不同，如图 3—15 所示。

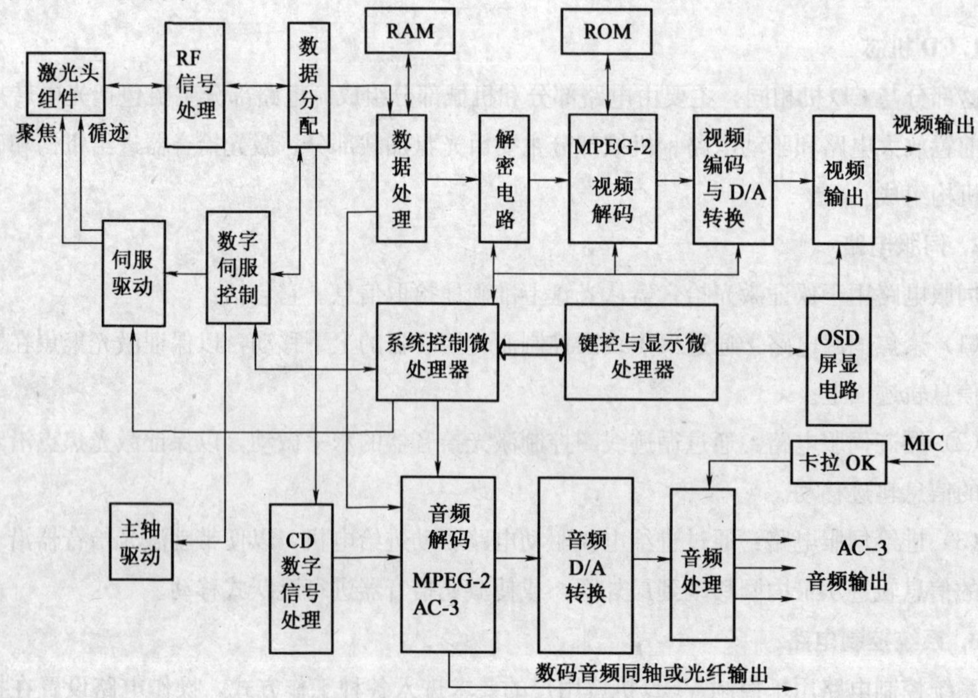

图 3—15　车用 DVD 影碟机的基本构成

1. 机芯

包括激光拾音器、RF 前置放大电路、数字伺服控制电路几个部分。

DVD 机芯激光拾音器上的激光二极管的激光波长为 650 mm/635 mm，数值孔径为 0.6（CD/VCD 的激光波长为 780 mm，数值孔径为 0.45），其目的是为了兼容播放 DVD 和 VCD、CD 碟片。

日本松下和先锋等公司的 DVD 采用双聚焦式激光拾音器，利用全息一体化球面成形技术，使激光拾音器的物镜起两个透镜的作用，形成两个激光点，分别读取 DVD 和 VCD 信号。东芝公司采用双物镜式激光拾音器，利用两个折射率不同的物镜，以机械方式进行转换。三洋公司采用液晶光圈或衍射晶格遮光式激光拾音器，通过改变光圈的大小，来改变透镜孔径的大小，使激光束焦点变化。索尼公司采用双激光拾音器，分别读取 DVD 和 VCD 信号。

2. 数字信号处理器

包括 EFM 解码、RS-PC 纠错、输出 MPEG-2 数据流等电路。

3. MPEG-2 解码器

包括 AC-3 数据流的分离，MPEG-2 视频解码，视频 D/A 变换输出亮度 Y 和色度 C 信号、复合同步信号。有的机型具有电视制式编码器，将 Y 和 C 信号加上色度副载波信号、色同步信号，变换为 NTSC 或 PAL 制式全电视信号输出。

4. 杜比 AC-3 解码器

将 AC-3 数码流解码，通过音频 D/A 变换，输出 5.1 声道模拟音频信号，或将 5.1 声道合并为双声道立体声输出。也可以不进行 AC-3 解码，直接将 AC-3 数据流通过光导数字音频输出端输出或通过同轴插座输出。

5. 控制系统

整个系统的工作都是在微机 CPU 控制下，在 ROM 和 DRAM 的配合下完成快进、快退、搜索等功能。

§3—3　汽车音响防盗系统

一、汽车音响防盗系统的功用

汽车中、高档音响视听系统都具备多种防盗功能，例如前面介绍过的可隐藏控制面板和可拆卸控制面板等，但是目前使用最多的还是设置防盗密码。一旦出现音响视听系统被盗或在使用和维修过程中拆下蓄电池电缆、蓄电池严重亏电、音响熔断器烧断等使系统非正常断电的现象，音响视听系统就会锁止，必须按照正确步骤输入正确密码后，系统才能正常工作。如果多次输入错误密码，将会导致音响被永久锁止。所以一旦音响被锁，首先要找到音响密码，然后按正确的方法输入密码。

二、自动锁死的条件

高级汽车音响，均具有防盗功能，一旦出现以下情况之一，防盗系统就工作，自动锁死音响：

情形一　音响被盗；

情形二　更换蓄电池；

情形三　音响熔断器断路；

情形四　拔开音响插头，音响电源中断。

三、音响解码

1. 音响防盗密码的形式

音响防盗密码主要有两种形式：

形式一：固定密码，如欧宝、奔驰、宝马等车系。

形式二：可变密码，如凌志 LS400、丰田大霸王等车。

固定密码和可变密码均是通过防盗系统中的音响防盗集成块（E^2PROM）来进行控制的，也有的防盗系统集成于音响 CPU 中。防盗集成块（E^2PROM）具有读、写、字擦除、片擦除及数据时钟功能，它与主机共同控制音响防盗功能。

2. 音响防盗密码的存贮

音响防盗密码主要用以下几种方式存贮：

（1）存贮在防盗集成块（E^2PROM）内

这种存贮方式最典型，有 80%以上的机型采用此方式，其保密性强，例如奔驰、日产、三菱、大众、美国车等车系。

（2）存贮在单片机 ROM 里

解这种方式的密码是输入生产厂家提供的 6 位或 5 位通用码即可。由于这种机型有公用密码，而公用密码越多，其保密性越差，所以这种密码存贮方式的保密性较差，解密不需用专用工具。主要车型有丰田车系、奥迪车系等。

（3）复合存贮

解这种方式的密码是通过用固定方法来查取密码。其保密性最差，个别车型甚至可以不用密码，就可把音响防盗系统解开，又不破坏电路。采用此方式的车型有现代、英国捷豹（JAGVAR）、英国路华（ROVER）、部分宝马、部分本田等。

3. 音响解码的基本方案

（1）输入防盗密码。按照要求，人工输入正确的防盗密码，使系统恢复正常工作。

（2）更换防盗系统集成块。更换音响系统防盗密码集成块，重新设定新的防盗密码。

（3）消除音响系统的防盗功能。采取使防盗系统集成块失效的方法消除防盗功能，此方法可能会造成系统损坏。

（4）输入通用密码。当音响系统电源接通后，输入该车型音响系统的通用防盗密码。例如凌志 LS400 的通用密码有 180－824、241－239、279－239、283－689 等十几组可供选用。

4. 音响防盗密码的设定、取消与解码

各种车系音响防盗密码的设定与取消方法有所不同，但其基本相似，下面以丰田凌志轿车音响为例（图 3—16），进行介绍。

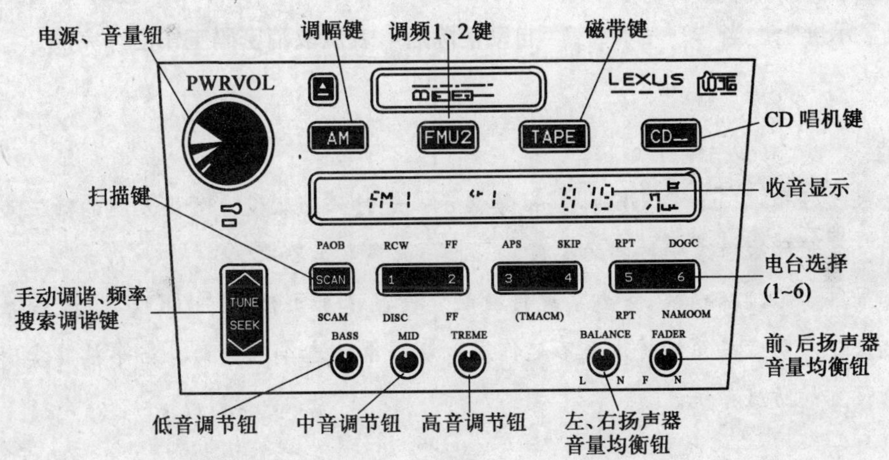

图 3—16　丰田凌志轿车操作面板

(1) 密码的设定

用户应选择对自己来说易于记住的数字，如生日等某个重要日子，并记入笔记本，但决不能放在车内。

第一步：将点火开关置于“ACC”挡，并使音响系统处于关闭状态。

第二步：按左边 1　2 中的“1”键和右边 5　6 中的“6”键，再按“PWRVOL”键，直到显示屏上显示“SEC”。

第三步：先按 TUNE/SEEK 键，再按 1　2 中的“1”键，音响录放功能指示信号将在显示屏显示。

第四步：重复按[1 2]中的“1”“2”键和[3 4]中的“3”键，即可输入欲设置的3个数字密码。如设置的密码为420，则必须按[1 2]中“1”键5次，[1 2]中的“2”键3次，[3 4]中的“3”键1次。

第五步：密码数字显示后，按SCAN键，直到显示“SEC”，“SEC”自行消失后，防盗系统即已设置；如果按错键，显示屏上将显示“Err”。在显示“SEC”之前，可以从第三步重新操作。防盗系统一经设置，点火开关处于“OFF”状态时，防盗指示灯将亮起来；点火开关转至“ACC”位置时，显示屏上将显示“SEC”。

(2) 取消防盗密码

在车辆卖出时，原车主必须为新车主取消原密码，新车主才能正常使用音响系统。

第一步：点火开关处于“ACC”状态时，音响处于关闭状态。

第二步：按左边[1 2]中的“1”键和右边[5 6]中的“6”键，再按“PWRVOL”键，直到显示屏上显示“SEC”。

第三步：当辨识密码显示在液晶显示屏上时，按下“SCAN”键，直到“------”显示在液晶显示屏上。当“-------”自动消除后，表示取消密码工作已经完成。

注意：

◆如果按错键，“Err”“SEC”将陆续显示，这时必须从设置防盗系统的第三步开始操作。“Err”显示的次数表明按错的次数，“Err”最多显示9次。

◆如果第10次按错键，防盗系统将被触发，显示屏上显示“HELP”，音响系统指示灯也亮起来，表明音响系统将彻底不起作用。请联系凌志车经销商。当车被转卖时，一定要取消所设置的防盗系统。

(3) 解码

1）输入防盗密码法　凌志LS400轿车上装备的收音机储存了6位防盗密码，前3位由生产厂家设定，丰田汽车公司存档，后3位由用户设定并应记牢。

如果电源从音响系统中断开，防盗系统也将被激活而起作用。防盗系统起作用时，即使给音响系统重新供给电源，“SEC”仍将出现在液晶显示屏上，且音响系统不能正常工作。在出现这种情况时，只要输入正确的辨识密码，对音响系统进行解密，便可使音响系统恢复正常工作。

凌志LS400轿车输入防盗密码的步骤如下：

第一步：先按TUNE/SEEK键，再按[1 2]中的“1”键，音响录放功能指示信号将在显示屏显示。

第二步：重复按[1 2]中的“1”“2”键和[3 4]中的“3”键，即可输入欲设置的 3 个数字密码。如设置的密码为 420，则必须按[1 2]中“1”键 5 次，[1 2]中的“2”键 3 次，[3 4]中的“3”键 1 次。

第三步：显示屏上显示密码后，按 SCAN 键，直到“SEC”显示；“SEC”自行消失后，防盗系统即被重新设置，音响系统亦恢复正常。

注意：

◆如果按错键，在显示“SEC”之前“Err”将显示，须从头开始操作。

◆汽车进行维修时，在不知道收音机后三位密码的情况下，千万不要断开收音机电源。如必须断开蓄电池电线或更换蓄电池，可先将“汽车保护神”插入点烟器座，“汽车保护神”的结构是 9 V 电池串联一只二极管，二极管的作用是阻止蓄电池中的电流流进电池。当拆掉蓄电池电线后，由 9 V 电池给收音机提供电源，此时决不能打开任何用电设备，否则 9 V 电池的电能会很快耗尽。也可以根据“汽车保护神”原理自制一备用电源，并联在任一火线接柱与地之间。

2）输入通用码法

第一步：将点火开关置于“ACC”挡，并使音响系统处于关闭状态。

第二步：同时按住音响的电源开关和[1] [4] [6]键，此时屏幕出现“SEC”。

第三步：再同时按住音响的向上键和[1 2]中的“1”键，此时屏幕显示：△— — —。

第四步：此时可输入通用码前三位数字，三位数字分别从[1] [2] [3]键输入。例如要输入 512 这三位数则在[1 2]中的“1”键按 6 次，在[1 2]中的“2”键按 2 次，在[3 4]中的“3”键按 3 次（即按的次数比要输入的数字多 1），此时屏幕就会显示出 512 数字。

第五步：继续按住向下键和[1 2]中的“1”键，屏幕显示：▽— — — 。

第六步：继续输入通用码的后三位数，三位数分别从[1] [2] [3]键输入。例如要输入 810 这 3 位数，则在[1 2]中的“1”键按 9 次，在[1 2]中的“2”键按 2 次，在[3 4]中的“3”键按 1 次，此时屏幕就会显示出 810。

第七步：按确定键[SCAN]，3 s 后屏幕变暗，说明音响已被解开。

注意：

◆如果输入有错，或输入的密码无错而且不是对应该音响的码，此时音响是打不开的，屏幕即显示“E1”（E1 表示已输入的一组码音响没有打开，要继续输入第二组码再试；如输入第二组码仍未能打开，则屏幕显示 E2，依此类推。如果连续输入五组码都未能打开，音响会自动断电关闭，这时要等 15 min 或更长一点的时间从头试解或再用未用过的码来试解）。

◆特殊情况的输入方法（当同时按住向上键和 1 2 中的“1”键，屏幕显示“— — —”时为特殊情况）。按照上述程序第四步的输入数字法输入前三位数，等到这三位数字在屏幕上消失，再按照上述程序第六步的输入数字法输入后三位数字。

3）更换控制音响的 IC 芯片法　这种方法就是更换控制音响密码的 IC 芯片。拆开音响电路板，在磁带卡座后方位置有一八脚的、带有 PDH001 或 PDH004 字样的 IC 芯片，这就是控制音响密码的 IC（图 3—17）。

用电烙铁将 IC 芯片引脚焊开，更换一个相同型号的空白 IC 芯片，就可以重新使音响工作，但丧失了防盗功能。

注意：在焊 IC 芯片接脚时应注意电路板的散热，一般可采用电吹风机来散热，以免损坏电路板。

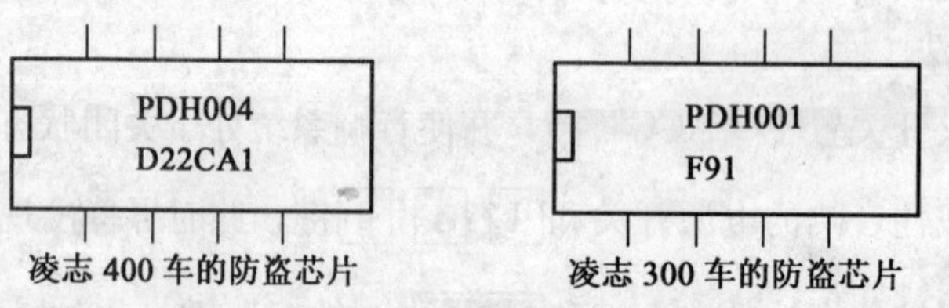

图 3—17　凌志轿车音响防盗芯片

§3—4　汽车音响的检修

一、汽车音响检修基本方法

1. 询问法

接到报修机器后，首先要问明机器的损坏经过，这有助于分析故障、判断故障，从而对快速排除故障起到启发和引导作用。

日常维修中接到报修机器基本有两种情况：一种是确有故障，另一种是假故障现象。

假故障现象是指：冬天机器处在冷状态时，录音带放音会出现“跑调”现象，当汽车行驶一段时间后机器放音又能够恢复正常。这种现象不属于故障范围，其原因主要是机械传动带受冷硬缩运行不畅，引起“跑调”，当车体温度升高后传动带受热软化，便能顺畅地运行在传动轨迹上，故障现象也就随之消失。

通过问明机器损坏的经过，可以区分故障是属于人为造成还是偶然形成，并通过人为和偶然来判断出故障的具体位置，这样就可把故障范围缩小到最小。例如：机器开关处在关闭状态中，他人不知而又从入带仓口推进一盘录音带，由此造成带仓变形使得原带仓中的录音带退不出来的故障，这时便可断定故障出在机械上。另外，当行车途中偶然加大油门，机器突然断电，由此可以断定故障可能出在供电线路上。

所以，询问机器的损坏经过，会避免在维修中盲目寻找故障点，少走弯路。

2. 直观法

直观检查方法，是维修行业最基本的检查方法，它是面对报修机器实行具体维修的第一步。通过直观检查可以直接发现机器线路上是否存在明显的故障现象。例如：是否印制电路板烧断、某点线路翘起，是否有烧黑、烧断、烧裂的元器件，集成电路是否在通电时烫手、发出糊味，是否机内线路焊点脱焊、螺钉松动等。总之，通过直观可以迅速查找到故障点，对快速排除故障会起到先导作用。

3. 具体位置定位法

所谓定位法，是指弄清线路上具体部位的作用，也就是确定哪一位置是收音线路，哪一位置是放音线路，哪一位置是功放电路。

由于汽车音响多数机型不带图纸，机内电路板上也较少有特定的标注，指导参考资料缺乏等，所以会有一种维修无从下手的感觉。对此，可通过机器线路上一些元器件所在位置来确定各线路的具体位置。例如：可根据中周所在位置确定出收音线路，可根据磁头上的对接连线来确定放音前置级电路，可根据散热片来确定功放电路，可根据变压器（扼流圈）确定出电源位置。

确定高档机型线路的不同位置也可按上面方法进行，但准确定位不同线路位置不是直观可以实现的，因为高档机型线路微型元件电压分向控制比较微妙，电子开关电路多级推动12 V开关位置多变。因此，确定电子开关电路的电源开关位置，应从设在前面板上的控制开关轻触按键处着手，并顺线路回查，这样基本可确定电子开关电路的位置。

能够准确定位汽车音响不同电路的组成，会快速查找到发生在不同线路上的故障，从而实现排除故障的目的。

根据汽车音响的典型故障实例分析，故障基本可发生在下面五个部位：机器电源，机器功放，收音电路（高档机还包括显示屏），放音电路（包括机械），电子开关控制电路。

当能够对上述部位确定以后，就可针对不同故障现象进行认真的检修，把故障归位到某一故障线路上，然后排除故障。

4. 顺线跟踪查找法

顺线跟踪查找法是在没有线路图样和指导参考资料的情况下唯一的一种检修方法，也就是，当对机器线路能够分辨出具体作用后，从不同故障线路位置跟踪查找，直至查找到故障点。

由于汽车音响的故障突出表现为“断路”，所以根据线路上电压的走向进行查找是很有必要的。前面已对常见汽车音响线路电压走向控制有过讲述，就是，线路电压走向控制基本有三个位置，即电源位置、收放音转换位置、AM和FM转换位置。当能够认定故障发生在上面某一线路上后，均可通过电压控制点顺线路进行跟踪查找。例如：一台普通型汽车收放机的故障现象为放音正常，收音不响。对这例故障的检查，应首先把万用表负表笔接在机壳上，然后打开电源开关，用正表笔（其表笔端头处焊有缝衣针）在收音线路上划动，这时万用表将有两种现象产生，一种现象是线路上有电压存在，另一种现象为无电压存在。

如果这时万用表指针有动态表现，则说明收音线路有电压存在，此时可检查天线是否插在机器天线座上，天线内线是否断。

如果这时万用表指针没有动态表现，则说明收音线路电压断路，应检查收、放音转换开关收音点位置。如收音点焊点正常，就可顺该点线路回查，直至查找到故障断路点，基本是可以找到损坏元件位置的。

顺线跟踪查找法运用在修理汽车音响上是一种基本的和行之有效的方法，对快速排除故障起到决定性的作用，如果维修顺手，它将比有电路图更加快捷。

5. 信号注入（干扰）法

信号注入法是指用信号发生器输出的信号，按照电路由后级到前级的顺序，分别将音频、中频、高频信号注入相应测试点，观察扬声器的发声情况，以判断故障部位。如果没有信号发生器，可人为地给上述相应部位注入一个干扰信号，称之为干扰法。常用干扰信号有以下3种：

（1）在有交流供电的地方，人体就会感应出50 Hz的交流音频信号，可以手拿一个尖镊子，去碰触电路中的测试点，扬声器会发出“喀喀”声。

（2）用指针式万用表的10 V或50 V直流电压挡，黑表笔搭铁，用红表笔断续碰触测试点，不仅可以达到注入干扰信号的目的，还能测量出测试点的电压，一举两得。

（3）在电路的后级，如果是上述第二种干扰方法，扬声器发出的“喀喀”声很小，可用万用表的电阻 $R\times1$ 或 $R\times10$ 挡，用万用表内的电池作为干扰源，此时，因脉冲幅度大，扬声器会发出较大的“喀喀”声。但要注意表笔碰触测试点的时间不要太长，以免打坏万用表头。

这种方法对于扬声器只有“沙沙”声而没有电台和一侧声道无声特别有效。

6. 电压测量法

电压测量法简单易行，在汽车音响检修中应用广泛。为判断故障可能出现的范围或故障范围被缩小到某一级电路时，可对该级电路的核心器件（三极管或集成电路）的引脚电路进行测量。测量时要先测电源（供电端）电压，再测关键点电路，然后测量其他引脚电压，如果供电都不正常，测得的其他电压就无意义了。

测量电压时应注意，有些集成电路的引脚电压随工作状态的不同而不同，也有的与有无信号及信号的强弱有关，标准值一般是无信号时测得的，有信号时测得的是动态值。

7. 电流测量法

电流测量法是通过测量整机或某一部分的电流数值，并与正常值比较，以此来判断故障部位。电流测量需断开所测电路，将电流表串入电路中。

电流表按测量方式可分为整机测量和部分电路测量；按信号状态可分为静态测量与动态测量。测量结果可分为偏大和偏小（或无电流）两种情况。电流偏大说明电路中有短路之处，动态电流偏大常是电路中有自激造成；电流偏小说明电路中有断路之处。

比如某机烧断熔丝，可将电流表串入烧断的熔丝两端，开机测量整机电流值，如果测量结果偏大，可逐级断开各负载，如果断开某级负载后电流恢复正常，说明该级负载有短路之处。

8. 电阻测量法

电阻测量法是指测量元器件及电路中各点之间的电阻值的方法，尤其是在电路中存在短路或开路性故障时，这种方法很有效。可分为开路检查法和在路检查法：开路检查法是指把元件的一只引脚或整个元件从电路板上焊脱下来，如测量扬声器的阻值，还有以前介绍的电阻、电容、二极管、三极管的测量均属开路测量。此法虽然比较麻烦，但不受周围电路影响，测量结果准确。在路测量是指在印制电路板上测量，单个元件的测量需用数字表；如果测量集成电路的在路电阻，需用指针式万用表，并且要分两次测量，第一次用一只表笔（如红表笔）接集成电路的搭铁脚，另一只表笔（黑表笔）测量其他各引脚的电阻，第二次两表笔互换。把两次测量结果与正常值比较，只要有一次测量值与正常值不符，就说明此集成电路或其外围元件有问题。

用电阻测量法检查时，应断开音响电源，这里并不只是断开电源开关，而是应断开音响的电源连接插座。

9. 割断法

割断法对短路性故障特别有效，是指把被怀疑部件焊开，或把被怀疑的单元电路的供电断开，可以焊开零件的一只引脚或拆除元件，也可以割断电路板。如果割断后测量电路的阻值或电流恢复正常，说明故障就在该级。

10. 交流短路法

所谓交流短路法，是指将音频信号交流短路到地，这种方法对排除噪声的故障特别有效。在试验时，为防止短路后破坏放大器的直流工作点，可用一只 100 μF 的电容将音频信号短路到地。测量时常以音量电位器的中心抽头为分界点，如果将音频信号短路后噪声消失，说明故障在检波前的高、中频电路；如果噪声没有消失，说明故障在低频电路。

11. 升温法

此方法适用于开机工作一段时间后才能正常工作或开机一会儿才出现的故障，可用电烙铁在距被怀疑元件 5 mm 左右处对其进行烘烤加热，当烘烤到某元件时，故障消失（或出现），说明该元件不良。

12. 降温法

此方法适用于开机工作一段时间后才出现的故障，可用镊子夹蘸有酒精的棉球，对被怀疑的元件进行冷却，当酒精棉球放到哪一个元件上故障消失时，说明该元件不良。

13. 元件替代法

如果经以上检查能判断或怀疑哪个元件有问题时，就应该试换该件。对于开路性故障的元件，如电阻、电容等，代换时不必焊下原件，可把新件并接在故障件上，或将新件焊在电路板背面。对于其他情况的元件如漏电的电容，损坏的二极管、三极管，需先焊下原件，再更换新件。

元件替代是检修过程的最后一步。

已介绍了汽车音响检修的 13 种方法，在检修过程中，并不一定每一次各种方法都能用到。但以上方法是检查故障的次序，是总结出来的经验，按此步骤检修即可提高检修质量、加快检修速度，少走弯路。上述步骤可总结为：先外表、后内部；先观察、后检修；先电源、后电路；先低频、后高频；先干扰、后测量；先电压、后电流；先调试、后更换。

二、车用收音机检修

1. 收放音均完全无声

所谓完全无声，是指电源开启后扬声器一点动静都没有，用耳朵贴近扬声器，连一点“沙沙”声也没有。这种故障常出现在电源、扬声器或功放电路，检修流程如下：

（1）普通机型：打开收放机电源，观察工作指示灯是否点亮，如果灯未点亮，检查电源开关、熔丝、外部连线；如果灯已点亮，用干扰法碰触音量电位器中心抽头，如确认仍无声，说明故障在低放、功放级。检查静音电路是否动作，必要时断开静音电路。检查功放 IC 及其外围元件。

（2）数调机型：打开收放机电源，观察显示屏是否点亮。如果灯未点亮，检查电源开关、熔丝、外部连线。电源由 CPU 控制的机型（如 TB9112）还应检查 CPU 供电与电源控制电路。如果灯已点亮，观察是否有波段、内容显示，如果有内容显示，检查 CPU 供电、晶振及收放状态信号是否正常。如果显示屏点亮且显示内容正常，应检查静音及功放电路。

2. 无论收音还是放音，扬声器只有“沙沙”声

扬声器只有“沙沙”声，说明功放电路基本正常，用干扰法碰触音量电位器中心抽头，如果扬声器发出正常音量的“喀喀”声，说明功放电路正常，因调幅 AM、调频 FM 和磁带放音电路同时损坏的可能性不大，所以这种故障往往是音量、音频控制电路故障，如引线脱焊等。

3. 收音无声，放音正常

检查收、放音状态转换开关的收音触点是否接触良好；检查收音电路的供电电阻是否断路、滤波电容是否短路。某些电调谐机型还应检查电子音源选择控制是否正常。

4. 放音无声，收音正常

检查收、放音状态转换开关的放音触点是否接触良好；检查放音电路的供电电阻是否断路、滤波电容是否短路。如果供电正常，可用干扰法从磁头引线到后级逐级检查，以判定故障范围。某些电调谐机型还应检查电子音源选择控制是否正常。

5. 调幅 AM 收音无声

（1）普通机型：检查调幅收音电路供电，如果不正常，检查波段转换开关是否接触不良。如果供电正常，用干扰法由后向前逐级碰触 AM 通道有关测试点，以判定故障范围。

（2）电调谐机型：检查 AM 调谐器的供电 B+端，如不正常，检查 CPU 控制的波段转换电路；如正常，再测量调谐电压 VT 在搜索电台时是否在 1～8 V 间变化，检查 AM 本振输出到 CPU 本振输入回路中的耦合电容是否正常。若以上检查都正常，说明 AM 调谐器损坏，需整体更换。

6. 调频 FM 收音无台

（1）普通机型：检查调频收音电路供电，如果不正常，波段转换开关是否接触不良。如果供电正常，用干扰法由后向前逐级碰触 FM 通道有关测试点，以判定故障范围。

（2）电调谐机型：检查 FM 调谐器的供电 B+端，如无电压，检查 CPU 控制的波段转换电路；如正常再测量调谐电压 VT 在搜索电台时是否在 1～8 V 间变化，检查 FM 本振输出到 CPU 本振输入回路中的耦合电容是否正常，如果正常，应用干扰法检查 FM 通道前置放大管、陶瓷滤波器、中放 IC、立体声解码 IC 是否正常。以上检查都正常，说明 FM 调谐器损坏，需整体更换。

7. 自动搜索时频率显示变化正常，但是不锁台（AM 或 FM 不停止搜索）

因搜索时频率显示变化正常，说明调谐电压 VT 正常，且 CPU 收到了本振信号，不锁台的原因是 CPU 没有收到锁台信号。

锁台信号可分为两种，一种是SD电压检出方式（如宝凌BL1600型），检修时可检测AM调谐器的SD锁台电压在有台时频率是否有变化，FM波段可检测LA1140之15脚电压在有无信号时是否变化，锁台灵敏度电位器VR101是否损坏接触不良。

另一种是中频IF信号计数分频方式（如天宝TB9112型），检修时应检查或试换IF信号耦合电容，判断其是否失效。

8. 显示屏不显示（机器工作正常）

液晶是一种固体和液体的中间状态物质，当光线透过或被反射时，由于液晶分子排列状态的变化而呈不同的光学特性。液晶本身不发光，汽车音响一般采用电压控制透射型液晶，它需要背光源，如果没有背光源，显示屏不显示任何内容。因机器工作正常，所以此故障应是背光源损坏。汽车音响中采用的背光源有的采用灯泡照明，如PHILIPS DC155机型，有的采用发光二极管做在一块照明板中，有两个引脚与主电路板相连，如TB9112和BL1600机型。对于前者，检修时更换照明灯泡即可。注意：PHILIPS DC155显示屏背光源采用两只照明灯泡，电路图中标明是2只12 V灯泡，但实际上是8.5 V（供电也是8.5 V）。这2只灯泡非常容易损坏，如果换用12 V灯泡，照明亮度会明显降低，但不易再损坏。

9. 收音正常，但无频率显示

2000年后生产的数显汽车音响，本振分频、计数的LCD显示驱动都由CPU完成，显示屏与主板相连的引脚有两种：一是公共脚，有一个或多个，标识为COM0，COM1；二是字段驱动脚，有几十个脚，一般是低电平有效。如果这些引脚与CPU间有断路、与地间短路或接触不良，会造成显示不良或无显示，用万用表很容易测量。

10. 放音噪声大

产生这种故障的原因有：磁带质量不佳；磁头方位角变化，磨损过度或有剩磁；磁带放音电路有故障等。检查方法是：换用一盘较好的磁带，如果恢复正常，说明磁带质量不佳；如果仍有噪声，拆开机盖，用手扳动使机芯处于放音状态，然后拔掉磁头引线与主电路板的插头，如果噪声仍不消失，说明前置放大电路有故障，如果噪声消失，说明磁头有问题。

11. 磁带放音音轻或音质不佳（高音不足）

这种故障往往是磁头严重磨损、太脏、磁头转换开关接触不良或磁头方位角改变所致。对于过度磨损的磁头应更换。磁头太脏时表面可看到有一层黑色磁粉，可用棉球蘸酒精清洁磁头，用针头向磁头转换开关里注入少许酒精并来回拨转换开关，等酒精蒸发后试机，如果故障仍不能排除应试着调整磁头方位角，如果还未能排除，说明前置放大电路有故障。

12. 某一声道无音

这种故障的常见原因是该声道的耦合电容不良或隔离二极管断路；如果放音时某一声道无音，还应检查相应的磁头、磁头引线及转换开关是否正常。

13. 左右声道音量不平衡

这种故障的常见原因是该声道的耦合电容不良或音量、音调、平衡调整电位器接触不良；如果放音时左右声道音量不平衡，还应检查磁头电路及磁头方位角是否正常。

14. 卷带子

这种故障的常见原因有主导轴与压带轮不平行和卷带轮不转。

三、车用 CD 唱机检修

1. 车用 CD 唱机的检修流程

车用 CD 唱机的检修流程如图 3—18 所示。

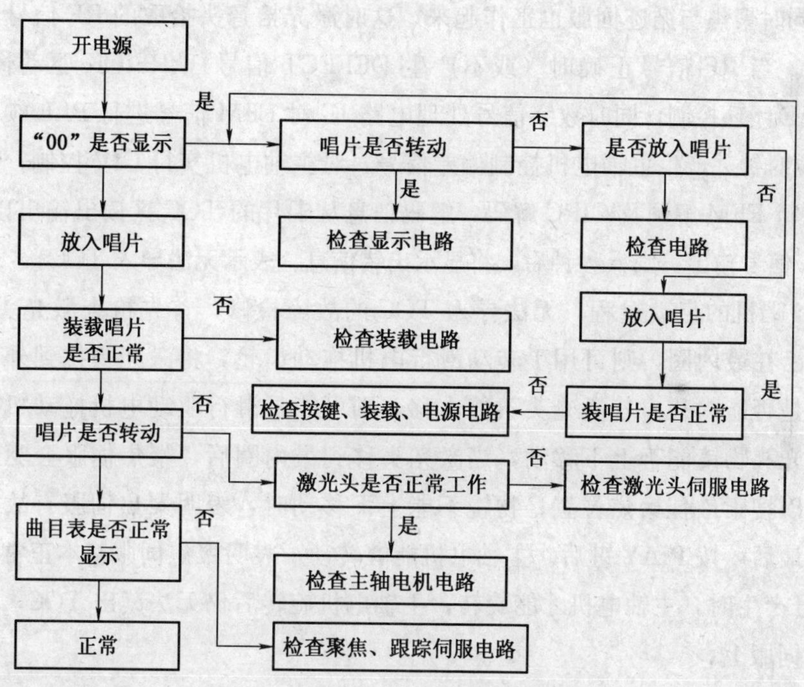

图 3—18　车用 CD 唱机的检修流程

2. 常见故障诊断

(1) 按 OPEN/CLOSE 键，托盘不能开启

主要原因：托盘电机故障、断线，按键接触不良或电路不良，微处理器或加载驱动电路故障。

CD 唱机均设有托盘到位检测开关，或称加载限位开关，此开关安装在加载机构组件上。当托盘到位时，此开关闭合，微处理器检测到此信号，才能启动 CD 唱机。当盘仓机构变形、加载机构故障和到位开关本身损坏时，微处理器将无法检测到此信号，CD 唱机无法进入复位启动状态。

(2) 开机后，显示“NO DISC”不能读出总曲目表

主要原因：CD唱片严重划伤；激光拾音器聚焦不良；伺服电器IC故障；激光拾音器被卡住。

CD唱机开机后，微处理器首先检查盘仓是否处于CLOSE位置，如果不是，则发出指令驱动抽屉式盘仓滑进，直至盘仓开关闭合。接着微处理器检查激光头是否处于内圈零轨位置，如果不是，则发出指令驱动激光头向内圈移动，直至激光头零轨检测开关闭合。然后微处理器发出LDON指令给APC电路，以开启激光。与此同时，聚焦伺服控制激光头物镜上下移动3次左右，以搜索最佳聚焦点。当无聚焦正确（FOK）信号返回时，微处理器将判为无CD唱片存在，CD唱机将停止工作；当有FOK信号返回时，微处理器将立即驱动主轴电机旋转，同时聚焦与循迹伺服也工作起来，这时激光拾音头拾取的RF信号经前置放大处理后输出。当RF信号正确时（或不产生DEFECT信号），RF-OK驱动伺服处理IC进行TE和FE闭环控制，同时数字信号处理电路IC对EFM信号进行PLL锁相，以恢复4.32 MHz位时钟并产生主轴电机控制偏差信号，对主轴电机实行CIV控制，解码电路对EFM信号进行EFM解调及CIRC解码，解码信息从唱片的TOC区读出输出以驱动显示。若无RF-OK信号输出，则n秒钟后，将显示出错信息，表示无法导入TOC。

根据CD唱机的启动过程，无法导入TOC的故障检修，首先检查激光头能否内移。如果激光头已在最内圈，则可用手转动滑行电机拖动齿轮，将激光头拉到外圈，再通电观察激光头是否能内移。若激光头不能内移，则可能是滑行驱动电机拖动机构故障。其次，检查激光头物镜能否上下移动，当激光头移到最内圈后，聚焦伺服会驱动物镜上下移动几次，以搜索最佳聚焦位置；物镜不能上下移动时，表明聚焦伺服有故障，如聚焦线圈开路。最后，按PIAY键后，主轴电机能够转动，表明聚焦伺服基本正常，因为只有当FOK信号产生时，主轴电机才能旋转。主轴电机旋转后仍无法读出TOC，则故障可能发生在循迹伺服上。

(3) 开机放入唱片后，激光拾音器不动作

主要原因：激光二极管受损或位移；聚焦线圈故障；线路IC损坏；机械部分故障。

当出现激光拾音器不能聚焦或聚焦不良引起唱机不能放音的故障时，首先应采用观察法来判定此故障是否确实因聚焦伺服器系统引起的。具体方法是：打开后盖，装入唱片试放，观察激光拾音器开机后是否立即上下移动两三次做聚焦搜索，然后停止在一个位置上。如果激光拾音器毫无动作或动作不正常，则可能是聚焦系统有问题。这时先查聚焦线圈，用万用表$R\times1$ Ω挡测聚焦线圈，正常阻值为20 Ω左右（跟踪线圈阻值4 Ω左右），若阻值过大或过小，说明线圈有问题。在有些唱机中，测聚焦线圈阻值时，会看见传动机构稍稍运动。

3. 调整

(1) 光盘旋转平台高度调整

为使激光拾音器聚焦透镜与光盘间距不超出聚焦伺服调节机构的调节范围，可采用如图 3—19 所示方式调节。

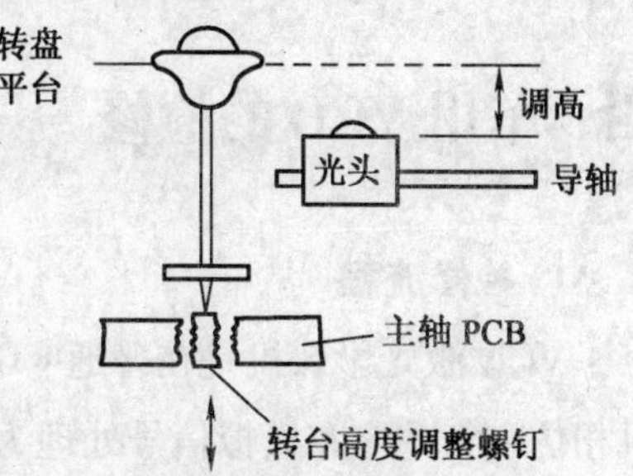

图 3—19　光盘旋转平台高度调整

(2) 激光拾音器座倾斜调整

为使激光拾音器系统的光轴垂直于光盘，可调整激光头座切向/径向倾斜调整螺钉，使检测波形达到最佳。

(3) 激光二极管工作电流的调整

在维修激光唱机时，若不更换激光二极管，一般不用调节。若激光二极管损坏并更换后，则需对新换激光二极管的工作电流进行调整。在各类激光唱机中，一般激光二极管的工作电流为 40～70 mA，高者达 100 mA，最高不应超过 150 mA，否则容易影响其使用寿命，甚至造成损坏。调整应以激光二极管能发出足够强的光，而又不能使工作电流太大为原则。具体方法如图 3—20 所示。

初测激光二极管的工作电流，最简单的方法是测 R623 上的电压，测得电压应为 0.88～1.54 V，则电流为（0.88～1.54）/22＝40～70 mA。若测得的电压偏离较大，则稍调 R629 使之达到上述电压值。

另外，有条件的话可用示波器进行监测调整，具体调节方法是：首先把 R629 调至最小，放入 CD 光盘后，按下 PLAY 键，然后用示波器测 IC601（28）脚输出的 EFM 信号波形，再慢慢调节 R629，使 EFM 信号为 700 mV_{p-p}。

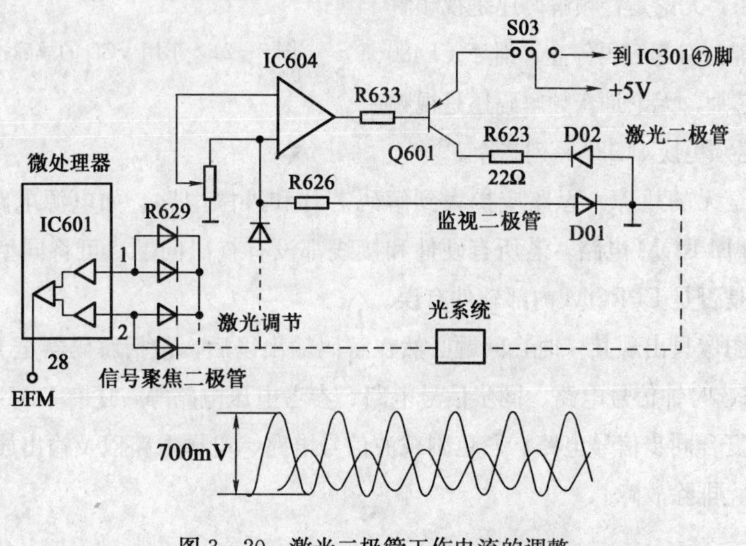

图 3—20　激光二极管工作电流的调整

四、车用 VCD 的检修

1. 检修流程

VCD 激光影碟机是在普通 CD 唱机的基础上开发生产的。它的大部分组成系统与 CD 唱机相仿，集数字和模拟信号处理为一体，融合了现代电子和计算机技术，因而在检修时，既要考虑到它的特殊性，也要注重它与 CD 唱机存在的共同性。就不同机型的 VCD 机而言，判断思路和检修方法大同小异。

车用 VCD 的故障检修流程如图 3—21 所示。

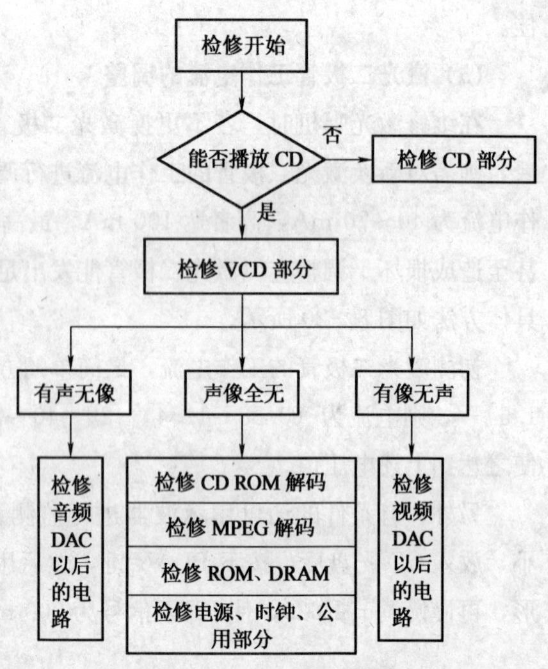

图 3—21　车用 VCD 的故障检修流程

VCD 的故障检修思路如下：

当 VCD 影碟机出现故障时，如无声无像、声像不稳等，首先应判断是否 CD 部分出了故障，因为它是声像的公共通道。判断的方法是播放一张 CD 音乐碟片，若能正常播放，显示稳定均匀，则故障不在 CD 部分；若 CD 碟片也不能正常播放，则首先应检修 CD 部分。

当故障在 VCD 部分时，应根据图像和声音的有无，进行故障部位划分。当出现声像全无时，应检查 CD-ROM 解码器和 MPEG-1 解码器。因为这是数据的公共通道，而且由于声像解码互锁的关系，无论是音频解码还是视频解码部分故障，都会引起解码停止。对于 CL480 系列单片解码芯片，无论是音频解码还是视频解码损坏，都必须更换 CL480 系列芯片。

检修声像全无的故障，思路应扩大到解码芯片和外围电路，如电源电路、时钟电路、DRAM 电路和 EPROM 电路，若所有硬件和接线都没有查出问题，可将同型机的 EPROM 更换一试，看是否是 EPROM 内部软件有误。

当声音和图像只出现其一时，问题必然在解码输出以后，包括解码器至 DAC 电路的引线、DAC 电路、时钟信号电路、同步信号电路、参考电压电路等，还有 DAC 以后的电视制式编码电路和复合同步信号电路、彩色副载波信号电路、电源电路以及输出放大电路。应逐级检查、判断、排除故障。

2. 常见故障检修

(1) 碟片不旋转

1) 初步诊断：初步诊断中主要观察的部件是激光拾音器组件和主轴电机。要求观察的各项动作均对应着与此动作相配合的工作电路或执行部件，如果察觉出某项动作过程不正常，就可以提高诊断进程，有利于正确迅速排除故障。初步诊断主要观察三个动作过程，它们分别对应着滑动控制、聚焦搜索和激光控制系统。激光头进入内圈时，聚焦物镜应做上下搜索动作，同时激光管点亮呈暗红色。还要判断主轴电机的旋转趋势，如果存在这种趋势，则可将检修判断位置一下子移到主轴驱动单元，暂时可以不必按详细诊断过程逐级判断。

2) 详细诊断：FOK 信号是检查的关键信号，它对主轴电机是否旋转有直接影响。在无 FOK 信号的情况下，应该弄明白 FOK 信号的形成与哪些系统有关，在此列出三个有待检查的系统，其中有的系统是否需要检查可以结合初步诊断的结果而行事。碟片不旋转的诊断程序如图 3—22 所示。

(2) 无法读取目录信号

1) 初步诊断：观察激光组件滑动机构，在主轴电机旋转启动时，激光组件离开原来静止的起始位置朝外运行，以便激光头读取目录。如果在观察中发现在主轴电机旋转后，激光器组件很快由内向外滑行，说明跟踪伺服系统存在故障的可能性比较大，则可进一步检查滑动机构是否存在卡死、传动不良等情况。另外，多功能显示屏工作状况以及主轴电机的起转速度均属观察之列。

2) 详细诊断：观察的关键信号是眼图，眼图幅度必须符合一定范围要求，一般在维修手册上均提供该项数值。其次注意眼图棱形孔的清晰程度。如果眼图无法正常出现或幅值偏小的话，应该检查跟踪伺服系统，包括跟踪线圈和跟踪激光传感器，另外，RF 信号系统内的激光接收、RF 信号放大的异常都会引起眼图幅度下降。在观察到眼图比较正常的情况下，可以考虑数字信号处理内的锁相环频率是否正确，若频率偏移过多，使锁相失锁，以致影响位同步信号的提取。目录信号读取显示与子码译码和传输均有关联，在排除故障时应逐一检查判断。检查流程如图 3—23 所示。

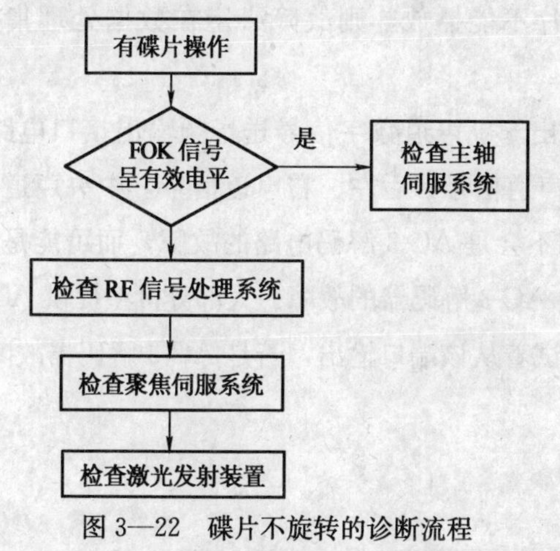

图 3—22　碟片不旋转的诊断流程

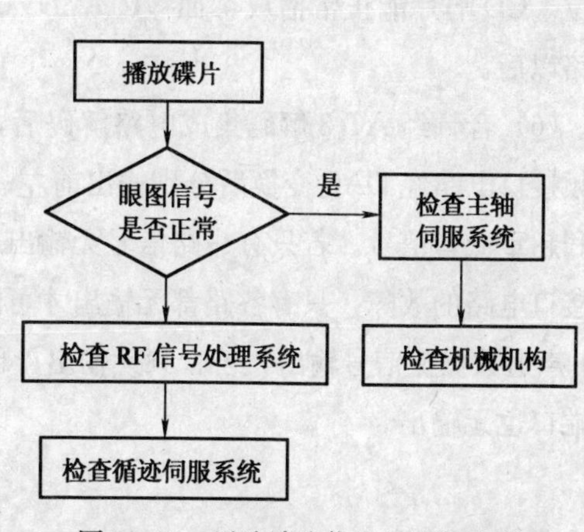

图 3—23　无法读取信号的诊断流程

五、车用 DVD 的检修

DVD 影碟机和 VCD 影碟机同为激光数字音视设备，除了激光拾音器、MPEG-2 视频解压缩电路、AC-3 或 MPEG-2 音频解压缩电路以及电源电路大多采用开关电源，与 VCD 影碟机有所不同外，其他工作原理和机械结构基本相同。DVD 影碟机还向下兼容播放 CD、VCD 碟片。所以在修理 DVD 影碟机时可参考 VCD 影碟机的检修。修理 VCD 影碟机的注意事项和检修方法，在修理 DVD 影碟机时完全适用，可参照处理。此外，修理 DVD 影碟机还应注意以下几个问题。

（1）DVD 碟片是双面结构，DVD 影碟机机芯上装有 U 形导轨，以便 DVD 激光拾音器读碟时从 A 面转到 B 面，或从 B 面转到 A 面用。U 形导轨润滑不足或有异物阻挡都会使激光拾音器不能转换到位，出现播放故障。

（2）DVD 影碟机电源大多采用开关电源，而 VCD 影碟机大多采用直流串联稳压电源。开关电源容易出现振荡管或振荡集成电路停振，无电压输出，而使 DVD 影碟机不能工作。电源电路永远是 DVD 影碟机排除故障的重点检查部位。

（3）DVD 影碟机可向下兼容播放 CD 和 VCD 碟片，有些机型是采用另设一个激光拾讯头来完成该项工作的。该激光拾讯头出现故障，机械运行不到位，就会造成 DVD 激光拾音器无法到位检拾讯号，出现播放故障。

（4）DVD 影碟机大多加有地区密码，不是该地区的 DVD 碟片不能在该地区 DVD 播放机上播放，修理时需辨别清楚，以免误认为是 DVD 影碟机的故障。

（5）DVD、VCD、CD 信号均送入数据处理集成电路进行数据同步识别，再分别送 CD-DA 数据处理集成电路和 CD-ROM、DVD-ROM 数据解压集成电路进行数据处理。所以，可以通过先播放 CD 唱片，再播放 VCD 碟片，最后播放 DVD 碟片的方法来分离故障部位。CD 唱片能正常播放，而 VCD、DVD 碟片不能播放，则故障必定在数据处理集成电路以后。

（6）音频经 AC-3 解码集成电路解码后，输出 5.1 声道数字信号送音频输出接口电路。音频接口电路经 DAC 变换后分别输出前左、右声道信号，后左、右声道信号，中央声道信号和超重低音信号。若只有一路信号无输出，则不会是 AC-3 解码电路的故障，而可能是相应接口电路的故障，只有各路都无输出才可能是 AC-3 解码器的故障。大部分机型提供 AC-3 5.1 声道数据流信号输出，若音频无输出，也可试着从该端口输出，若是 AC-3 解码器故障，该端口也无输出。

§3—5　汽车音响的选配与安装

一、汽车音响的选配

1. 汽车音响配置原则

(1) 系统协调原则

汽车音响系统的档次要与汽车档次相协调，即高档汽车应配置高档音响，中档汽车应配置中档音响，低档汽车应配置低档音响。高档汽车通常车内噪声较小，车体较厚，隔音效果不错，配置一套高档音响可获得满意的音响效果。如果将低档汽车配置高档音响，由于低档汽车的听音环境较差，难以获得好的音响效果，从而造成浪费。

(2) 整体平衡原则

搭配汽车音响时一定要考虑一套音响各个组成部分的平衡，即主机、功放、扬声器和线材等都要进行恰当的选择，不可偏废。如果主机与扬声器的音质不匹配，主机功率或功放功率与扬声器功率不匹配，选择扬声器只看功率不看灵敏度，都属于不合理的搭配。此外，依照车主喜好的音乐风格也是很重要的。汽车音响可大致分为两大流派：音质型，以古典乐、交响乐为主；劲量型，以流行乐、摇滚乐为主。主机、功放、扬声器都应按同一风格配置。

(3) 大功率输出原则

所谓大功率输出原则是指在一套音响系统中，主机或功放的输出功率一定要大，因为它们的输出功率越大，表明它们能够控制的音频线性范围越大，这也就意味着其驱动扬声器的能力越强。而小功率的功放不仅容易引起声音上的失真，更会导致烧毁功放或扬声器线圈。

(4) 音质自然重放原则

当专业音响人士评判一套音响系统的优劣时，都会不约而同地将其频响曲线的平滑性作为评价的主要客观参数。所谓频响，是表明系统再现音域范围的指标。从理论上讲，人耳能感受到的频率范围是 20 Hz～20 kHz，但实际上分辨不出 40 Hz 以下、18 kHz 以上的频率。但是，高质量的 CD 机的频响却能达到这一范围。

众多的技术参数不能完全说明音响系统的好坏，只能表明该音响系统的技术特性、指标。衡量一套音响系统好坏最直接有效的方法就是亲耳试听，即以个人听感为主，技术为辅。在听感方面：一是临场效果好；二是音乐整体平衡感强；三是对于移动的声像，有较好的表现，要有层次感。当然，欣赏一套器材的音响效果，与听者的欣赏水平、文化素质、现场情绪等因素是分不开的。

2. 配置方式

(1) 主机＋4 个扬声器，如图 3—24a 所示。这种配置能满足一般音乐欣赏的需要。

(2) 主机＋1 个 4 声道功放＋4 个扬声器，如图 3—24b 所示。这种配置适合于欣赏传统音乐、流行歌曲、交响乐等。

(3) 主机＋1 个 4 声道功放＋1 个 2 声道功放＋4 个扬声器＋超低音 BASS，如图 3—24c 所示。这种配置适合于欣赏爵士乐、摇滚乐、重金属音乐。

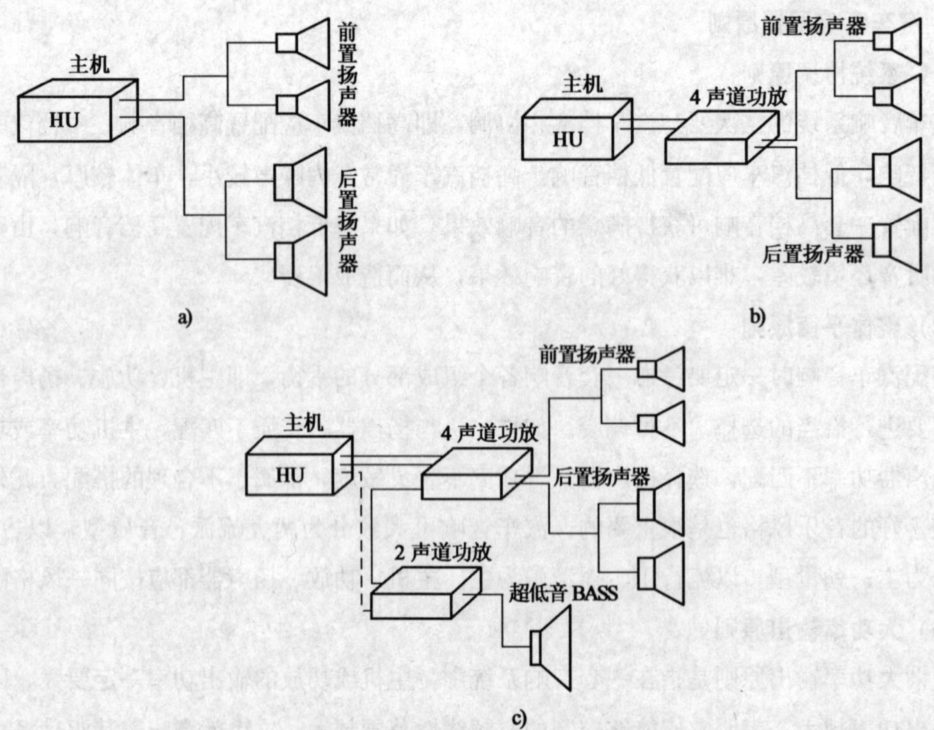

图 3—24 汽车音响的配置方式

a) 方式一 b) 方式二 c) 方式三

3. 主机的选配

选配主机应重点考虑规格、音质、功能、性能等指标。

(1) 规格

主机外型尺寸分 1 DIN 和 2 DIN 两种规格。欧洲车的尺寸为 ISO 标准尺寸（1 DIN SIZE：长×高×宽＝185 mm×50 mm×160 mm)，又称为 DIN 尺寸（DIN：德国工业标准的缩写)，这是目前市场上销售的汽车音响的标准尺寸，通用性极强。而日本车的尺寸一般为 2DIN SIZE，高度是欧洲车的 2 倍，基本上可以与欧洲车通用，但有一些 2DIN SIZE 的特定产品只能用于日本车。美国车的尺寸较为特别，与 ISO 标准相比，长度及宽度都略为放大，一般不能通用。国产汽车上虽然安装了简单的汽车收音机，但安装孔的尺寸大多也符合标准。而一些内饰造型比较独特的轿车，音响安装孔为非标准尺寸，在这种情况下，就只能选用原厂的音响设备，用户自己改造的余地很小。适合安装 1 DIN 机型的车有：富康、捷达、桑塔纳 2000、三菱、奥迪、奔驰等。适合安装 2 DIN 机型的车有：丰田、本田、别克、帕萨特、日产、斯柯达（欧雅）等。富康和奥迪 A6 两种车的中控台空位不是标准的 DIN 位设计，在安装主机时需要特制的主机架才能装上。

(2) 音质

音质是选择音响最重要的一个因素。它包含有音区、音高、音色三方面。一般情况下，越高档的机型音质就越好。各个牌子之间的差别一般体现在音色方面，如有的清晰、温暖、甜润，有的则是冷静型。

(3) 功能

由于汽车特定的聆听空间，对声场、音质都有一定的影响，为了解决这些问题，现在很多主机已有相应的功能设计，务求达到现场的聆听效果。普通机型包括以下一些基本功能：

1）音调的调节　也就是平时常说的高、低音调节，低频的调节频率通常设定在 45 Hz，高频的设定在 12 kHz，调节的范围在±6 dB 之间。

2）等响度的控制　通常当音量较小时，就会发现高音、低音好像都没有了，整个声音没有层次感，这时只要按一下 LOUND 功能键，主机就会对高音、低音自动进行提升，重新听到丰满、清晰的声音。

3）预置均衡模式　主要针对不同类型的音乐设置不同的频率曲线，一般有摇滚（ROCK）、流行（POP）、爵士（JAZZ）、古典等模式，以此针对不同的声音频段进行适量的调整。

4）环绕声预置模式　这是追求现场效果的车主必选功能。有运动场、录音室、大厅、教堂、舞厅各种环绕效果。

5）声像定位处理　它可以把声像根据个人的需要进行定位，最理想的效果就是把声像定位在风窗玻璃的中间。

(4) 性能

一台主机的好坏，最直观的就是看它的技术指标，主要有以下几个方面：

1）输出功率　现在的主机所标的功率绝大多数为音乐功率，在 40～60 W 之间，功率越大越好。

2）频率响应　人耳所能听到的频率范围在 20 Hz～20 kHz，因此该指标最少要达到这个数值范围，而且越宽越好（下限频率越小、上限频率越大越好）。

3）信噪比　指的是音乐信号与噪声的比例，单位为分贝（dB），该数值越大越好。一般高档的产品都在 100 dB 以上，其声音干净、清晰度高。

4）谐波失真　该指标体现声音再现的还原度，数值越小表示还原度越高。

4. 功放的选配

功率放大器（简称功放）是音响系统的心脏，功放的功率大小、品质好坏，对音乐的重播起着重要的作用。

普通汽车音响的功放部分都设计在收放机主机内，功率一般为 10～45 W。但要聆听多层次、大功率的数字音乐，则无法达到，这样必须在系统内增加独立功率放大器，俗称“后级”。在进口豪华轿车如林肯、奔驰、宝马、凌志及部分其他日本车的顶级车型中，有部分已安装了专用放大器。车用功率放大器往往是最容易被客户及部分安装商所忽略的。其实在民用音响系统中，功放的重要性已被用户广泛接受，作为音响系统之一的汽车音响，对功率放大器也有同样的要求及标准。因为它是整个系统中的动力部分，只有足够的动力源泉，才能使 CD 及扬声器得以充分发挥。

为什么使用外置独立功放比用内置功放音质好呢？因为主机供电电压多为 12 V，在低电压状态下工作，信号动态范围小，输出功率受到限制。独立功放可将电源的 12 V 电压逆变为±（35～40）V，这样信号动态范围加大，从而增强输出功率。另外，采用独立功放，可以将由于共用电源而引起的干扰降到最低，从而保证再现完美的音质。

选用功放时必须注意，所选用的功放功率和阻抗应与扬声器的功率和阻抗相匹配，两者的灵敏度也应相对应，否则效果不理想。

以上功放的使用还需要经过许多技术处理和调试后，才能达到完美的效果。功率加大之后，如想提高音质，可在主机与功放之间加入均衡器，发烧级汽车音响可使用电子控制单元完成想要的频率响应。如果装配 VCD 时可加入 DSP（数字信号处理器）。它有不同的声场变化及均衡器设置，可自行调整。

5. 扬音器的选购

扬声器是音响系统的重要组成部分，它相当于人的嗓子，质量的好坏直接影响发出的音质，所以切不可图便宜。因为音质差、质量低、易损坏、寿命短的低档假冒扬声器与主机配套，整体价格虽低，但效果很差，所以在购买扬声器时同样要看品牌、看技术参数，而且要试听。因为同样功率、同样尺寸的扬声器，由于灵敏度不同，制作的材料不同，所以发出的声音也就不同。

选择扬声器时，应当首先考虑使用什么样的系统。如选择音乐品质型系统（播放古典乐、交响乐、轻音乐等），应选择音质清晰柔和的扬声器。如选择劲量型系统（播放迪斯科、摇滚乐等），应选择比较牢固和动态范围大的扬声器。从扬声器再现的声音选择，粗略分析，美国品牌的特色多为节奏相对强劲有动感，欧洲品牌的风格相对细腻、纤巧，日本品牌基本上是兼而有之。

在选择扬声器时应考虑与主机功率相匹配，汽车前面扬声器最好选用套装（即高音、中低音分开），这样方便声场定位，因为高音有指向性，所以高音安装最佳位置应与人耳平行，后面扬声器尽量选择直径大、低音特性好的，这样整体声音才会显得丰满。

目前中、低档轿车内安装的均为单元喇叭 4″～6″（101～152 mm）。这类大小的喇叭一般只能表现中频范围，这样给人的感觉较浑，高音不亮，低音不厚，改进方式是使用一些2～3分频的组合扬声器，即在一个 4″～6″的喇叭上增加一个 1/2″～1″（12.5～25 mm）的高音单元。这是目前汽车音响改装市场上使用较为普遍的方式，基本上可以改善扬声器的表现力，特别是高音部分，使音响系统较为明亮。为了再现丰富的低音，拥有充分容量的低音音箱是不可缺少的，但由于受安装位置的影响，音场定位不佳。更为良好的改进方式是使用高、中、低单元组合扬声器，将不同单元根据音场定位要求，安装在不同位置，形成良好的音场定位。

二、汽车音响的安装

音响器材选好后，安装成为最核心的环节，在整体的汽车音响系统设计与制作过程中，器材只是半成品，安装是它的下一个工艺流程。因为线材的选择、走向，器材的安装方法，扬声器的安装位置、安装细节，还有安装人员对于车型、空间、内饰、材质的掌握程度与经验以及对音乐本身的素养与调试水准等都会影响整套系统的效果，所以车主除关注器材外，更应慎重选择专业的安装店来设计安装。

1. 汽车音响线材布置与安装

汽车音响线材布置与安装俗称布线。由于汽车音响系统的听音环境对听音效果具有重大影响，因此对汽车音响系统的安装和布线提出了更高的要求。

(1) 汽车音响线材的选用

线材的好坏直接影响音质和安全。线材分为信号线、电源线和扬声器线，最好选用高抗氧化、高导电率、外皮包有 PVC、PE 等材料的线材。

1）选用信号线要考虑屏蔽。应选用双层屏蔽线材，以增强抗干扰性，防止杂音进入。

2）选用电源线要考虑传导性。汽车音响专用多芯铜线，不仅阻抗小，导电率高，而且线材的外皮都是耐高温、高阻燃、抗老化的。线径过细的线材会发热造成热损耗，甚至会引发火灾。

3）选用扬声器线要考虑耐高低温、抗老化。线材宜选用钛金、镀银、无氧铜等材质，使用不同的线材，音质将略有差异。

4）选用线材要考虑电阻大小。线材的电阻越小，在线材上消耗的功率越少，则系统的效率越高。即使线材很粗，由于扬声器本身的原因也会损失一定的功率，也不会使整个系统的效率达到 100％。另外，线材的电阻越小，阻尼系数越大，扬声器的赘余振动越大。

5）选用线材要看横截面积。线材的横截面积越大（线径越粗），电阻越小，该线材的容限电流值越大，则容许输出的功率越大。

6）电源保险盒的选用。主电源线的保险盒越靠近汽车蓄电池越好，保险值大小可按以下公式加以确定：

$$保险值=\frac{系统各功放的总额定功率之和\times 2}{汽车电源电压平均值}$$

(2) 布线原则

1）走线不能影响原车线路，制作低音音箱不能破坏车体，器材要与原车整体布局和颜色协调。

2）布线要躲开电源和计算机控制系统，避免因布线位置不合理，使车用电器与音响系统互相干扰。音响的电源一定要选择主干线或蓄电池，避免大电流造成火灾。

(3) 音频信号线的布置与安装

1）用绝缘胶带将音频信号线接头处缠紧以保证绝缘，当接头处和车体相接触时，可产生噪声。

2）保持音频信号线尽可能短。音频信号线越长，越容易受到噪声信号的干扰。注意：如果不能缩短音频信号线的长度，超长的部分要折叠起来，而不是卷起。

3）音频信号线的布线要离开车身 ECU 和功放的电源线至少 20 cm。如果布线太近，音频信号线会拾取到感应噪声。最好将音频信号线和电源线分开布在驾驶座和副驾驶座两侧。注意：如果音频信号线和电源线需要互相交叉时最好以 90°相交。

(4) 电源线的布置与安装

1）所选用电源线的电流容量值应等于或大于和功放相接的保险管的值。如果采用低于标准的线材作电源线，会产生交流噪声并且严重破坏音质。

2）当用一根电源线分开给多个功放供电时，从分开点到各个功放布线的长度和结构应该相同。当电源线桥接时，各个功放之间将出现电位差，这个电位差将导致交流噪声，从而严重破坏音质。当主机直接从电源供电时，会减少噪声，提高音质。

3）将电源（蓄电池）接头的脏物彻底清除，并将接头拧紧。如果电源接头很脏或没有拧紧，接头处就会有接触电阻，而接触电阻的存在，会导致交流噪声，从而严重破坏音质。因此，应用砂纸和细锉清除接头处的污物。

4）当在汽车动力系统内布线时，应避免在发电机和点火装置附近走线，发电机噪声和点火噪声能够辐射电源线。当将原厂安装的火花塞和火花塞线缆更换成高性能的类型时，点火火花更强，这时将更易产生点火噪声。

5）在车体内布电源线与布音频线所遵循的原则一致。

(5) 搭铁的方法

1）用砂纸将车体搭铁点处的油漆去除干净，将搭铁线固定紧。如果车体和搭铁端之间残留车漆就会使搭铁点产生接触电阻，导致交流噪声的产生，从而严重破坏音质。

2）将音响系统中各个模块的搭铁集中于一处，否则，音响各组件之间存在的电位差会导致噪声的产生。另外，要注意主机和功放应分别搭铁。

3）当系统消耗电流很大时，蓄电池搭铁端一定要牢固。提高电源搭铁性能的方法是在电源和搭铁间用粗线材布线，如绞股线。这样做能够加强连接，有效地抑制噪声，并提高声音质量。

4）不要靠近车身 ECU 布线。主机搭铁点靠近行车电脑的搭铁点或固定点时，会产生行车电脑噪声。

2. 收放机的安装

大多数收放机的体积属标准型，能保证被装进大部分车中的装收放机的孔内。如果车上没有用来安装收放机的孔，可将其装到仪表板内或仪表板下的一个合适位置处。也可购买一特殊的托架，将它放在仪表板与地板之间。

若车上无装收放机的孔，在选择安装位置时，应注意以下几点：

（1）收放机应装在驾驶员系上安全带后仍能够着的地方。

（2）不要将收放机装在靠近电子转速表、点火开关及其导线或闪光灯部件及其相关导线的地方，以防相互干扰。

（3）收放机要安装在天线导线能够着的地方，而且使天线导线也不靠近第（2）条中所述的部件。

（4）收放机不应装在发生事故时易损坏的部位，如驾驶员或乘客腿上方的仪表板下。

有的收放机带有安装支架。没有安装支架的收放机需用钻孔的或开槽的金属带来安装，把金属带弯成安装支架即可。收放机必须正确搭铁，即在收放机外壳与车架间接一张单独的搭铁线。

在把收放机的导线连入车的电子系统时，要参照收放机说明书。如果没有说明书，就参照相关的电路图，找到车的电路中收放机的电源接头位置。在收放机的供电线路中装一个 1～2 Ω的串联电阻，必要时装一个扼流圈。

3. CD 机的安装

单盘机在安装时应注意一定要水平安装，而且要固定牢固，否则减振效果差，振动时激光头需经常自动调整，长期使用会使激光头老化。

多盘机在安装时首先应注意主机与 CD 机之间的连接线，为了防止干扰，要与车上电源线分开走线，而且要走原线道，连接线的绝缘外皮不能破坏，否则搭铁后会产生噪声。在用螺栓固定门边条时，不要碰到连接线，如果碰到连接线造成短路，会使 CD 机或主机损坏。有搭铁线的 CD 机，搭铁线一定要接牢，否则搭铁线悬空会烧毁 CD 机。

CD 机在安装前要先调整好减振方向旋钮，否则没有减振功能，甚至损坏 CD 机，可调整的减振方向一般有 0°、45°、90°，可根据需要调整。在固定 CD 机时一定要安装在坚实牢固的部位，不能安装在薄塑料板和纤维板上，那样容易产生晃动影响使用。CD 机的支架只能触到固定部位，其他部位都不能触到，否则容易产生噪声和影响减振效果。

4. 扬声器的安装

扬声器的位置选择与安装和其型号有关。通常，扬声器可直接装到车内装扬声器的孔中。安装时，只需拆除保护网栅，用螺钉或螺栓将扬声器固定即可。但安装过程中，要小心不要损坏扬声器的振动膜片，为此可在扬声器架与安装面板上装一个垫圈来减小振动。如果收放机所带的扬声器属带有狭槽型的，可用自攻螺钉将扬声器固定在面板上。当把装在后部的扬声器与收放机相连时，连接导线需从地毯或地板底下穿过，最好沿着盘形地板的边，这样导线就不会被乘客踩到。车内导线可用 PVC 胶带将它们固定以免损坏。不要让电线垂悬，保证所有的电线连接正确。

5. 天线的安装

使用的天线型号及天线的安装位置依个人所好而定。通常天线位置越高，接收效果越好，汽车最好装可伸缩的天线和自动天线。自动天线可随收放机开关的开合自动升降，因此很方便，但是自动天线比手动天线易发生故障。

选择天线位置时，应注意以下几点：

(1) 天线导线越短越好，也就是说天线最好装在车的前部。

(2) 天线尽量远离分电器及 HT 导线。

(3) 安装点下凸出的部分不应干涉车轮或其他任何部件。

(4) 可能的话，天线应被定位，这样可使同轴导线不走穿过发动机舱的电路。

(5) 安装天线的板平面不应太陡，使天线不能垂直安装。大部分天线可以进行小量的调节。

决定好安装位置后，必须在面板上穿一孔。孔的尺寸按要安装的天线尺寸来定。一般情况下孔的直经应为 19 mm。在金属壳体的车上，最好选用“箱体刀具”来钻孔。该工具需要一穿通面板的小直径辅助孔来固定自身。在玻璃钢（GRP）壳体的车上，最适用“孔锯”来打孔。“孔锯”同样也需一小直径的辅助孔来固定。钻完孔后，应用锉刀加工锯边，除去毛刺，然后给其上漆以防腐蚀。

安装天线时，要仔细阅读厂家说明书。如果天线很高，或在安装面板下伸出的距离较长，就应在天线与车架间装一拉条。拉条可用先前提到过的钻孔的或开槽的金属带做成，应用螺钉或螺栓紧固在其位置上。要想获得最佳接收效果，可在天线与车架间接一地线，这对 GRP 壳体的车来讲是必不可少的。如果为了将天线接入车内，需在车身板上钻一两个孔就一定要把橡皮圈装在孔中，以保护导线，同时还可起密封作用，防止水流入车内。

单元小结

1. 汽车音响基本有四种类型（分 4 个档次），即普通型、中级型、高级型、超高级型。

2. 汽车音响主要由主机（信号源）、扬声器、功率放大器（功放）、天线、显示器等组成。信号源是汽车视听系统的节目源，包括汽车收音机（调谐器）、磁带放音机、CD 唱机、车用 VCD 机或 DVD 机等。扬声器俗称喇叭，它是能把电信号转换成声音的电-声转换器件，是汽车音响的终端元件，扬声器的种类很多。功率放大器简称功放，其作用是将经过前级放大的音频信号进行功率放大（电流放大），用来驱动扬音器。车用天线是汽车收放机接收电台信号（AM 或 FM）不可缺少的信号来源，车用天线有固定拉杆式、后窗玻璃式、自动伸缩式几种。

3. 汽车音响的主要性能参数有：整机频率特性、信噪比、灵敏度、失真度、左右声道串音衰减、选择性、带速误差、抖晃率、输出功率、计权等。

4. 磁带放音机的机芯主要由磁带定位仓、驱动电机、传动带、卷带轮、主导轴、压带轮、磁头等组成。

5. 车用 CD 激光唱机由光学系统、机械系统和电信号处理系统三大部分组成。光学系统用来拾取 CD 唱片上的各种信号，机械系统用来完成 CD 唱片的运转及激光拾音器的循迹运动，电信号处理系统用来处理各种电信号。

6. 车用 VCD 主要由 CD 机芯、伺服电路、系统控制电路、MPEG-1 解码电路、PAL/NTSC 编码器、音频电路和 RF 变换器等构成。

7. 车用 DVD 影碟机的构成与 VCD 机相似，也是由机芯、机芯电路、解码系统和控制系统组成。

8. 汽车中、高档音响视听系统都具备多种防盗功能。自动锁死音响的条件：音响被盗，或更换蓄电池，或音响保险断路，或拔开音响插头音响电源中断。

音响防盗密码主要有两种形式：固定密码和可变密码。

9. 汽车音响检修基本方法主要有：询问法、直观法、具体位置定位法、顺线跟踪查找法、信号注入（干扰）法、电压测量法、电流测量法、电阻测量法、割断法、交流短路法、升温法、降温法、元件替代法。

10. 汽车音响配置原则应遵循：系统协调原则、整体平衡原则、大功率输出原则、音质自然重放原则。

11. 音响器材选好后，安装成为最核心的环节，在音响安装过程中，应注意线束、收放机、CD 机、扬声器、天线等的安装位置和方法。

单元 4 电子仪表与远视点成像的原理与检修

培训目标

本单元主要讲述电子仪表与远视点成像的原理与检修，通过本单元的学习，读者应：

◎掌握电子仪表组成；

◎掌握发光二极管、真空荧光管、阴极射线管、液晶显示器的构造和显示原理；

◎了解电子声音显示系统的基本原理；

◎掌握典型电子仪表的测量系统；

◎掌握电子仪表检修注意事项和基本方法；

◎掌握远视点成像的工作原理。

§4—1 电子仪表

一、电子仪表的优点

现代汽车使用电子控制的仪表日益普及。这些仪表比常规的模拟仪表有更精确的读数。电子仪表板一般采用微处理器处理来自各种传感器的信息，并控制仪表显示器工作。显示器以数字显示、字母数字混合显示、曲线图和柱状图表等向驾驶员发出汽车各种工作状态的信号和故障警告信号。图 4—1 为一种典型电子仪表板。

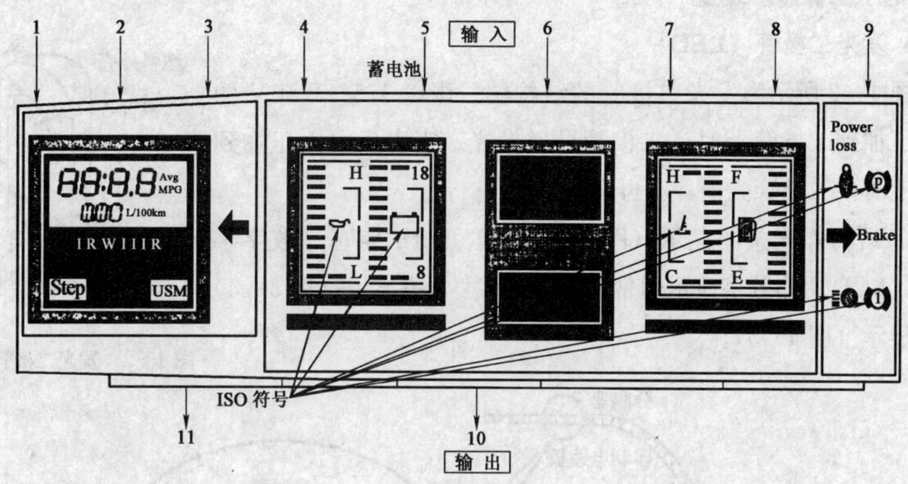

图 4—1　电子仪表板

1—点火开关信号　2—燃油流量信号　3—变阻器　4—发动机机油压力信号
5—充电系统　6—车速　7—发动机温度信号　8—燃油油位信号
9—发动机控制模块、安全带开关、变光器开关、制动灯开关
10—语音模块　11—仪表照明灯

电子仪表有以下优点：

(1) 能提供大量、复杂的信息。

(2) 能满足小型、轻便化的要求。

(3) 具有高精度和高可靠性。

(4) 显示图形设计的自由度高。

(5) 具有一表多用的功能。采用数字显示，易于用一组数字进行分时显示，不必对每个参数都设置一个指示表，故可使仪表盘得以简化。

电子仪表是目前汽车仪表技术发展的主流，近年来在世界范围内已有多种轿车配置了具有电子显示器件的电子仪表盘。

二、电子仪表的显示装置

电子仪表常用的显示方法有电子图像显示和电子声音显示。电子图像显示器大致可分为两类，即能自身发光的主动型和反射投入的被动型。主动型的显示主要以发光二极管（LED）、真空荧光管（VFD）、阴极射线管（CRT）作显示器；被动型则采用液晶显示（LCD）的显示器。电子声音显示是指用声音传递信息的装置。

1. 电子图像显示装置

(1) 发光二极管 (LED)

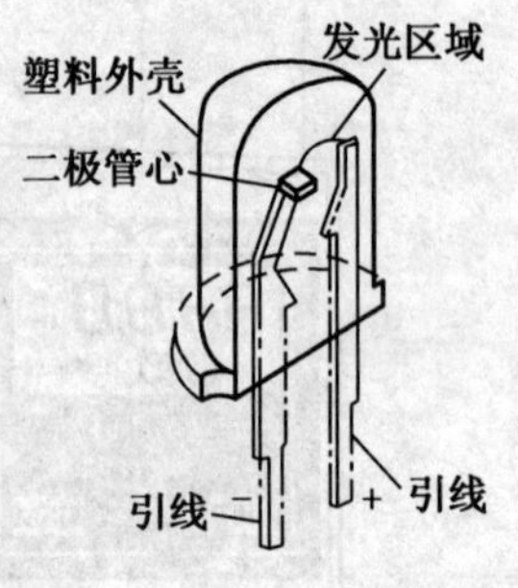

图 4—2 发光二极管的结构

如图 4—2 所示为发光二极管的结构图。当以 1.5～2.0 V 的正向电压加到二极管上时，二极管导通发光。当以反向电压加到二极管上时，二极管截止，不再发光。

LED 既可作光条图显示（图 4—3），亦可组成字母、数字字符显示。LCD 用作数字显示通常有两种方式：7 段显示（图 4—4）和点阵显示（图 4—5）。

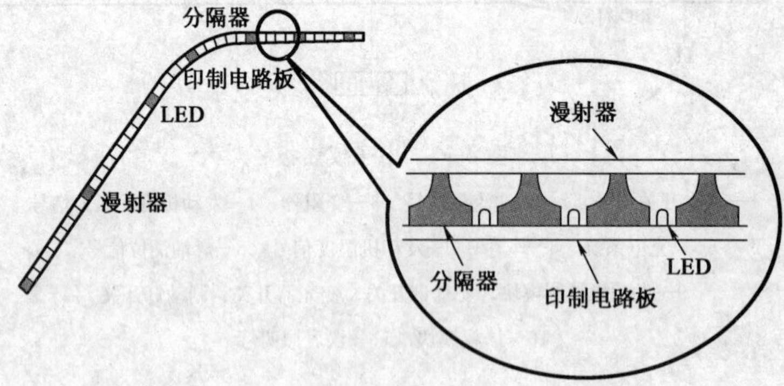

图 4—3 LED 排列成条形码图显示装置

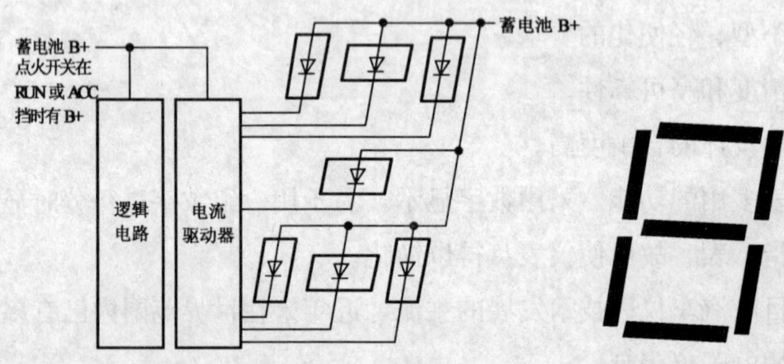

图 4—4 7 只发光二极管组成的“8”字型显示装置

(2) 真空荧光管 (VFD)

真空荧光显示器（VFD）是最常用的数字显示器，由钨丝热阴极、栅极和涂有磷光物质的屏幕（阳极）构成（图 4-6）。这些极被封闭在扁的玻璃壳内，壳内抽真空并充以氩气或氖气。

恒定电压加至热阴极，导致灯丝释放钨电子。栅极处于比阴极高的正电位。自由的钨电子被正电位的栅极加速而穿过栅极到达阳极。栅极确保钨电子能均匀地轰击阳极。

阳极处于比栅极更高的正电位。当钨电子轰击涂有磷光物质的阳极（屏幕）时，阳极便

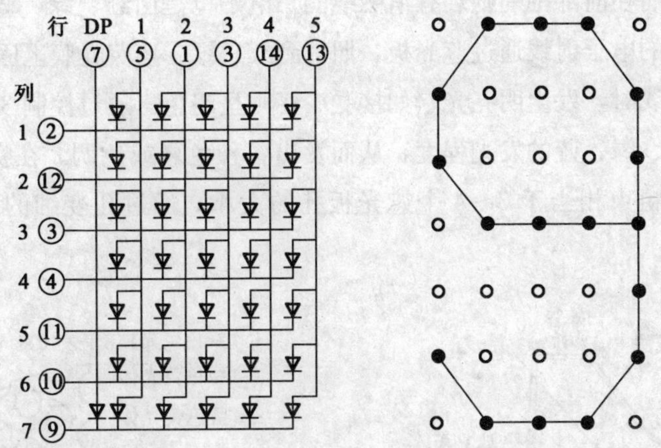

图 4—5　LED 组成的光点矩阵型显示装置

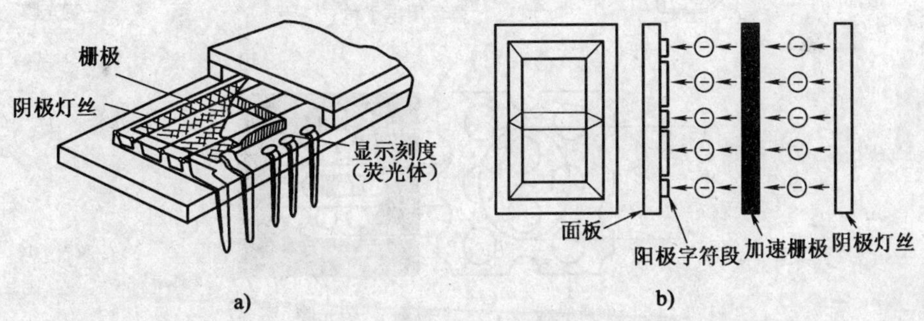

图 4—6　VFD 的结构与原理

a）构造　b）原理

发光，显示内容由数字电路触发屏幕那些字符段而定。如果字符段被触发，屏幕便发亮；如果字符段未被触发，电子虽轰击屏幕但对荧光物质不起作用，屏幕不发亮。

一个 VFD 的字符段可能排成若干不同的图形。最通用的是 7 或 14 字符段图形。计算机按信息选择一组要发亮的字符段（图 4—7）。

(3) 阴极射线管（CRT）

阴极射线管（CRT）也称显像管。它具有全彩色显示，图像显示灵活性大，分辨率、对比度高等特点，且工作温度范围广（－50～100℃），是目前显示图像质量最高的一种显示器件，已广泛用于示波器、电视显像管和微机显示系统。

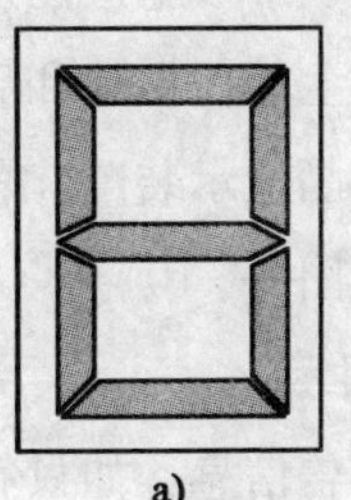

a)　b)

图 4—7　VFD 的字符段显示图形

a）7 字符段显示　b）14 字符段显示

图 4—8 所示为 CRT 的构造。漏斗形状的玻璃管中封入 3 个电子枪、遮光板和荧光膜，在玻璃管的颈部周

围装有偏转线圈，而在前部围周则装有消磁线圈。电子枪是由红、绿、蓝（R、G、B）3 个枪组成，分别发射的电子射线通过遮光板，照射到红、绿、蓝荧光膜上固定的荧光体上。当荧光体接受大量射线时，发生明亮光；如接受少，则呈暗色。通过控制 3 个电子枪射线的发射量，可以改变红、绿、蓝的发光程度，从而发出各种色彩或色调。在实际的 CRT 中 1 个电子枪的电子束的粗束相当于 3～4 个遮光板孔的大小，通过孔变细的电子束，可同时使 3～4个萤光体发光。

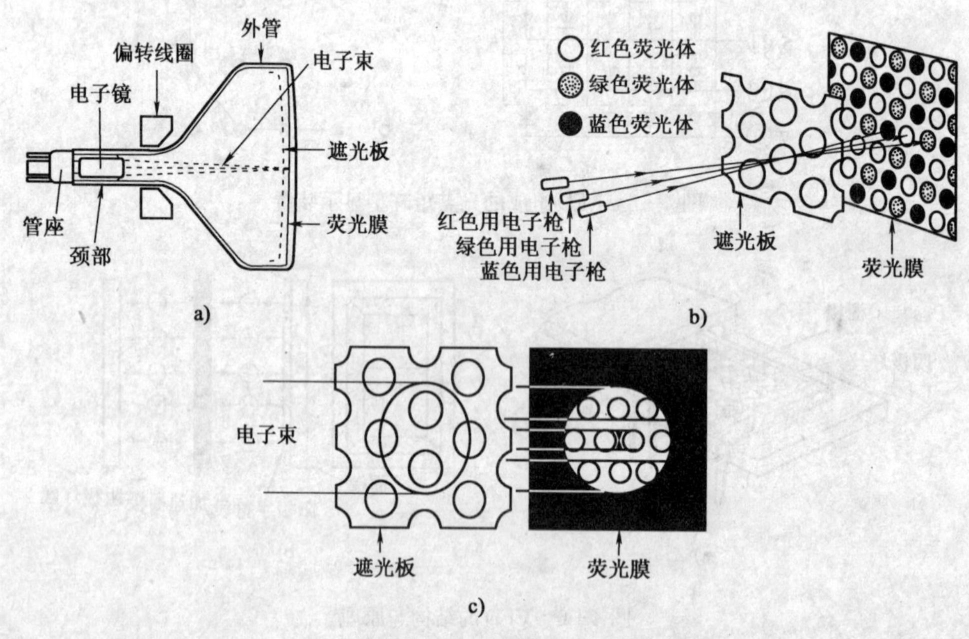

图 4—8 CRT 的构造与原理

a）构造 b）电子束照射方式 c）电子束的变化

(4) 液晶显示器

液晶显示器 LCD（Liquid Crystal Display）是一种被动型显示装置。它具有显示面积大，耗电量小，显示清晰，通过滤光镜还可显示不同颜色，在阳光直接照射下显示不受影响等特点。液晶显示装置的结构如图 4—9 所示。它有两块厚约 1 mm 的玻璃基板，基板上涂有透明的导电材料以形成电极图形，两基板间注入一层 5～20 μm 厚的液晶，再在两玻璃基板的外表面分别贴上前偏振片和后偏振片，并将整个显示板完全密封，以防湿气和氧侵入，这便构成透射式液晶显示装置。若在后玻璃基板的后面再加上反射镜，便组成反射—透射式液晶显示装置（见图 4—10）。

2. 电子声音显示

一些重要的警告信息，如只凭视觉有时会看漏，故又出现了用声音传递信息的装置，即电子语音报警系统。此系统主要由以下 3 个部件组成（图 4－11）：一块字母/数字读出板，一帧用汽车图形表示的情况/位置指示器，一块电子语音报警模块。

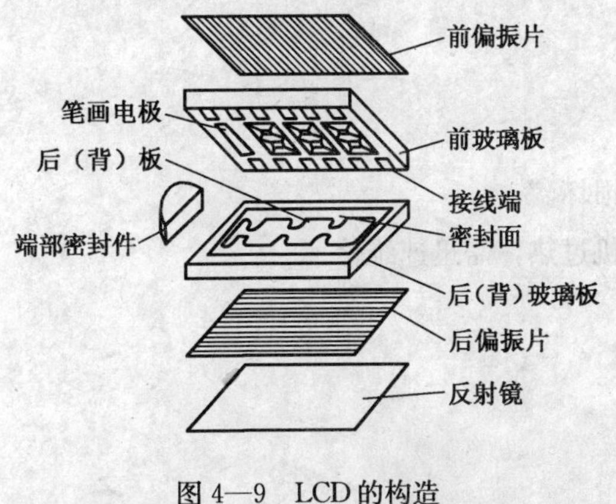

图 4—9　LCD 的构造

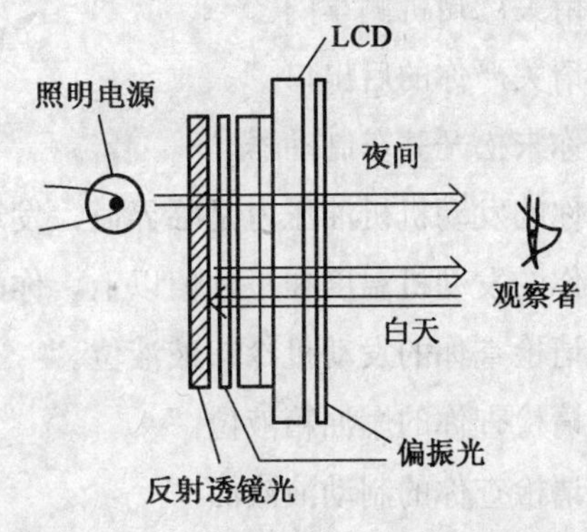

图 4—10　车用反射透射式液晶显示装置

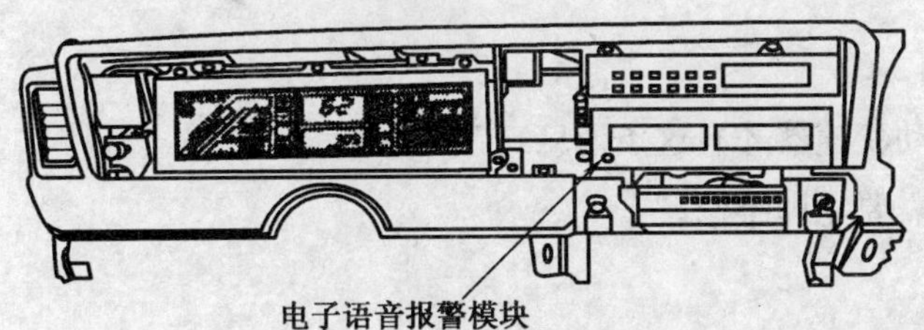

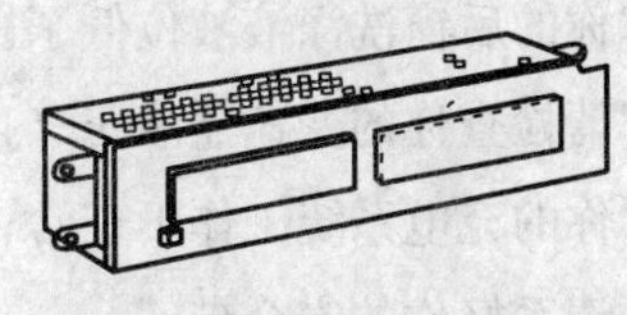

图 4—11　电子语音报警模块

“字母/数字读出板”提供要显示的报警消息（图 4—12），信息一直显示到情况纠正了才消失。“汽车图形表示的指示器”是当点火开关在 RUN 挡时显示的汽车轮廓图案。当出现需要驾驶员注意的情况时，某个彩色指示器便发亮，并且一直亮到情况纠正了才熄灭。如果在这个时候还查出一个新的报警情况，便以电子语音向驾驶员发出一句语言消息。

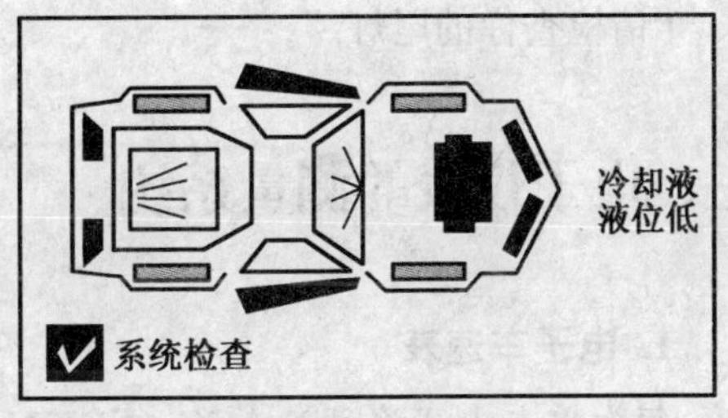

图 4—12　字母数字读出板的文字显示

电子信息报警系统一般用声音（女性声音）发出下列 5 项警报：“请检查车门（车门未关紧时）”“请加入汽油（汽油不足时）”“请检查灯光（当灯一直亮着时）”“请检查手制动器（忘记拉手制动时）”“请检查钥匙（当钥匙插在门锁上时）”。

有些故障需要不只一个输入才能触发语音报警。当传感器探测出一项不安全的或危险的情况时，便触发一次报警，在读出板上显示警告消息并发出一种声音警告驾驶员。如果收音机正开着，语音报警模块发出一句请驾驶员中断收音机的语句，然后由靠近驾驶员的那只扬声器发布警告消息。

常见的语音警报语句如下：

“你的钥匙留在点火锁内。”

“你未闭前照灯。”

“请关严边座车门。”

“请关严司机侧车门。”

“请关严你的后出口。”

“你未松开驻车制动器。”

“你的发动机机油压力是临界值，发动机会损坏。”

“你的发动机温度在正常值以上，你的发动机过热，需迅速维修。”

“请检查你的发动机冷却液液位。”

“请检查你的燃油箱液位。”

“请检查你的制动液液面。”

“请检查你的制动蹄片。”

“你的洗涤液液位低了。”

“你的后窗洗涤液液位低了。”

“请检查你的变速器液压（自动变速器才有这条消息）。”

“你的充电系统工作不正常，需要立即维修。”

“请系好你的安全带。”

“请检查你的前照灯。”

“请检查你的制动灯。”

“请检查你的尾灯。”

三、电子仪表的测量系统

1. 电子车速表

每次将点火开关置于 ACC 或 RUN 挡，微处理器便开启数字仪表板的自检验，自检验一次大约需要 3 s，自检验的顺序是：

（1）所有显示字符段都发亮。

（2）所有显示字符段都熄灭。

（3）显示出 0 mph（mile/h）或 0 km/h。

电子式车速表接收来自车速传感器的信号，车速传感器可能是磁脉冲发生器、霍尔效应开关或光电式传感器（图 4—13）。

向微处理器输送信息的传感器遍布整车，它们分为 4 类：

• 监控前照灯、尾灯和驻车灯等是否正常工作的模块。

• 监控发动机机油油位的热敏电阻。由于机油欠冷却而温度升到预设值时，微处理器发送报警信号。

• 测定充电系统输出的电压传感器。

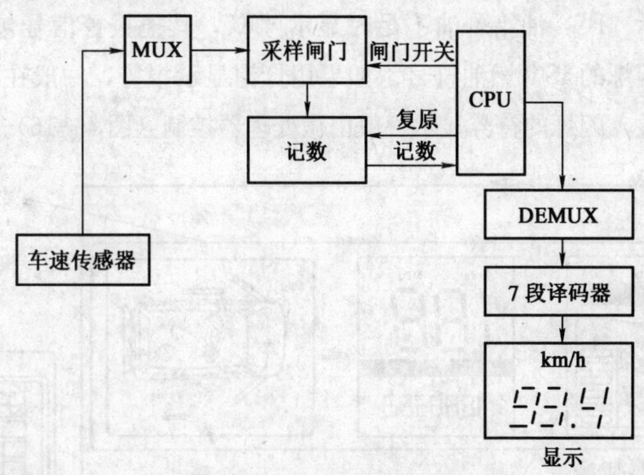

图 4—13　电子车速表的测量系统

• 当有部件出现故障或危险情况时向微处理器提供搭铁信号的常开式开关。

另外的信息来自内部时钟、冷却液温度传感器、车速传感器和点火系统（取发动机转速信号）。

2. 电子水温表

水温测量系统原理如图 4—14 所示，其中水温传感器用热敏电阻。当温度不同时，输出的电压信号不同，经 A/D 转换和多路传输器 MUX 传输到 CPU（中央处理器），再与 ROM 中存储的高温极限值相比较。若超过限值时，CPU 输出的信息经多路解调后到字母生成程序，显示出“TEMP”字样，表示水温过高。

3. 电子燃油表

燃油表测量系统原理如图 4—15 所示。其中燃油传感器与传统燃油表传感器相同，浮子随燃油液面升降，改变传感器的电阻值，得到不同的输出电压；经 A/D 转换和多路传输器 MUX 传输到 CPU，得到一个地址信号，寻出 ROM 中相应地址的油量值；经多路解调和译码器，在显示屏上显示出所检测的燃油量。

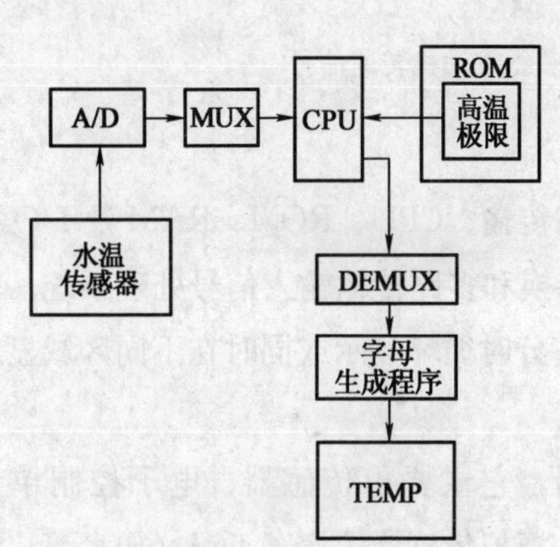

图 4—14　电子水温表的测量系统

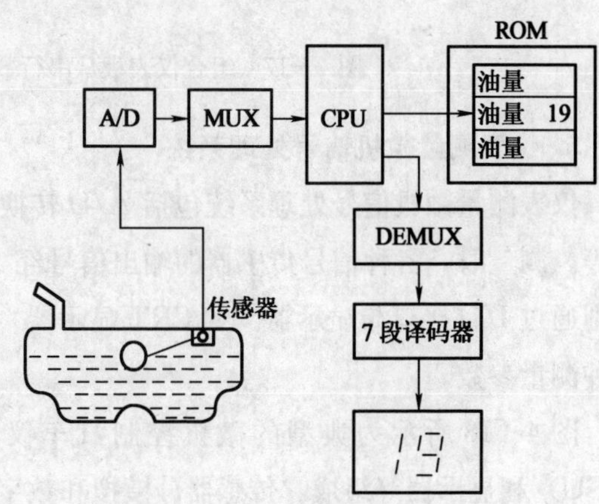

图 4—15　电子燃油表的测量系统

油箱装满时显示“F”，油箱剩油不足时显示“E”，其他报警信号包括几个白炽灯泡、仪表板上的符号或闪烁的ISO燃油符号。如果用灯泡显示报警，一般在油位变送器上装有一个接通电路的开关，闪烁的符号显示一般由微处理器控制（图4—16）。

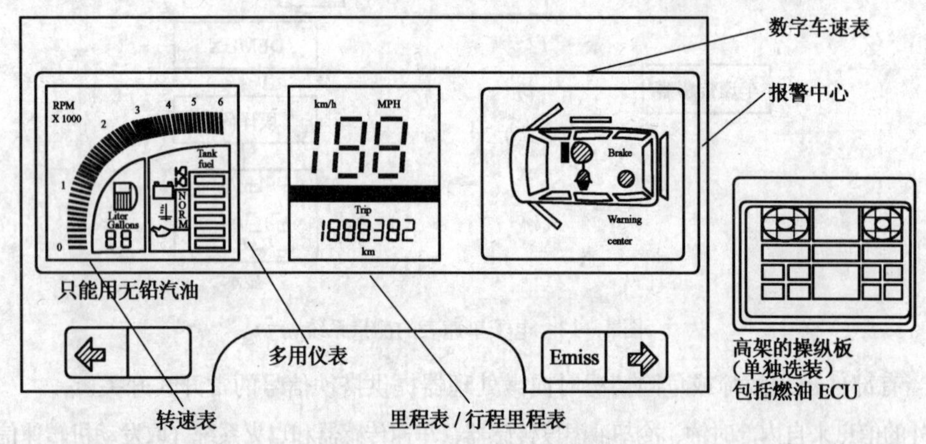

图4—16　数字式燃油的显示

4. 发动机电子转速表

发动机转速信号一般取自发动机转速传感器传至发动机控制单元的信号，此信号通过串行数据口传至车身控制单元，组合仪表板能在数据口通信时获得发动机转速信号，并显示测量结果（图4—17）。

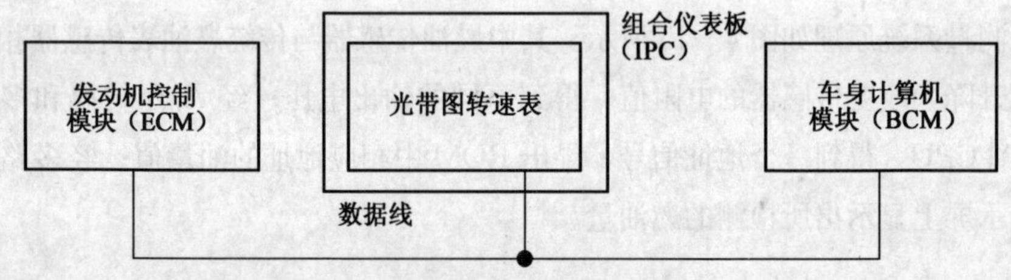

图4—17　组合仪表板从串行数据口中获得发动机转速信号

5. 仪表测量微机信号处理系统

仪表测量微机信号处理系统包括A/D转换、多路传输、CPU、ROM、RAM及I/O接口等。测量时，各种信号传感器的输出信号经A/D转换和多路传输输入信号处理系统。输出则通过I/O接口与显示器（如CRT显示器）相连，分时循环显示或同时在不同区域显示各种测量参数。

图4—18所示为典型的微机控制汽车仪表框图。它主要由传感器、电子控制单元（ECU）和显示器等组成。传感器分模拟和数字两类。模拟传感器把汽车工况（如水温、油压）等变为模拟电信号预处理后，经A/D转换为数字量送入ECU；数字传感器是将车速、

发动机转速等变成电脉冲信号，经预处理后送入 ECU。所有传感器信号经过 ECU 运算、判断等数据处理后，分别送到相应的显示装置和报警装置。

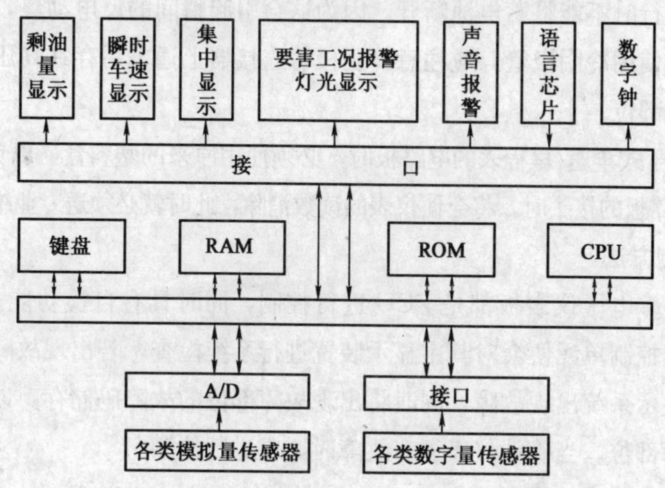

图 4—18　典型的微机控制汽车仪表系统

四、电子仪表的检修

1. 电子仪表检修注意事项

现代汽车电子仪表显示系统在检修中，需注意以下几点：

(1) 现代汽车电子仪表比较精密，对检修技术要求较高，检修时应遵照各汽车实用维修手册中的有关规定执行，必要时，送专业维修单位检修。

(2) 现代汽车电子仪表显示板与母板（逻辑电路板）不仅较容易损坏，而且价格也较贵，因此在使用与检修时应多加小心。除非有特殊说明，否则不能将蓄电池的全部电压加在仪表板的任何输入端。在检查电压、电阻时，应使用高阻抗仪器（不能使用简易仪表），若检修汽车仪表时使用不当，常常会造成微机电路的严重损坏。

(3) 拆卸电子仪表板时首先应切断电源，然后按拆卸顺序进行拆卸，应特别注意拆卸时不能敲打、震动，以防损坏电子元器件。

(4) 拆装电子仪表板应按拆装顺序进行，拆装时不要用力过猛，以防本来良好的元器件由于用力过猛而损坏。在拆装仪表板总成之前，脱开连接器或端子时，应先脱开蓄电池端子。更换电子仪表元器件时，应小心不让身体与更换元件（备用元件）的集成电路引线端子接触，备件应放置在镀镍的包装袋内，不要提前从袋中取出，取出时不要触碰各部分接头，防止静电造成元器件的损坏。

(5) 检修电子仪表板时，不论在车上还是在工作台上作业，作业地点或维修人员都不能带有静电。为此作业时应使用静电保护装置，通常使用一根与车身连接的手腕带和放置一个电子部件的导电垫板。

(6) 发动机运行时不能将蓄电池断开，因为这会引起瞬间的反电动势，导致仪表损坏。

(7) 电子仪表使用冷阴极管，应注意冷阴极管连接器上通电后存在高压交流电，因此通电后不得接触这些部位。

(8) 在处理电子式车速/里程表的电路板时，必须使用原来的塑料盒，以免因静电感应而损坏。若不慎碰触电路板的接头时，将会使仪表的读数消除，此时就必须送专业维修后才能使用。

2. 常用的检测方法

现代汽车的许多电子仪表板都是 ECU 进行控制，同时具有自检功能。只要给出指令，电子仪表板的电子控制单元便会对其主显示装置进行系统检查，若出现故障，便以不同的方式警告驾驶员，显示系统出现故障，同时将出现故障部位的故障码储存，以便维修时将故障码调出，指出故障部位。当确认仪表板有故障时，应进行检测。

(1) 用快速检测器进行检测

快速检测器能模拟各种传感器信号，能够迅速测出故障的部位。如在使用测试器向仪表板输入信号时，仪表板能够正常显示，说明传感器或其电路有故障。若显示器仍不能显示，再将测试器直接接在仪表板的有关输入插座上，此时若显示器能正常显示，说明线束和连接器有故障，否则表明仪表板有故障。

(2) 用微电脑快速测试器进行检测

微电脑快速测试器能够模拟燃油的流量和车速传感器的信号，同样把测试器所发出的信号从不同部位输入，即可检验传感器、ECU 和显示装置工作是否正常。

(3) 用液晶显示仪表测试器进行检测

用液晶显示仪表测试器进行测试时，能为仪表板和信息中心提供参照输入信号，这就可检测出信息中心的工作状态。这种测试的目的是，对仪表板有无故障做进一步的验证。

3. 常见故障检修

现代汽车电子仪表显示系统的故障，一般都出在传感器、连接器、导线、个别仪表及显示器上。检修时应先将传感器电路断开或拆下，用检测设备对它们进行逐个检查。

(1) 传感器的检测

首先将传感器的电路断开或拆下传感器，用仪器进行逐个检查。对各种电阻式传感器的检查，通常是采用测量其电阻值的方法来判断它的好坏，即把所测得的电阻值与其规定的标准电阻值相比较，判断传感器有无故障。若所测的值小于规定的数值，表明传感器内部短路，否则传感器内部断路或接触不良。传感器一般是不可拆、不可维修的元件，若有故障只能更换新件。

(2) 连接器的检查

采用电子仪表的汽车，往往需要很多连接器把电线束连到仪表板上去。这些连接器一般都采用不同颜色，以便辨认它属于哪一部分的连接。为保证其连接牢固、可靠，连接器上都设有闭锁装置。检查时可用眼看或手摸的方法进行，连接器装置要齐全、完好，插头、插座应接触可靠、无锈蚀。仪表电路工作中用手触摸连接器，应没有明显的温度感觉，若温度过高，说明该连接器接触不良，应查明原因予以排除。

(3) 个别仪表故障诊断

若电子仪表板上个别仪表发生故障，应检查与此仪表相关的各个部分。首先应检查各导线的连接状况，包括各连接器的接触状况，线路是否破损、搭铁、短路或断路等；然后再用检测设备分别对该仪表及传感器进行检测，查明故障原因，予以修复，必要时更换新的元件。

(4) 显示器故障检修

一旦电子仪表板上的显示器部分笔画、线路出现故障，应将仪表板上显示器件调整到静态显示状态，仔细观察是否还有别的故障，针对此时出现的故障，使用检测设备对与此相关的电路或装置进行认真检查。若仅有一、二笔画或线段不发亮或不显示，则说明逻辑电路板通过多路传输的脉冲信号正确，可能是显示装置的部分线路工作不正常，遇此情况应作进一步检查，属于接触不良的应加以紧固，确保其电路畅通；若是电子器件本身的问题，通常应更换显示器件或电路板。

(5) 仪表读数始终低

当点火开关置于 RUN 挡时，仪表读数一直低，表明仪表电路开路。查找线路开路的步骤如下：

1）断开传感器总成的线束；

2）从仪表线路对搭铁连接一根搭铁线；

3）点火开关转到 RUN 挡，仪表应显示出最大值。

维修提示：尽管某些维修手册的操作规程对此没做要求，但在进行这些检测时，最好在搭接线中串接一个 10 Ω 的电阻。这样既防止无电阻搭铁短路，又对仪表工作没有明显的影响。

警告：

◆大多数电子仪表板的燃油表根据传感器而工作，该传感器电阻值随燃油液位的降低而减少。在这些系统中，搭接一根搭铁线将指示低读数。在分离开传感器之前，应参照相应就诊车辆维修手册中的正确检测结果，要求点火开关置在 RUN 挡最长不超过 30 s。这是检测仪表工作所要求的最长时间。

◆某些燃油表系统中，模块向传感器总成输出一个参考电压，然后根据对传感器返回的输入电压进行测量来确定燃油液位。对这种系统不能直接搭铁，须用电压表在插接器端子的背面探测电压值是否正常。

如果仪表读数高，检查传感器总成的搭铁线。如果搭铁连接良好，则该传感器总成有故障，须更换它。

如果仪表读数持续低，按照就诊车辆的电路诊断程序检测传感器总成电路有无开路，并按照推荐的诊断方法检测控制模块。

(6) 仪表读数始终高

将点火开关设置在 RUN 挡，仪表读数高表明电路中有搭铁短路的地方。为了检测电路，断开传感器总成的线束，将点火开关打到 RUN 挡同时观察仪表，如果仪表读数低，则传感器总成有故障，须更换。

警告：

大多数电子仪表板中的燃油表根据传感器而工作。该传感器电阻值随燃油液位的下降而减小。导线开路将使这些系统指示出高读数。在断开传感器总成前，须参照相应诊断汽车维修手册中的正确检测结果。

如果仪表读数持续高，利用电路图来检测传感器的电路有无搭铁短路。如电路完好，按照推荐的诊断操作方法检测控制模块。

(7) 仪表读数不准

仪表读数不准通常由传感器总成失效引起。检测仪表性能时，需要有制造厂有关电阻值的技术要求，因为它们与仪表的读数有关。仪表检测器按不同的阻值变化来检测这种系统。

维修提示：如果仪表检测器不适用，可利用阻值范围适当的变阻器或把不同的电阻接到搭接线中，把变阻器或电阻连接在传感器总成与搭铁之间。例如，如果仪表被设计成阻值在 0 Ω 时读高而 90 Ω 时读低，则在电路中串入一个 45 Ω 的电阻，读数应在中间。

仪表读数不准的其他原因包括接触不良、阻性短路和搭铁不良，还要查看靠近传感器总成处是否损坏。例如，燃油箱损坏能导致仪表读数不准。

专用工具：搭接线。

阻性短路是首先旁路了一个电阻后搭铁短路。

§4—2 远视点成像

为了缩短驾驶员对仪表的视认时间，应尽可能减少视线转移幅度。受汽车结构尺寸的制约，一般仪表显示板到驾驶员眼睛距离很难超过 800～1 200 mm。如能将仪表显示部分在较远处成像，就可以节约驾驶员视线移动和调焦时间，有利于驾驶安全。

一、虚像显示式显示器

1. 结构

如图4—19所示为采用虚像显示和实像显示切换方式的仪表剖面结构及仪表板。图4—19a中的A及B分别是显示转速及车速的真空荧光（VFD）表。VFD的前方设置透射反射板（半透明反射镜），它是在丙烯板上镀有Ni、Cr和Mo合金，透射率为35%，反射率为20%。当A、B的VFD点亮时，转速表及车速表的显示光就透过半透镜后成为实像显示。

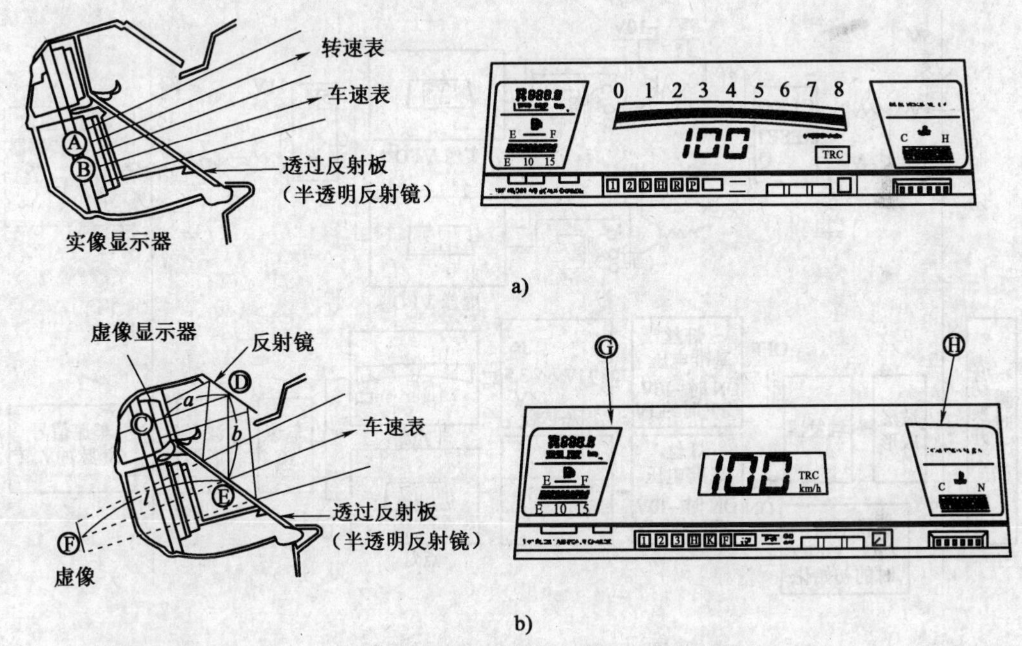

图4—19　实像/虚像切换显示式仪表

a）实像显示　b）虚像显示

如图4—19b所示，F为虚像显示用的VFD（车速表），D是进行反射处理的镜片。当VFD点亮时，显示光被镜片反射，经过半透镜反射到驾驶员的眼睛。此时，驾驶员等于看F上VFD的虚像，它在比半透明反射镜位置远$l=a+b$的位置上。

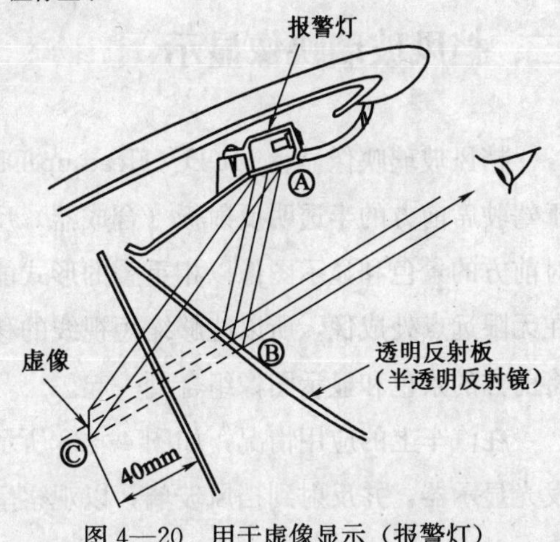

图4—20　用于虚像显示（报警灯）

如图4—20所示，报警灯应用虚像显示的方法，在正常状况下不需要显示，只有在异常时才点亮。平时必要时也可进行虚像显示，以充分有效地利用有限的仪表显示面积。

2. 控制电路

车速表的实像显示和虚像显示可根据驾驶员的爱好，用切换开关任意选择，其两种电路如图 4—21 所示。切换车速表时，显示不能出现瞬间间断现象（安全标准规定切换时间小于 0.1 s），但 VFD 需要灯丝的加热时间，从开电源到发光就需要约 0.1 s。为此，点亮 VFD 的灯丝平时通电，使它处于加热状态，从而在约 0.01 s 内能够瞬时显示发光；不点亮 VFD 灯丝时，偏压保持在约 1 V 正电压，而且要确保不点亮。

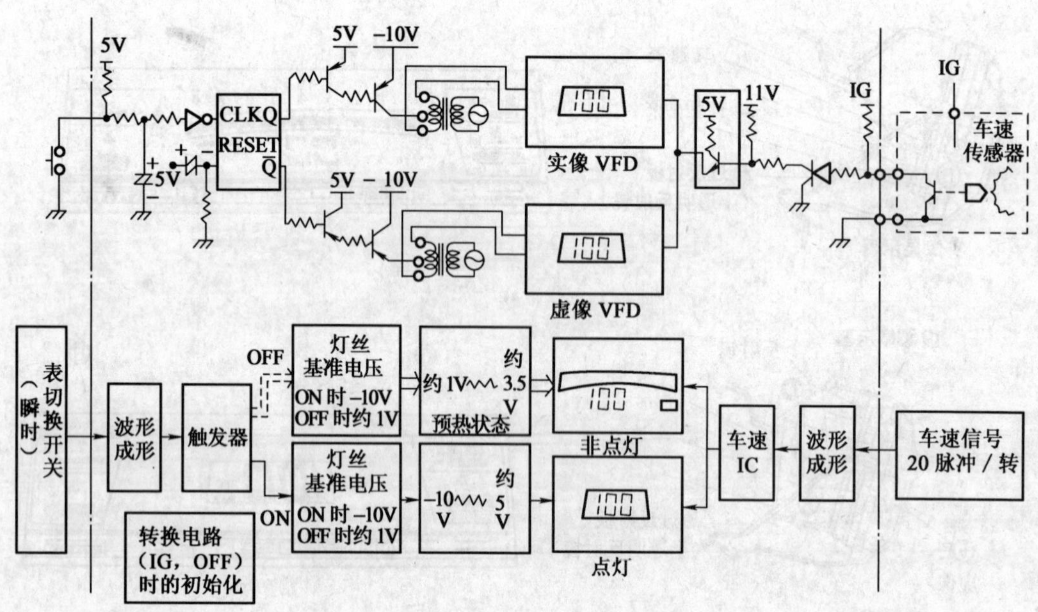

图 4—21　实像/虚像切换电路

二、挡风玻璃映像显示

挡风玻璃映像显示 HUD（Head up Display）是用于战斗机而开发的技术。显示光经位于驾驶席前方的半透明反射板（合成器）反射后，映入飞行员的眼睛。飞行员通过合成器，对前方的景色和显示图像以相重叠的形式能同时视认两方的信息。显示图像通过透镜系统能在无限远点处成像，所以能够缩短视线的移动和焦点调节所需要的时间。合成器的意思就是将前方的景色和显示图像组合到一起。

在汽车上的应用情况，如图 4—22 所示。驾驶席前方的风窗玻璃下面的仪表板里面放置发光显示器，并反射到挡风玻璃，以观察呈现在车辆前方的虚像显示。在挡风玻璃的反射面

（室内一侧）上，通过薄膜进行合成处理。用 HUD 显示的内容主要作为仪表板显示内容的补充，包括有车速表的数字显示和警告等简单的内容。

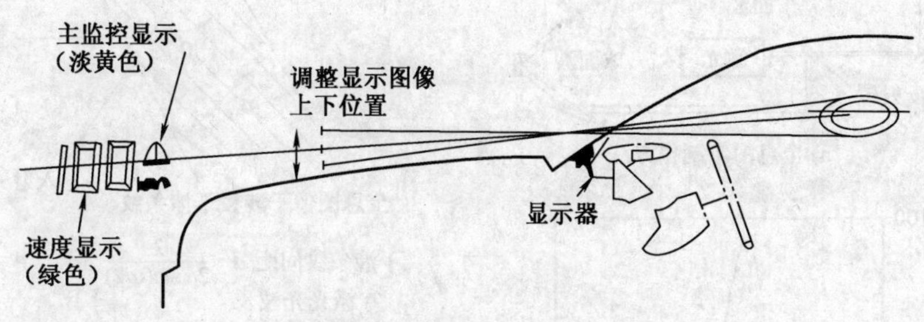

图 4—22　挡风玻璃映像显示（HUD）

三、全息图像

HUD 的意义是使驾驶员能在瞬时读取前方景色和重叠的显示图像，但是与飞机上应用的情况不同，汽车前方的景色变化很大。为了很好地识别显示图像，应该提高挡风玻璃反射面的反射率，挡风玻璃的反射率要大于 70%。为了有效利用有限的反射率，很好地识别显示图像，现已研究开发了全息图像的 HUD 技术。在图像干涉板上同时照射不同相位的光线以此形成干涉条纹，称为全息图像。若是对全息图像照射，由于干涉条纹是根据光的衍射波长选择性，且能得到透镜和凹面镜效果，因此，将激光振荡相位相同的光分成两个，分别形成平面波和球面波，从图像干涉板两侧入射，如图 4—23a 所示。此时，图像干涉板内形成如图 4—23b 所示的干涉条纹。例如，干涉条纹的密度可达 6 000 根/mm^2。对做好的全息图像从球面波入射方向照射时，由于多重干涉条纹只是用图 4—23b 中所示的关系式决定波长为 λ 的光衍射后反射，而其他波长的光就直接入射，在这种情况下全息图像对特定波长光具有凹面镜的作用。图 4—23c 所示为全息图像的衍射效率与波长之间关系的实例。

全息图像的组成如图 4—24 所示。图中 A 为由 LCD 与卤素灯组成的显示器，B、C 为镜片。在显示器上的显示图像，在镜片 B 和 C 的作用下，变换成水平方向，反射到全息图像 D。只有显示器的绿光在全息图像反射，反射到挡风玻璃的合成器 E 上后在车辆前方形成虚像。由于全息图像的凹面镜效应，显示图像就被放大。另外，为了满足驾驶员的不同视力，通过电机能改变全息图像的设定角度，从而能实现显示图像的上下微调。

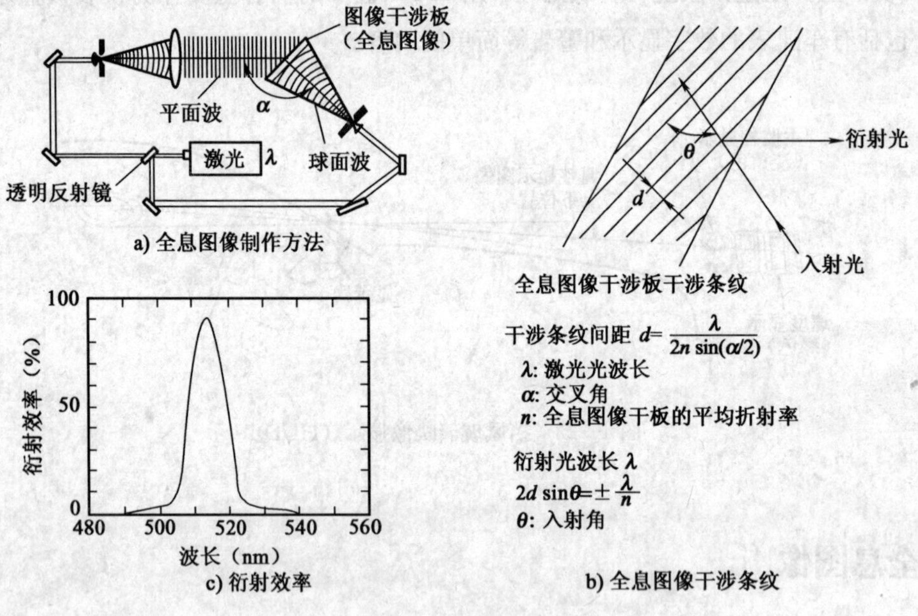

图 4—23　全息图像

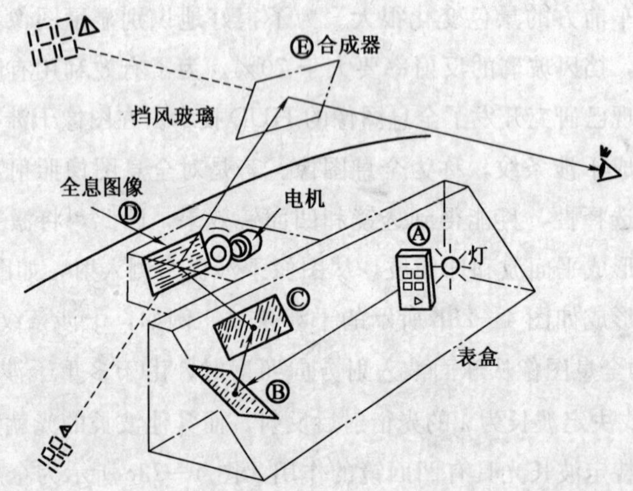

图 4—24　全息图像式 HUD 的组成

单 元 小 结

1. 电子仪表常用的显示方法有电子图像显示和电子声音显示。电子图像显示器大致可分为两类，即能自身发光的主动型和反射投入的被动型。主动型的显示主要以发光二极管

(LED)、真空荧光管（VFD)、阴极射线管（CRT）作显示器；被动型则采用液晶显示(LCD）的显示器。电子声音显示是指用声音传递信息的装置。

2. LED既可作光条图显示，亦可组成字母/数字字符显示。LED用作数字显示通常有两种方式：7段显示和点阵显示。

3. 真空荧光显示器（VFD）是最常用的数字显示器，由钨丝热阴极、栅极和涂有磷光物质的屏幕（阳极）构成。一个VFD的字符段可能排成若干不同的图形。最通用的是7或14字符段图形。

4. 阴极射线管（CRT）也称显像管。它具有全彩色显示，图像显示灵活性大，分辨率、对比度高等特点，且工作温度范围广（－50～100℃），是目前显示图像质量最高的一种显示器件，已广泛用于示波器、电视显像管和微机显示系统。

5. 液晶显示器LCD是一种被动型显示装置。它具有显示面积大，耗电量小，显示清晰，通过滤光镜可显示不同颜色，在阳光直接照射下显示不受影响等特点。

6. 现代汽车电子仪表显示系统的故障，一般都出在传感器、连接器、导线、个别仪表及显示器上。常用检测方法主要有快速检测器法、液晶显示仪表测试器等方法。

7. 挡风玻璃映像显示是在驾驶席前方的风窗玻璃下面的仪表板里面放置发光显示器，并反射到挡风玻璃，以观察呈现在车辆前方的虚像显示。主要显示信息有车速表的数字显示和警告等内容。

单元5　汽车防盗系统的原理与检修

培训目标

本单元主要讲述汽车防盗系统的原理与检修，通过本单元的学习，读者应：

◎掌握汽车防盗系统的类型；

◎掌握汽车防盗系统的组成；

◎掌握中控门锁的功用、种类、组成及控制方法；

◎掌握各种防盗传感器的构造原理；

◎掌握机械式、遥控式、电阻式、电子应答式4种防止汽车起动和移动装置的工作原理。

◎ 掌握GPS网络技术防盗系统的组成和工作原理；

◎能诊断排除中控门锁的常见故障；

◎能诊断排除汽车防盗系统的常见故障，并能进行系统匹配；

◎能正确选择和安装汽车防盗器。

§5—1　汽车防盗系统的类型与组成

一、防盗系统的类型

随着科学技术的进步，为对付不断升级的盗车手段，人们不断研制出新的防盗装置。目前防盗装置按其结构可分三大类：机械式防盗器、电子式防盗系统和网络式防盗系统，见图5—1。

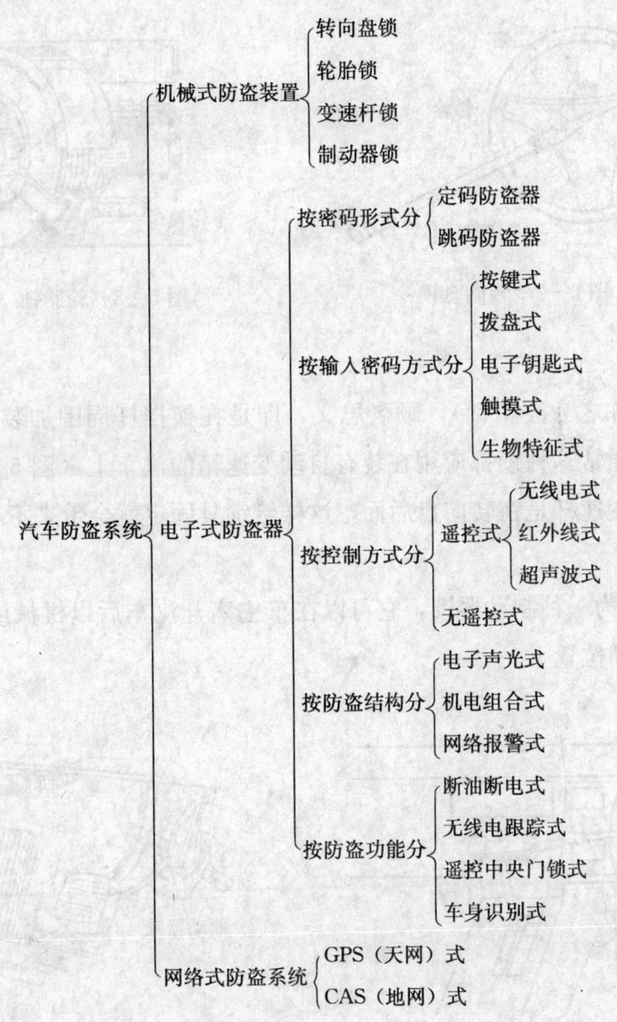

图 5—1　汽车防盗系统的类型

1. 机械式防盗装置

(1) 转向盘锁

转向盘锁也就是通常人们所说的拐杖锁，它的两端有类似拐杖的手柄，长度可调整，一端挂在转向盘上，另一端锁在离合器踏板上，装有自动变速器的汽车则挂在制动踏板上（图 5—2），一旦锁定，则转向盘不能转动，挡位也挂不上。

这种方法很简单，但有许多车主对它的使用方法不甚了解，使窃贼只需稍加晃动转向盘，即可将其摘下来。

(2) 轮胎锁

轮胎锁是把汽车的一个轮胎固定，使之不能转动，从而达到防盗目的，见图 5—3。这种方法比较麻烦，而且锁具也显笨重。

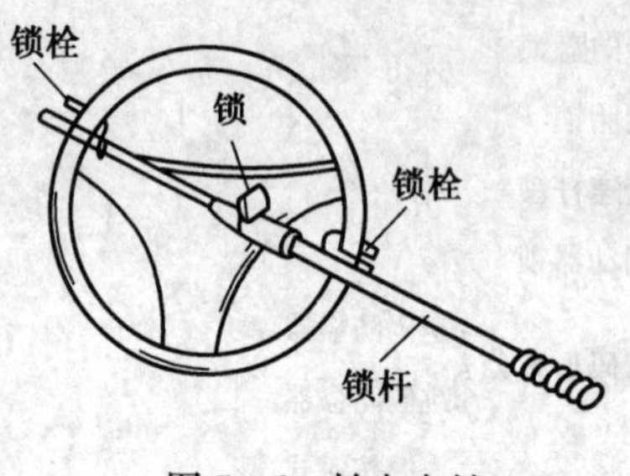

图 5—2　转向盘锁

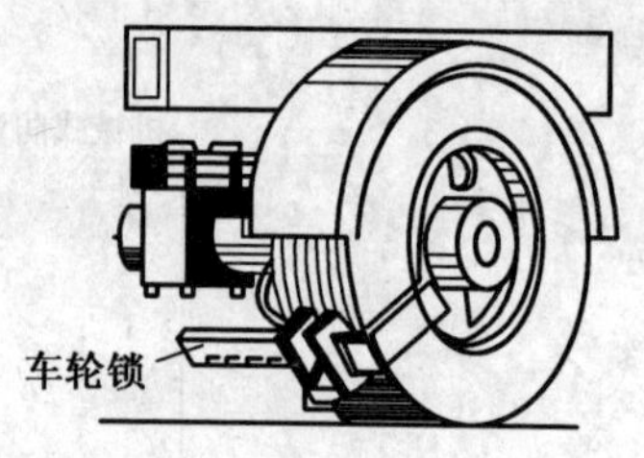

图 5—3　轮胎锁

(3) 变速杆锁

变速杆锁（又称之为波箱锁），顾名思义，即是在换挡杆周围加装一锁具，锁定之后，便不能换挡位了，通常这种锁都应用在装有自动变速箱的汽车上（图 5—4）。但是对于许多美国车，由于它的变速杆是在转向盘后面，这样给锁具固定就会带来不小的麻烦。

(4) 制动器锁

如图 5—5 所示为一种制动器锁，它可以在车主离开汽车后以机械或液压的方式，将制动器踏板固定在制动位置上。

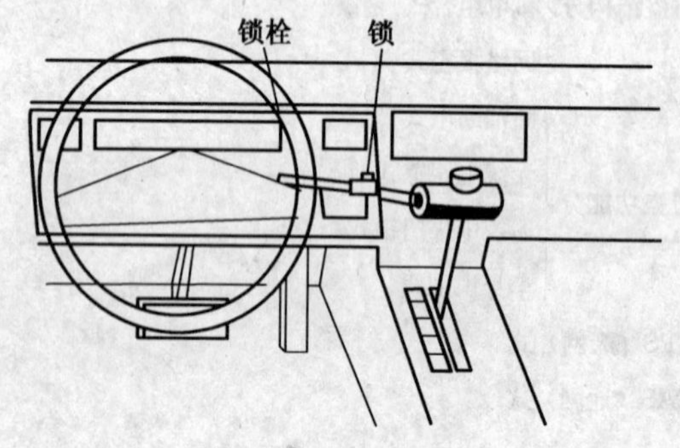

图 5—4　变速杆锁

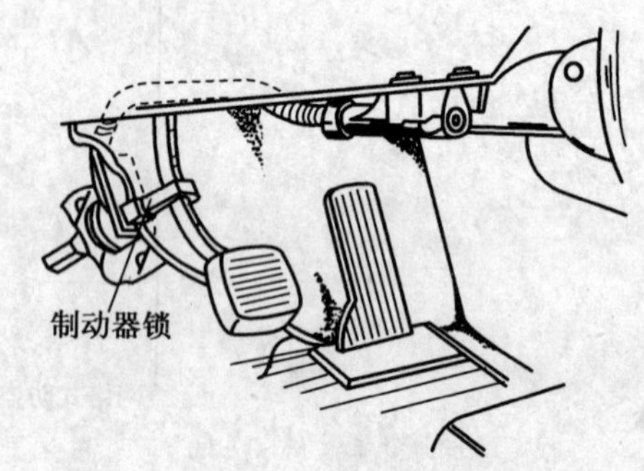

图 5—5　制动器锁

机械式的防盗锁属于单体、被动、无人值守的传统机械防盗装置，不能发出、传输报警信息，且极易被犯罪分子用钢锯、万能钥匙、镊子等作案工具破坏。其优点是价格便易、安装简便；缺点是防盗不彻底，每次拆装比较麻烦，不用时还得找地方放置。

2. 电子式防盗系统

(1) 按密码发射方式分类

电子式防盗系统根据密码发射方式的不同，主要分为定码防盗器和跳码防盗器两种类型。早期防盗器多采用定码方式，但由于其自身缺点，现已逐渐被技术上较为先进、防盗效果较好的跳码防盗器所取代。

跳码防盗器与移动电话的工作原理相同，遥控器与防盗主机系统之间除了要有相同的发射和接收频率之外，还要有密码才能相互识别。其特点如下：

1）遥控器的密码除身份码和指令码外，又多了一个跳码部分。跳码即密码依一定的编码函数，每发射一次，密码随即变化一次，密码不会被轻易复制或盗取，安全性极高。

2）密码组合上亿组，从根本上杜绝了重复码。

3）主机无密码，主机通过学习遥控器的密码，从而实现主机与遥控器之间的相互识别。若遥控器丢失，可安全且低成本地更换遥控器，无后顾之忧。

(2) 按输入密码的方式分类

电子防盗系统按照输入密码方式可分为如下 5 类：

1）按键式电子门锁　其特点是：采用键盘输入开锁密码，操作方便，内部控制电路常采用电子锁专用集成电路 ASIC。此类产品包括按键式汽车电子门锁和按键式汽车点火锁。

2）拨盘式电子门锁　其特点是：采用机械拨盘方式输入开锁密码。很多按键式电子门锁可以改造成拨盘式电子门锁。

3）电子钥匙式电子门锁（电子钥匙锁）　电子钥匙式电子门锁（电子钥匙锁）的特点是：使用电子钥匙输入开锁密码，电子钥匙是构成控制电路的重要组成部分。电子钥匙可以由元器件或由元器件构成的单元电路组成，做成小型手持形式。电子钥匙可通过声、磁、电和光等多种形式与主控电路联系。此类产品包括各种遥控汽车门锁、转向锁和点火锁，以及电子密码点火钥匙。

4）触摸式电子门锁　其特点是：采用触摸方法输入开锁密码，操作简便。相对于按键开关，触摸开关使用寿命长，造价低，因此优化了电子锁控制电路。装触摸式电子锁的轿车前门没有门把手，代之以电子锁和触摸传感器。

5）生物特征式电子门锁　其特点是：将声音、指纹等人体生物特征作为密码输入，由 ECU 进行模式识别控制开锁。因此，生物特征式电子锁的智能化程度相当高。

(3) 按控制方式分类

电子防盗系统按控制方式可分为：遥控式和无遥控式防盗系统。

遥控式汽车防盗器是随着电子技术的进步而发展起来的，是市场上推广普及最为广泛的一种。它的特点是遥控防盗器的全部功能，可靠方便，可带有振动侦测、门控保护及微波或红外探头等功能。随着市场对防盗器要求的不断提高，遥控式汽车防盗器还增加了许多方便实用的附加功能，如遥控中控门锁、遥控送放冷暖风、遥控电动门窗及遥控开启后备箱等功能。

(4) 按遥控的形式分类

遥控式防盗系统根据发射信号的形式不同又可分为：无线电遥控方式、红外线遥控方式、超声波遥控方式等。

(5) 按防盗的结构分类

电子式防盗系统按防盗的结构分为以下 3 类：

1）电子声光类　俗称“哇哇叫”，遇到非正常点火、开门、振动等情况，通过电子感应便会引起喇叭长鸣、车灯闪烁，起到阻吓作用。此类防盗器极易被断电和短路等技术破坏，也无法对车辆进行控制，报警信息传播范围有限，发出的噪声也存在扰民现象。

2）机电结合类　当遇到盗、劫时，汽车不仅可以发出声光报警信号，还能够自动锁住油路、电路、ECU。有的中高档轿车还使用电子钥匙，只有密码相符时才能起动发动机。此类防盗器技术较为先进，但也有的犯罪分子通过截获电子密码等方式来实施盗窃，一旦被偷走也难以实施车辆定位。

3）网络报警类　这是一种建立在以城市为中心的网络化产品，具有遇盗自动报警、跟踪定位、遥控停车等功能。

(6) 按防盗的功能分类

电子式防盗系统按防盗的功能分为以下 4 类：

1）断油断电装置　这种装置是靠切断点火线路或者燃油供应系统而使汽车不能开动，是十分简单而有效的防盗设计方案。然而这种装置不能防止小偷打破车窗，同时也对整车拖走的偷盗方式束手无策。

断油断电的装置可分为 3 种，分别是燃油切断装置、蓄电池接线柱切断装置及发动机点火切断装置。电池断电装置安装在蓄电池旁，只需转动转钮，车上的电力系统便全被切断，此装置的使用、安装都十分方便。发动机点火切断装置有多种，有的需按固定的密码才能起动，即使被人破坏，发动机的起动依然失灵；有的装置还会发出红色的灯光，具有阻吓作用。至于燃油切断装置则可安装在供油系统的任何部位，一般在发动机罩下的输油管路上，只要将此装置锁闭，发动机便会因为缺油而无法起动，是较直接而简便的方法。

2）无线电跟踪装置　这是一种目前最先进的产品，在国内已初步研制成功。该装置是在车上安装一个小型无线电发射器，一旦车辆被偷走，该装置能够协助警方探测出车辆的下落，很快地便可以找回失窃车辆。

该装置的优点是汽车的寻回率极高，便于跟踪、控制车辆；缺点是此装置需要一套庞大完善的跟踪系统，花费高。

3）遥控中央门锁　当遥控器发射正确信号时，中央门锁自动开启或关闭。

4）车身防盗识别系统　该系统是利用特殊工艺在全车玻璃、前后大灯和轮圈等重要部件蚀刻车辆号码，车辆盗走后，则需要更换全车的重要组件，方可脱手，花费很大。

3. 网络式防盗系统

汽车网络防盗系统是目前国际上比较流行而且比较先进实用的一种防盗方式，它是在充分总结了前几种防盗方式存在的人防与机防脱节、防盗方式单一、防盗不防劫的弊端之后而发展起来的一种新型的汽车防盗方式。

网络防盗系统主要有两种：一种是全球卫星定位，通过 GSM 进行无线传输的 GPS 防盗系统，俗称“天网”；另一种是以地面信标定位，通过有线和无线传输对汽车进行定位跟踪和防盗劫的 CAS 防盗系统，俗称“地网”，其代表产品是 110 护车神。国内外目前采用比较多的是地网方式，如美国、以色列、加拿大等国。GPS 天网方式主要用于车辆的指挥调度。

GPS 的 4 大功能分别为：

• 定位功能。监控中心可在全国范围内随时监控某辆车的运营状况，可以 24 h 不间断地监测目标车辆当前的运行位置、行驶速度和方向等数据。

• 通讯功能。GPS 适应信息时代的需求，在行车中可以为驾驶员提供 GSM 网络上的全国漫游服务，让驾驶员可以随时随地和外界保持联络。在实际使用过程中，对一些劫车者也具有震慑作用。另外，它的话费优惠和免提功能也让人用得更方便、更舒心。

• 监控功能。如果万一遇上劫匪，可以通过 GPS 系统配备的脚踏/手动报警、防盗报警等设施迅速与监控中心取得联系。

• 停驶功能。即使爱车不幸丢失，也可通过监控中心对它实行“远程控制”。监控中心在了解到车主提供的信息无误后，可以遥控该车，对其实行断油、断电，再配合附近警方将困在车里动弹不得的劫匪绳之以法。

汽车网络防盗系统的最大优点是改变了传统防盗器单一的技防功能，而增加了人防功能，它通过建立在天空和地面的“网”对车辆进行及时报警并跟踪定位，从而使公安部门快速出警追堵被盗车辆成为可能，而且这种防盗系统具有阻断油、电路，熄火停车等防盗又防劫的功能。

二、防盗系统的组成

汽车防盗系统一般由报警调置/解除装置、传感器（或称为检测器）、防盗电控单元(ECU)、报警装置、防止汽车起动和移动装置等组成（图 5—6、图 5—7）。

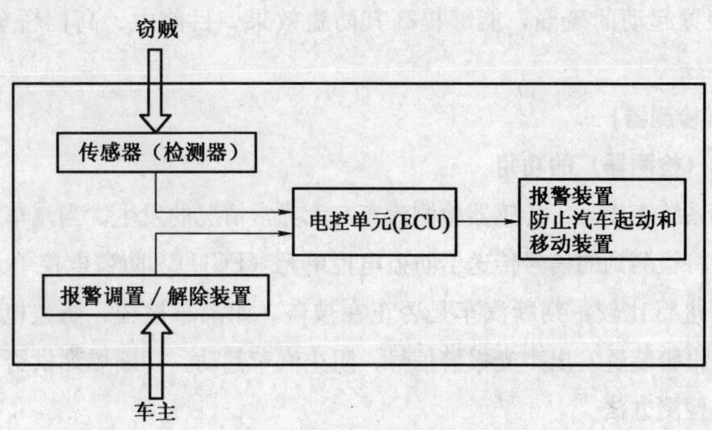

图 5—6　汽车防盗系统的组成框图

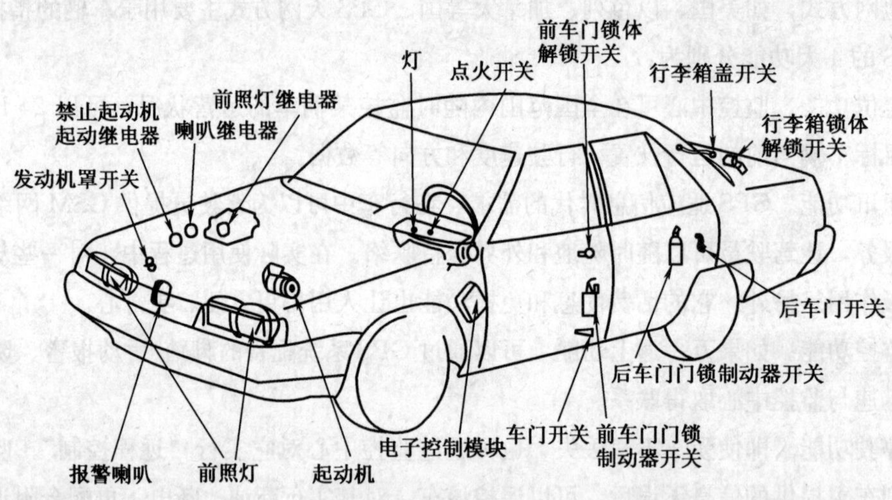

图 5—7 汽车防盗系统各零件在车上分布位置

1. 报警调置/解除装置

当所有的车门、发动机底部及行李舱关闭时，车主通过报警调置/解除装置使所有的车门进行锁止，汽车防盗报警系统进入预警状态。当汽车防盗报警系统起动时，设在车内可见位置的工作显示灯开始工作，以保证防盗报警系统正确无误地开始工作，对盗车者也是一种心理威慑。

调置方法可分为主动式与被动式两种。主动式是指用于装置起动的特别操作方式，具有暗号开关或密码电源开关板，其典型的方式是无线电或红外线遥控方式，目前市场上这种产品较多。这种方式的优点是在安装上有通用性；缺点是容易忘记调置，发生疏漏。被动方式则是对驾车者不要求特别操作，当车门关闭后，防盗报警装置能自动进行工作，不会发生忘记装置起动的疏漏，能够提高其防盗效果。目前中、高档轿车一般都采用了这种方式。

2. 传感器（检测器）

(1) 传感器（检测器）的功用

当防盗报警系统工作时，传感器检测汽车有无异常情况的发生。当汽车被移动或车门被打开时，传感器将检测到的信号传送给防盗电控单元（ECU），防盗电控单元（ECU）与其内部储存的数据进行比较，判断汽车是否正在被盗。如汽车被盗，防盗电控单元（ECU）输出信号，控制报警装置发出声光报警信号，阻止汽车起动，切断燃油供给。

(2) 被盗车检测方法

汽车是否被盗，传感器主要通过以下方式进行检测：

1）车门开启操作不正常，车门非法开启，车门主活塞缸被撬开并拔出；

2）后备箱盖、油箱盖或发动机盖被非法打开；

3）汽车非法移动而产生振动、车辆倾斜；

4）窗玻璃被打破；

5）也有采用超声波检测入侵车厢、音响装置、轮胎脱离车辆时的报警方法，但是这种方法有时会发生误动作，并不太受欢迎。

3. 防盗电控单元（ECU）

防盗电控单元（ECU）接收各种传感器（防盗传感器、车速传感器、各种门的开关以及电机的位置等）发送的信号，根据电控单元（ECU）中预先存储的数据和编制的程序，通过数学计算和逻辑判断，确定车门是否锁定、车辆是否非法移动、被盗，以便控制各个执行器（门锁电机、发动机电控单元（ECU）、起动继电器、喇叭、灯光等），从而使汽车处于报警状态。防盗电控单元（ECU）除了具有控制功能外，有的还具有故障自诊断功能（图5—8）。

防盗电控单元（ECU）的基本构成与其他电控单元相似，均由输入回路、微型计算机、输出回路、A/D转换器等组成。

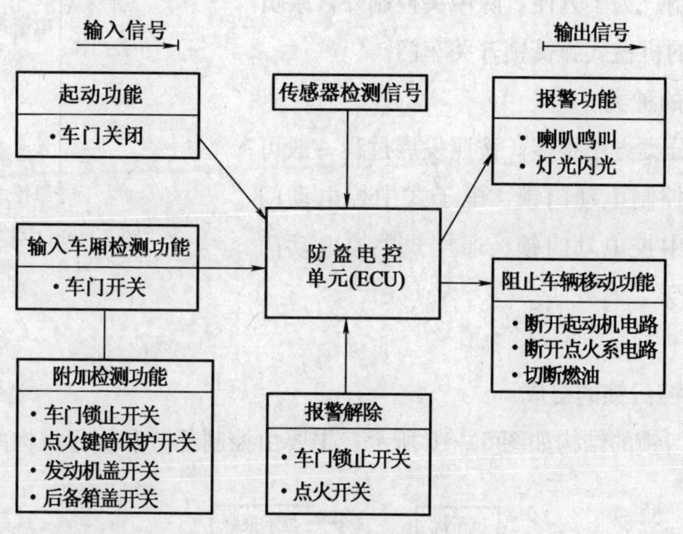

图5—8　防盗控制单元的功能

4. 报警装置

报警方法通常采用喇叭鸣叫和灯光闪亮的方式，也有采用专用喇叭与普通喇叭进行组合的报警方法。此外，还设有专用警笛或者向车主用电波报警的方式。利用电波在电子地图上显示被盗车位置，并向警方报警的追踪装置也开始普及。

5. 防止汽车的起动和移动装置

作为阻止车辆起动的防盗措施，主要通过切断发动机的起动电路以及通过发动机电控单元（ECU）间接切断燃油供应和切断点火系电路来实现。另外，也有防盗电控单元（ECU）直接切断起动电路、切断燃油供应和切断点火系电路，以防止被盗车辆非法移动。

防止汽车非法移动，除切断起动机继电器的电路外，还可通过点火钥匙来防止汽车被非法起动。防盗电控单元（ECU）通过点火钥匙验明身份后，输出许可信号，发动机方可起动。

三、中控门锁

1. 中控门锁的功用

一般说，中央控制电动门锁有以下几方面的功用：

（1）中央控制。当驾驶员锁住他的车门时，其他车门均同时锁住；驾驶员也可通过门锁开关打开所有门锁。

（2）速度控制。当达到一定车速时，能自动将所有的车门锁锁定（有的车型上无此功能）。

（3）单独控制。为了方便，除中央控制外，乘员仍可利用各车门的机械式弹簧锁开关车门。

2. 中控门锁的种类

中控门锁的分类方法很多，按照发展过程一般可分为：普通中央控制电动门锁、电子式中控电动门锁、车速感应式中控电动门锁、遥控式中控电动门锁，如图 5—9 所示。

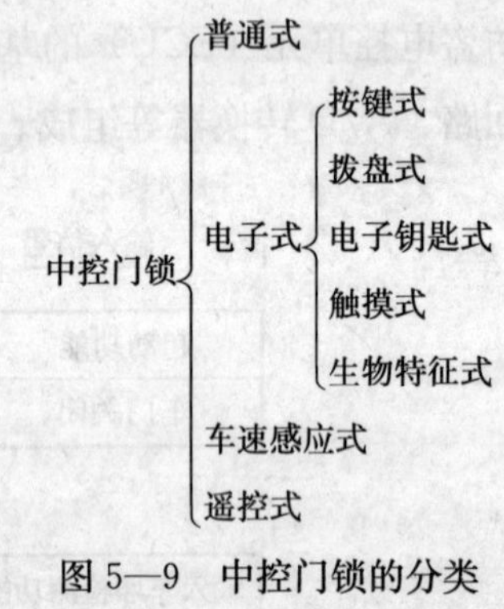

图 5—9　中控门锁的分类

3. 电子式中控门锁的组成

电子式中控门锁的结构如图 5—10 所示，主要由控制部分和执行机构两大部分组成。

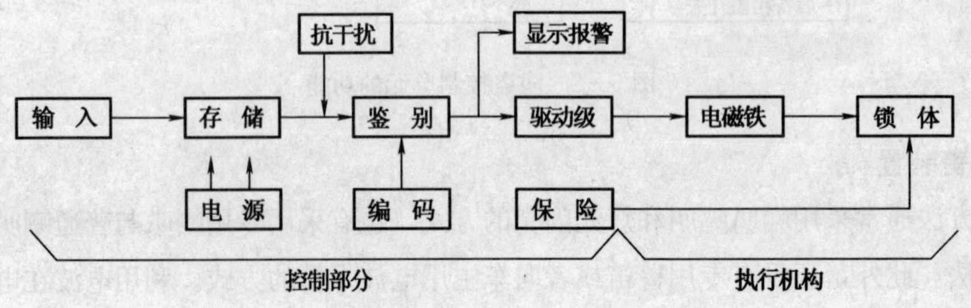

图 5—10　电子式中控门锁的组成框图

(1) 控制部分

控制部分包括编码器、输入器、存储器、鉴别器、驱动级、抗干扰电路、显示器、报警器、保险装置、电源等。其中，编码器电路和鉴别是整个控制部分的核心。

编码器是用来输入人为设定的一组密码。该密码可以是二进制数或十进制数。

输入器是在开锁时用来输入一组密码，经存储器记忆后，输给鉴别器。

鉴别器的作用是将从输入器和编码器来的两组密码进行比较。当两者完全相同时，便发出电信号，经抗干扰处理后送至驱动级和显示装置。必要时，还可输出报警电信号。

驱动级的作用是将鉴别器输出的很微弱的电信号加以放大，使之能带动执行机构的电磁铁动作。

抗干扰电路的作用是抑制来自汽车内外的电磁干扰，以保证电子锁不会自行产生错误动作，从而提高汽车电子锁的可靠性和安全性。

显示器和报警器用于鉴别结果的显示和报警。

保险装置由速度传感器、车门锁止器和紧急开启接口组成。当汽车的行驶速度超过一定时速时，门锁执行器会将锁体锁止；当车门控制电路失灵时，通过紧急开关接口，可直接将锁体开启。

电源用以向电子锁不断地供电。

(2) 执行机构部分

电子式中控电动门锁的执行机构与普通中央控制电动门锁的执行机构相同，一般采用电磁铁或微型电动机。

4. 电子式中控门锁的控制电路

如图 5—11 所示是电子式中控门锁控制电路，其开锁与闭锁主要是对门锁电机进行正转、反转的交替控制。为避免电机通电时间过长而引起发热，通常利用定时器限制通电时间。

通过门钥匙开关或者门控制开关，触点在开锁侧时，向“或”（OR）门电路（A）输出“Hi”，所以驱动开锁定时器在约 0.2 s 时间内，使晶体管 TRA 成为 ON。此时，所有门锁电机上流通的电流解除闭锁（开锁状态）。钥匙不插在发动机钥匙孔内时，“与”（AND）门（E）电路的输出处于“Lo”水平，所以与 A 的输出无关。

有时会发生钥匙还插在钥匙孔里时，就把车门锁上的情况。关门时，通过门锁把手或者门控制开关的操作，将门锁机构处于闭锁状态之后再关门。也就是说，不使用钥匙也能锁门，所以很方便。

图 5—11 中的虚线部分为防止钥匙遗留电路。钥匙插在钥匙孔里时，若是打开驾驶员或副驾驶的门，“与”（AND）门电路（C）就输出“Hi”。此时，操纵门锁把手，使门锁机构处于闭锁状态，则限位开关成为“OFF”，“与非”（NAND）门电路（D）输出“Hi”。另

外，即使是用门控制开关进行闭锁操作，开关的“Lo”信号仍输入到“与非”（NAND）门电路，D成为“Hi”。因而，从E门电路输出“Hi”。驱动开锁定时器，将电机驱动到开锁侧，不能成为闭锁状态。此时，驾驶员就会发觉，必须把钥匙从发动机钥匙孔中拔出来后才能锁门。

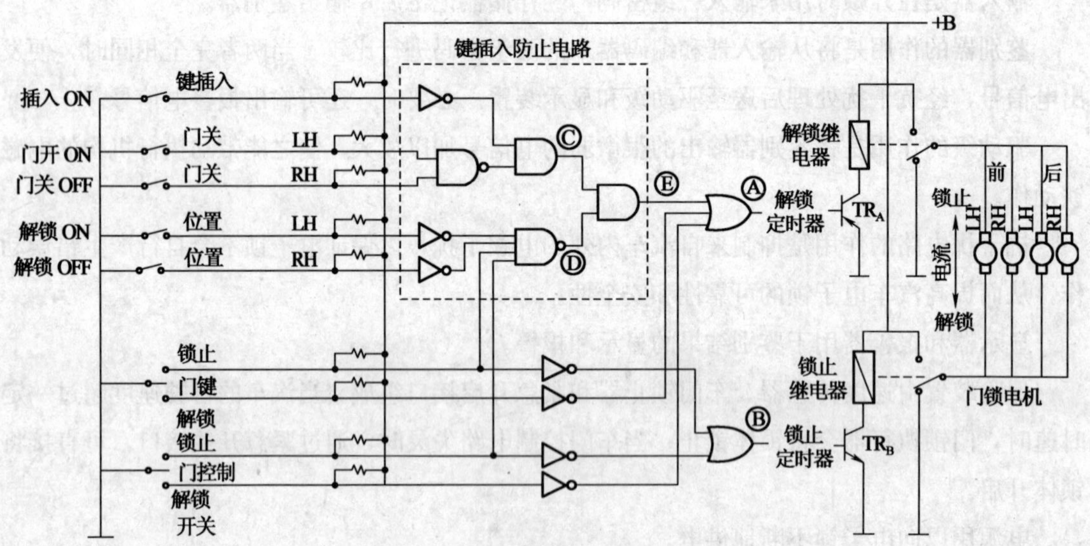

图 5—11　电子式中控门锁控制电路

§5—2　汽车防盗系统主要部件的结构原理

一、防盗传感器

防盗传感器的功用是检测汽车是否被盗。汽车防盗系统采用的传感器主要有以下几种：热释电式红外线传感器、超声波传感器、振动传感器（检测汽车的冲击）和玻璃破碎传感器。

1. 热释电式红外线传感器的结构与原理

热释电式红外线传感器也称红外探头，通常安装在汽车内部驾驶席附近。它通过红外辐射变化来探测是否有人侵入车内。

（1）热释电式红外线传感器的结构与原理

热释电式红外线传感器的结构如图 5—12a 和 c 所示，主要由具有高热电系数的红外热释电体晶片（$LiTaO_3$）和配合滤光镜片窗口组成。它能以非接触形式，检测出物体放射出来的红外线能量变化，并将其转换成电信号输出。热释电式红外线传感器的内部电路如图

5—12b 所示。当车内的红外线无变化或变化较小时，无电信号输出或输出电信号较低；当红外线能量变化较大时，它就输出较高的电信号。

热释电式红外线传感器上有三根导线。一根为电源线，用英文字母 D 表示；另一根为信号线，用英文字母 S 表示；最后一根为搭铁线，用英文字母 E 表示。

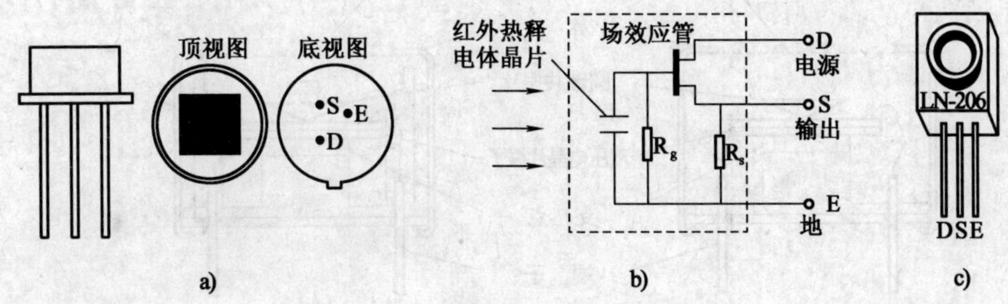

图 5—12　热释电红外线传感器

a）金属封装　b）内部电路　c）塑料封装

（2）热释电红外线探测模块

热释电红外探测器，是一种新型防盗报警器件。它是利用热释电红外线传感器来遥测人体发射出的微弱红外线能量，再通过电子电路对红外信号进行处理后，发出报警信息。它灵敏度高，探测范围广，使用方便，广泛应用在各个领域。

红外探测器模块采用了新技术、新工艺，因此在性能指标上得到了明显的改善。

2. 超声波传感器

超声波是频率在人耳可听音频范围以上（20 kHz 以上）的声波。超声波传感器就是检测这种超声波的传感器。

（1）超声波传感器的结构

检测超声波过去一直使用类似于话筒的电动式转换器、类似于电容式传声器的电容式转换器或磁致伸缩振动子。现在检测超声波普遍使用的是各种类型的压电陶瓷振子。

超声波传感器的结构如图 5—13 所示，将两个压电元件（或一个压电元件和一片金属板）粘合在一起，称为双压电晶片；由一个压电元件构成的称为单压电晶片。超声波射在压电晶片上，使压电晶片振动就会产生电压信号。反之，在压电晶片加上一个电压也会产生超声波。

（2）超声波传感器的工作原理

如图 5—14 所示，超声波传感器可等效为一个电感、电容和电阻串并联的（共振）电路。可利用多普勒效应使物体移动信号转换成为电信号。超声波传感器有两个共振频率，低频的共振频率 F_0 叫串联共振频率，在电阻（R）、电感（L）和电容（C）的串联电路中振荡，这时的传感器（见图 5—15）阻抗最低；而在高频处的共振

频率 F_g 称为逆共振频率，在 L、C 和 C′的并联电路中产生共振。试验证明：发送超声波传感器的灵敏度在串联共振频率上最高，接收超声波传感器在逆共振频率上灵敏度最高。

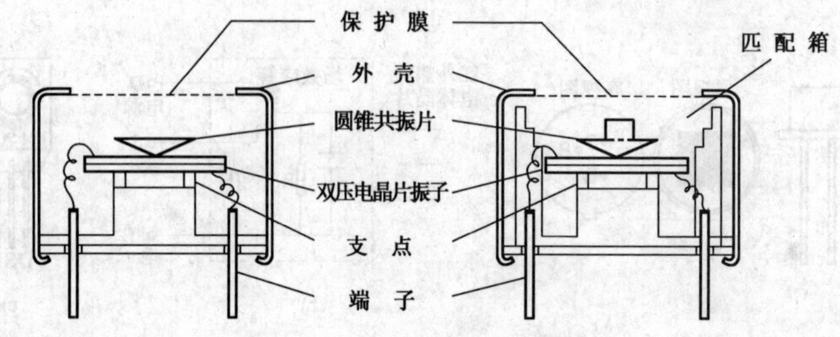

图 5—13　超声波传感器的结构

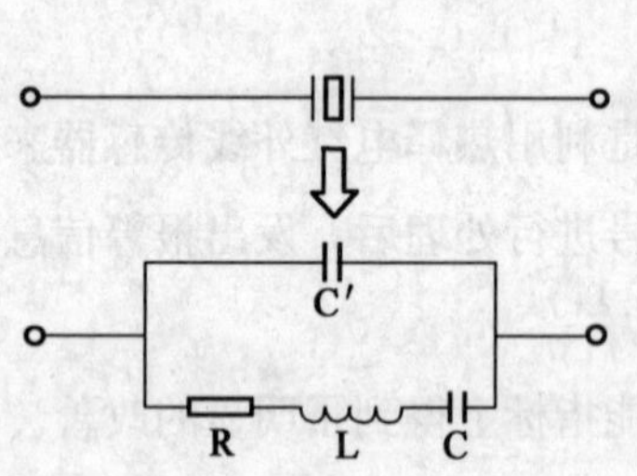

图 5—14　超声波传感器的等效电路

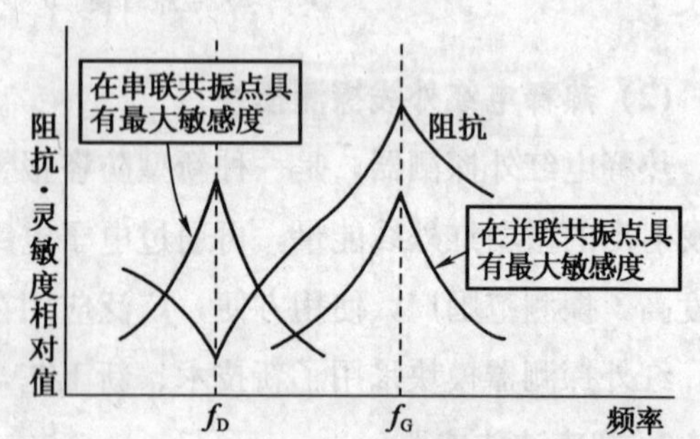

图 5—15　超声波传感器的阻抗特性和敏感性曲线

3. 振动传感器

振动传感器主要是用来检测汽车受到的冲击。当汽车受到冲击时，其振动达到一定强度，防盗电控单元输出信号，控制报警装置报警。

振动传感器主要有压电式振动传感器、压阻式振动传感器和磁致伸缩式振动传感器。其中压电式振动传感器就是利用压电效应原理制成的：当外力使压电体产生应变时，在压电体的应变方向出现电荷，这种现象称为正压电效应，如图 5—16a 所示；反之，当压电体受外电场作用时，压电体产生机械应力，这种现象称为反压电效应，如图 5—16b 所示。利用正压电效应的原理可制作压电振动式传感器。

振动传感器的原理如图 5—17 所示。利用压电陶瓷的压电效应可构成不同使用要求的振动传感器，最常用的有三种。图 5—17a 是压缩式结构的振动传感器结构原理，调整通过中心孔的螺栓形质量块，它能检测出微小的振动。图 5—17b 是剪切式结构的振动传感器结构原理，它是将两块压电片对称地固定在轴的两侧，这种结构可忽略横向振动的影响，还能在高温环境中使用。图 5—17c 是弯曲式结构的振动传感器结构原理，这种传感器结构简单，它有体积小、重量轻和灵敏度高等优点，但压电材料有阻抗高、脆性和难于与金属粘结等缺点。

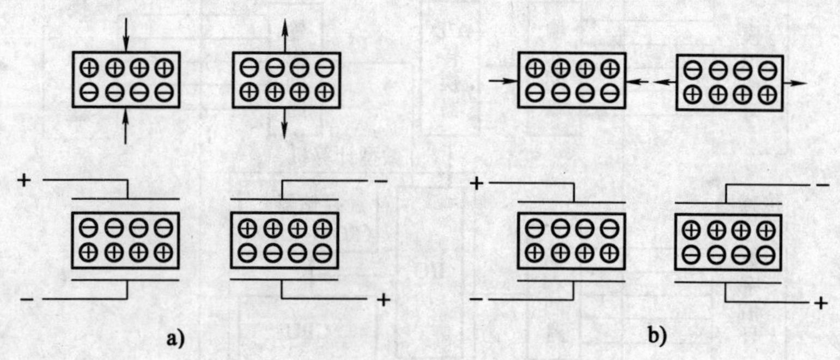

图 5—16　压电效应原理

a）正压电效应　b）负压电效应

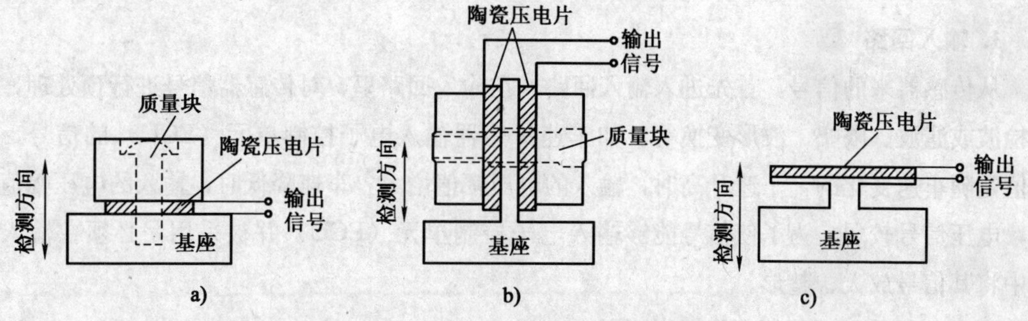

图 5—17　压电振动传感器的结构原理

a）压缩式　b）剪切式　c）弯曲式

4. 玻璃破碎传感器

玻璃破碎传感器的基本原理如图 5—18 所示。玻璃破碎传感器是利用压电陶瓷对振动敏感的特性来接收玻璃受撞击和破碎时产生的振动波，然后转换成电信号输出，并将此信号输送给防盗电控单元。玻璃破碎传感器与防盗电控单元由两根导线连接，一根是传感器的搭铁线，一般采用黑色导线；另一根是信号线，一般采用白色导线。

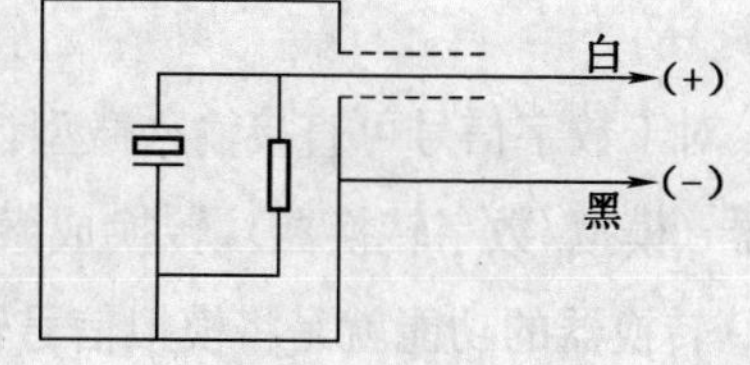

图 5—18　玻璃破碎传感器的工作原理

二、防盗电子控制单元

防盗电子控制单元主要由输入回路、微型计算机、输出回路、A/D 转换器等组成（图 5—19）。

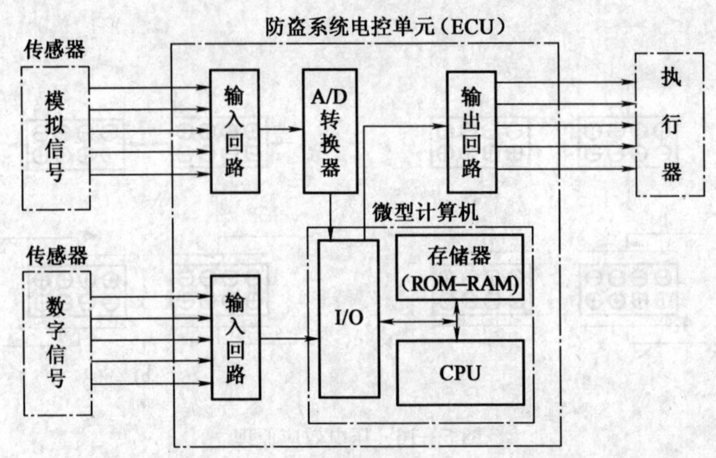

图 5—19 防盗电子控制单元的组成

1. 输入回路

从传感器来的信号，首先进入输入回路。在输入回路里，对传感器信号进行预处理，包括检波或滤波、限幅、波形变换等。如车速传感器输入电子控制单元（ECU）的信号，其幅值是随车速变化的，车速升高时，输入的电压幅值增大，车速降低时，输入的电压幅值减小，电压信号较弱，为了使信号能够输入电子控制单元（ECU）并被采用，必须在输入回路中将其信号放大、整形。

2. A/D 转换器（模拟/数字转换器）

在汽车电控系统中，传感器采集的信号有两种：一种是模拟信号，例如车速信号；另一种是数字信号，如车门开关的输入信号。信号形态不同，输入微型计算机的处理方法也不同。

对于数字信号可直接输入微型计算机，而对于连续变化的模拟信号，则必须经 A/D 转换器（模拟/数字转换器）转换成微型计算机能够识别的数字信号后才能输入微型计算机。A/D 转换器的功能就是将模拟信号转换成数字信号。

3. 微型计算机

微型计算机是防盗控制系统的神经中枢。它能根据需要把各种传感器送来的信号用内存的程序和数据进行运算处理，并把运算结果（如报警信号）送往输出回路。

微型计算机主要由中央处理器（CPU）、存储器、输入输出口（I/O）等部分组成。

中央处理器（CPU）主要由进行算术和逻辑运算的运算器、暂时存储数据和计算结果的寄存器、按照程序执行信号传送和控制任务的控制器等组成。

存储器包括只读存储器 ROM 和随机存储器 RAM。

4. 输出回路

输出回路是计算机与执行器之间的中继站，其功用是根据计算机发出的指令，控制执行器动作。由于微型计算机输出的控制信号是数字量，电压一般为 5 V，不能直接驱动执行器，因此需要输出回路进行放大。如果执行器需要模拟量驱动，那么还需要经过数模（D/A）转换器转换之后，才能控制执行器动作。

三、防止汽车起动和移动装置

防止汽车起动和移动装置主要有机械式、遥控式、电阻式和电子应答式 4 种类型。

1. 机械式防止汽车起动和移动装置

如图 5—20 所示为机械式防止汽车起动和移动的装置。点火开关主要采用传统机械式锁止机构，当点火开关打开时，输出“ON”信号；当点火开关关闭时，输出“OFF”信号。机械锁一旦被破坏，其防盗功能便失去作用，因此其安全性较差。

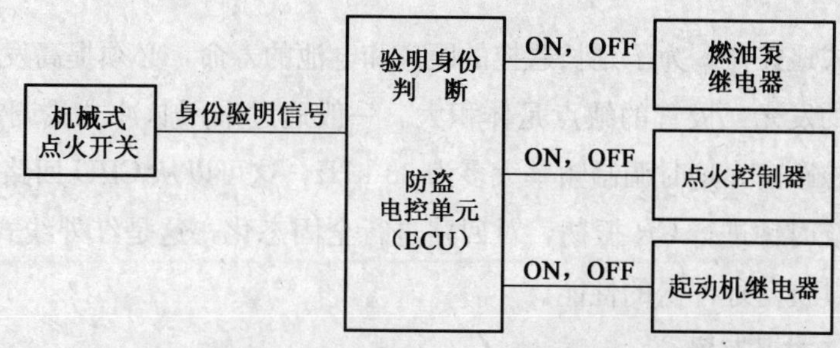

图 5—20　机械式防止汽车起动和移动装置

2. 遥控式防止汽车起动和移动装置

如图 5—21 所示为遥控式防止汽车起动和移动的装置，具有使用方便和安全的特点。当利用遥控器进行锁定操作后，便可禁止发动机起动；当解除锁定后发动机便可起动。这种方式方便，能够确保安全性，但是容易受到电波与红外线干扰。

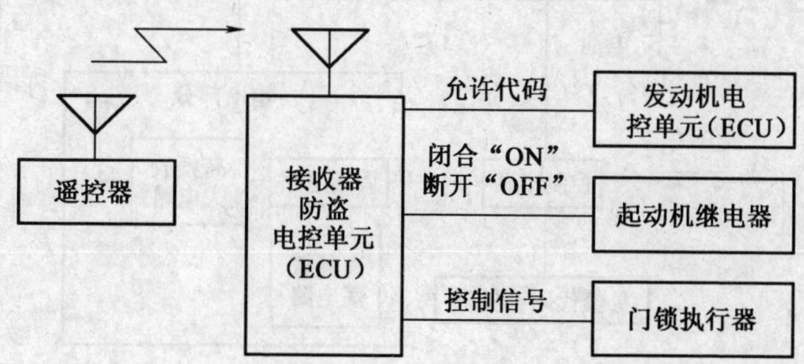

图 5—21　遥控式防止汽车起动和移动的装置

遥控器按照遥控信号的载体可分为红外线式遥控器、无线电波式遥控器以及超声波式遥控器，其中红外线式遥控器和无线电波式遥控器应用较为广泛。

(1) 红外线式遥控器

图 5—22 所示为红外线式遥控器框图。它主要由发光二极管、控制电路、身份代码存储器、开关按钮和电池等组成。

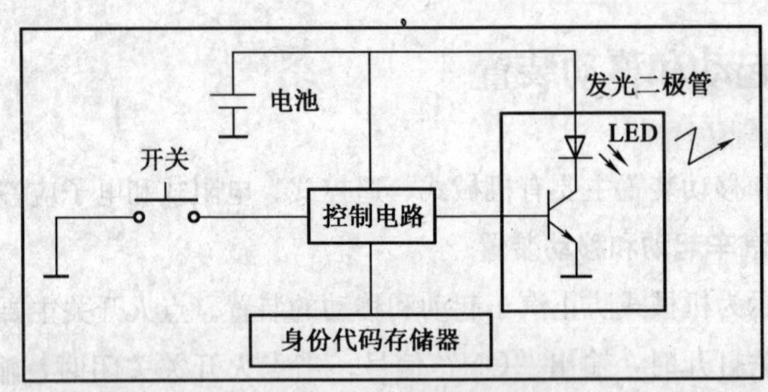

图 5—22 红外线式遥控器框图

对于红外线式遥控器，为了延长遥控的距离和电池的寿命，必须提高发光输出功率。但是，发光效率高的发光二极管的缺点是体积大。一般通过采用脉冲方式调节驱动发光二极管，从而延长遥控距离。这时调制频率大多为 38 kHz，这可以从 CPU 回路的时钟信号进行分频获得。对系统时钟进行 CR 振荡，对回路进行全固态化，这是红外线式遥控器的特点，因此显著提高了其抗落地冲击的性能。

(2) 无线电波式遥控器

图 5—23 所示为无线电波式遥控器框图。它主要由输出部分、控制电路、身份代码存储器、开关按钮和电池等组成。输出部分由调制电路、高频振荡电路、高频放大电路以及发射天线等组成。

遥控器的结构如图 5—24 所示，其电路如图 5—25 所示。

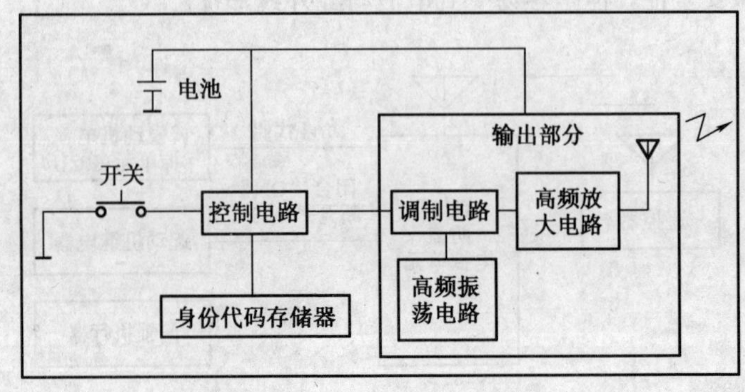

图 5—23 无线电波式遥控器框图

无线电波的调制方式可分为调频和调幅两种。调频方式的优点是频率利用率高，而且抗电磁干扰性好，噪声小，发射频率为 VHF～UHF 频带之间，因此需要晶振或 SAW 等机械振子。由于这些元件耐冲击性差，为了确保耐落地冲击，应该加强防护措施。使用 SAW 振子时，没有递增放大电路，因此高频振荡电路结构可以简化。

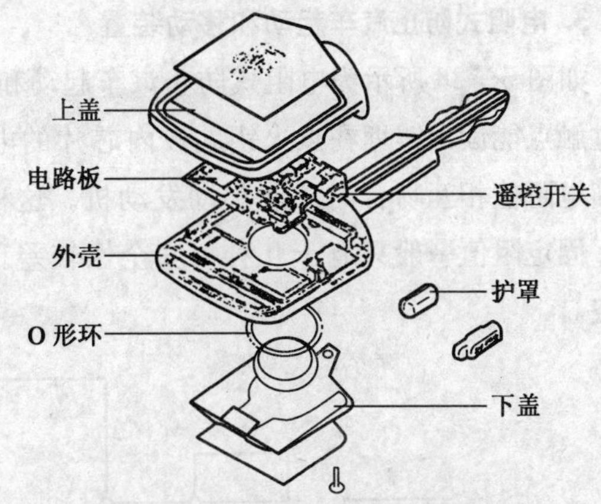

图 5—24　无线电波式遥控器的结构

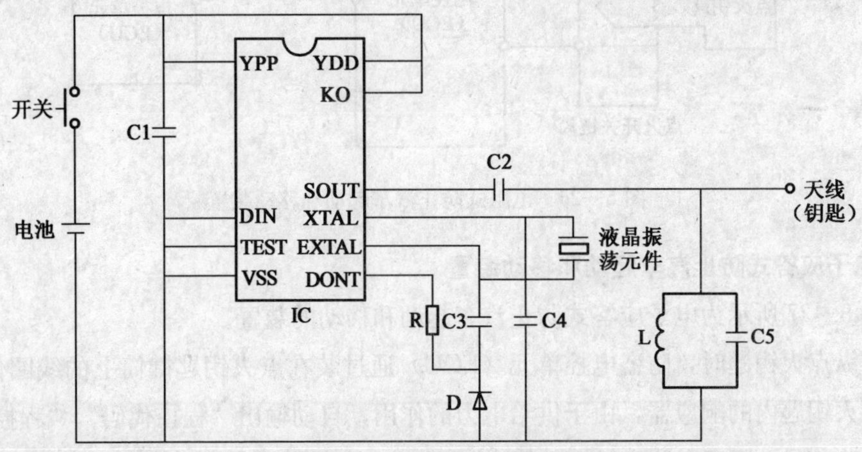

图 5—25　遥控器的控制电路

(3) 红外线式遥控器与无线电波式遥控器的性能比较

遥控的距离一般在 1～10 m。至于方向性，可以在车身周围进行操作，也可在钥匙孔周围进行操作，这些性质取决于遥控信号的载体。红外线式遥控器与无线电波式遥控器的性能比较见表 5—1。

表 5—1　　红外线式遥控器与无线电波式遥控器的性能比较

项目	红外线式遥控器	无线电式遥控器
操作距离	2～5 m	3～10 m
方向性	强（光的直线直射性）	弱（无线电迁移性）
接收器的安装位置	受光可能部位（仪表板等）	任意
干扰信号	太阳灯、荧光灯	使用不同频带的其他电波
环境干扰因素	车窗积雪、结冰	根据气候条件、地点发生距离变化
响应性	0.1～0.2 s	0.2～0.3 s
法规	无	有

3. 电阻式防止汽车起动和移动装置

如图 5—26 所示为电阻式防止汽车起动和移动的装置。这种装置在操纵点火开关时，通过触点能读出镶埋在点火钥匙板内芯片的电阻值，并与预先设定的固定阻值比较，只有其电阻值相互吻合时才能起动发动机。这种装置价格便宜，用户不需要特殊操作。但是，固定阻值一般只有十几种，安全性较差。此外，通过触点读取电阻值，使汽车容易被盗。

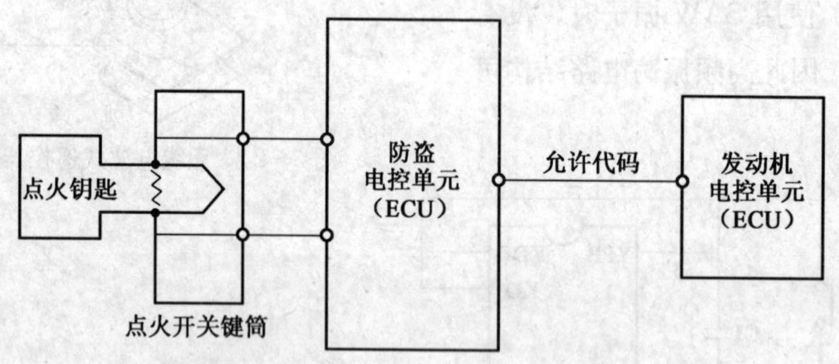

图 5—26　电阻式防止汽车起动和移动装置

4. 电子应答式防止汽车起动和移动装置

如图 5—27 所示为电子应答式防止汽车起动和移动的装置。

当操纵点火钥匙时，防盗电控单元（ECU）通过装在点火钥匙键筒上的线圈供给电力。安装在点火钥匙内的响应器，由于供给电力的作用，自动输出“程控代码”。“程控代码”通过线圈接收信号，再通过防盗控制单元（ECU）的射频（R/F）电路转变成数字，在中央处理器（CPU）中读取。被读取的“程控代码”与存储在存储器中的“程控代码”相互对比，当“程控代码”一致时，中央处理器（CPU）向发动机电控单元（ECU）输出许可代码，于是，发动机电控单元（ECU）和起动机开始起动。这种装置完全是由电子代码控制，是非接触式，与报警装置的预警调置/解除状态无关，能经常保持本身功能，也不需要用户的特殊操作，因此，具有高安全性、高可靠性和使用方便的优点。如果再增加检测器/传感器就可以具备报警防盗功能。

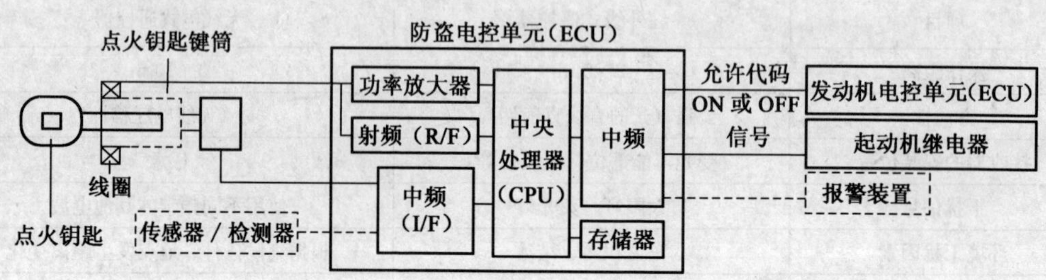

图 5—27　电子应答式防止汽车起动和移动装置

大众汽车广泛采用电子应答式防止汽车起动和移动装置，主要由带脉冲转发器的点火钥匙（发送应答器/应答—读出存储器）、识读线圈、防盗控制单元、防盗电控单元、防盗警告等组成（图 5—28）。

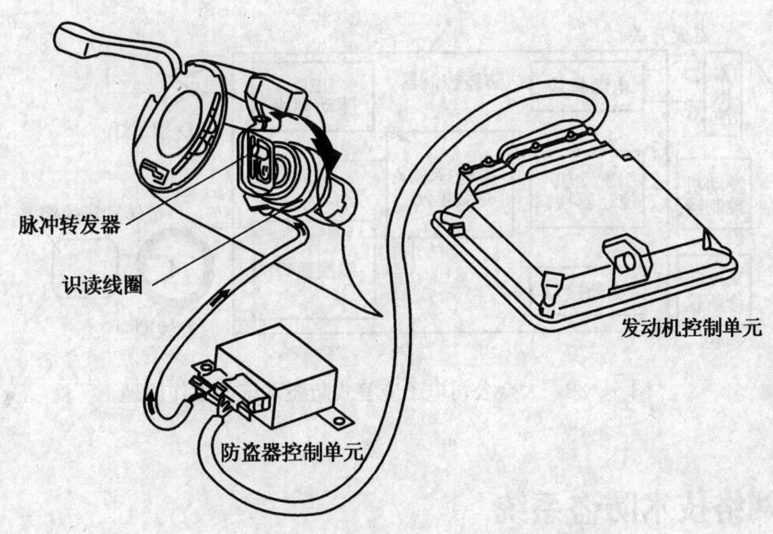

图 5—28　大众公司电子应答式防盗系统构成

(1) 脉冲转发器

脉冲转发器是一种不需要电池驱动的感应和发射元件。当点火开关打开时，识读线圈把能量用感应的方式传送给脉冲转发器。这时，脉冲转发器接受感应能量后立即发射出程控代码，通过识读线圈把程控代码输送给防盗装置控制单元。每一把钥匙（脉冲转发器）有不同的程控代码。

(2) 识读线圈

识读线圈包在机械点火开关外面，它把能量传送给钥匙中的脉冲转发器，并把脉冲转发器中存储的代码输送给防盗装置控制单元。

(3) 防盗装置控制单元

防盗装置控制单元有一个 14 位数的识别号码和 4 位数的密码。

如果钥匙丢失，应选用故障阅读器 V. A. G. 1551 或车辆系统测试仪 V. A. G. 1552 读出 14 位字符的识别号码，电传给服务中心，然后由中心将查得的密码电传给维修站。

当点火开关打开时，防盗装置开始工作。防盗装置控制单元通过识读线圈将能量感应后传送给钥匙中的脉冲转发器，如图 5—29 所示。此时，脉冲转发器被激活，通过识读线圈把它的程控代码送给防盗装置控制单元。在防盗装置控制单元里，输入的程控代码与先前存储在防盗装置控制单元的钥匙代码进行比较。

然后，防盗装置控制单元再核对发动机电控单元的代码是否正确。该代码由发动机电控单元存储在防盗装置控制单元中。每次起动发动机时，控制单元中的随机代码发生器都会产生一个可变的代码。如果核对后，代码不一致，发动机将在起动后 2 s 内熄灭。此时，发动机电子控制单元停止工作，同时仪表板上的指示灯以一定频率闪动。

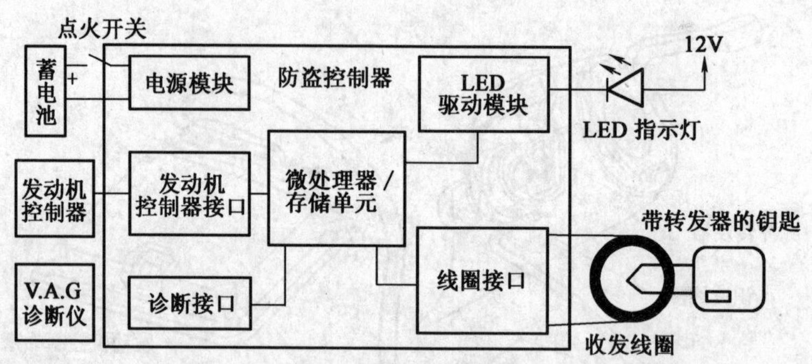

图 5—29　大众公司电子应答式防盗系统的工作原理

四、GPS 网络技术防盗系统

1. GPS 的组成

GPS 系统包括三大部分：空间部分——GPS 卫星星座；地面控制部分——地面监控系统；用户设备部分——GPS 信号接收机。

如图 5—30 所示，由 21 颗工作卫星和 3 颗在轨备用卫星组成 GPS 卫星星座，记作（21＋3）GPS 星座。GPS 工作卫星如图 5—31 所示，24 颗卫星均匀分布在 6 个轨道平面内。

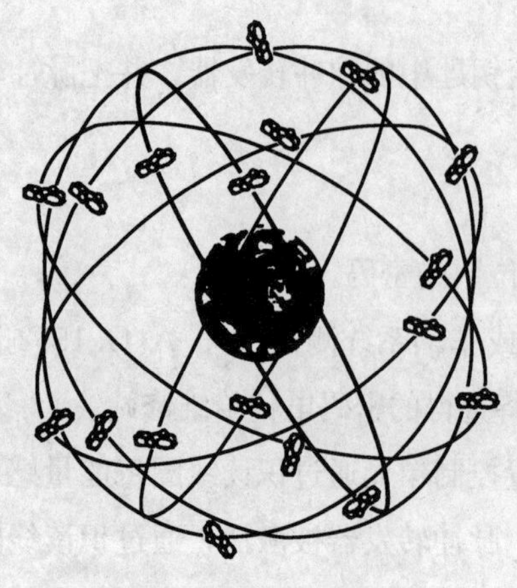

图 5—30　GPS 卫星星座

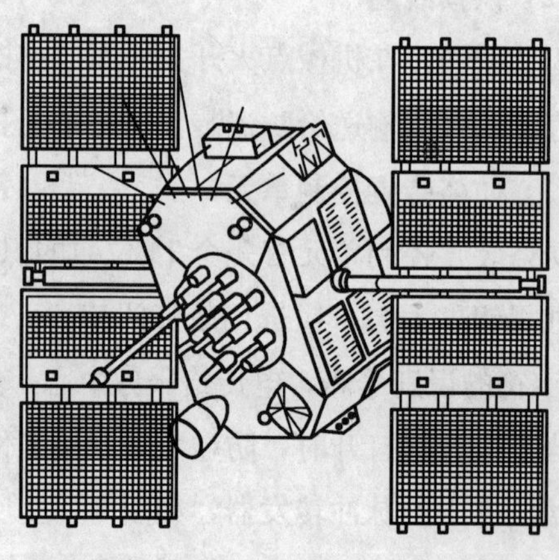

图 5—31　GPS 工作卫星

2. GPS 的工作原理

如图 5—32 所示，GPS 的工作原理是利用接收卫星发射信号与地面监控设备和 GPS 信号接收机组成全球定位系统，卫星连续不断发送动态目标的三维位置、速度和时间信息，保证车辆在地球上的任何地点、任何时刻都能收到卫星发出的信号。

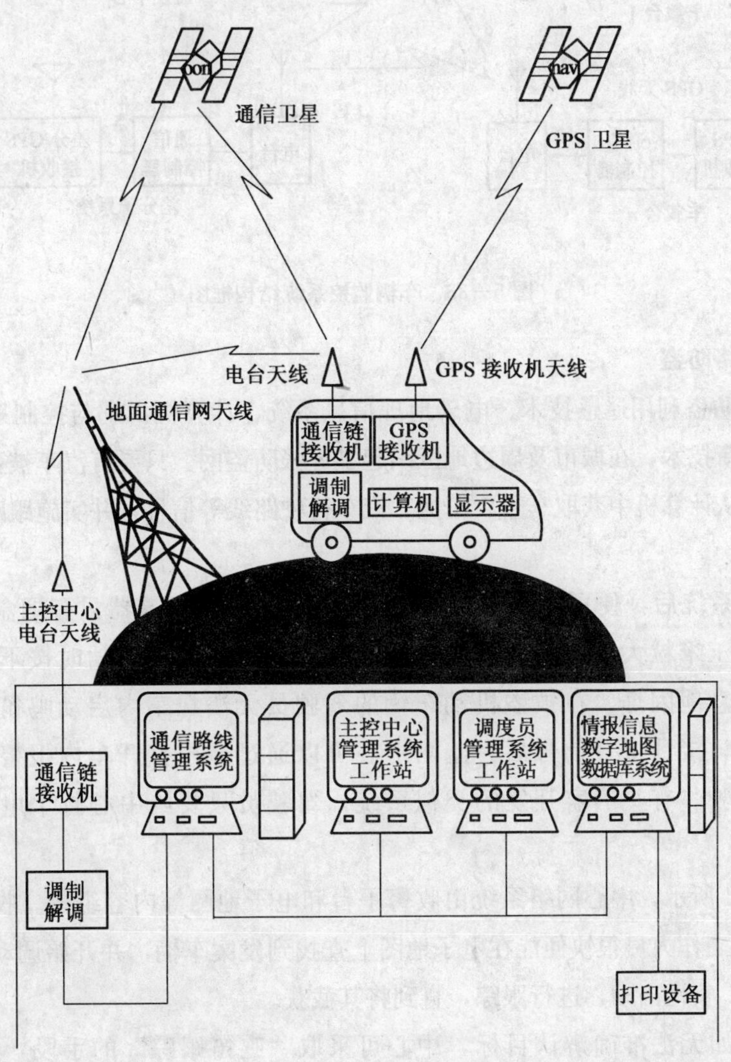

图 5—32　GPS 的工作原理

如图 5—33 所示，只要每辆移动车辆上安装的 GPS 车载机能正常地工作，再配上相应的信号传输通路（如 GSM 移动通信网络和电子地图），建一个专门接收和处理各个移动目标发出的报警和位置信号的监控室，就可形成一个卫星定位的移动目标监控系统。

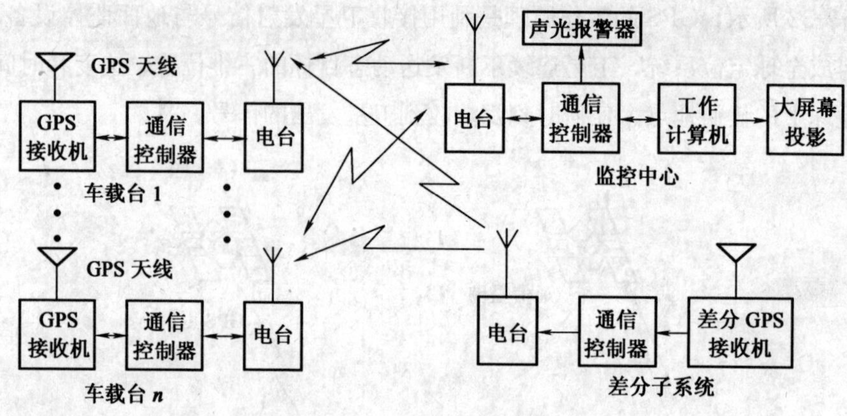

图 5—33 车辆监控系统结构框图

3. GPS 网络防盗

GPS 网络防盗利用遥感技术、电子地理信息系统、计算机识别与控制系统、全球卫星定位系统等高新技术，在城市及周边地区织起了一张防盗网。只要有汽车被盗，指挥中心在几秒钟内就会从计算机中获取车号、车速、汽车行驶路线等信息，并实施跟踪等相应的追捕措施。

车辆加入系统后，便可在车内安装车载报警器。这个报警器只有烟盒大小，装在仪表盘内，一只玉米粒大小的显示器装在隐蔽部位。如驾驶员遭劫时按下报警开关，显示器会无声无息地闪烁。在被盗机动车辆的驾驶员无法在车内启动鸣笛、闪灯等报警装置的情况下，接到报警信号后，监测中心可以通过遥控打开车内报警装置，令其鸣笛、闪灯或停驶。有些国家开发的类似系统，驾驶员只要给中心打个电话，便能启动防盗网络。

如图 5—34 所示，中心网络系统由收警平台和电子地图等内容组成。收警平台接收到“报案”信息，工作人员很快便能在电子地图上查找到发案车辆，并开始调动附近的警力或中心监测车辆，实地出动，进行跟踪，直到将其截获。

在跟踪时如无法准确辨认目标，中心可采取“鸣笛跟踪”的手段，令“目标”鸣笛。这种鸣笛，盗贼无法解除，会令目标暴露无遗。在特定情况下，系统可发出“激励关车”信号。使“目标”在 20 s 内熄火，半小时内无法重新起动。“目标”在中心的计算机“视线”内移动，在局部放大的电子地图上呈红、绿相间的颜色，而屏幕的右上角还有一个全局监视窗口，不管多少车同时报警，都可同时在其上显示出来。

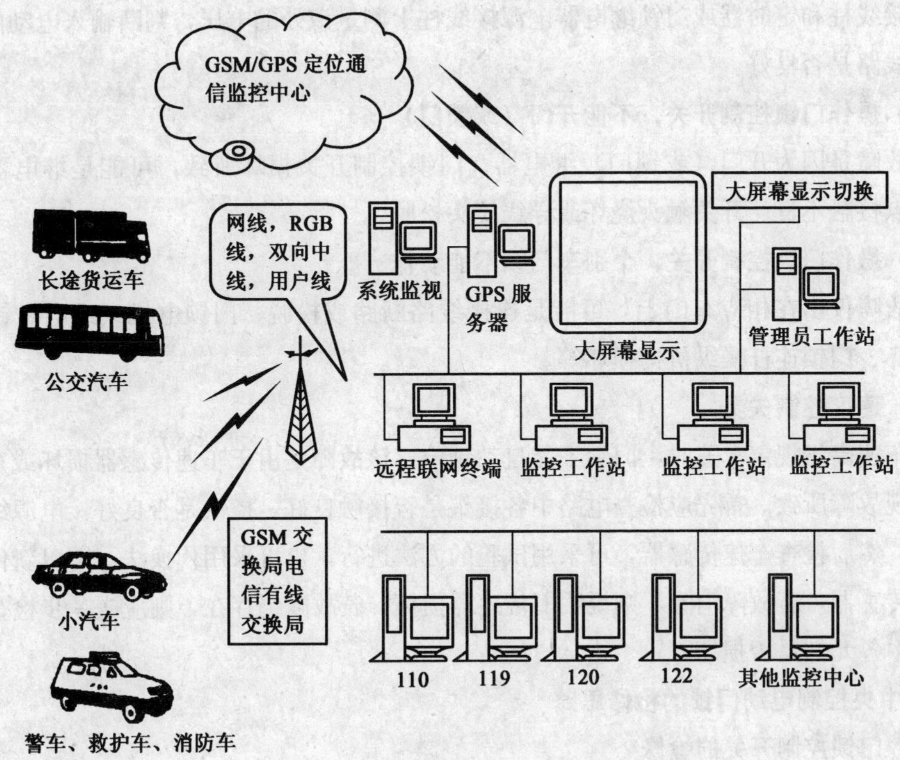

图 5—34　GPS 网络技术防盗系统

§ 5—3　汽车防盗系统的故障诊断

一、中空门锁的故障诊断

1. 中央控制电动门锁的故障分析

中央控制电动门锁系统的常见故障有：操作门锁控制开关，所有门锁均不动作；操作门锁控制开关，不能开门（或锁门）；操作门锁控制开关，个别车门锁不能动作；速度控制失灵（如果有速度控制）。

(1) 操作门锁控制开关，所有门锁均不动作

该故障一般出在电源电路中。首先检查熔丝是否熔断，熔丝熔断应予更换。若更换熔丝后又立即熔断，说明电源与门锁执行器之间的线路有搭铁或短路故障，用万用表查找出搭铁部位，予以排除。

若熔丝良好，检查线路接头是否松脱、搭铁是否可靠、导线是否折断。可在门锁控制开关电源接线柱和定时器或门锁继电器电源接线柱上测量该处的电压，判断输入电动门锁系统的电源线路是否良好。

(2) 操作门锁控制开关，不能开门（或锁门）

该故障是因为开门（或锁门）继电器、门锁控制开关损坏所致，可能是继电器线圈烧断、触点接触不良、开关触头烧坏或导线接头松脱。

(3) 操作门锁控制开关，个别车门锁不能动作

该故障仅出在相应车门上，可能是连接线路断路或松脱、门锁电机（或电磁铁式执行器）损坏、门锁连杆操纵机构损坏等。

(4) 速度控制失灵

当车速高于规定车速时，门锁不能自动锁定。该故障是由于车速传感器损坏或车速控制电路出现故障所致。首先应检查电路中各接头是否接触良好，搭铁是否良好，电源线路是否有故障。然后检查车速传感器，可采用试验的方法进行，也可采用代换法，即以新传感器代换被检传感器，若故障消除，则说明旧传感器损坏，若故障仍存在，则应进一步检查速度控制电路中各元件是否损坏。

2. 中央控制电动门锁的检修思路

(1) 门锁控制开关的检修

根据开关的工作原理，用万用表测量开关在不同位置时的工作状态以判断开关的好坏，然后作相应的修理。

(2) 门锁控制继电器的检修

门锁控制继电器，一般地说，是由电子电路控制的继电器，它包括控制电路和继电器两个部分，为门锁执行器提供脉冲工作电流，也叫门锁定时器。

门锁控制继电器的检修，可根据其工作原理，测量其输出状态，从而判断是否有故障，然后作相应的处理。

(3) 门锁执行器的检修

门锁执行器有电磁铁机构、直流电机等。不论是哪种类型的执行器，都可以用直接通电方法检查其工作状态是否有开锁和闭锁两种状态，判断其是否损坏。

中控门锁常见故障的原因和排除方法见表 5—2。

表 5—2　　　　中控门锁常见故障的原因和排除方法

故障现象	原　因	排除方法
一个门锁不工作	1. 锁闩或连杆障碍 2. 电路开路或短路	1. 使用润滑剂，把它注入开启的门闩并反复手动操纵 10 次。检查弹簧锁及所有的连杆周围有无干涉

续表

故障现象	原　因	排 除 方 法
	3. 执行器故障	2. 检查执行器插接器、操纵开关各挡上的电压，按要求维修电路 3. 检测执行器，按要求予以更换
所有门锁不工作	1. 电路断电器故障 2. 电路开路或短路 3. 继电器没搭铁 4. 开关故障 5. 搭铁电路开路	1. 检查电路断电器，按要求更换 2. 检查电路断电器与门锁开关之间的导线和连接点，按要求维修 3. 检查继电器和支架连接螺钉，按要求紧固 4. 检测开关，按要求更换 5. 检查左侧开关的搭铁电路，按要求维修
门锁只以一种方式工作	1. 电路开路或短路 2. 继电器故障 3. 搭铁电路开路	1. 检查继电器和门锁开关之间的导线及连接点，按要求维修 2. 检测继电器，按要求更换 3. 检查左侧开关的搭铁电路，按要求维修
所有的门锁只按一个开关工作	1. 电路开路或短路 2. 开关故障	1. 检查电路断电器与不工作开关之间的导线及插接器，按要求修理 2. 检测开关，按要求更换
门锁间歇性工作	1. 连接点松动 2. 继电器搭铁不良 3. 左侧开关搭铁不良 4. 开关故障	1. 检查插接器，按要求紧固 2. 检查继电器和支架连接螺钉，按要求紧固 3. 检查左侧开关的搭铁电路，按要求维修 4. 检测开关，按要求更换
门锁只在发动机运转时工作	1. 蓄电池电压低 2. 连接点松动或被腐蚀 3. 锁闩或连杆障碍 4. 锁闩或连杆冻住了	1. 检测蓄电池（参照本节的检测），按要求更换 2. 检查导线和连接点，按要求维修 3. 使用专用润滑剂，把它注入开启的锁闩并反复手动操纵 10 次，检查弹簧锁及所有的连杆有无干涉 4. 把车带入有采暖的车库，让门锁系统的冰雪融化后，再验证所有的门锁是否工作。使用专用润滑剂，把它注入开启的锁闩并反复手动操纵 10 次。必要时拆下车门装饰板来润滑整个锁闩及连杆系统

二、电子应答式防盗系统的故障诊断

下面以大众车系防盗系统为例，介绍其故障诊断。

1. 读取和清除故障码

防盗器系统有自诊断功能，如果系统元件产生故障，相应的故障代码就储存在控制单元故障记忆中，可以用 V. A. G. 1551 或 V. A. G. 1552 故障阅读仪来读出故障。

读取和清除防盗系统故障码的步骤如下：

第一步：打开车内变速杆前自诊断插口盖。

第二步：将 V. A. G. 1552 故障阅读仪的插头与车内自诊断插口连接，此时屏幕显示：

Test of vehicle systems HELP Insert address word ××	车辆系统测试 帮助 输入地址码 ××

第三步：输入防盗器地址码 25，屏幕显示：

Test of vehicle systems Q 25-Immobiliser	车辆系统测试 确认 25 防盗器

第四步：按 Q 键确认，约 5 s 后屏幕将显示：

330 953 253 IMMO VWZ6OTO123456 V01 Coding 00000 WSC 01205	330 953 IMMO VWZ6OTO123456 V01 编码 00000 WSC 01205

330 953 253：防盗控制单元零件号。

IMMO：电子防盗控制器系统缩写。

VWZ60T0123456：防盗器控制单元 14 位数编号。

V01：防盗器控制单元软件版本。

Coding 00000 ：编码号（对维修来讲无意义)。

WSC 01205：维修站代码（修理电子防盗器使用 V. A. G. 1552 必须先输入维修站代码)。

说明：

（1）产品车上使用的防盗器控制单元上贴有 14 位数编码和 4 位数密码，新车钥匙圈上挂有一块涂黑的密码牌，刮去涂黑层可见 4 位数密码。

（2）配件供应的防盗器控制单元上以一个黄色的 X 作为标志，没有 14 位数编码和 4 位数密码。更换防盗器控制单元时，维修站应先用 V. G. A. 1552 查出该防盗器控制单元的 14 位数编码，电传到上海大众公司。然后由大众公司售后服务中心将查得的密码电传给维修站，用于匹配。

第五步：按→键，屏幕将显示防盗系统的选择功能状态，输入不同的代号，将进入不同的诊断功能。此时屏幕显示：

Test of vehicle systems HELP Select function ××	车辆系统测试 帮助 选择功能 ××

可选择的功能如下：

02—查询故障存储；

05—清除故障存储；

06—结束输出；

08—读测量数据块；

10—匹配。

第六步：输入 02（查询故障存储）功能，屏幕将显示：

Test of vehicle systems　　Q 02—Interrogate fault memory	汽车系统测试　　确认 02—查询故障存储

第七步：按“Q”键，屏幕上出现所存储的故障数量，此时屏幕显示：

×　Faults recognized	发现×个故障

第八步：按“→”键，可以逐个显示故障代码和故障内容，直到全部故障显示完毕为止。如果没有故障，此时屏幕显示：

no faults recognized　→	没有故障发现　→

第九步：按“→”键，退回功能主菜单，此时屏幕显示：

Test of vehicle systems　HELP Select function　××	车辆系统测试　　帮助 选择功能　××

第十步：输入 05“清除故障存储”功能，此时屏幕显示：

Test of vehicle systems　　Q 05—Erase fault memory	汽车系统测试　　确认 05—清除故障存储

第十一步：按“Q”键确认，屏幕上显示：

Test of vehicle systems　→ Fault memory is erased!	汽车系统测试　→ 故障存储已被清除

如果屏幕上出现显示：

Attention! Fault memory has not been interrogated	注意： 故障存储未被清除

说明检测过程有缺陷，正确检测过程是先查询，再清除故障存储。

第十二步：按“→”键，屏幕上将显示：

Test of vehicle systems HELP Select Function ××	汽车系统测试 帮助 选择功能 ××

第十三步：输入06“结束输出”功能，屏幕上显示：

Test of vehicle systems Q 06—end output	汽车系统测试 确认 06—结束输出

第十四步：按“Q”键确认，屏幕上显示：

Test of vehicle systems HELP Enter address word ××	汽车系统测试 帮助 输入地址指令 ××

第十五步：关闭点火开关。

第十六步：拔下V. A. G. 1552故障阅读仪的插头。

第十七步：打开点火开关，此时防盗系统警告灯K117亮约2 s后必须熄灭。

专家提醒：

◆在查询故障时，所有存在的故障或偶然故障都会储存在故障记忆中；

◆识别一个存在的故障至少需2 s时间；

◆如果一个故障目前不存在，作为偶然故障出现时，在显示器右下角将出现“/SP”；

◆50次驱动循环（每个循环点火开关至少2s）后，偶然故障将被自动清除。

2. 防盗系统匹配

(1) 更换发动机控制单元的匹配方法

更换发动机控制单元的匹配步骤如下：

第一步：连接V. A. G. 1552，打开点火开关，输入防盗器地址指令25，并按“Q”键确认。

第二步：按“→”键，屏幕将显示：

Test of vehicle systems HELP Select function ××	车辆系统测试 帮助 选择功能 ××

第三步：输入10“匹配”功能，此时屏幕将显示：

Test of vehicle systems Q 10—Adaptation	车辆系统测试 确认 10—匹配

第四步：按“Q”键确认，此时屏幕将显示：

Adaptation Feed in channel number ××	匹配 输入频道号 ××

第五步：输入 00“频道”号，按“Q”键确认，此时屏幕将显示：

Adaptation Erase learned Values?	匹配 清除已知数值?

第六步：按“Q”键确认，此时屏幕将显示：

Adaptation　→ Learned Values have been erased	匹配　→ 已知数值已被清除

第七步：按“→”键，完成匹配程序，退回功能主菜单，此时屏幕将显示：

Test of vehicle systems　HELP Select function ××	车辆系统测试　帮助 选择功能 ××

此时点火开关是打开的，发动机控制单元的随机代码就被防盗器控制单元读入储存起来。

(2) 更换防盗器控制单元的匹配方法

1) 更换新的防盗器控制单元　当更换新的防盗器控制单元时，发动机控制单元的随机代码自动被防盗器控制单元读入储存起来，应重新做一次所有钥匙匹配程序。

2) 更换从其他车上拆下来的防盗控制单元　当更换从其他车上拆下来的防盗器控制单元时，应重新做一次发动机控制单元与防盗器控制单元匹配程序，然后重新做一次所有钥匙匹配程序。

3. 钥匙匹配

(1) 匹配说明

匹配汽车钥匙这一功能将清除以前合法钥匙的代码，因此，匹配汽车钥匙时，应注意以下几点：

1) 必须将所有的汽车钥匙，包括新配的钥匙与防盗器控制单元匹配，同时完成匹配程序。

2) 新配钥匙或增加钥匙数量，最多合法钥匙不能超过 8 把。

3) 如果遗失了一把合法的钥匙，为了安全起见，必须将其他所有合法钥匙重新完成一次匹配钥匙程序，这样能使丢失在外的钥匙变为非法，不能起动发动机。

4) 匹配钥匙的程序必须先输入密码，从用户保存的一块涂黑的密码牌上刮去涂黑层即可见 4 位数密码。

(2) 匹配汽车钥匙的步骤

第一步：连接 V. A. G. 1552，打开点火开关，输入防盗器地址指令 25，并按“Q”键确认。

第二步：按“→”键，此时屏幕将显示：

Test of vehicle systems HELP Select function ××	车辆系统测试　　帮助 选择功能 ××

第三步：输入 11“输入密码”功能，屏幕将显示：

Test of vehicle systems　　Q 11—Login procedure	车辆系统测试　　确认 11—登录

第四步：按“Q”键确认，此时屏幕将显示：

Login procedure Enter code number ×××××	登录 输入密码号 ×××××

第五步：输入密码号，在 4 位数密码前加一个“0”，例如：01234。此时屏幕将显示：

Login procedure Enter code number 01234	登录 输入密码号 01234

第六步：按“Q”键确认，此时屏幕将显示：

Test of vehicle systems　　HELP Select function ××	车辆系统测试　　帮助 选择功能 ××

如果显示器显示：

Function is unknown or　　→ Cannot be carried out at moment	功能不清楚或　　→ 此刻不能执行

表明密码号输错，必须重新输入密码。如果连续两次输入错误，第三次再想输入密码前，必须输入 06“结束输出”，退出防盗器自诊断程序，打开点火开关，等 30 min 以后再重新进行输入密码。

第七步：输入 10“匹配”功能，按“Q”键确认，此时屏幕将显示：

Adaptation Feed channel number ××	匹配 输入通道号 ××

第八步：输入 21“通道”号，按“Q”键确认，屏幕将显示：

Channel 21 Adaptation 2 →	通道 21　匹配 2 →
<—1　3—>	<—1　3—>

第九步：按“→”键，屏幕将显示：

Channel 21 Adaptation2 →	通道 21　匹配 2 →
Enter adaptation Value ×××××	输入匹配钥匙数 ×××××

输入汽车钥匙数。汽车钥匙数量根据需要可以输入 0～8，可以按数字键直接输入钥匙数，或者用数字键“1”和“3”，按“1”键为减少 1 把钥匙数，按“3”键为增加 1 把钥匙数，直到显示器右上角的数字符合需要的钥匙数为止。如果输入“0”，表示全部钥匙都变为非法，不能起动发动机。

第十步：按“0”键 4 次，再输入匹配钥匙数，例如匹配 3 把钥匙，输入 00003，此时屏幕将显示：

Channel 21 Adaptation 2　Q	通道 21　匹配 2　确认
Enter adaptation Value 00003	输入匹配钥匙数 00003

第十一步：按“Q”键确认，屏幕将显示：

Channel 21 Adaptation 3　Q	通道 21　匹配 3　确认
<—1　3—>	<—1　3—>

第十二步：按“Q”键确认，屏幕将显示：

Channel 21 Adaptation 3　Q	通道 21　匹配 3　确认
Store changed Value?	是否要储存改正的钥匙数?

第十三步：按“Q”键确认，此时屏幕将显示：

Channel 21 Adaptation3 →	通道 21　匹配 3 →
Changed Value is stored	改正的钥匙数已储存

第十四步：按“→”键。

第十五步：输入 06“结束输出”，在汽车点火开关上的这把钥匙匹配完毕。

第十六步：关闭点火开关，拔出汽车钥匙，然后插入下一把钥匙，打开点火开关。

第十七步：重复上述操作，直到把所有的钥匙都匹配完毕为止。

匹配全部钥匙的操作不能超过 30 s，如果只是插入钥匙，而没有打开点火开关，那么这把钥匙匹配无效。

如果系统在读钥匙的过程中发现错误，如将已匹配过的钥匙再次进行匹配等，警告灯将以每秒 2 次的频率闪亮，读钥匙过程自动中断。

每次匹配钥匙的过程顺利完成，警告灯则点亮 2s，然后熄灭 0.5s，再亮 0.5s，最后熄灭。

在匹配钥匙完毕后，应选择 02“查询故障”，如果没有故障显示，说明匹配钥匙已成功地完成。

如果要匹配的钥匙中转发器是坏的，或者钥匙中没有转发器，显示器将显示：功能不清楚或者此刻不能执行。

4. 获取防盗系统秘密方法

如果防盗系统的密码丢失，或者不知道 4 位数密码，则可按以下步骤获得密码：

第一步：连接 V. A. G. 1552，打开点火开关，输入防盗器地址指令 25，按“Q”键确认，约 5 s 后，屏幕将显示：

330 953 253 IMMO VWZ6Z0T0456789 V01 →
Coding 00000 WSC01205

VWZ6Z0T0456789 为该车防盗器控制单元的 14 位数编号。

第二步：维修站将读出的 14 位数防盗器控制单元编号，电传到上海大众公司售后服务中心，然后由大众公司售后服务中心将查得的密码电传到维修站。

§5—4 防盗器的选择与安装

一、防盗器的选择

1. 机械防盗装置的选择

如果选择机械防盗装置，主要关注其结构与强度和锁定车辆的相关部位相适应。另外，锁心的抗开启能力要高，钥匙不能随便就配得上；不需要专业安装的，则要车主自己使用方便一些的；需要专业安装的，则其功能可能复杂一些，要安装可靠，注意其对车辆本身要无影响。

2. 电子（机）防盗系统的选择

选择电子（机）防盗装置时，建议选择有“车辆防盗报警系统”资格的产品（该品牌、型号产品通过了公安部的两个检测中心之一按照 GA2—1999 标准检测合格，检测时间应在 2000 年 1 月以后，并且在两年有效期内，还要有当地安全技术防范管理部门的生产、经销该品牌、型号产品的许可证等）。

安装后的防盗系统应满足以下要求：

(1) 解除警戒时，车辆完全正常；如果报警时解除警戒，则应停止报警。

(2) 设置警戒后，打开任何车门、盖都能触发报警。

(3) 发出报警的声响、闪光明显，每次报警时间 25～30 s，并且除了报警发出声响外不得发出其他声响（比如所谓的“寻车”声，以防止扰民）。

(4) 设置警戒后，起动不了车辆，并且至少有两路控制。

(5) 起动了车辆，无论怎样随意操作，比如设置警戒或解除警戒，或者取出报警系统的保险装置（模拟报警系统故障），都不会影响车辆的正常驾驶。

(6) 如果有附加功能，如增加应急报警，增加另外的传感器/探测器监视车内空间等，也应进行实际试验。

(7) 设置警戒后，在车外的活动（如发生撞击、振动、爆响、冲水、刮风等）不会引起误报警；增加的传感器/探测器由厂家单独提供经公安部两个检测中心之一的误报警试验合格证书。

(8) 和防盗无关的功能，如“寻车”“遥控中央门锁”“车门未关灯光提示”、“遥控启动/开空调”等不得影响防盗功能（建议慎用“遥控启动”功能，此功能对车辆以及报警系统本身的设计与制造水平、安装水平和用户使用要求都比较高，稍有不慎或发生故障，容易出现意外）。

注意：

车主应当要求完整、正确地填写安装单，并且保存好。在今后的使用过程中，要按照使用说明书要求正确操作使用，不要随意改动安装好的部件或增加其他的部件，并且继续考察报警系统的性能，特别注意报警系统不应影响车辆及其部件的性能，不能影响驾驶性能。

3. 网络式防盗系统的选择

选择网络式防盗（定位、跟踪）系统时，比选择“车辆防盗报警系统”这样单一的车载装置要考虑更多的因素。除了像以上选择“车辆防盗报警系统”要求外，还要认定经营网络的公司是经过当地安全技术防范管理部门批准的，其网络系统符合当地的技术要求和我国已在制订中的行业标准，其车辆上的装置（即车辆防盗报警系统单体设备）应基本符合强制性的 GA2—1999 标准。要弄清楚整个系统是否能够覆盖自己汽车的活动范围，在此范围内有无死角（联系不上的地方），在车辆发出报警或求救信号时，网络中心的反应速度如何，有什么处置措施。如果还需要有跟踪、定位车辆的功能，那么还要弄清楚跟踪、定位的方式和定位精度如何。如果希望汽车无论如何都不会被别人开走，就是说能够“强制熄火”，那么要弄清楚该网络公司是否有“强制熄火”而不降低安全驾驶的可靠手段，并且得到了批准。试验完成安装的报警系统时，至少要实现：

(1) 车辆上的设备功能不低于“车辆防盗报警系统”的基本功能。

(2) 车辆上的设备和部件（如天线、监听部件、无线通信部件等）不会被轻易破坏或被他人轻易操作而导致功能失效。

(3) 在容易成为死角的地下通道或停车场、大型建筑物遮蔽区里联网性能达到要求。

（4）车辆上的设备发出报警或求救信号后，网络中心的反应速度和处置措施达到要求。

（5）网络中心对车辆控制的功能达到要求。

（6）网络中心对车辆的有关情况和事件有适时记录。

（7）跟踪、定位车辆的性能达到要求。

（8）该网络特有的功能与服务项目得以实现。同样，车主不仅应当要求完整、正确地填写安装单，还必须拿到厂商的书面服务承诺，并且保存好。在今后的使用过程中，要按照使用说明书要求正确操作使用，不仅考察整个系统的性能，而且特别不能误操作、误报警，造成网络中心的虚惊。

二、防盗器的安装

1. 防盗主机的安装

防盗器主机的安装线路如图 5—35 所示。主机安装位置位于仪表板下方隐蔽处，事先找好欲固定的地方，然后按照线路图连接好相应的导线。等全部线束安装完毕后，进行简单的功能测试，如果准确无误，再把拆卸的装饰板等部件装好。

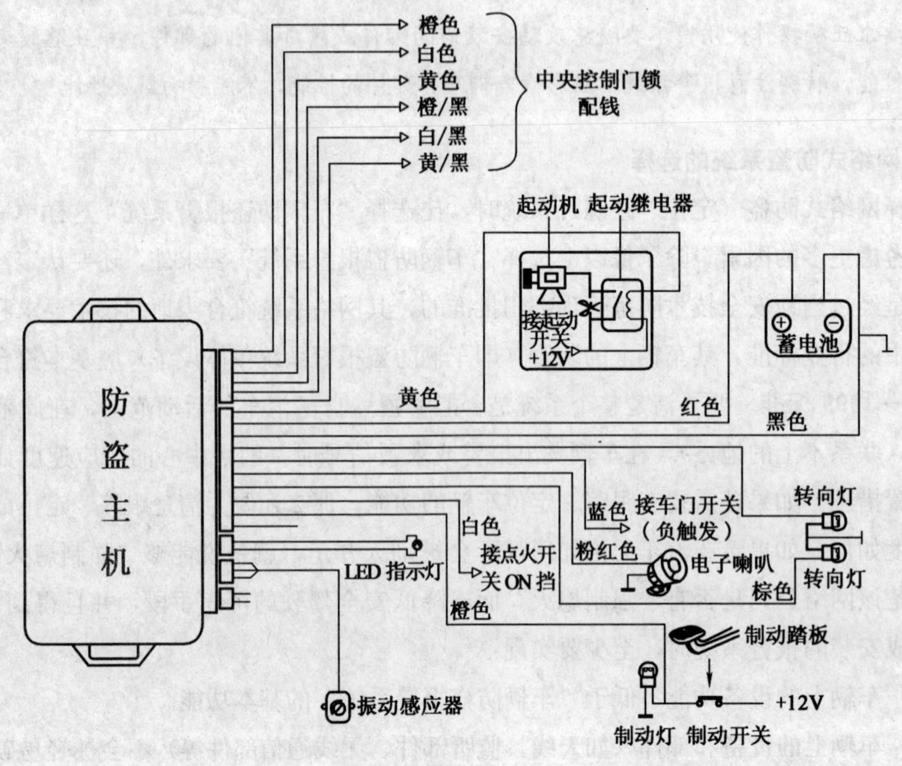

图 5—35　防盗器主机的安装线路

2. 振动感应器的安装调整

(1) 振动感应器的安装

当主机安装完毕之后，再将振动感应器固定于车体上，振动感应器安装时应尽量紧贴车体或仪表板附近，以确保振动感应器工作可靠性。如图5—36所示，振动感应器与防盗主机通过4根导线相连，其中两根连接LED指示灯，另外两根传送振动感应器的信号（有的型号采用3根导线：信号线、搭铁线、LED指示灯电源线）。

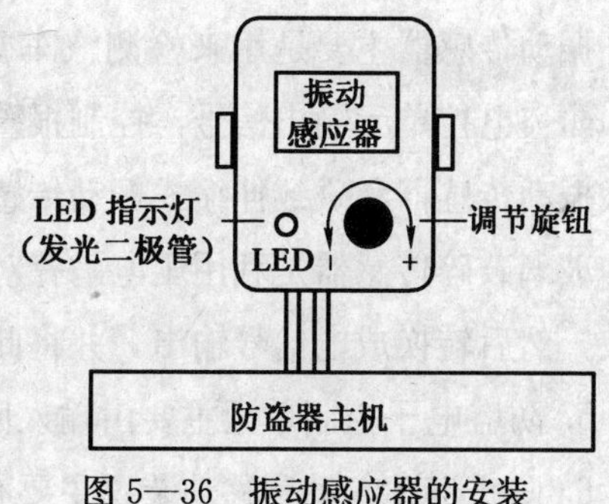

图5—36 振动感应器的安装

(2) 振动感应器安装调整

振动感应器安装调整应视车辆大小、所需敏感度的不同适当进行（出厂前均已按适中程度调整完毕，如非必须请勿再调）。

具体调整方法：当触发时，感应器上的LED指示灯会点亮，用小一字旋具调整调节旋钮，向右表示敏感度高，向左则反之。调整时请勿直接敲击振动感应器本体，以免损坏感应器。

(3) LED指示灯的安装

LED指示灯应安装在仪表盘正面，容易观察的适当位置。

3. 中央控制门锁的安装

首先卸下车门装饰板，在门内手动开关拉杆附近找一处易固定门锁执行器（电机或电磁铁执行器）的地方，然后将所配备的固定配件把手动开关拉杆与门锁执行器拉杆固定在一起，当门锁执行器动作时，就会带动车门锁拉杆，达到中央控制门锁的作用。

单元小结

1. 汽车防盗系统主要有机械式防盗器、电子式防盗系统和网络式防盗系统三大类型。

2. 汽车防盗系统一般由报警调置/解除装置、传感器（或称为检测器）、防盗电控单元、报警装置、防止汽车起动和移动装置等组成。

3. 电子门锁主要有普通中央控制电动门锁、电子式电动门锁、车速感应式电动门锁、遥控电动门锁等。

4. 防盗传感器的功用是检测汽车是否被盗。主要有热释电式红外线传感器、超声波传感器、振动传感器（检测汽车的冲击）和玻璃破碎传感器等类型。

热释电红外线传感器是利用热释电红外传感器来遥测人体发射出的微弱红外线能量，再通过电子电路对红外信号进行处理后，发出报警信息。

振动传感器主要是用来检测汽车受到的冲击。当汽车受到冲击时，其振动达到一定强度，防盗电控单元输出信号，控制报警装置报警。振动传感器主要有压电式振动传感器、压阻式振动传感器和磁致伸缩式振动传感器。

玻璃破碎传感器是利用压电陶瓷对振动敏感的特性来接收玻璃受撞击和破碎时产生的振动波，然后转换成电信号输出，并将此信号输送给防盗电控单元。

5. 防盗电子控制单元主要由输入回路、微型计算机、输出回路、A/D 转换器等组成。

6. 防止汽车起动和移动装置主要有机械式、遥控式、电阻式和电子应答式 4 种类型。

大众汽车采用电子应答式防止汽车起动和移动装置，主要由带脉冲转发器的点火钥匙(发送应答器/应答—读出存储器)、识读线圈、防盗控制单元、防盗电控单元、防盗警告等组成。

7. GPS 网络技术防盗系统包括三大部分：空间部分——GPS 卫星星座；地面控制部分——地面监控系统；用户设备部分——GPS 信号接收机。

8. 中央控制电动门锁系统的常见故障有：操作门锁控制开关，所有门锁均不动作；操作门锁控制开关，不能开门（或锁门)；操作门锁控制开关，个别车门锁不能动作；速度控制失灵（如果有速度控制)。

9. 防盗器主机安装位置应位于仪表板下方隐蔽处，事先找好欲固定的地方，然后按照线路图连接好相应的导线。等全部线束安装完毕后，进行简单的功能测试，如果准确无误，再把拆卸的装饰板等部件装好。振动感应器安装时应尽量紧贴车体或仪表板附近，以确保振动感应器工作可靠性。

单元 6 安全气囊（SRS）的原理与检修

培训目标

本单元主要讲述安全气囊的原理与检修，通过本单元学习，读者应：

◎掌握 SRS 的功用与分类；

◎掌握 SRS 的组成和工作原理；

◎掌握常见碰撞传感器的构造和工作原理；

◎掌握气囊组件的构造；

◎掌握气体发生器的构造和工作原理；

◎掌握 SRS 线束连接器结构特点与工作原理；

◎能正确对 SRS 各元件进行检修；

◎能正确分析 SRS 的常见故障；

◎熟悉 SRS 维修注意事项，并能灵活运用；

◎能正确引爆需报废的安全气囊。

§6—1 安全气囊的类型与工作原理

一、安全气囊的作用

安全气囊是最近发展起来的被动安全装置。它对驾驶员和乘员的头部、颈部安全有着十分明显的保护作用。特别是在汽车正面碰撞和侧面碰撞时，其保护作用尤为明显。统计结果表明，汽车发生事故时，人体胸部以上受伤的几率高达 75%以上，而座椅安全带对人体胸部以上的保护作用十分有限，尤其是车速较快时更是如此。

此外，由于时间匆忙、个人习惯或怕麻烦等多种原因，并非所有的应该佩带者都会在汽车行驶前系好安全带。所以，安全气囊主要是针对乘员上体，特别是头部和颈部在碰撞时的安全而设计的，而且一般汽车出厂时就已安装在车内，无需人们有意识地去完成“佩带”这一动作。因而，它可随时随地的保护人们的安全，更容易被人们所接受。

安全气囊在汽车发生碰撞事故时，对人体的保护作用如下：

(1) 无安全气囊，且驾驶员未系安全带时的碰撞情形

当汽车以 48 km/h 速度发生正面撞击，90 ms 时，人体与转向盘接触处受力约 90 000 N，下肢多处骨折，头部和胸部的受伤程度大大超过允许程度。一般来说，死亡在所难免。

(2) 无安全气囊，且前乘员未系安全带时的碰撞情形

当汽车以 48 km/h 速度发生正面撞击时，前乘员除造成下肢骨折外，面部受严重损害，胸部损伤相对小些，但头部的损伤将导致乘员的死亡。

(3) 无安全气囊，且驾驶员系上安全带时的碰撞情形

当汽车以 48 km/h 速度发生正面撞击时，驾驶员头部受伤较重，胸部由于被安全带约束，可产生近 10 000 N 的力，造成胸骨和肋骨的骨折。

(4) 有安全气囊，但驾驶员未系安全带时的碰撞情形

当汽车以 48 km/h 速度发生正面撞击时，驾驶员在 80 ms 时，向前快速运动的人体充分和安全气囊作用，释放能量。作用在安全气囊上的力约为 10 000 N，转向轴所受的分力约为 9 000 N，切向分力约为 6 000 N。安全气囊将人体头部和胸部与驾驶室前部结构（如风挡、转向盘等）隔开，避免了头部和胸部的严重损伤。

二、安全气囊的类型

1. 按安全气囊的触发机构分

(1) 机械式 SRS

机械式 SRS 系统不需用电源，没有电子电路和电路配线，全部零件组装在转向盘装饰盖板下面。检测碰撞动作和引爆点火剂都是利用机械装置动作来完成的。最早采用机械式 SRS 系统的是日本丰田（TOYOTA）汽车公司。

(2) 电子式 SRS

电子式 SRS 系统是机械式 SRS 系统和电子技术发展的产物。它是利用传感器检测碰撞信号并送往 SRS 电脑（SRS ECU），SRS ECU 根据传感器信号并利用内部预先设置的程序不断进行数学计算和逻辑判断。当判断结果为发生碰撞时，SRS ECU 立即发出点火指令引爆点火剂；点火剂引爆时产生大量热量使充气剂（叠氮化钠）受热分解，并产生大量氮气向 SRS 气囊充气。

2. 按 SRS 的数量分

(1) 单 SRS

单 SRS 气囊系统只装备有驾驶席气囊，20 世纪 90 年代以前装备车辆的基本都是单 SRS 气囊系统。

(2) 双 SRS

双 SRS 气囊系统装备有驾驶席和前排乘员席两个气囊，近几年生产的轿车大多数都采用了双 SRS 气囊系统。

(3) 多 SRS

多 SRS 气囊系统装备有 3 个或 3 个以上 SRS 气囊，如瑞典沃尔沃 VOLVO 850、960、S70 型轿车装备了多个 SRS 系统。

注意：

无论 SRS 系统中气囊数量多少，均可采用一个 SRS 专用 ECU 控制。

3. 按 SRS 的功用分

按 SRS 的功用可分为正面 SRS、侧面 SRS 和顶部 SRS。

安全气囊的类型划分如图 6—1 所示。

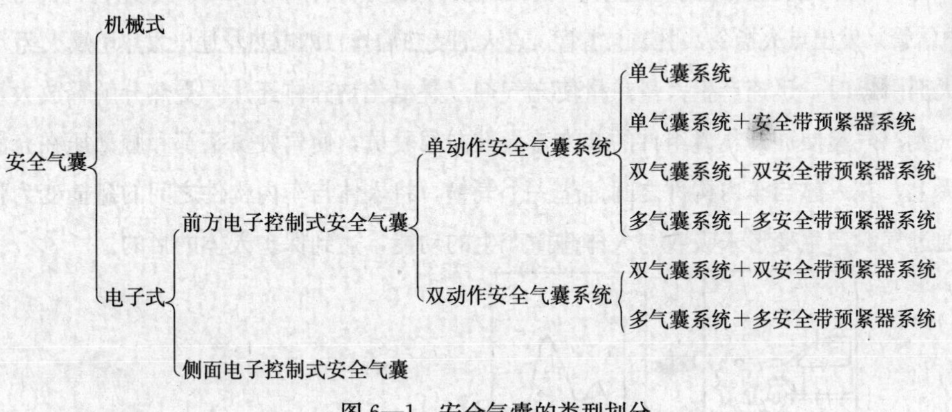

图 6—1　安全气囊的类型划分

三、安全气囊的组成

各型汽车 SRS 采用控制部件的结构、数量和安装位置各有不同，但其基本组成大致相同，主要组成包括碰撞传感器、控制单元（电脑）、气囊组件（包括气囊、气体发生器、点火器）、SRS 指示灯、螺旋弹簧，如图 6—2 所示。

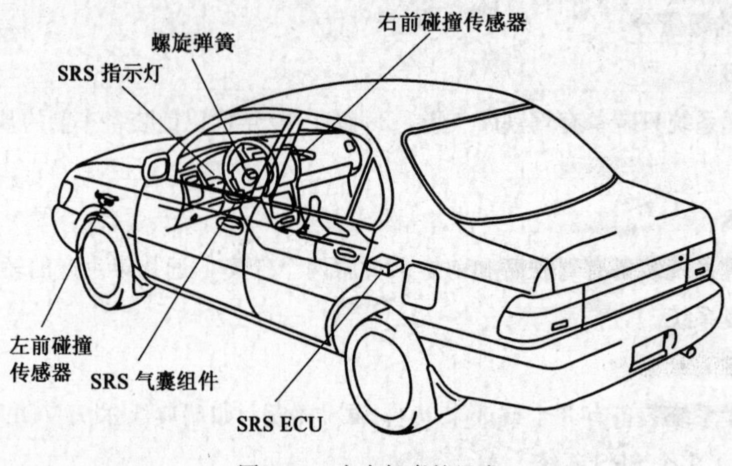

图 6—2　安全气囊的组成

四、安全气囊的工作原理

如图 6—3 所示，当汽车受到前方一定角度范围内的高速碰撞时，安装在汽车前端的碰撞传感器和与 SRS ECU 安装在一起的防护碰撞传感器就会检测到汽车突然减速的信号，碰撞传感器和防护传感器触点闭合，将汽车减速信号传送到 SRS ECU。

SRS ECU 按预先设置的程序经过数学计算和逻辑判断后，立即向 SRS 气囊组件内的电热点火器（电雷管）发出点火指令，引爆电雷管，点火剂受热爆炸（即电热丝通电发热引爆火药）。

点火剂引爆时，迅速产生大量热量使充气剂（叠氮化钠固体药片）受热分解释放大量氮气充入气囊；气囊便冲开气囊组件的装饰盖板鼓向驾驶员，使驾驶员头部和脑部压在充满气体的气囊上，在人体与车内构件之间铺垫一个气垫，将人体与车内构件之间的碰撞变为弹性碰撞，通过气囊产生变形来吸收与人体碰撞产生的动能，达到保护人体的目的。

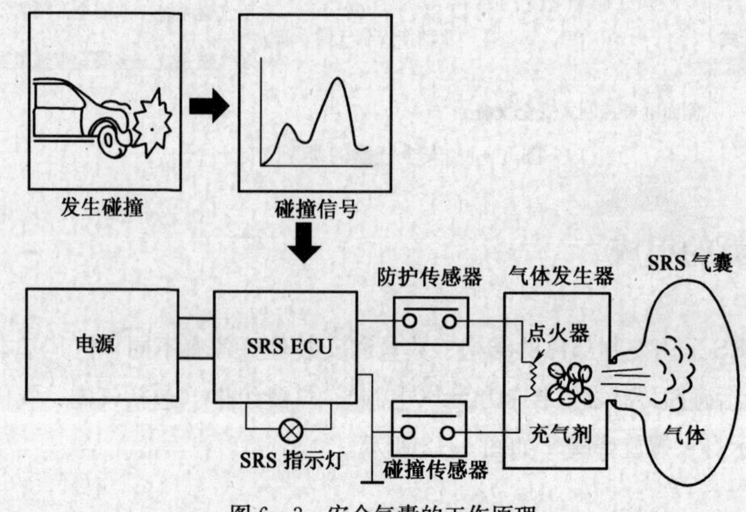

图 6—3　安全气囊的工作原理

五、安全气囊的动作过程

当汽车以车速 50 km/h 与前面障碍物相撞时，SRS 气囊系统的动作时序如图 6—4 所示。

（1）碰撞约 10 ms 后，SRS 气囊系统达到引爆极限，气囊组件中的电雷管引爆点火剂并产生大量热量，使充气剂（叠氮化钠药片）受热分解，驾驶员尚未动作，如图 6—4a 所示。

（2）碰撞约 40 ms 后，气囊完全充满，体积最大，驾驶员向前移动，安全带斜系在驾驶员身上并收紧，部分冲击能量已被吸收，如图 6—4b 所示。

（3）碰撞约 60 ms 后，驾驶员头部及身体上部压向气囊，气囊背面的排气孔在气体和人体压力作用下排气，利用排气节流作用吸收人体与气囊之间弹性碰撞产生的动能，如图 6—4c 所示。

（4）碰撞约 110 ms 后，大部分气体已从气囊逸出，驾驶员身体上部回到座椅靠背上，汽车前方恢复视野，如图 6—4d 所示。

（5）碰撞约 120 ms 后，碰撞危害解除，车速降低至零。

由此可见，在 SRS 气囊系统动作过程中，气囊动作时间极短。从开始充气到完全充满的时间约为 30 ms；从汽车遭受碰撞开始，到 SRS 气囊收缩为止，所用时间极为短暂，仅为 120 ms 左右，而人的眼皮眨一下所用时间约为 200 ms 左右。因此，SRS 气囊动作的状态和经历的时间无法用肉眼来确认。

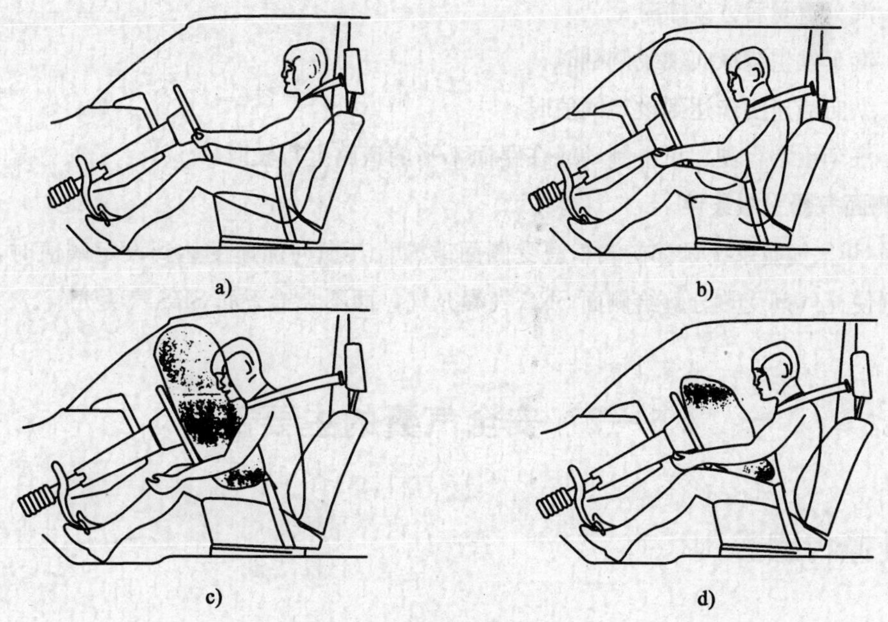

图 6—4　SRS 的动作时序

a）10 ms 以后　b）40 ms 以后　c）60 ms 以后　d）110 ms 以后

乘员席气囊与驾驶席气囊的动作过程基本相同。SRS 气囊系统的动作过程与经历时间之间的关系见表 6—1。

表 6—1　　SRS 气囊系统动作过程与经历时间之间的关系

碰撞之后经历时间（ms）	0	10	40	60	110	120
SRS 动作状态	遭受碰撞	点火剂引爆开始充气	气囊充满，人体前移	排气节流吸收动能	人体复位恢复视野	危害解除车速为零

六、安全气囊的引爆条件

1. 安全气囊引爆的条件

必须满足以下两个条件，安全气囊才能引爆工作：

(1) 碰撞方位为正前方或斜前方±30°；

(2) 碰撞时，减速度≥ECU 设定的减速度阈值。

2. 安全气囊不能引爆的条件

在下列条件之一的情况下，安全气囊不能被引爆工作：

(1) 汽车遭受侧面碰撞超过斜前方±30°角时；

(2) 汽车遭受横面碰撞时；

(3) 汽车遭受后方碰撞时；

(4) 汽车发生绕纵向轴线侧翻时；

(5) 纵向减速度未达到设定阈值时；

(6) 汽车正常行驶、正常制动或在路面不平的道路上行驶时。

3. 侧面气囊引爆条件

侧面 SRS 气囊系统只有在汽车遭受侧面碰撞且其横向加速度达到设定阈值时，才能引爆点火剂使充气剂受热分解给侧面 SRS 气囊充气，而不会给正面 SRS 气囊充气。

§6—2　安全气囊的主要部件

一、碰撞传感器

1. 功用

碰撞传感器是安全气囊系统中的主要控制信号输入装置，其作用是在汽车发生碰撞时，由碰撞传感器检测汽车碰撞的强度信号，并将信号输入 ECU，ECU 根据碰撞传感器的信号来判定是否引爆充气元件使气囊充气。

2. 安装位置

在 SRS 中，一般设有 3～4 只碰撞传感器，分别安装在车身前部或中部，常见安装位置有：

（1）安装在车身两侧的前翼子板内侧；

（2）安装在左、右前照灯支架下面；

（3）安装在发动机散热器支架左、右两侧；

（4）安装在驾驶室仪表盘和手套箱的下方；

（5）安装在 SRS ECU 内部。

3. 类型

碰撞传感器有不同的类型，划分也不同，如图 6—5 所示。

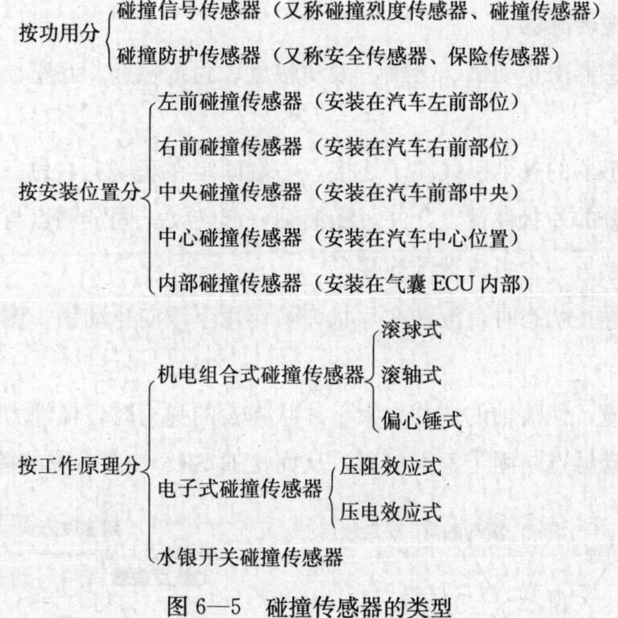

图 6—5　碰撞传感器的类型

4. 各种传感器的构造与原理

(1) 滚球式碰撞传感器

如图 6—6 所示，两个触点固定不动，并分别与传感器的引线端子连接。磁铁为永久磁铁。铁质滚球用来感测惯性力或减速度的大小，可在导缸内移动或滚动。壳体上印制有箭头标记，安装时必须按使用说明书规定方向进行安装（有的规定指向汽车后方，有的规定指向汽车前方。

当传感器处于静止状态时，在永久磁铁的磁力作用下，导缸内的滚球被吸向磁铁，两个触点未被接通（图 6—6b）。

当汽车遭受碰撞，使滚球的惯性力大于永久磁铁的吸力时，惯性力与磁力的合力就会使滚球沿着导缸向左运动，将两个触点接通，从而接通 SRS 系统的搭铁回路（图 6—6c）。

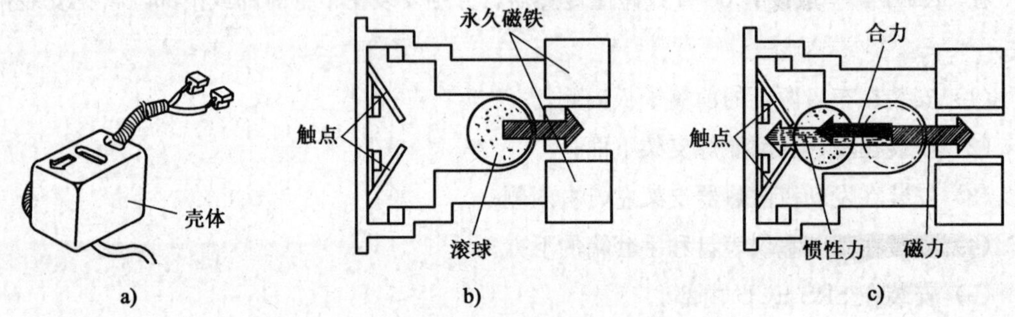

图 6—6　滚球式碰撞传感器的构造原理

a）外形　b）静止状态　c）碰撞状态

（2）滚轴式碰撞传感器

滚轴式碰撞传感器由止动销、滚轴、滚动触点、固定触点、底座、片状弹簧等组成（图 6—7）。

片状弹簧与传感器的一个引线端子连接，一端固定在底座上，另一端绕在滚轴上，滚动触点固定在滚轴部分的片状弹簧上，并可随滚轴一起转动。固定触点与片状弹簧绝缘固定在底座上，并与传感器另一个引线端子连接。

当传感器处于静止状态时，滚轴在片状弹簧作用下滚向止动销一侧，滚动触点与固定触点处于断开状态。

当汽车遭受碰撞，使滚轴的惯性力大于片状弹簧的弹力时，惯性力就会克服弹簧力使滚轴向前滚动，将滚动触点与固定触点接通，从而接通 SRS 气囊系统的搭铁回路。

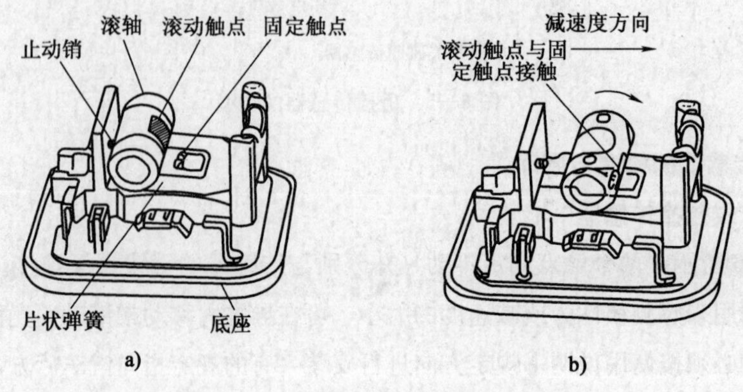

图 6—7　滚轴式碰撞传感器的构造原理

a）未碰撞时　b）碰撞时

(3) 偏心锤式碰撞传感器

偏心锤式碰撞传感器又称为偏心转子式碰撞传感器，属于惯性开关式碰撞传感器，该传感器主要用于丰田、马自达车系。

在正常情况下（即当传感器处于静止状态时），偏心锤和偏心锤臂在螺旋复位弹簧弹力的作用下，顶靠在与外壳相连的挡块上，偏心锤与挡块保持接触，转子总成处于静止状态，转动触点与固定触点处于断开状态，开关位置为“OFF”（图6—8）。

当汽车遭受碰撞时，当偏心锤的惯性力矩大于螺旋复位弹簧弹力力矩时，惯性力矩就会克服弹簧力矩使转子总成转动，从而带动转动触点臂转动。当碰撞强度达到设定值时，转子总成偏转角度将使转动触点与固定触点接触而闭合，此时碰撞传感器便接通SRS系统的搭铁回路，向ECU输入一个“ON”信号，以引爆充气元件。

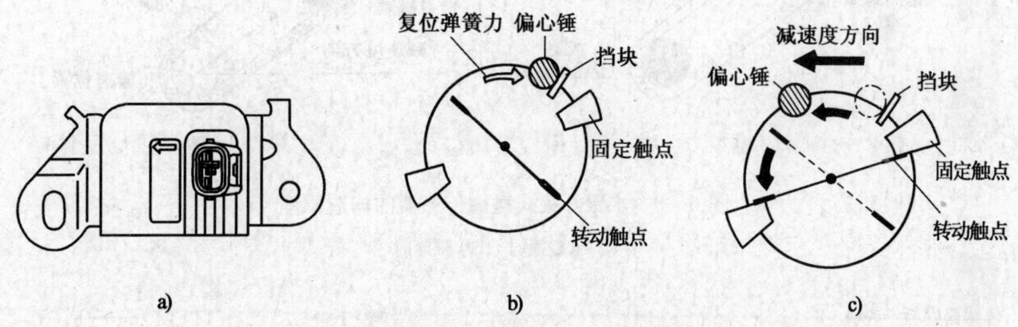

图6—8 偏心锤式碰撞传感器的构造原理

a）外形 b）未碰撞时 c）碰撞时

(4) 水银开关式碰撞传感器

水银开关式碰撞传感器利用水银导电良好的特性制成，一般用做防护传感器（安全传感器）。

当汽车未发生碰撞时，水银在重力作用下，处于传感器的下腔（图6—9a）。

当汽车发生碰撞时，减速度将水银产生惯性力。惯性力在水银运动方向上的分力会将水银抛向传感器电极，使两个电极接通，从而接通SRS气囊点火器电路的电源（图6—9b）。

(5) 电阻应变计式碰撞传感器

电阻应变计式碰撞传感器主要由电子电路、电阻应变计、振动块、缓冲介质、壳体等组成（图6—10a）。

电子电路包括稳压器与温度补偿电路W、信号处理与放大电路A。应变计的电阻R1、R2、R3、R4制作在硅膜片上，当膜片产生变形时，应变电阻的阻值就会发生变化。为了提高传感器的检测精度，应变电阻一般都连接成桥式电路，并设计有稳压和温度补偿电路（图6—10b）。

当汽车遭受碰撞时，振动块振动，缓冲介质随之振动，应变计的应变电阻产生变形，阻值随之发生变化，经过信号处理与放大后，传感器S端输出的信号电压就会发生变化（图6—10c）。

SRS ECU 根据电压信号强弱便可判断碰撞的烈度（激烈程度）。如果信号电压超过设定值，SRS ECU 就会立即向点火器发出点火指令引爆点火剂，使充气剂受热分解产生气体给气囊充气。

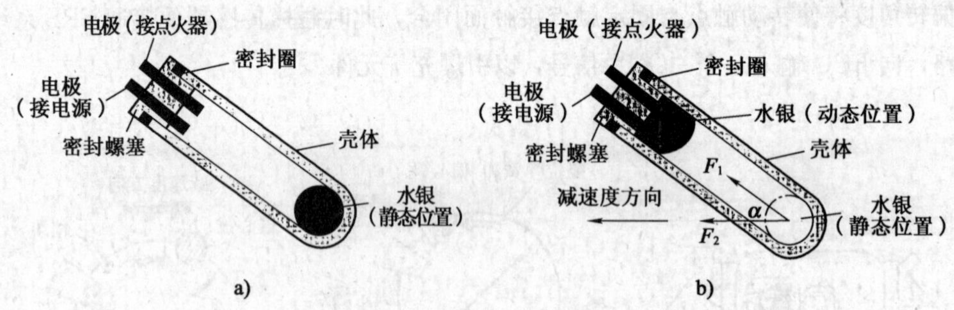

图 6—9　水银开关式碰撞传感器的构造原理

a）未碰撞时　b）碰撞时

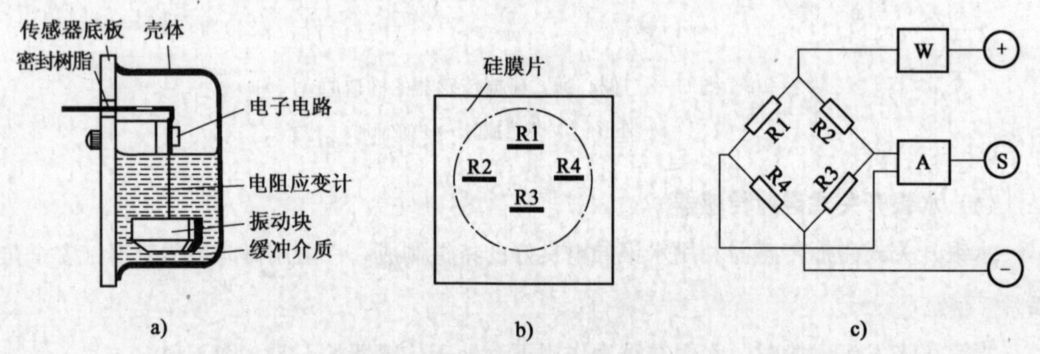

图 6—10　电阻应变计式碰撞传感器

a）结构　b）电阻应变计　c）原理电路

5. 压电效应式碰撞传感器

压电效应式碰撞传感器是利用压电效应制成的传感器。压电效应是指压电晶体在压力作用下，晶体外形发生变化而使其输出电压发生变化的效应。

当汽车遭受碰撞时，传感器内的压电晶体在碰撞产生的压力作用下，输出电压就会变化。SRS ECU 根据电压信号的强弱便可判断碰撞的烈度。如果电压信号超过设定值，SRS ECU 就会立即向点火器发出点火指令，引爆点火剂使气体发生器给气囊充气，SRS 气囊膨胀开，达到保护驾驶员和乘员的目的。

二、安全气囊电子控制单元（SRS ECU）

安全气囊电子控制单元（SRS ECU）是 SRS 系统的控制中心，其功用是接受碰撞传感器及其他各传感器输入的信号，判断是否点火引爆气囊充气，并对 SRS 系统故障进行自诊断（图 6—11）。

SRS 控制组件主要由 SRS ECU 模块、信号处理电路、备用电源电路、保护电路和稳压电路等组成。防护传感器一般也与 SRS ECU 一起制作在 SRS 控制组件中。

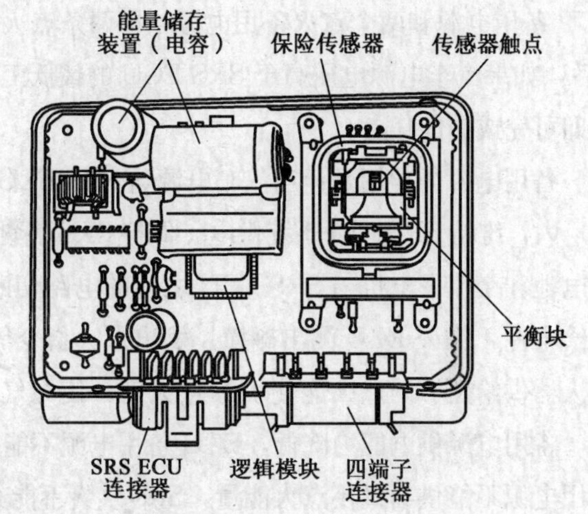

图 6—11　SRS ECU 的内部结构

1. SRS ECU 模块

SRS ECU 模块的主要功用是监测汽车纵向减速度或惯性力是否达到设定阈值，控制气囊组件中的点火器引爆点火剂。

SRS ECU 由模数（A/D）转换器、数模（D/A）转换器、串行输入输出（I/O）接口、只读存储器 ROM、随机存储器 RAM、可擦除可编程只读存储器 EEPROM 和定时器等组成。

在汽车行驶过程中，SRS ECU 不断接收前碰撞传感器和防护碰撞传感器传来的车速变化信号，经过数学计算和逻辑判断后，确定是否发生碰撞。当判断结果为发生碰撞时，立即运行控制点火的软件程序，并向点火电路发出点火指令引爆点火剂，点火剂引爆时产生大量热量，使充气剂受热分解释放气体给 SRS 气囊充气。

除此之外，SRS ECU 还要对控制组件中关键部件的电路（如传感器电路、备用电源电路、点火电路、SRS 指示灯及其驱动电路）不断进行诊断测试，并通过 SRS 指示灯和存储在存储器中的故障代码来显示测试结果。仪表盘上的 SRS 指示灯可直接向驾驶员提供 SRS 气囊系统的状态信息。ECU 存储器中的状态信息和故障代码可用专用仪器或通过特定方式从串行通讯接口调出，以供装配检查与设计参考。

2. 信号处理电路

信号处理电路主要由放大器和滤波器组成。其功用是对传感器检测的信号进行整形、放大和滤波，以便 SRS ECU 能够接收、识别和处理。

3. 备用电源电路

SRS 气囊系统有两个电源：一个是汽车电源（蓄电池和交流发电机）；另一个是备用电源。备用电源又称为后备电源或紧急备用电源。

备用电源电路由电源控制电路和若干个电容器组成。在单 SRS 气囊系统的控制组件中，设有一个 ECU 备用电源和一个点火备用电源。在双 SRS 气囊系统的控制模块中，设有一个 ECU 备用电源和两个点火备用电源，即两条点火电路各设一个备用电源。点火开关接通 10 s 后，如果汽车电源电压高于 SRS ECU 的最低工作电压，那么 ECU 备用电源和点火备用电源即可完成储能任务。

备用电源的功用是：当汽车电源与 SRS ECU 之间的电路切断后，在一定时间（一般为 6s）内，维持 SRS 气囊系统供电，保持 SRS 气囊系统的正常功能。当汽车遭受碰撞而导致蓄电池和交流发电机与 SRS ECU 之间的电路切断时，ECU 备用电源能在 6 s 之内向 ECU 供给电能，保证 ECU 测出碰撞、发出点火指令等正常功能；点火备用电源能在 6 s 之内向点火器供给足够的点火能量引爆点火剂，使充气剂受热分解给气囊充气。时间超过 6 s 之后，备用电源供电能力降低，ECU 备用电源不能保证 ECU 测出碰撞和发出点火指令；点火备用电源不能供给最小点火能量，SRS 气囊不能充气胀开。

4. 保护电路和稳压电路

在汽车电器系统中，许多电器部件带有电感线圈，电器开关琳琅满目，电器负载变化频繁。当线圈电流接通或切断、开关接通或断开、负载电流突然变化时，都会产生瞬时脉冲电压即过电压，这些过电压如果加到 SRS 气囊系统电路上，系统中的电子元件就可能因电压过高而导致损坏。为了防止 SRS 气囊系统元件遭受损害，SRS ECU 中必须设置保护电路。同时，为了保证汽车电源电压变化时，SRS 气囊系统能够正常工作，还必须设置稳压电路。

三、气囊组件

1. 类型

SRS 气囊组件是辅助防护系统气囊组件的简称。SRS 气囊组件按功能分为正面 SRS 气囊组件和侧面 SRS 气囊组件两大类。按安装位置分为驾驶席、副驾驶席、后排乘员席气囊组件和侧面气囊组件 4 种。副驾驶席气囊组件又称为前排乘员席气囊组件。由于汽车 SRS 气囊系统目前普遍装备驾驶席和前排乘员席气囊，后排乘员席气囊很少安装，因此目前所说的乘员席气囊实际上指的是副驾驶席气囊。正面 SRS 气囊组件的功用是保护驾驶员与乘员的面部和胸部，防止转向盘、挡风玻璃、仪表台和前排座椅伤害人体；侧面 SRS 气囊组件的功用是保护驾驶员与乘员的头部和腰部，防止车门或车身伤害人体。

2. 组成

气囊组件主要由气囊、点火器、气体发生器等组成（图 6—12），驾驶席与乘员席气囊组件一般都是用一个 ECU 来控制，其组成部件和工作原理基本相同。

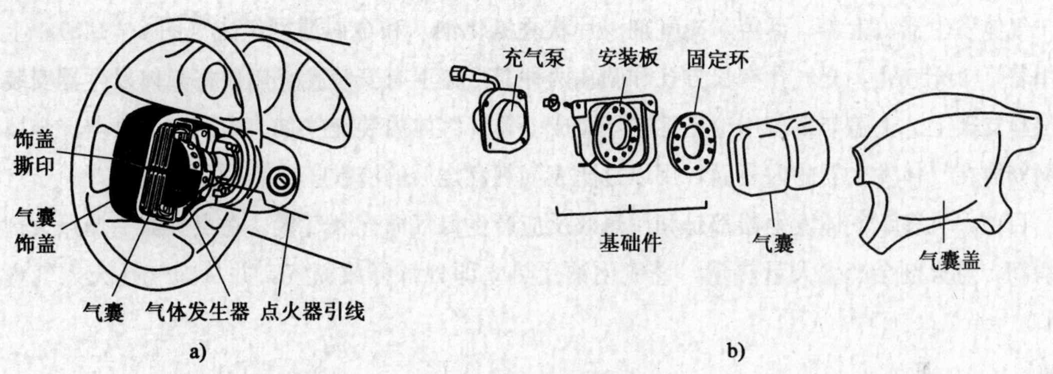

图 6—12　气囊组件的构造

a）位置　b）分解图

(1) 气囊

SRS 气囊用酰胺织物（如尼龙）制成，内层涂有聚氯丁二烯，用以密闭气体。目前用于制作气囊的材料是由 420 d（d 代表织物纤度单位：旦尼尔）、630 d、840 d 的尼龙 6 或尼龙 66 织物制成。SRS 气囊不会燃烧，在各种环境条件下，具有良好的耐磨性能和防裂性能，同时还具有机械强度高、使用寿命长、表面涂膜容易、涂层结合牢固的优点。气囊织物必须进行物理特性试验、化学特性试验、织物等级测定和环境条件试验等等，这些试验总共不少于 50 项。目前气囊织物主要由美国联信和杜邦两家公司供应，联信公司供应尼龙 6 织物，杜邦公司供应尼龙 66 织物。

气囊在静止状态时，像降落伞未打开时一样折叠成包，安放在气体发生器上部与气囊饰盖之间，如图 6—13 所示。气囊开口一侧固定在气囊安装支架上，先用金属垫圈与气囊支架座圈夹紧，然后用铆钉铆接。

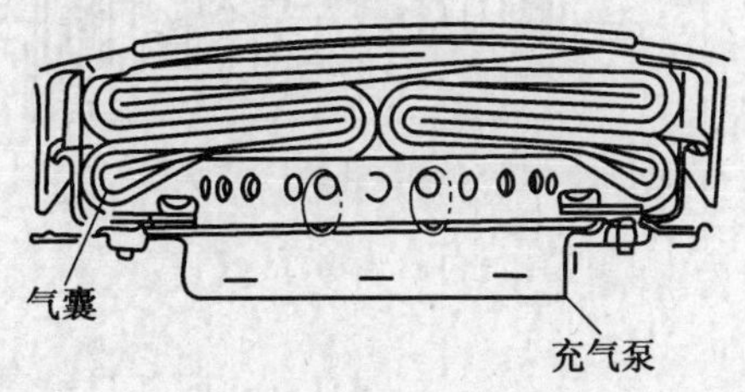

图 6—13　气囊的安装位置

气囊背面（驾驶员或乘员方向相反一面）或顶部制有 2～4 个排气孔。当驾驶员在惯性力作用下压到气囊上时，气囊受压便从排气孔排气，持续时间不到 1 s，从而吸收驾驶员与气囊碰撞的动能，使人体不致受到伤害。排气孔最早设计在气囊背面，后来设计在气囊顶部。近年来研制出一种能够“呼吸”的新型气囊，气囊上没有排气孔。有的气囊内部设置有拉绳，用以控制气囊胀开的形状。

(2) 气体发生器

气体发生器又称充气器，用于在点火器引爆点火剂时，产生气体向气囊充气，使气囊胀开。气体发生器用专用螺栓和专用螺母固定在气囊支架上，装配时只能用专用工具进行装配。

气体发生器由上盖、下盖、充气剂（片状叠氮化钠）和金属滤网组成（图 6—14a）。上盖用若干个充气孔，充气孔有长方孔和圆孔两种。下盖上有安装孔，以便将气体发生器安装到气囊支架上。上盖与下盖用冷压工艺压装成一体，客体内装充气剂、滤网和点火器。金属滤网安放在气体发生器的内表面，用以过滤充气剂燃烧后的渣粒。

目前，大多数气体发生器都是利用热效反应产生氮气而充入气囊。在点火器引爆点火剂的瞬间，点火剂会产生大量热量，叠氮化钠受热立即分解释放氮气，并从充气孔充入气囊（图 6—14c）。

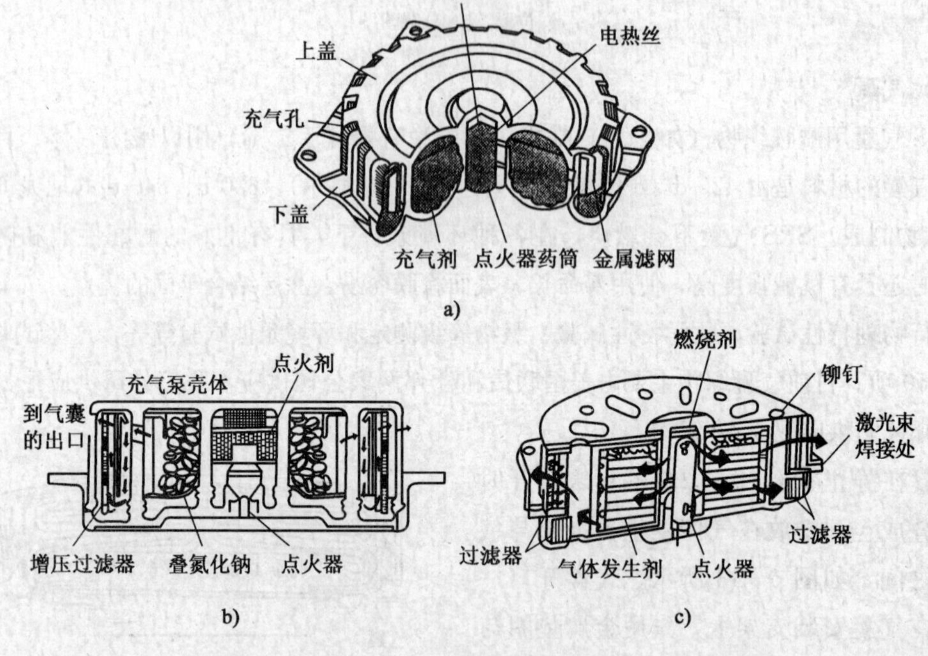

图 6—14 气体发生器的构造原理

a）外形 b）构造 c）气体流向

(3) 点火器

气囊点火器外铝箔，安装在气体发生器内部中央位置。其功用是根据 SRS ECU 的指令引爆点火剂，产生热量使充气剂分解。气囊点火器，主要由引爆炸药、药筒、引药、电热丝、电极和引出导线组成（图 6—15）。

点火剂包括引爆炸药和引药，引出导线与气囊连接器插头连接，连接器中设有短路片（铜质弹簧片）。当连接器插头拔下或连接器未完全结合时，短路片将两根引线短接，防止静电或导电将电热丝电路接通而造成气囊误胀开。

当 SRS ECU 发出点火指令时，电热丝电路接通，电热丝迅速红热引爆引药，引爆炸药瞬间爆炸产生热量，药筒内温度和压力急剧升高并冲破药筒，使充气剂受热分解释放氮气充入气囊。

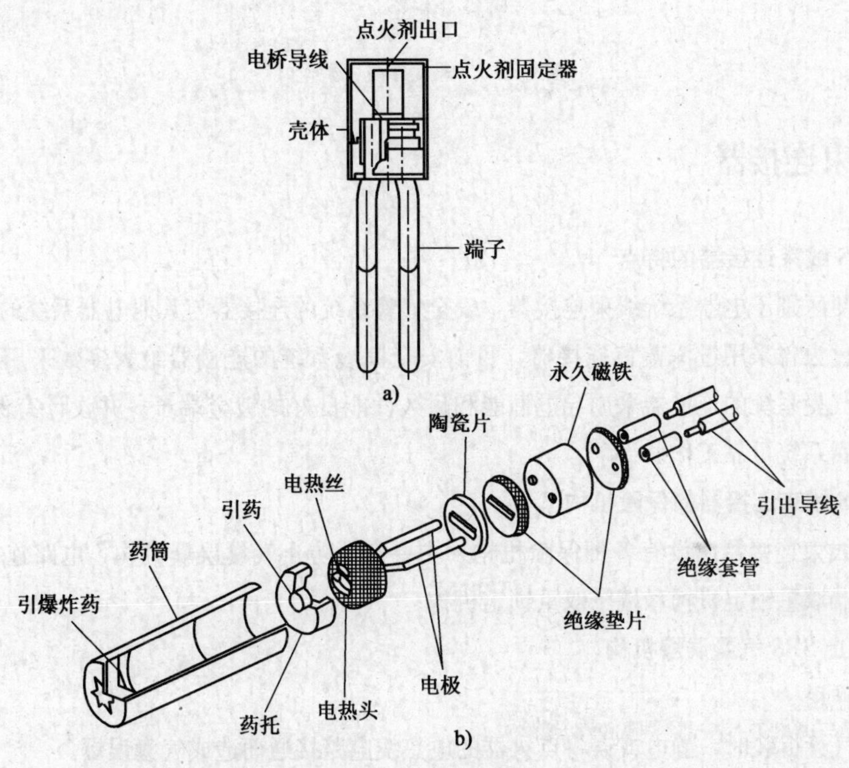

图 6—15　点火器的构造

a) 构造　b) 分解图

(4) 螺旋导线（游丝）

SRS 气囊组件安装在转向盘上，与转向盘一起转动，点火器与 SRS ECU 之间的导线连接是靠螺旋导线（游丝）来连接的。

螺旋导线由转子、壳体、导线和解除凸轮组成（图 6—16）。转子与解除凸轮之间有连接凸缘与凹槽，转动转向盘时，两者互相接触，形成一个整体一起旋转。导线的长度约 5 m，螺旋状缠绕在壳体内，因此当转子由中间位置向正反两个方向各转 2.5 圈时，也不会影响导线的连接。

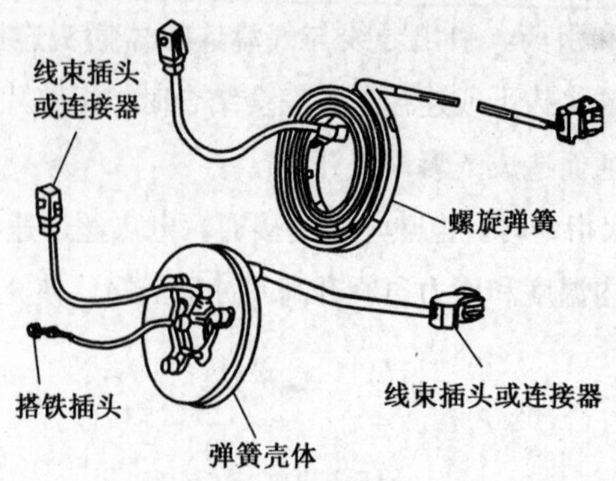

图 6—16　螺旋导线（游丝）

四、线束连接器

1. SRS 线束连接器的特点

为方便区别于电器系统线束连接器，安全气囊系统的连接器与其他电器系统的连接器有所不同。过去曾采用过深蓝色连接器，目前安全气囊系统的连接器绝大多数采用黄色连接器。安全气囊系统的连接器采用导电性能和耐久性能良好的镀金端子，并设计有保险机构，以保证气囊系统可靠工作。

2. SRS 线束连接器的保险机构

SRS线束连接器内设有各种保险机构，主要有：防止气囊误爆机构，电路连接诊断机构，连接器双重锁定机构和端子双重锁定机构。

3. 防止 SRS 气囊误爆机构

（1）作用

防止气囊拆装时，静电或误将点火器的电热线电路接通而造成气囊误爆。

（2）安装位置

安装在气囊组件与 SRS ECU 之间各线束内。

（3）工作过程

1）插头与连接器连接时（图 6—17a）当插头与连接器正常连接时，插头的绝缘壳体将短路片向上顶起，短路片与连接器端子脱开，插头的引线端子与连接器的引线端子接触良好，点火器电热丝电路的“＋”端与保险传感器电路接通，“－”端与前碰撞传感器电路接通，电热丝电路处于正常连接状态。

2）插头与连接器断开时（图 6—17b）当插头与连接器脱开时，短路片自动将气囊点火器一侧连接器的引线端子短接，使点火器的电热丝与短路片构成回路。此时即使将电源加到气囊点火器一侧连接器上，由于电源被短路片短路，点火器也不会引爆，从而防止 SRS 误爆。

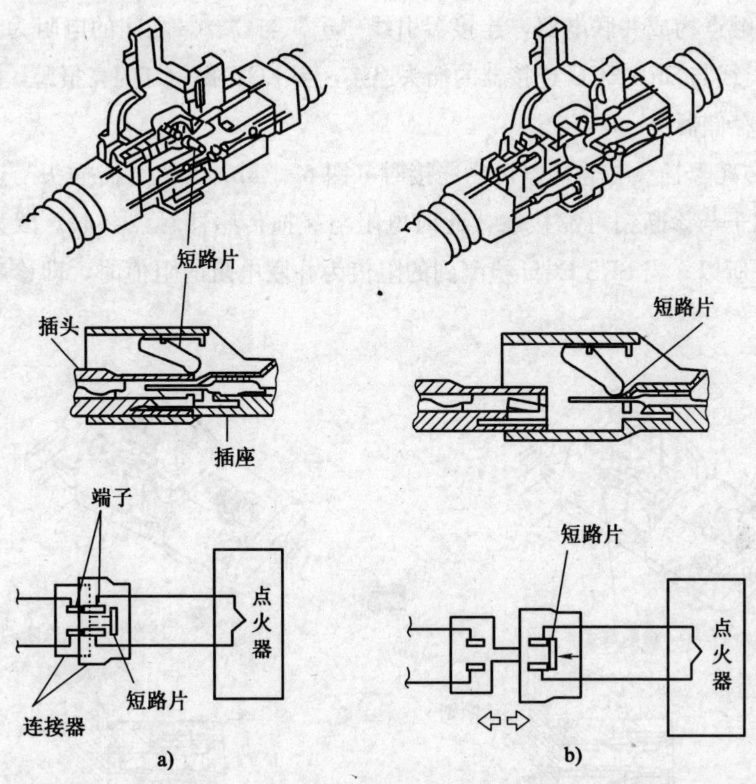

图6—17　防止SRS误爆机构的结构原理

a）连接时　b）脱开时

4. 电路连接诊断机构

(1) 作用

电路连接诊断机构用于监测外连接器的插头与连接器是否连接可靠。

(2) 安装位置

电路连接诊断机构一般安装在：

1）前碰撞传感器的连接器内；

2）与SRS ECU连接的连接器内。

(3) 构造

连接器插头上有一个诊断销，连接器上有两个诊断端子，端子上有弹簧片。其中一个诊断端子与碰撞传感器触点的一端相连，另一个诊断端子经过一个电阻与碰撞传感器触点的一端相连。

(4) 工作过程

1）传感器与连接器半连接（未可靠连接时，图6—18a）前碰撞传感器触点为常开触点，当传感器插头与连接器半连接（未可靠连接时）时，诊断端子与诊断销尚未接触，此时电阻尚未与传感器触点构成并联电路，连接器引线“+”与“−”之间的电阻为无穷大。因此“+”、“−”引线与 SRS ECU 连接器的插头连接，当 ECU 提示灯闪亮报警，同时将故障编成代码储存在存储器中。

2）碰撞传感器插头与连接器可靠连接时（图 6—18b）当传感器插头与连接器可靠连接时，诊断端子与诊断销可靠接触，此时电阻与碰撞传感器触点并联。因为传感器触点为常开触点，所以，当 SRS ECU 检测到的阻值为并联电阻的阻值时，即诊断为连接器连接可靠。

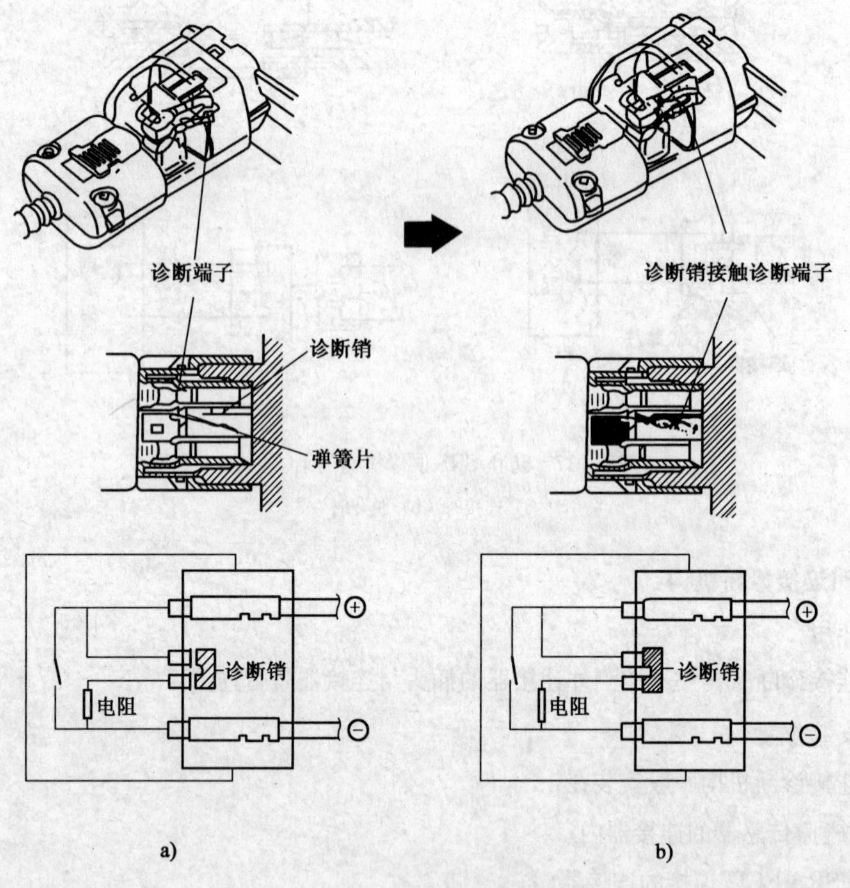

图 6—18　电路连接诊断机构

a）半靠连接　b）可靠连接

5. 连接器双重锁定机构

(1) 作用

安全气囊系统在线束的重要连接部位，其连接器采用了双重锁定机构，用于锁定连接器插头与连接器，防止连接器脱开。

(2) 工作过程

1）主锁打开，副锁被挡位。连接器插头上有主锁和两个凸台，连接器上有锁柄能够转动的副锁。当主锁未锁定时，插头上的两个凸台阻止副锁锁定（图 6—19a）。

2）主锁锁定，副锁可以锁定。当主锁完全锁定时，副锁锁柄方能转动并锁定（图 6—19b）。

3）双重锁定。当主锁与副锁双重锁定后，连接器插头与连接器的连接状态，从而防止连接器插头与连接器脱开（图 6—19c）。

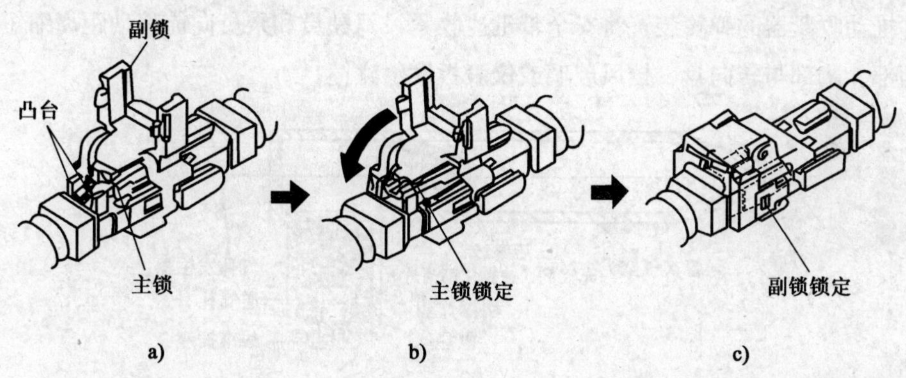

图 6—19　连接器双重锁定机构

a）主锁打开，副锁被挡住　b）主锁锁定后副锁方能锁定　c）双重锁定

6. 端子双重锁定机构

(1) 作用

端子双重锁定机构用于防止连接器中引线端子滑动。

(2) 安装位置

设在安全气囊系统中每一个连接器内。

(3) 构造

主要由连接器壳体上的锁柄与分隔片组成，锁柄为一次锁定机构，可防止端子沿引线轴线方向滑动；分隔片为二次锁定机构，可防止端子沿引线径向移动（图 6—20）。

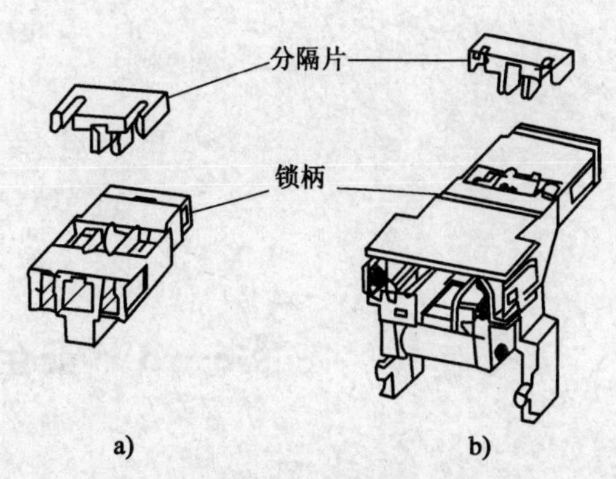

图 6—20　端子双重锁定机构

a）插头　b）插座

五、安全带收紧器

安全带收紧器由气体发生器、带轮、离合器、导管、自动安全带卷筒、活塞、缆绳等组成（图 6—21）。气体发生器由充气器和点火器组成，结构原理与气囊组件的气体发生器基本相同。安全带缠绕在卷筒上，活塞安装在导管内；缆绳一端缠绕在带轮上，另一端固定在活塞上。

座椅安全带收紧器的工作原理与 SRS 气体发生器的工作原理相似。当安全带收紧器点火器电路接通电源时，点火器引爆点火剂，充气剂受热分解，活塞在膨胀气体的作用下迅速移动，并推动收紧器的弹簧装置将安全带迅速收紧，驾驶员和乘员向前移动距离缩短，从而防止其面部、胸部与转向盘、挡风玻璃或仪表板发生碰撞。

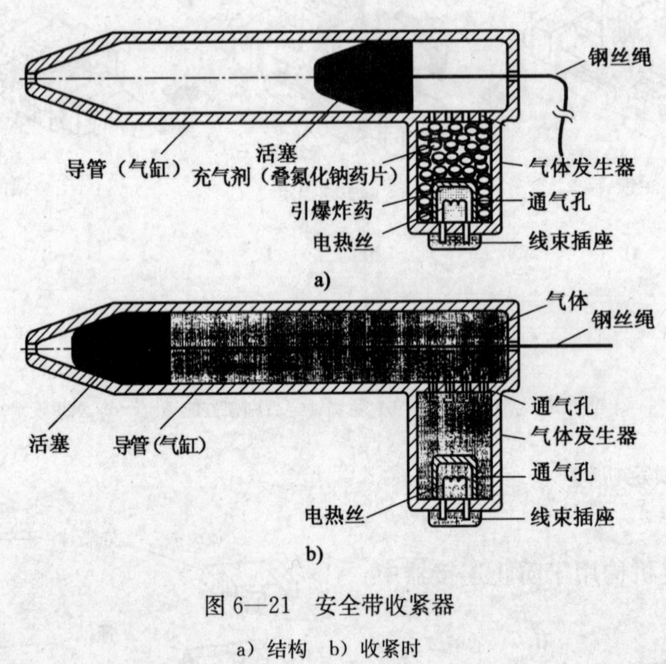

图 6—21　安全带收紧器

a）结构　b）收紧时

§6—3　安全气囊的检修

一、安全气囊故障诊断基本流程

安全气囊故障诊断基本流程如图 6—22 所示。

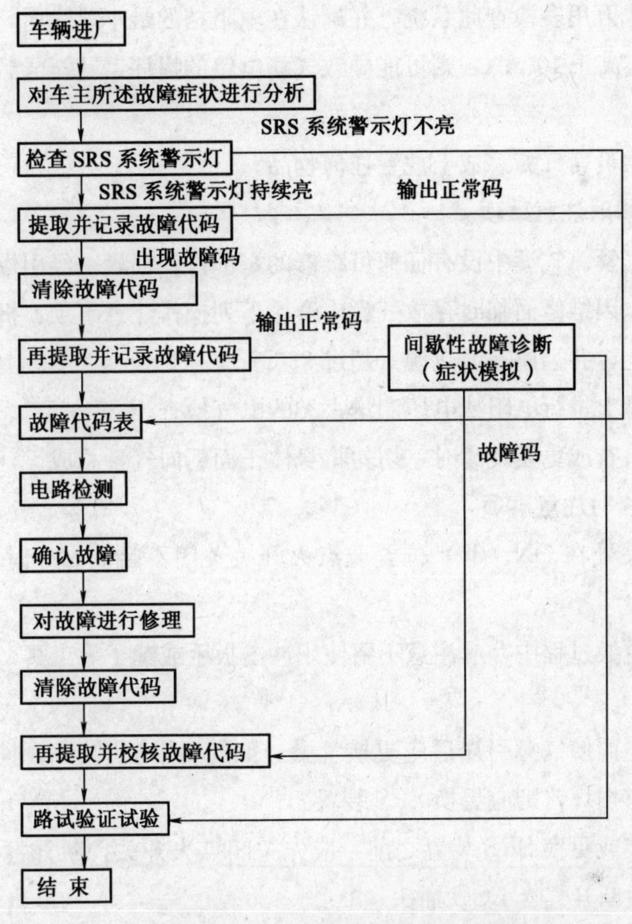

图 6—22　安全气囊故障诊断基本流程

二、安全气囊检修注意事项

1. 一般注意事项

在进行气囊系统的维修之前，仔细阅读下列操作前注意事项并遵照有关说明，否则会意外引爆气囊，从而造成人员伤害或财产损失。

（1）在进行其他工作前（除电气检查外），一定要关闭点火开关，并将蓄电池负极电缆断开至少 3 min 以上才能开始工作。

（2）不应安装从其他车辆中卸下的 SRS 零部件，维修时只能使用新的纯正部件。

（3）在安装任何 SRS 零部件前均应仔细检查，不应安装任何表面有凹陷、裂纹或变形等现象的零件。

（4）在拆卸 SRS 的任何零部件之前，一定要先将气囊插头断开。

（5）使用数字式万用表检查此系统，并确认在电阻挡的最小量程时，其输出电流不超过10 mA。若输出电流高于10 mA，则可能导致气囊电路的损坏，甚至导致气囊意外地爆炸而造成人身伤害。

（6）切勿在前乘员席气囊总成上放置任何物品。

2. 气囊组件检修时注意事项

（1）严禁分解气囊。气囊中没有任何可维修的零部件。气囊一经引爆，则不能再对其进行修理或再次使用。因维修而临时存放气囊应遵循下列操作注意事项：拆下的气囊应存放在稳定、平整的平面上，并远离高温热源（超过93℃）。

（2）严禁在气囊上进行电阻或电压测量一类的电气检查。

（3）在拆卸、检查或更换气囊时，切勿将身体正面朝向气囊总成。

3. SRS ECU 检修时注意事项

（1）当点火开关处在 ON（Ⅱ）位置或点火开关关闭不足3 min时，不要震动或撞击SRS装置。

（2）在拆卸和更换过程中，应注意不要使用冲击扳手或锤子等工具，以免气囊受震动后意外爆炸。

（3）在发生碰撞而使气囊引爆后应更换气囊。如气囊未被引爆，则检查SRS装置是否有损坏或变形。如有损坏，则应更换SRS装置。

（4）在开始安装或更换SRS装置之前，应先关闭点火开关，断开蓄电池负极电缆并等候3 min以上，然后断开气囊ECU插头。

（5）必须按规定的拧紧力矩将SRS装置可靠拧紧。其标准拧紧力矩为9.8 N·m。

（6）切勿将水或机油溅洒到SRS装置上并使其远离灰尘。

（7）SRS装置应存放在阴凉（低于40℃）、干燥（相对湿度小于80%）的地方。

4. 线束检修时注意事项

（1）SRS系统的线束均为专用黄色绝缘皮（SRS指示灯电路除外），以此区别于其他系统的线束。

（2）严禁改动或修复SRS线束。如果SRS线束有开裂或破损现象，则应更换新线束。

（3）安装线束时，注意线束不要被其他零部件挤压，也不要交叉穿越 其他零部件。

（4）为防止SRS装置产生间歇性故障，要求SRS搭铁部位要干净，搭铁应可靠。

（5）在使用电气检测装置进行有关SRS装置的电气检查时，应将检测仪探针从插头导线侧插入，切勿从插头端子侧插入或随意测量插头。否则，可能造成SRS系统故障或检查失准。

（6）使用尖形探针插入插座的导线侧时，不可用力过大。

（7）在进行故障分析时，应使用专用维修插头，否则将因金属接触不良而导致测量失准。

5. 线束连接器锁紧插头检修时注意事项

为了保证 SRS 系统可靠工作，系统的连接器设计有连接器锁定机构和防止气囊误爆机构等安全机构，这就是弹顶锁紧插头、内置短路触点的弹顶锁紧插头和背侧式弹顶锁紧插头。

（1）握紧插头的一端，向着止动端拉出弹顶锁套，然后拉动插头使其分离。

（2）握住插头带卡爪的一半，按动带锁套部分的背面，当两部分合拢后，卡爪将推动锁套向后移动。

（3）插头的两部分完全合拢后，卡爪释放，弹顶锁套将插头锁定。

（4）首次使用此类插头进行电压、电阻测量时，应将该插头的定位块拆下，以便从引线端插进检测探针。定位块拆下后无需再安装，因为端子在插孔中一直处于锁定状态。

（5）拆除定位块时，将一字旋具插在插头体与定位块之间，小心地撬出定位块，慎防折断插头。

三、安全气囊故障诊断方法

SRS 的故障是比较难以确诊的，一般有 3 种诊断方法，即保养 SRS 指示灯法、参数测量法和扫描仪法。老一点的车型多采用前两种方法，随着电子技术的飞速发展，现在几乎所有车型都采用扫描仪法，诊断中充分利用 ECU 提供的故障代码，使故障诊断的难度大为降低。

1. 从 SRS 指示灯读取（保养 SRS 指示灯法）

（1）故障显示：当发动机启动后，仪表板上的 SRS 指示灯不熄灭时，应进行 SRS 的自我诊断（具体方法详见后面内容）。

（2）用户故障分析：利用用户故障分析对照表作为参考，向用户尽可能详细地进行故障查询。

（3）SRS 指示灯的检查：检查 SRS 指示灯，如果灯一直亮，则在中央安全气囊传感器中存有一个故障代码。进行下一步动作，如果 SRS 指示灯不亮，则 SRS 指示灯有故障。当该指示灯有故障时，系统会显示代码，则进行相应代码的检查。

如果 SRS 出现断路，SRS 指示灯就不会亮，所以在修理故障前，故障码都不会显示出来。

（4）故障码的检查及记录：检查故障码，记录输出任何故障码。如果输出正常代码，则电源电路曾经有不正常现象，因此应进行电源电压诊断检查。

（5）上一步中有故障码输出只能说明与该代码有关的电路曾经发生过故障，但不表明现在是否故障仍然存在或已消失。据此，有必要清除故障码再重新进行故障码检查以找出故障的现在情况。如果忽略这一步骤，而仅用上一步证实的故障代码进行故障诊断，会使寻找故障部件更加困难且容易误诊。

（6）再一次进行故障码的检查及记录。

(7) 故障模拟：在重复进行点火开关开/关（开等20s，关等20s）5次后，检查故障码。如果有代码输出，则故障仍然存在，应查故障码表进行检查，对已出现故障码的有关电路逐步用模拟的方法进行故障控制。如果出现故障码，应查表查出相应故障；如果没有，应进行试验证实。

注意：

在清除故障码后连接蓄电池电缆时，必须在点火开关处于“OFF”位置时进行。在接好蓄电池电缆后，点火开关必须在2 s后才能转至ACC挡或“ON”的位置。如果蓄电池电缆在点火开关位于ACC挡或“ON”位置时连接，或在连接蓄电池电缆2 s内就将点火开关转至ACC挡或“ON”的位置，就会造成自诊断系统工作不正常。

在步骤（7）中通过故障码是否输出决定SRS是否有故障。

(8) 选择代码表：根据上述步骤中发现的故障代码进行电路检查。

2. 参数测量法

有些轿车的SRS配有供故障诊断的测试接口，在进行故障诊断时，只需测出各接口之间的电压，与维修手册中的正常电压相比较。若某管脚的电压与正常电压不符，则可查故障状态异常电压值相对应的可能原因，对照表即可查出故障，进而进行排除。

3. 扫描仪诊断法

扫描仪诊断法的一般程序是先由SRS指示灯法判断有了故障，然后用扫描仪取出故障码，再根据维修手册的指导进行具体的检查。开机时，SRS指示灯如果闪6 s后不熄灭，说明有故障存在，如果SRS指示灯根本不亮，说明SRS指示灯线路中有故障。

扫描仪检查程序如下：

(1) 将点火开关置于“OFF”（断开）位置。

(2) 将扫描仪电源线插到点烟器插座上。

(3) 将扫描仪接到保险盒中的诊断插口上。

(4) 接通点火开关。

(5) 用扫描仪检查故障码。

(6) 断开点火开关排除故障，之后再接通点火开关，用扫描仪消去所存的故障代码。

(7) 摘下扫描仪。

四、报废安全气囊的引爆方法

1. 引爆安全气囊注意事项

在报废任何气囊（包括整车报废中的气囊）时，必须事先将其引爆。如果气囊不能引爆，则应极其谨慎地将其处理。气囊引爆时可使用气囊引爆工具，也可不使用气囊引爆工具，它有车内引爆和车外引爆两种形式。

引爆时按照下面的步骤进行：引爆准备→引爆→处理。

2. 无专用工具引爆安全气囊

(1) 在车内引爆

无专用工具，在车内引爆安全气囊的方法如下：

第一步：关闭点火开关，断开蓄电池的负极电缆并等待 3 min 以上。

第二步：将一根 12～15 m 长的维尼纶双股导线两端的外皮剥掉约 15 mm，并在其中一端将两根导线扭结在一起。

第三步：对于驾驶席气囊，应将驾驶席气囊与螺旋导线线盘之间的 2 芯插头断开。

第四步：对于前乘员席气囊，应将前乘客席气囊与 SRS 主线束之间的 2 芯插头断开。

第五步：将维尼纶双股导线未扭结端与气囊总成的导线相连接，并在连接处裹上绝缘带。再将蓄电池放在距车辆至少 10 m 远的地方。

第六步：解开维尼纶双股导线剥掉线头扭结的那一端，并将其连接到 12 V 蓄电池上。此时气囊应该被引爆（爆炸过程中听见巨大的声响，可看见气囊迅速膨胀，并随之慢慢地泄气收缩）（图 6—23）。

第七步：如果听见或看见气囊被引爆，说明引爆成功。如果没有引爆，说明点火器有故障，此时应按下述的“损坏气囊特殊处理方法”的规定进行处理。

(2) 在车外引爆

不使用工具在车外引爆安全气囊的方法如下（图 6—24）：

第一步：关闭点火开关，断开蓄电池的负极电缆，并等待 3 min 以上。

第二步：拆下驾驶席气囊和前乘员席气囊。

第三步：用车辆线束或铁丝将两个不带车轮的轮胎可靠地绑在一起，然后将一个不带车轮的轮胎和一个带车轮的轮胎可靠地绑在一起。

第四步：用车辆线束或铁丝将气囊总成绑在另一个不带车轮的轮胎上（缠绕三圈）。

第五步：将两个不带车轮的轮胎组放置在平坦的地面上，然后再将装有气囊总成的轮胎放置其上。

第六步：断开气囊的插头，再剥去气囊导线端头的外皮。

第七步：将一根 12～15 m 长的维尼纶双股导线两端的外皮剥掉约 15 mm，并在其中一端将两根导线扭结在一起。

第八步：将维尼纶双股导线未扭结端与气囊总成的导线相连接，并在连接处裹上绝缘带。再将蓄电池放在距车辆至少 10 m 远的地方。将第二组轮胎放置于其他三个轮胎之上，并使其带车轮的轮胎置于最顶部，再将两组轮胎绑在一起。

第九步：解开维尼纶双股导线剥掉线头扭结的那一端，并将其连接到 12 V 蓄电池上。此时气囊应该被引爆（爆炸过程中听见巨大的声响，可看见气囊迅速膨胀，并随之慢慢地泄气收缩）。

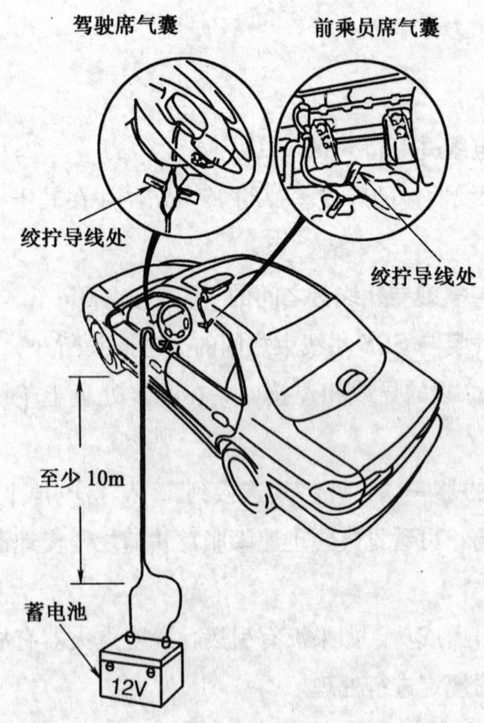

图 6—23　无专用工具在车内引爆安全气囊

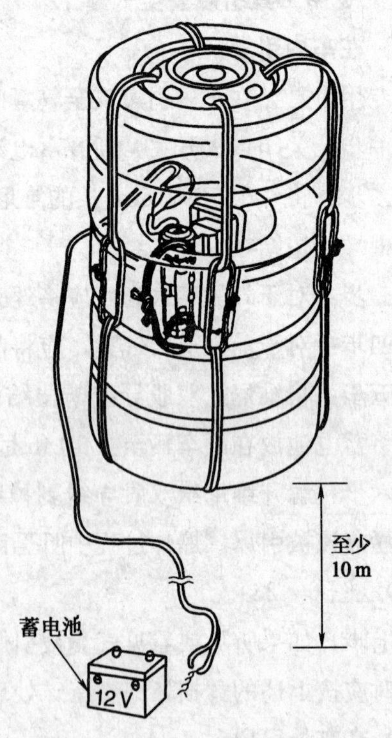

图 6—24　无专用工具在车外引爆安全气囊

3. 用专用工具引爆安全气囊

(1) 引爆工具

1）构造　引爆气囊的专用工具由引爆器和线束组成（图 6—25）。

2）检查　第一步：将黄色的鳄鱼夹连接到引爆工具的两个开关保护器手柄上，再将红色和黑色的鳄鱼夹分别连接在 12 V 蓄电池的正、负极。

第二步：按下操纵开关，若引爆工具的绿灯亮则表示该工具正常，红灯亮表示该引爆工具有故障。

第三步：检查完毕，将红色和黑色鳄鱼夹从蓄电池上拆下，并把它们连接在一起。

(2) 在车内引爆

用专用工具在车内引爆安全气囊的方法如下：

第一步：关闭点火开关，拆下蓄电池负极电缆并等待 3 min 以上。

第二步：检查并确认引爆工具功能良好。

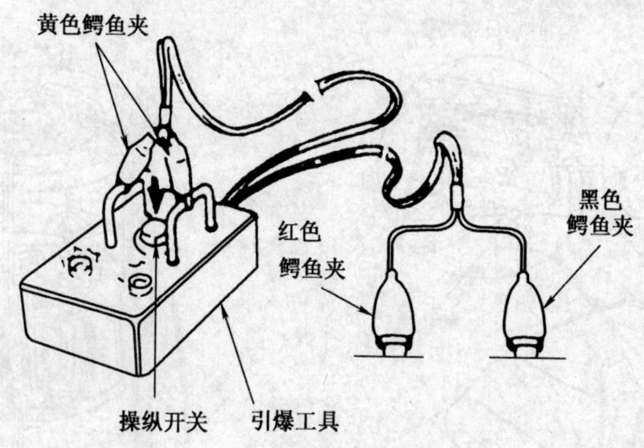

图6—25　引爆安全气囊的专用工具

第三步：对于驾驶席气囊，应将驾驶席气囊与螺旋导线线盘之间的2芯插头断开。

第四步：对于前乘员席气囊，应将前乘员席气囊与SRS主线束之间的2芯插头断开。

第五步：断开气囊的插头，剥去气囊导线端头的外皮，将引爆工具的鳄鱼夹连接到气囊上，然后将引爆工具放置在距离气囊至少10 m远的地方。

第六步：将引爆工具的红色鳄鱼夹和黑色鳄鱼夹分别接到12 V蓄电池正、负极柱上。如果工具上的绿灯亮，则说明气囊点火电路有故障而不能引爆气囊。此时应按下述“损坏气囊特殊处理方法”的规定进行处理。如果工具上的红灯亮，说明气囊可以引爆（图6—26）。

第七步：按下工具的操纵开关，气囊应该引爆（爆炸过程会听见巨大的声响，可看见气囊迅速膨胀，并随之慢慢地泄气收缩）。

第八步：如果听见或看见气囊被引爆，工具上的绿灯也亮，说明引爆成功。此时将其放入结实的塑料袋中牢固封好。

如果气囊没有引爆，同时绿灯也亮，说明气囊的点火器有故障，此时应按下述的“损坏气囊特殊处理方法”的规定进行处理。

（3）在车外引爆

用专用工具在车外引爆安全气囊的方法如下（图6—27）。

第一步：关闭点火开关，断开蓄电池的负极电缆，并等待3 min以上。

第二步：检查并确认引爆工具功能良好。

第三步：拆下驾驶席气囊和前乘员席气囊。

第四步：用车辆线束或铁丝将两个不带车轮的轮胎可靠地绑在一起，然后将一个不带车轮的轮胎和一个带车轮的轮胎可靠地绑在一起。

第五步：用车辆线束或铁丝将气囊总成绑在另一个不带车轮的轮胎上（缠绕三圈）。

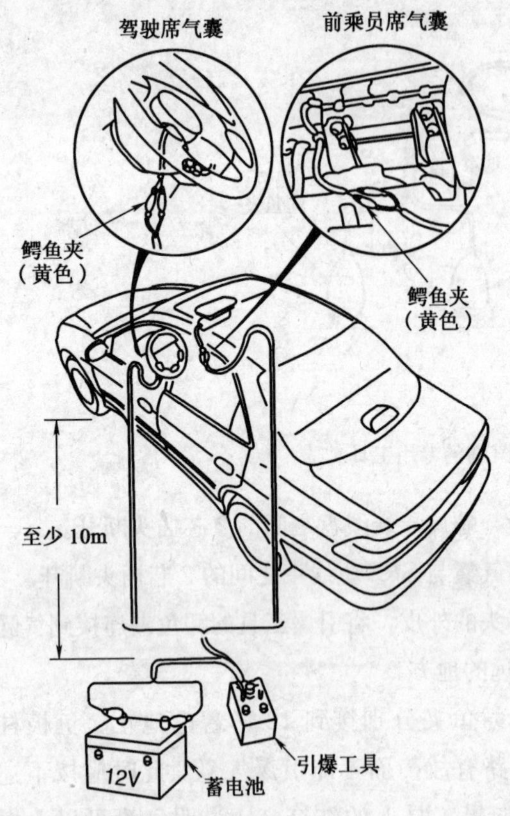

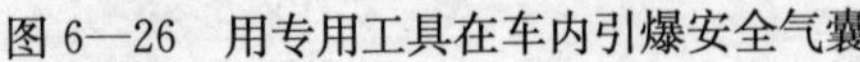

图 6—26　用专用工具在车内引爆安全气囊

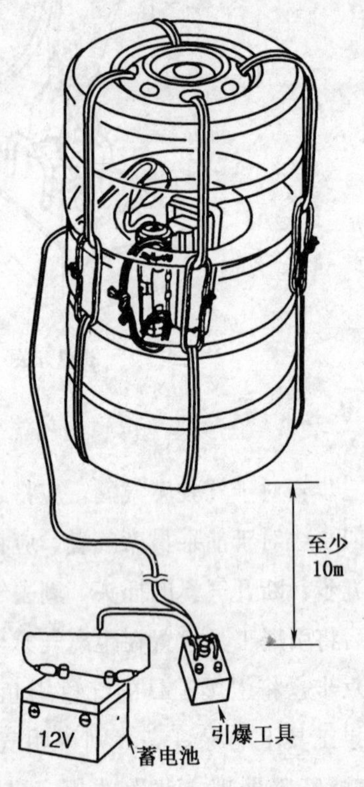

图 6—27　用专用工具在车外引爆安全气囊

第六步：将两个不带车轮的轮胎组放置在平坦的地面上，然后再将装有气囊总成的轮胎放置其上。

第七步：断开气囊的插头，再剥去气囊导线端头的外皮。

第八步：将引爆工具的鳄鱼夹与气囊导线相连接。

第九步：将第二组轮胎放置于其他三个轮胎之上，并使其带车轮的轮胎置于最顶部，再将两组轮胎绑在一起。然后将引爆工具放置在距轮胎 10 m 以外的地方。

第十步：将引爆工具的红色鳄鱼夹和黑色鳄鱼夹分别接到 12 V 蓄电池正、负极柱上。如果工具上的绿灯亮，则说明气囊点火电路有故障而不能引爆气囊。此时应按下述“损坏气囊特殊处理方法”的规定进行处理。如果工具上的红灯亮，说明气囊可以引爆。

第十一步：按下工具的操纵开关，气囊应该引爆（爆炸过程会听见巨大的声响，可看见气囊迅速膨胀，并随之慢慢地泄气收缩）。

第十二步：如果听见或看见气囊被引爆，工具上的绿灯也亮，说明引爆成功。此时将其放入结实的塑料袋中牢固封好。

4. 损坏气囊的特殊处理方法

图 6—28 将损坏的气囊包装好并注明标记

如果气囊不能被引爆，不应将它当普通废品，而应将其看成是潜在的爆炸物品。

第一步：如果气囊安装在车辆上，则将其拆下。

第二步：将气囊的两根导线剥掉线头的一端扭结在一起，使之短路。

第三步：用新气囊的包装盒将损坏气囊包装好。

第四步；在外包装盒上注明“损坏气囊，尚未引爆”，以免于其他零配件相混淆（图 6—28）。

第五步：及时与经销部或维修商联系，尽早处理掉损坏的气囊。

五、安全气囊的回收与环保

随着安全气囊产量的增加，必须考虑环境的承受能力，安全气囊的回收新技术也陆续开发出来。

（1）金属的回收：气体发生器的壳体由钢板或铝合金板冲压而成，过滤装置也用金属或复合材料制成。对气体发生器的金属的回收有两种方法：一是加热熔化，但需要事先清除化学残余物；二是综合回收，仅将这些燃烧残余物当做熔渣清除，效率较高。

（2）氢氧化钠的回收：美国 TRW 公司发明了独特的回收技术，将 NaOH 通过再结晶的方法回收。

（3）塑料件及安全气囊的回收：安全气囊系统中的所有零件几乎都为塑料件，可经粉碎、机械及化学的方法再加工而变成热塑材料的原料。而尼龙织布安全气囊取出后，经粉碎、加热、挤压成型等工序制成料粒，经与纯净的树脂及添加剂混合，用于注塑成型。

（4）安全气囊系统与环保：在人类居住环境日益被污染的今天，要求安全气囊中的气体发生物质的燃烧残余物及废旧 SRS 对环境不再增加污染，SRS 在生产过程中也应符合环保要求，因此不仅要采用无污染材料，而且还要能回收利用。

单元小结

1. 安全气囊按安全气囊的触发机构分机械式 SRS 和电子式 SRS。按 SRS 的数量可分为单 SRS、双 SRS 和多 SRS。按 SRS 的功用可分为正面 SRS、侧面 SRS 和顶部 SRS。

2. 安全气囊主要由碰撞传感器、控制单元、气囊组件（包括气囊、气体发生器、点火器)、SRS 指示灯、螺旋弹簧等部件组成。

3. 安全气囊引爆的两个条件是碰撞方位为正前方或斜前方±30°；碰撞时，减速度≥ECU 设定的减速度阈值。

4. 碰撞传感器是安全气囊系统中主要的控制信号输入装置，其作用是在汽车发生碰撞时，由碰撞传感器检测汽车碰撞的强度信号，并将信号输入 ECU，ECU 根据碰撞传感器的信号来判定是否引爆充气元件使气囊充气。有多种类型，主要有滚球式、滚轴式、偏心锤式、水银开关式、电阻应变计式、压电效应式等。

5. 安全气囊电子控制单元（SRS ECU）是 SRS 系统的控制中心，其功用是接受碰撞传感器及其他各传感器输入的信号，判断是否点火引爆气囊充气，并对 SRS 系统故障进行自诊断。主要由 SRS ECU 模块、信号处理电路、备用电源电路、保护电路和稳压电路等组成。

6. SRS 气囊组件是辅助防护系统气囊组件的简称。SRS 气囊组件按功能分为正面 SRS 气囊组件和侧面 SRS 气囊组件两大类，按安装位置分为驾驶席、副驾驶席、后排乘员席气囊组件和侧面气囊组件 4 种。副驾驶席气囊组件又称为前排乘员席气囊组件。气囊组件主要由气囊、点火器、气体发生器等组成。

7. 气体发生器又称充气器，用于在点火器引爆点火剂时，产生气体向气囊充气，使气囊膨胀开。气体发生器用专用螺栓和专用螺母固定在气囊支架上，装配时只能用专用工具进行装配。气体发生器由上盖、下盖、充气剂（片状叠氮化钠）和金属滤网组成。

8. SRS 线束连接器内设有各种保险机构，主要有防止气囊误爆机构、电路连接诊断机构、连接器双重锁定机构、端子双重锁定机构。

9. 安全带收紧器由气体发生器、带轮、离合器、导管、自动安全带卷筒、活塞、缆绳等组成。座椅安全带收紧器的工作原理与 SRS 气体发生器的工作原理相似。当安全带收紧器点火器电路接通电源时，点火器引爆点火剂，充气剂受热分解，活塞在膨胀气体的作用下迅速移动，并推动收紧器的弹簧装置将安全带迅速收紧，驾驶员和乘员向前移动距离缩短，从而防止其面部、胸部与转向盘、挡风玻璃或仪表板发生碰撞。

10. 在进行气囊系统的维修之前，应仔细阅读操作前注意事项并遵照有关说明，否则会意外引爆气囊，从而造成人员伤害或财产损失。

11. 安全气囊故障诊断一般有 3 种方法，即保养 SRS 指示灯法、参数测量法和扫描仪法。

12. 在报废任何气囊（包括整车报废中的气囊）时，必须事先将其引爆。气囊引爆时可使用气囊引爆工具，也可不使用气囊引爆工具，它有车内引爆和车外引爆两种形式。

单元 7 自动空调的原理与检修

培训目标

本单元主要讲述自动空调的原理与检修，通过本单元的学习，读者应：

◎掌握自动空调的组成与工作原理；

◎掌握自动空调的温度控制和风量控制方法；

◎能正确检修自动空调的传感器和执行器；

◎能诊断和排除自动空调的常见故障。

§7—1 自动空调的构造与工作原理

一、自动空调的类型

自动空调系统用一般空调系统的基础部件。主要差别在于自动空调系统能保持预先设置的舒适程度，如同驾驶员选择的那样，而一般空调系统则没有。它利用传感器确定当前的温度，然后系统按需要调节暖风和冷风，用执行机构开、闭气流混合门以达到适宜的车内温度。有些系统还控制鼓风机的转速，使温度更符合驾驶员的要求。

自动空调系统分两类：半自动空调系统和全自动空调系统。两者的主要差别在于是否有自诊断功能，半自动空调系统没有提供故障码存储器，全自动空调系统具有监控系统，监控系统的随机存取器存储诊断码；其次，二者所用的执行机构形式和传感器数量不同。

虽然两类系统的工作方式有不同，但它们都设计成按预先设置的舒适程度控制车内的温度与湿度，使车内保持的温度和湿度与车外的气候条件无关。车内的湿度保持在 45%～55%。

1. 半自动空调

半自动空调系统与手动空调系统的差别不大，其主要区别是半自动空调系统采用程序装置、伺服电机和（或）控制模块等带动执行机构。半自动空调系统通过程序装置检测空气温度，调节气流混合门位置来达到驾驶员选择的舒适程度。驾驶员通过操作控制器总成上的键，来选择空调系统的工作模式和鼓风机转速。

2. 全自动空调系统

全自动与半自动空调系统的主要区别是全自动空调系统有自我诊断功能，即空调 ECU 会设置维修人员能访问的故障码。此外，全自动空调系统能不断地提供变化的鼓风机转速信号并调整车内温度。

除了用半自动空调系统中所用的传感器之外，全自动空调系统还利用发动机冷却液温度、车速和节气门位置等传感器信号，具有鼓风机滞后控制功能。鼓风机滞后控制功能的作用是：如果进入驾驶室的气流温度未达到规定值，它使鼓风机不能开动。只有当温度达到时，才发信号给空调 ECU 开动鼓风机。

全自动空调系统分两类，由车身 ECU 控制的系统和单独计算机控制的系统。

总之，手动空调与自动空调的根本区别在于自动空调具有恒温的功能（车内温度不会变化）而手动空调没有。环境温度、阳光强度、乘员人数的变化，空调 ECU 都能识别出来，并通过调节鼓风机的转速、混合门的位置甚至进气门的位置，使车内温度维持在设定温度不变。

半自动空调与全自动空调的区别在于：全自动空调具有自我诊断功能，全自动空调控制精度更高，控制范围更广，更加智能化。

二、自动空调的构造

自动空调主要由冷气、热风、送风、操作和控制等部分组成。控制系统的组成可用图 7—1 来表示，它主要由三个部分构成，即各种输入信号电路、ECU 构成的电子控制系统、各种执行机构（图 7—2）。工作时，ECU 接收有关控制的输入信号并进行运算，然后发出驱动各执行机构的输出信号。

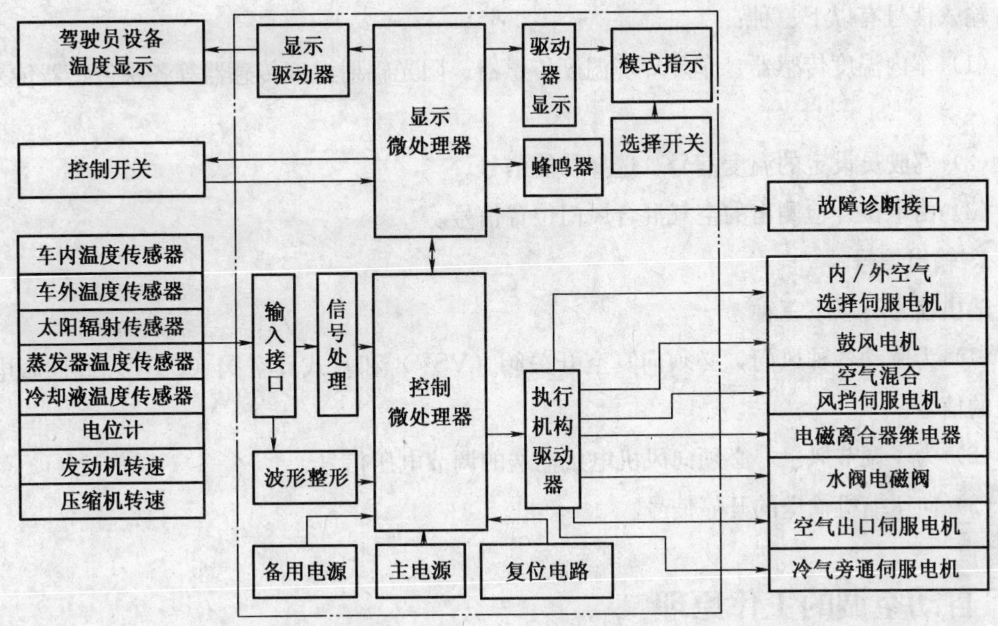

图 7—1　自动空调控制系统组成框图

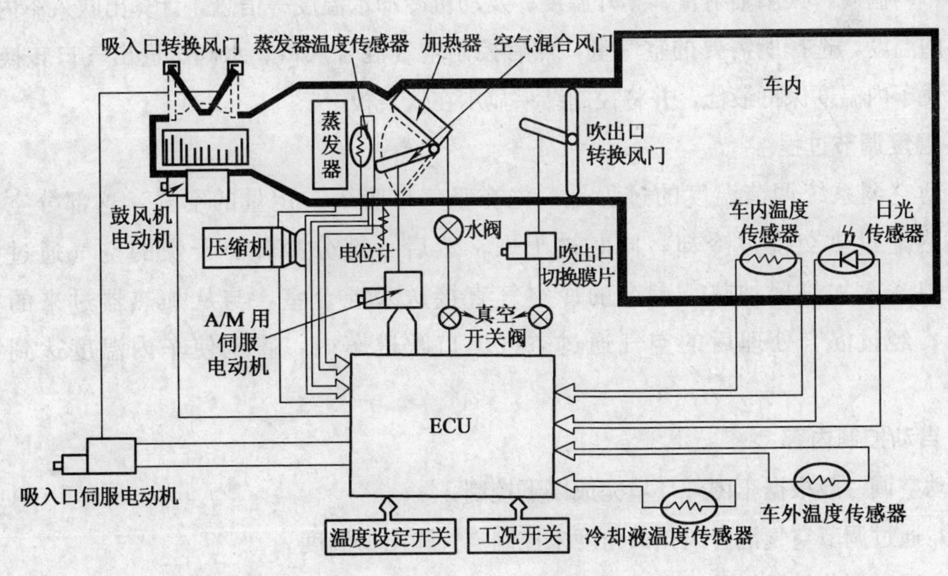

图 7—2　自动空调的组成

1. 输入信号

输入信号有以下三种：

(1) 车内温度传感器、车外环境温度传感器、阳光辐射温度传感器等各种传感器传来的信号。

(2) 驾驶员设定的温度信号、选择功能信号。

(3) 由电位计检测出的空气混合风门位置信号。

2. 输出信号

输出信号有以下三种：

(1) 为驱动各种风门，必须向真空开关阀（VSV）和复式真空阀（DVV）或伺服电机输送的信号。

(2) 为了调节风量，必须向风机电机输送的调节电压信号。

(3) 向压缩机输送的开停信号。

三、自动空调的工作原理

自动空调控制原理结构框图如图 7—3 所示。

1. 控制过程

在自动空调系统中，驾驶员或乘员用温度设置开关设定所需的车内温度，ECU 通过检测实际车内温度、太阳辐射量、车外温度、发动机冷却水温度等信息，计算出吹入车内空气所需要的温度，选择所需要的空气量，然后控制空气混合入口、水阀、进出气口转换挡板等，以使车内温度保持最佳，并将控制结果显示在仪表板上。

2. 温度调节过程

自动空调系统调节温度的过程是，先在吸气口吸入一定量的空气，这部分空气在蒸发器内通过热交换被冷却，同时被干燥，然后一部分冷却、干燥的空气通过空气混合入口送入加热器加热，剩余的冷空气直接送入混合室，与从加热器过来的空气相混合。经过混合处理后的空气通过空气出口吹进车内，直至使车内温度达到设定值。

3. 自动控制内容

自动空调一般根据车内外环境完成以下控制：

(1) 通过调节空气混合风挡的角度来控制空气输出口温度。

(2) 通过调节鼓风机的速度控制空气流动。

(3) 通过选择冷或热气口、内部或外部气口控制空气进出。

(4) 通过控制电磁离合器的开关，实现对压缩机的控制。

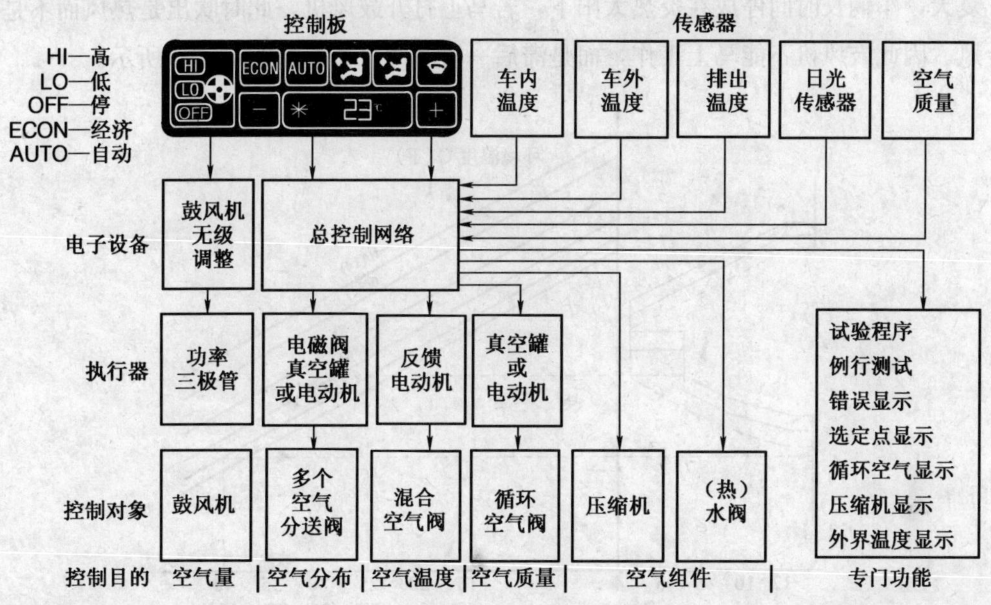

图 7—3　自动空调控制原理结构简图

§7—2　自动空调的控制

一、鼓风机转速控制

1. 自动控制

空调 ECU 根据室内温度、环境温度、设定温度等，控制鼓风机转速。一般来说，室内温度与设定温度之差越大，鼓风机转速就越高。如图 7—4 所示，若室内温度为 40℃，鼓风机工作电压为 12 V（高速）；若室内温度为 25℃，鼓风机的工作电压为 7 V（低速）。

2. 极速控制

有些车型，在设定温度处于最低（18℃）或最高（32℃）时，鼓风机转速会固定处于高速转动。

3. 鼓风机起动控制

鼓风机在起动时，工作电流会比稳定工作时大很多。为了防止烧坏鼓风机控制模块，不论鼓风机目标转速多少，在鼓风机起动时都为低速运转，然后才逐步升高，直到达到理想的转速，整个过程大约花 5 s 时间，如图 7—5a 所示。

4. 时滞控制

夏天，车辆长时间停放在炎热太阳下，若马上打开鼓风机，此时吹出是热风而不是想要的冷风。因此鼓风机不能马上工作，而是滞后一段时间工作，如图 7—5b 所示。

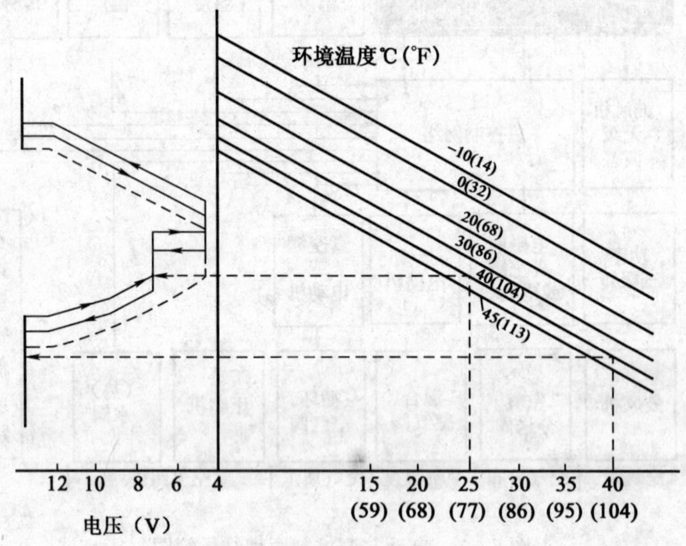

图 7—4 鼓风机的转速自动控制

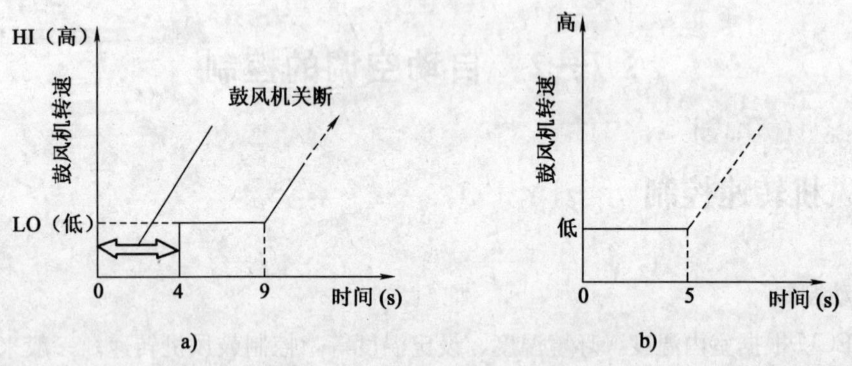

图 7—5 鼓风机时滞气流控制

a）蒸发器温度低于 30℃时 b）蒸发器温度不低于 30℃时

5. 车速补偿

在车速提高时鼓风机的转速可适当降低，以补偿散热的影响，使之与低速时具有一样的感觉，如图 7—6 所示。

6. 预热控制

冬天，车辆长时间停放后，若马上打开鼓风机，此时吹出是冷空气而不是想要的暖风。因此，鼓风机要在水温升高时，才能逐步转向正常工作，如图 7—7 所示。

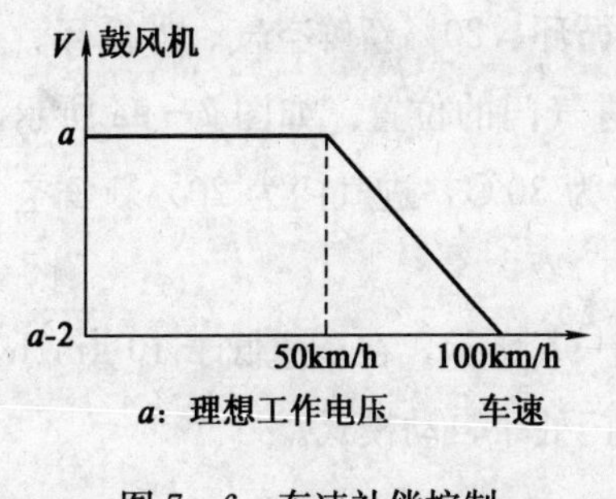

图 7—6　车速补偿控制

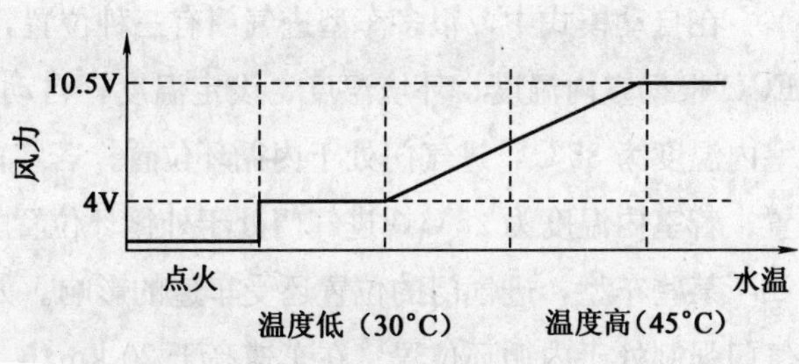

图 7—7　鼓风机预热控制

二、温度控制

空调 ECU 根据室内温度、环境温度、设定温度，自动调节混合门的位置。一般来说，室内温度越高、环境温度越高、阳光越强，混合门就越处于"冷"的位置。如图 7—8 所示，若室内温度为 35℃，混合门处于最冷位置；若温度为 25℃，混合门为 50％的位置。

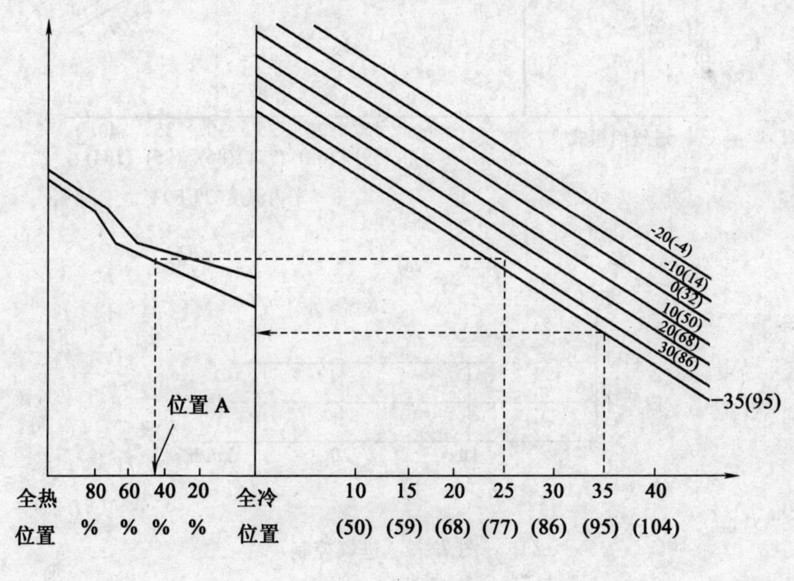

图 7—8　温度控制

三、进气控制

1. 手动模式

在手动模式中，进气门只有两种位置：内循环、外循环。

2. 自动模式

在自动模式中，很多车型进气门有三种位置，即内循环、20％新鲜空气、外循环。空调ECU根据室内温度、环境温度、设定温度，自动调节进气门的位置。如图 7—9a 所示，若室内温度为 35℃，进气门处于内循环位置；若室内温度为 30℃，进气门为 20％新鲜空气位置；若室内温度为 25℃，进气门处于外循环位置。

某些车型，进气门的位置还受车速的影响。如图 7—9b 所示，在车速低于 10 km/h，进气门强制处于内循环位置；在车速高于 20 km/h，进气门处于自动模式。

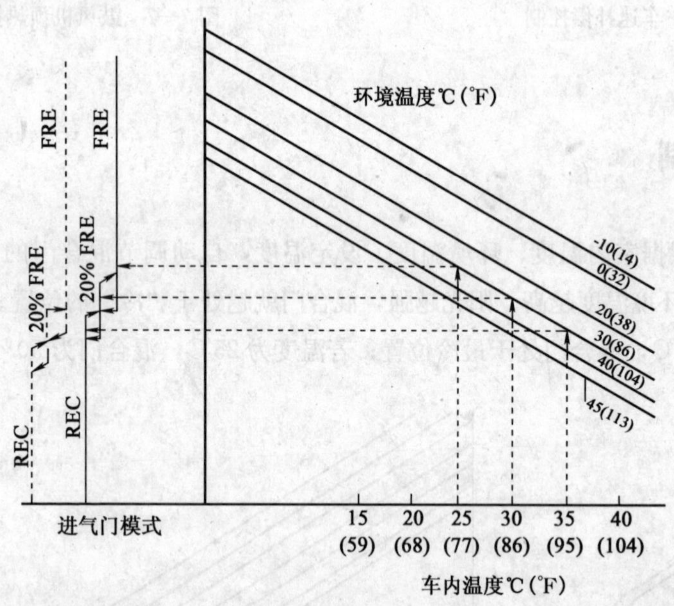

a)

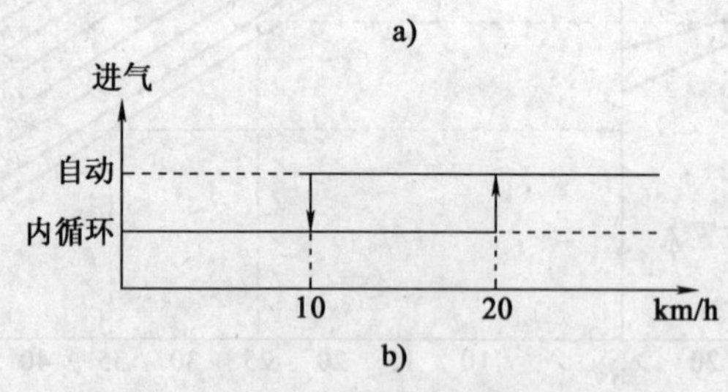

b)

图 7—9　进气控制

a）自动模式　b）车速修正

四、模式门控制

1. 手动控制

在手动模式中，模式门有五种位置：吹脸、双层、吹脚、吹脚/除雾、除雾。

2. 自动控制

在自动模式中，模式门一般只有三种位置，吹脸、吹脚、双层。空调 ECU 根据室内温度、环境温度、设定温度，自动调节模式的位置。如图 7—10 所示，若车内温度为 30℃，模式门处于吹脸位置；若车内温度为 20℃，模式门处于双层位置；若车内温度为 15℃，模式门处于吹脚位置。

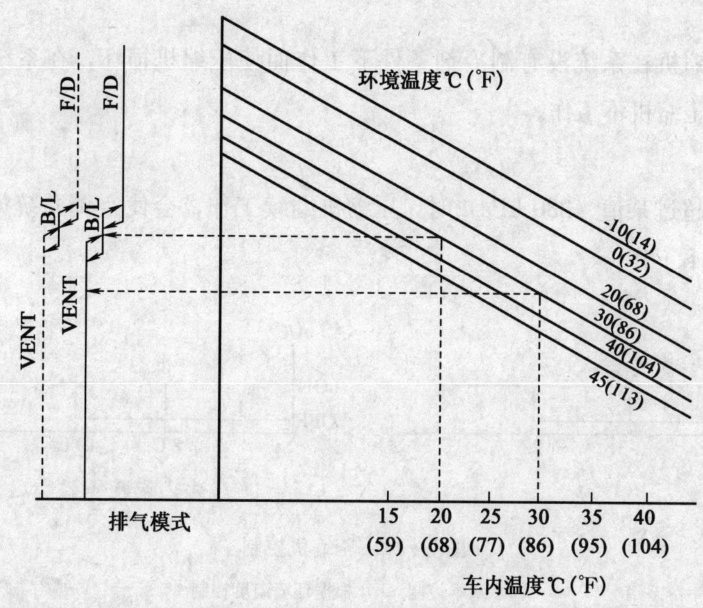

图 7—10　模式门控制

五、压缩机控制

1. 基本控制

空调 ECU 根据室内温度、环境温度、设定温度，自动决定压缩机是否工作，如图 7—11a 所示。

2. 低温保护

一般车型，在环境温度低于某值（3℃或 8℃）时，压缩机不工作，如图 7—11b 所示。

3. 高速控制

在发动机转速超过某转速时，压缩机不会工作，来保护压缩机。

4. 加速切断

在发动机处于急加速工况，为了提供足够的动力，压缩机会暂时停止工作。

5. 高温控制

在发动机水温超过某值（109℃）时，压缩机不工作，以防止发动机水温进一步上升。

6. 打滑保护

有些车型，发动机外围只有一根皮带，若压缩机卡死，会使该皮带负荷过大而断裂，使水泵、发电机等都不能工作。因此，在皮带打滑时，压缩机不工作。

7. 低速控制

在发动机转速低于某转速（600 r/min）时，为了防止发动机失速，压缩机不工作。

8. 低压保护

为了防止压缩机在系统没有制冷剂条件下工作而使压缩机损坏，在系统压力低于某值（500 kPa）时，压缩机不工作。

9. 高压保护

在系统压力超过某值（280 kPa）时，压缩机继续工作，会使空调系统瘫痪，因而在系统高压下压缩机不工作。

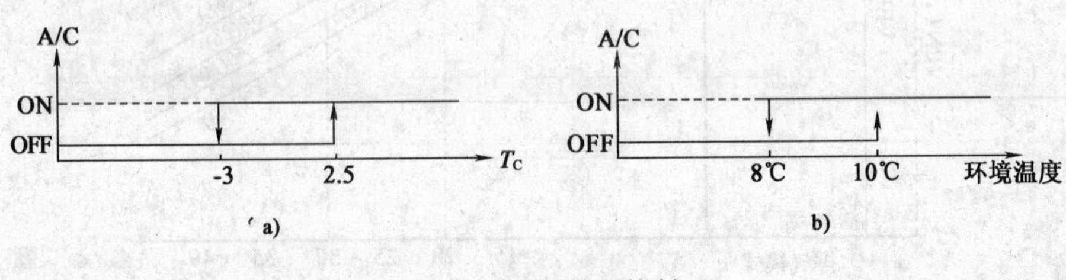

图 7—11 压缩机控制

a）基本控制 b）根据环境温度控制

§7—3 自动空调的主要元件检修

一、传感器检修

1. 自动空调的主要传感器

自动空调系统中，常用传感器主要有：车内温度传感器，车外温度传感器，阳光辐射传感器，蒸发器温度传感器，压缩机转速传感器，冷却液温度传感器，制冷剂压力传感器，调温门位置传感器，发动机转速传感器，空气质量传感器和烟雾传感器。

2. 车内温度传感器的检修

车内温度传感器一般安装在仪表板下端，它可吸入车内空气，利用负温度系数热敏电阻检测出车内的温度，并把温度值转换为电阻值信号输入电控单元。车内温度传感器的结构和布置如图 7—12 所示。

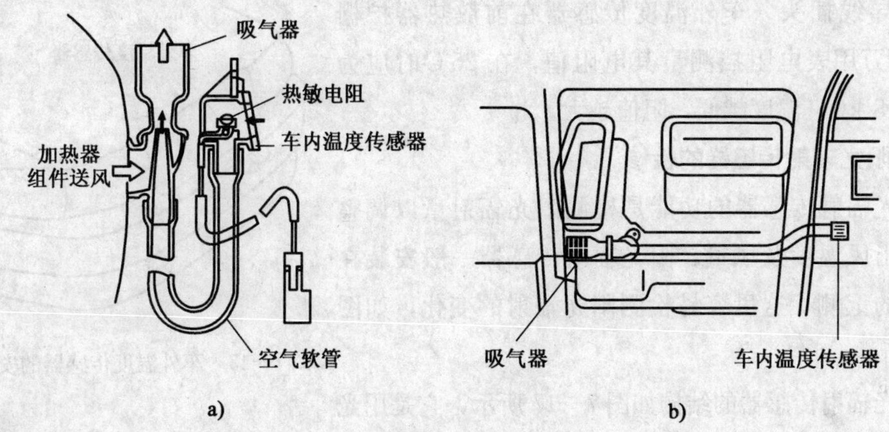

图 7—12　车内温度传感器的结构及布置

a）结构　b）布置

(1) 检测电阻值（图 7—13）

用万用表测量车内温度传感器电阻值随温度变化情况。当温度为 25℃时，阻值为 2.0～2.7 kΩ；当温度为 50℃时，阻值为 1.6～1.8 kΩ。

(2) 检测线束导通性（图 7—14）

用万用表检查车内温度传感器至电子控制单元之间的配线和连接器是否断开、短路、松脱、锈蚀等，重新紧固或更换已经坏了的配线和连接器。

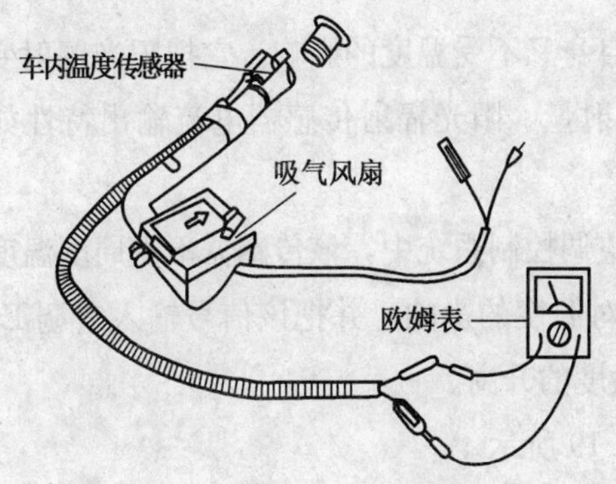

图 7—13　检测车内温度传感器电阻值

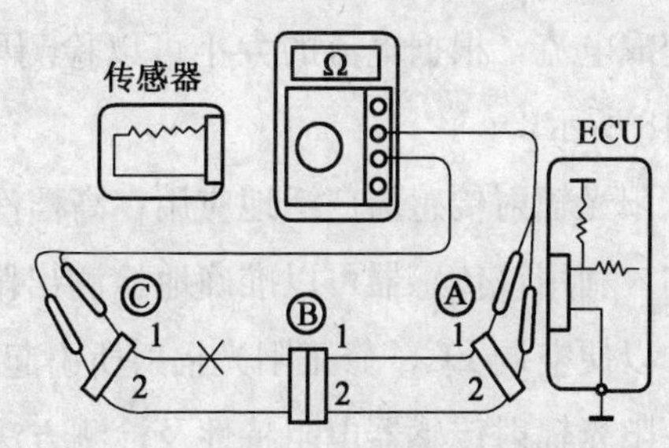

图 7—14　检测车内温度传感器线束导通性

3. 车外温度传感器的检修

车外温度传感器（大气温度传感器）的检测元件采用负温度系数热敏电阻，可用电阻值的变化反映温度变化。随着温度上升，其电阻值减小；反之，温度下降，其电阻值增大。

车外温度传感器常安装在前保险杠附近，如图 7—15 所示。

车外温度传感器的检测与水温传感器或进气温度传感器的检测方式相同，脱开车外温度传感器导线插头（车外温度传感器在前散热器护栅内），用万用表电阻挡测量其电阻值，在 25℃时应为 1.6～1.8 kΩ，温度越低，阻值越大。

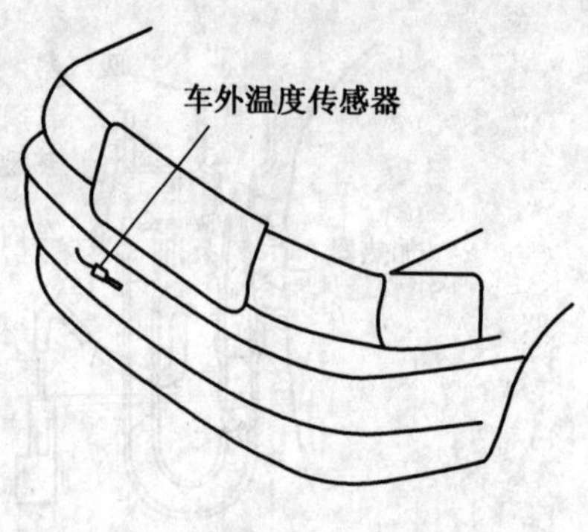

图 7—15　车外温度传感器的安装位置

4. 阳光辐射传感器的检修

阳光辐射传感器的功能是检测阳光辐射量以调整空调的出风温度及风量。阳光辐射传感器一般安装在仪表板的上侧，这里容易检测阳光辐射的变化，如图 7—16 所示。

阳光辐射传感器的结构如图 7—17 所示，它是用光敏二极管检测阳光辐射变化情况的。

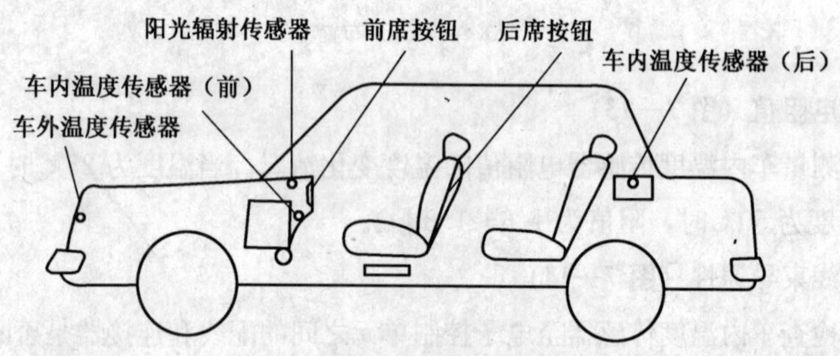

图 7—16　阳光辐射传感器的安装位置

光敏二极管对阳光辐射变化反应敏感，而其自身又不受温度的影响。它把阳光辐射变化转变成电流，根据电流的大小可以检测阳光的辐射量。阳光辐射传感器电流输出特性如图 7—18 所示。

阳光辐射传感器广泛地应用在高档汽车自动空调控制系统中，该传感器不受周围温度的影响，利用该传感器可以准确地检测出阳光辐射对温度的影响，并把该信号输入空调 ECU 中，以便空调 ECU 修正阳光辐射所引起的车内温度的升高。

阳光辐射传感器电阻特性及检测方法如图 7—19 所示。

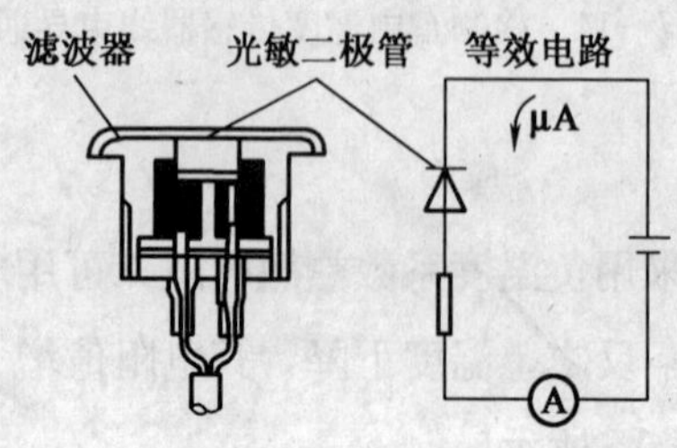

图 7—17　阳光辐射传感器的结构

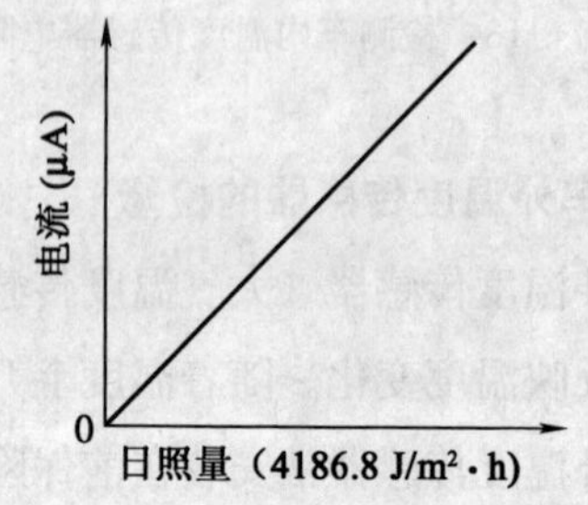

图 7—18　阳光辐射传感器的特性

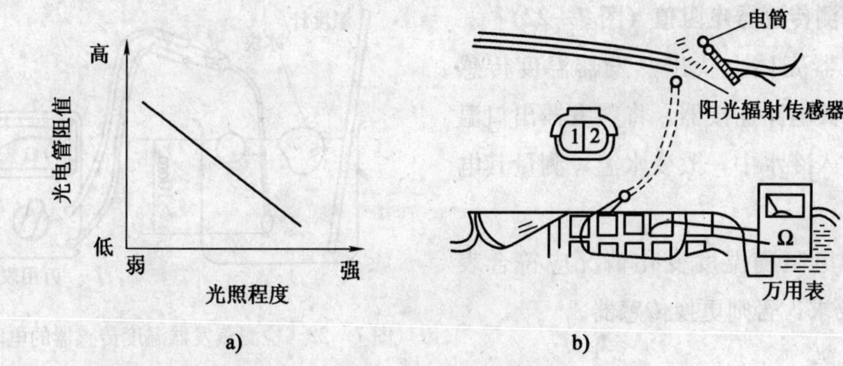

图 7—19　阳光辐射传感器的电阻特性及检测方法

a）电阻特性　b）检测方法

在检测时，可利用阳光辐射传感器在阳光辐射变化时，光敏二极管的电阻值发生变化这一特性进行检测。检测步骤如下：

• 拆下仪表板上的杂物箱，拔下阳光辐射传感器导线连接器，用布遮住传感器，测量阳光辐射传感器连接器端子 1 与 2 之间的电阻值，正常情况下电阻值为∞，应不导通。

• 掀开阳光辐射传感器上的布，并用灯光照射阳光辐射传感器，继续测量连接器端子 1 与 2 间的电阻值，正常情况应为 4 kΩ。当灯光逐渐从传感器上移开时，光照由强变弱，阳光辐射传感器的电阻值应当增加。

5. 蒸发器温度传感器的检修

蒸发器温度传感器安装在空调的蒸发器壳体（图 7—20）或蒸发器片上，用来检测蒸发器表面温度的变化，并依此来控制压缩机的工作状况。蒸发器温度传感器使用负温度系数热敏电阻检测蒸发器出口温度，当蒸发器周围温度发生变化时，传感器电阻的阻值随之改变。蒸发器温度传感器的温度特性曲线如图 7—21 所示，当温度升高时，传感器的阻值减小；反之，当温度降低时，传感器的阻值增加，利用传感器的这一特性来检测温度。传感器的工作环境温度为－20～＋60℃。

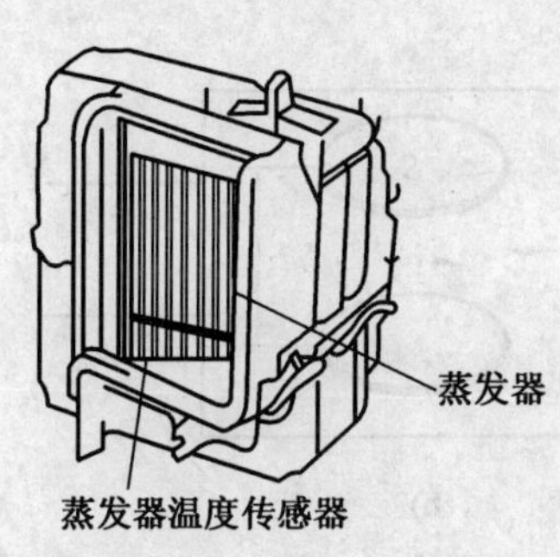

图 7—20　蒸发器温度传感器的安装位置

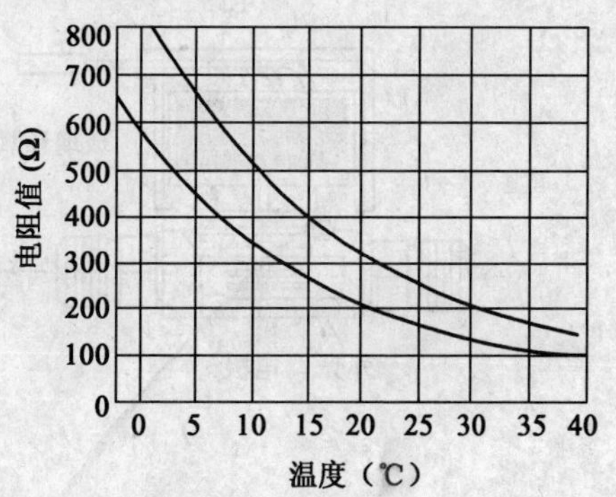

图 7—21　蒸发器温度传感器的特性曲线

(1) 检测传感器电阻值(图 7—22)

从蒸发器壳体上找出蒸发器温度传感器,并拆下其电路连接器。将蒸发器出口温度传感器放入冷水中,改变水温,测量其电阻值。

传感器电阻随温度变化情况应符合表 7—1 规定要求,否则更换传感器。

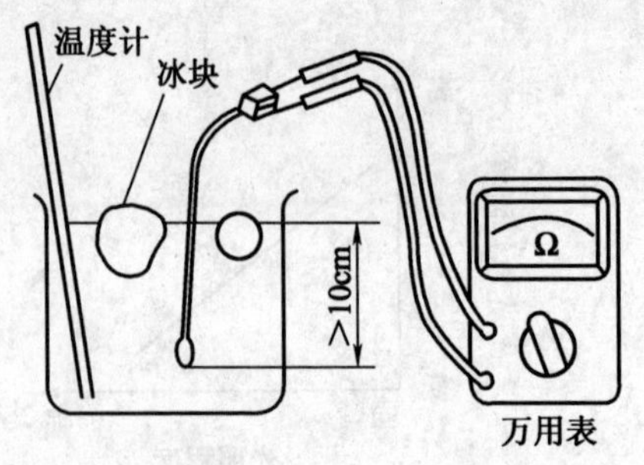

图 7—22 检测蒸发器温度传感器的电阻值

表 7—1 不同温度下蒸发器温度传感器电阻值

温度(℃)	电阻(kΩ)
0	5
10	2.8
20	1.6
30	0.8
40	0.7

(2) 检测传感器的线束

检查传感器到电子控制单元之间的配线和连接器是否断开、短路、松脱、锈蚀等,重新接紧或更换已经坏了的配线和连接器。

6. 制冷剂流量传感器的检测

冷媒流量传感器可用于微机控制的汽车空调上检测冷媒流量。冷媒流量传感器的结构如图 7—23a 所示。传感器的内部有多个电极,通过传感器的冷媒流量发生变化时,电极间的电容量也发生变化。静电式冷媒流量传感器的原理图如图 7—23b 所示,两个平行电极之间的静电容 C 由介电常数 ε、电极面积 S 和电极之间的距离 r 决定,即 $C=\frac{\varepsilon S}{r}$。

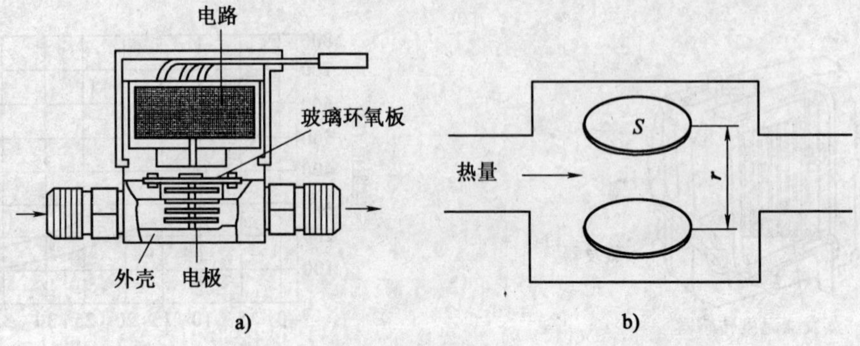

图 7—23 冷媒(制冷剂)流量传感器的构造和原理
a)结构 b)原理图

当通过传感器的物质的状态发生变化时，或者混入少量的气体时，介电常数 ε 变化，其静电容 C 也发生变化，再经振荡电路把变化着的静电容量转换成频率，输入到空调 ECU 中，ECU 就能测得冷媒的数量。

静电式流量传感器是利用其静电容的变化检测冷媒量的变化。如图 7—24 的冷媒循环图中所示，静电式冷媒流量传感器应接在储液罐和膨胀阀之间。通过传感器的电极检测出冷媒量的变化，把这种变化转换成频率之后，再输入空调 ECU 中，ECU 再把这种传感器输入的脉冲信号变换成电压，并判断冷媒数量是否正常。当出现异常时，则利用监控显示系统向驾驶人员报警。

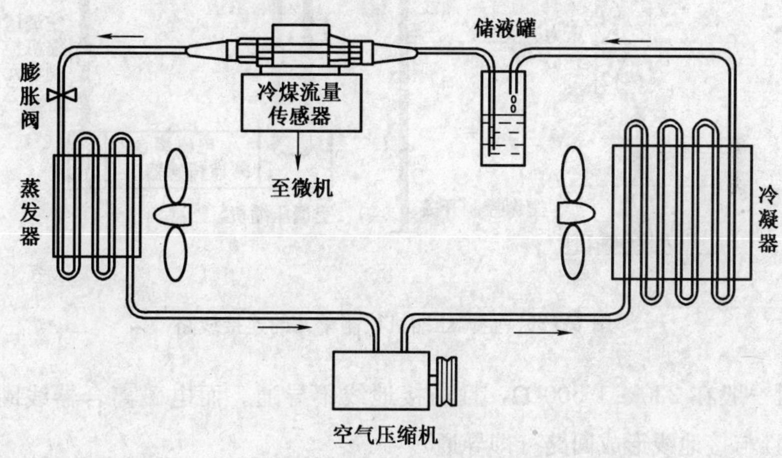

图 7—24　冷媒（制冷剂）循环过程图

拔开冷媒流量传感器导线连接器橡胶套，在发动机运转期间打开空调系统，用万用表电压挡测量信号输出端子间的电压变化频率，然后将静电式空气流量计冷媒进口处连接件松开（或将进口管处用夹子夹住），以改变流过流量传感器的冷媒数量，此时观察电压表指示电压变化频率有无变化，无变化则须更换冷媒流量传感器。

7. 空调压缩机转速传感器的检测

空调压缩机转速传感器安装在空调压缩机内，与电磁离合器合为一体（图 7—25）。

空调压缩机转速传感器为磁脉冲式，用来测量压缩机主轴运转速度。主轴转一转（360°）产生 4 个脉冲信号送至空调压缩机控制单元，空调压缩机控制单元以此信号与发动机转速信号相比较作为滑差率，以监视空调压缩机运转是否正常。若由于某种原因，如传动带打滑，滑差率超过规定范围，空调压缩机控制单元将断开电磁离合器电源，以保护空调系统不受损伤。

空调压缩机电磁离合器的作用是：空调开启时将压缩机主轴与传动带轮锁定，活塞开始压缩制冷剂呈高压、高温的气态，以备制冷所需。

空调压缩机转速传感器的检测方法与磁感应式转速传感器的检测方法相同。传感器两端

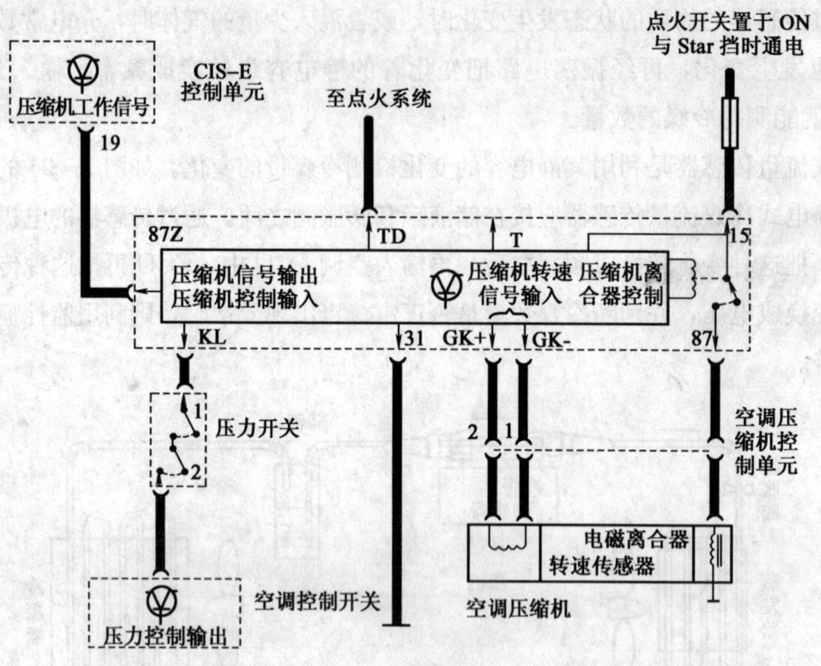

图 7—25　空调压缩机控制单元的连接线路

子之间的电阻一般在 220～1 500 Ω，且与接地线不导通。而电磁离合器线圈电阻一般为 1.5～10 Ω，且与接地线形成回路（即导通）。

8. 空气质量传感器的检测

(1) 空气质量传感器的功能

空气质量传感器也称多功能传感器。其主要功能是测量空气中的水分（空气湿度）、环境温度、外界空气污染程度（通过测量空气中的 CO、CO_2、NO_X 含量），空调 ECU 采用以上测量结果，去控制压缩机的工作负荷与进气门的位置。空气质量传感器的安装位置如图 7—26 所示。

1）控制进气门位置（车内空气质量控制）人在车内会不断消耗氧气，产生 CO_2，为了防止人体缺氧，产生疲劳、头痛和恶心，车内每位乘客所需新鲜空气应为 20～30 m^3/h，CO_2 浓度应保持在 0.1%以下。所以车辆在行驶过程中进气门应处于外循环位置（如果车辆行驶在多尘环境中，进气门处于外循环，就会使车内空气更加不新鲜，所以此时应暂时处于内循环位置）。

控制条件：

• 环境温度大于 7℃。

• 空调面板的指示灯点亮。

控制结果：

• 若空气质量传感器测量出的外界空气质量比车内平均空气质量（估算）差，空调 ECU 就依此控制进气门处于 100％内循环位置。

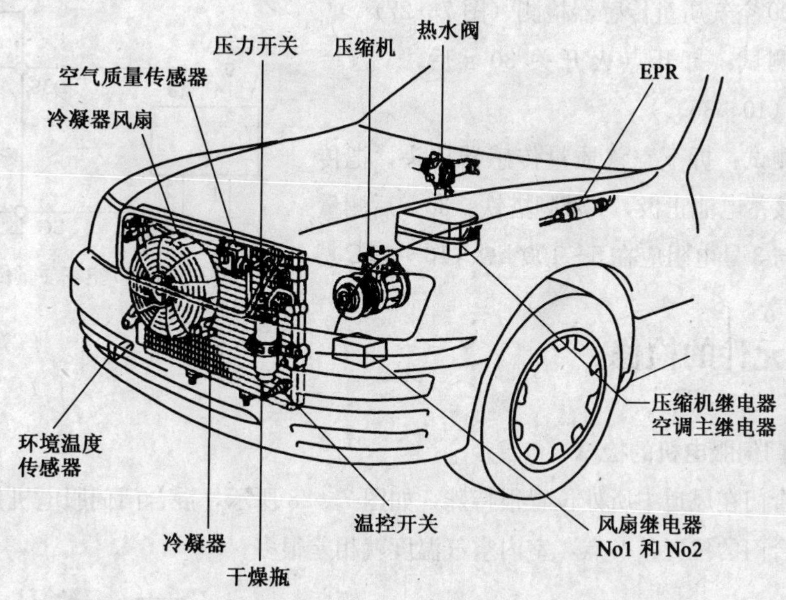

图 7—26　空气质量传感器的安装位置

• 若空气质量传感器测量出的外界空气质量比车内平均空气质量（估算）好，空调 ECU 就依此控制进气门处于外循环位置。

注意：

◆如果空调面板上的内循环控制按钮被按下，进气门会强制处于 100％内循环位置。

◆如果环境温度太高，进气门就不论空气质量好坏，都处于 100％内循环位置。

2）控制压缩机功能（车内空气湿度控制）车内空气相对湿度一般维持在 30％～70％为宜。若低于 30％，人会因为空气干燥而导致皮肤痒等不良反应；若高于 70％，人会因为空气潮湿而导致闷热等不良反应。

①环境空气湿度高。如果环境空气湿度高，空调压缩机处于满负载状态，也就是使蒸发器表面温度处于最冷（大约 2℃）。由于空气流过蒸发器而被干燥（除湿）程度最好，若出风口温度过低，可使干燥后的空气通过热水芯加热来调节。

②环境空气湿度低。若要求的出风口空气温度不是很低，当环境空气湿度低时，空气压缩机处于较低负载状态，也就是使蒸发器表面温度处于大约 14℃。

（2）自动空调空气质量传感器检测

1）奔驰空气质量传感器检测 该传感器只能使用专用仪器检测，通过专用仪器读取空气质量传感器数值，在正常情况下 CO_2 值为 12，NO_X 值为 12。

若用点燃的香烟靠近传感器，CO_2、NO_X 的数值都会提高。

2）LS400 空气质量传感器检测（图 7—27）

①电压测试：打开点火开关 30 s 后，V_{D3S} = 0.1～4.5 V（10～35℃）。

②电阻测试：拆下空气质量传感器接头，把传感器 4 号脚接蓄电池正极，1 号脚搭铁。30 s 后测量传感器 2 号与 3 号电阻应在 5～100 kΩ（10～35℃）。

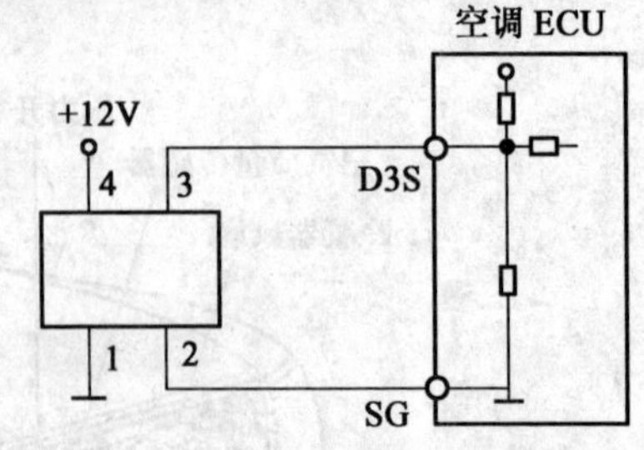

图 7—27　LS400 空气质量传感器线路图

二、执行元件的检修

1. 混合门伺服电机的检修

由于混合门在风道中所处位置很特殊，如图 7—28 所示，混合门伺服电机是系统最关键的部件，混合门的位置差一点，室内空气温度就相差很多。

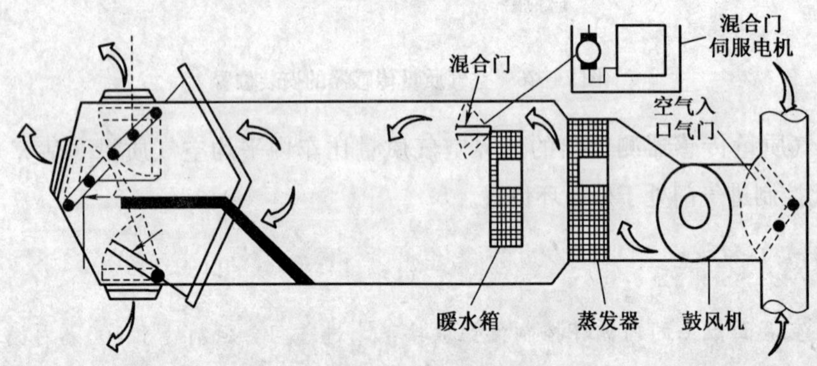

图 7—28　混合门及混合门伺服器

（1）混合门的分类

混合门按控制方式不同可分 5 种：直流电机＋位置传感器型、步进电机型、混合门伺服电机内含微芯片通过 Bus 与空调 ECU 通信型、混合门内含微芯片但不是通过 Bus 与空调 ECU 通信型、真空伺服电机型等。

1）型号一：直流电机＋位置传感器型　本型号在早期车辆大量应用，主要应用福特、丰田、本田、三菱、早期日产等车型，其中位置传感器位于伺服电机内部。

2）型号二：步进电机型　宝马、凌志等车型采用步进电机来驱动混合门，由于步进电机具有自定位的功能，这种型号就没有混合门位置传感器。

3）型号三：混合门伺服电机内含微芯片通过 Bus 与空调 ECU 通信型　这种型号现在新款车型普遍采用，如风度、新款奔驰等。

4）型号四：混合门内含微芯片但不是通过 Bus 与空调 ECU 通信型　这种型号主要应用在通用车系上。

5）型号五：真空伺服电机型　这种型号应用在奔驰车上，结构比较简单。

(2)“直流电机＋位置传感器”型混合门伺服电机的检测

ECU 控制电机动作，电机带动混合门移动，同时也带动位置传感器的移动触点，ECU 通过该信号的变化来给混合门定位。

1）位置传感器的检测　改变设定温度，从最低（16℃）调节到最高（32℃），位置传感器的信号电压应能均匀下降。当混合门伺服电机从冷气侧移到暖气侧，滑动电阻应毫无间断地逐渐变小，见表 7—2。

表 7—2　　位置传感器的检测数值

设定温度	电压（V）	电阻（kΩ）
最低	4	3.76～5.76
最高	1	0.94～1.44

2）混合门直流电机的检测　对混合门的驱动电机直接通电，混合门应能平稳移动，改变极性，混合门的移动方向应相反。

(3)“步进电机”型混合门伺服电机的检测

步进电机以测量电阻为主，不同车型接头与电阻可能不太一样。凌志步进电机标准电阻为 16～18 Ω。

(4)“混合门伺服电机内含芯片通过总线与空调 ECU 通信”型混合门伺服电机的检测

这种型号不能通过普通的方法检测。一般方法是：

首先检测 Bus 的供电电源与信号电源，风度车型为 12 V 和 5.5 V。

其次采用系统最小化。以风度 32 为例，就是把接在同一 Bus 线上的模式门电机拆下，若此时混合门正常，说明模式门电机不良。

最后，把接在同一 Bus 线上的混合门拆下，若模式门正常，说明混合门电机不良，否则空调 ECU 不良。

(5)“混合门内含微芯片但不是通过 Bus 与空调 ECU 通信”型混合门伺服电机的检测

如图 7—29 所示，当驱动信号线上的电压为 2.5 V，混合门不动，当电压为 5 V，混合门朝冷的方向移动，当电压为 0 V，混合门朝热的方向移动。

当混合门伺服电机从冷气侧移到暖气侧，1218 线电压从 4 V（最冷）应毫无间断地逐渐变小直到 1 V（最热）。

2. 模式伺服电机的检修

自动空调的出风口有三大类：吹脸（vent）、吹脚（foot）、除雾（defrost），有多种组合：吹脸（vent）、双层（B/L）、吹脚（foot）、吹脚/除雾（F/D）、除雾（DEF）。在手动挡，可能控制风门处于五种出风类型中的任一种；在自动挡，ECU 可以控制风门处于吹脸、双层、吹脚。

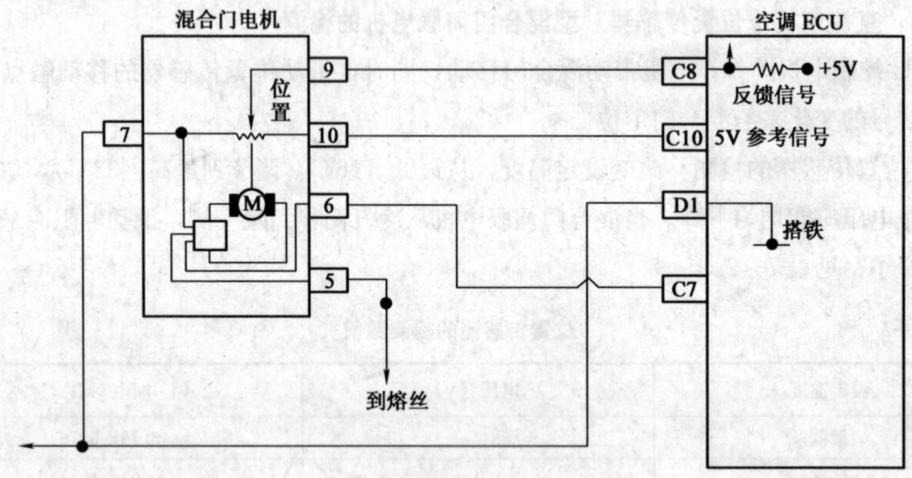

图 7—29 混合门伺服电机结构示意图

模式伺服电机按控制方式划分，可分为五类：直流电机＋位置传感器型、直流电机＋位置开关型、电机内含微芯片通过 Bus 与空调 ECU 通信型、真空伺服电机型、丰田专用的模式伺服电机型。

专用的模式伺服电机结构如图 7—30 所示。

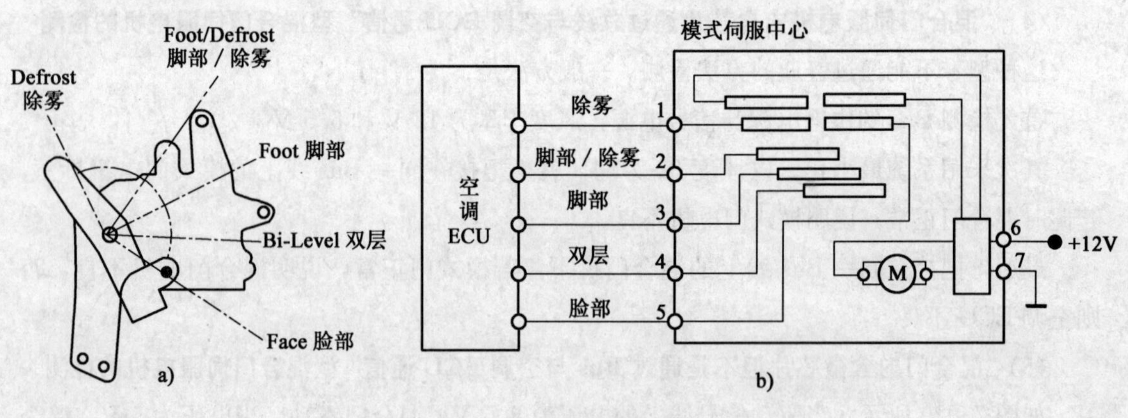

图 7—30 模式伺服电机

a）外观 b）电路图

拔下模式伺服电机的 7 针连接器，7 号脚接负极，6 号接正极。若 1 号脚搭铁，伺服电机会运行到除雾位置；若 2 号脚搭铁，伺服电机会运行到脚部/除雾位置；若 3 号脚搭铁，伺服电机会运行到脚部位置；若 4 号脚搭铁，伺服电机会运行到双层位置；若 5 号脚搭铁，伺服电机会运行到吹脸位置。

3. 进风控制伺服电机的检修

进风控制伺服电机控制进风方式，电机的转子经连杆（图 7—31a）与进风挡风板相连。当驾驶员使用进风方式控制键选择“车外新鲜空气导入”或“车内空气循环”模式时，空调 ECU 即控制进风控制伺服电机带动连杆顺时针或逆时针旋转，从而带动进风挡风板闭合或开启，达到改变进风方式的目的。该伺服电机内装有一个电位计，随电机转动，并向空调 ECU 反馈电机活动触点的位置情况。

进风控制伺服电机与空调 ECU 的连接电路如图 7—31b 所示。

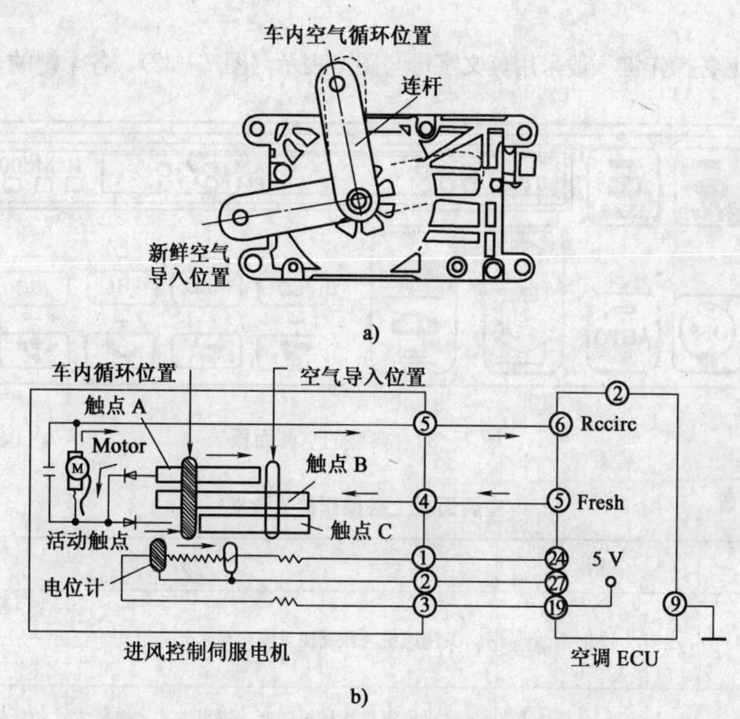

图 7—31　进风控制伺服电机

a）伺服电机连接　b）电路图

当按下“车外新鲜空气导入”键时，电机转动，带动活动触点、电位计触点及进风挡风板移动或旋转，新鲜空气通道开启。当活动触点与触点 A 脱开时，电机停止转动，空调进风方式被设定在“车外新鲜空调导入”状态，车外空气被吸入车内。

当按下“车内空气循环”键时，电机带动活动触点、电位计触点及进风挡风板向反方向移动或旋转，关闭新鲜空气入口，同时打开车内空气循环通道，使车内空气循环流动。

当按下“自动控制”键时，空调 ECU 首先计算所需要的出风温度，并根据计算结果自动改变进风控制伺服电机的转动方向，从而实现进风的自动调节。

拆下进气控制伺服电机插头，测量电位计阻值，当伺服电机连杆转到“车内空气循环”一侧时，其阻值为 3.76～5.76 kΩ，当伺服电机连杆转到“新鲜空气导入”一侧时，其阻值为 0.94～1.44 kΩ。

将进气控制伺服电机线束正、负极分别与蓄电池正、负极相连时，伺服电机转动，带动连杆转至“车内空气循环”或“新鲜空气导入”一侧；更换正、负极接线，应转至相反位置。

三、空调面板的识别

空调面板上各操作键一般采用英文字母与图案表示（图 7—32），各个键的含义见表7—3。

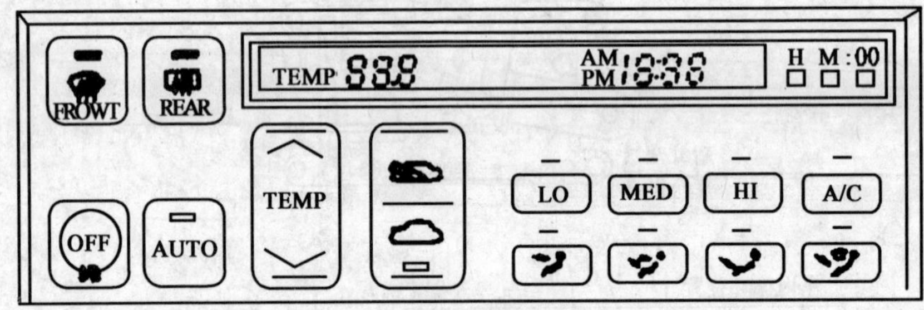

图 7—32 典型的空调面板

表 7—3 空调面板上各操作键的含义

键 符	键名	功 能
OFF	停止	关闭风机、压缩机及温度显示
AUTO	自动控制	将出风温度、风机转速、进风方式、送风方式和压缩机的控制设置成“自动模式”
TEMP	温度控制	每按一次，温度设定增加 0.5℃，最高达 32℃ 每按一次，温度设定降低 0.5℃，最低至 18℃
	进风方式控制	置于“车外新鲜空气导入”模式 置于“车内空气循环”模式

（3）启动发动机并保持发动机转速为 1 000 r/min，启动空调系统（除非要进入汽车和从车内出来，应将车门关闭）。

（4）在自动温度控制系统上，将鼓风机调整旋钮顺时针完全旋转至高速位置。

（5）将温度调整旋钮逆时针完全旋转至全冷位置。

（6）按下循环（rec）按钮和 A/C 按钮。在数字显示器上不应出现单词“auto”（自动），这表明系统现在为手动控制。

（7）将温度计插入空调板中间左侧的导管内。

（8）在以上条件下让空调系统工作 5 min。

（9）将空调按钮保持接通，并使压缩机电磁离合器通电，将压缩机出气口的空气温度与汽车生产厂家的空调性能温度进行对比（见表 7—4、表 7—5）。如果温度计的温度不在规定的范围之内，则需要进一步诊断制冷系统。

制冷系统中高压侧压力为压缩机排气侧的压力，制冷系统中低压侧压力为在蒸发器与压缩机进气口之间的压力。

表 7—4　　压力与环境的关系

环境温度（℃）	21	27	32	38	43
压缩机平均压力（kPa）	1034～1310	1172～1517	1310～1724	1517～2069	1862～2551
蒸发器平均温度（℃）	3.3～7.2	3.9～8.3	4.4～10	5.5～12.8	7.2～15.6

表 7—5　　出口温度与环境温度的关系

环境温度（℃）	21			27			32			38		
相对湿度（%）	50	60	90	50	60	90	40	50	60	20	40	50
出口温度（℃）	4.4	5	5.5	5.5	6.1	8.3	5	6.6	9.4	6.1	8.3	12.7

2. 空调性能测试时的注意事项

（1）不要吸入空调制冷剂及制冷机油的蒸气，这种接触会刺激眼、鼻和喉。

（2）不要将压缩空气与制冷剂 R—134a 混合。R—134a 与高压空气混合后是可燃的，这种混合可能会引起爆炸，导致人员伤害或财产损坏。

（3）对于 R—12 制冷系统和 R—134a 制冷系统，需要用专用的歧管压力仪表，不可混用一套仪表。

四、常见故障诊断

当空调系统有故障代码显示，而空调故障仍然存在或重新出现时，应针对每种故障现象，按如下诊断顺序逐一检查每种电路和空调器件，包括 ECU。空调系统常见故障及其诊断顺序见表 7—6。

表 7—6　　　　空调系统常见故障及其诊断顺序

故障现象		诊断顺序	故障原因
风量控制	送风机不运行	1. 点火电源电路 2. 空调器控制电源电路 3. 取暖主继电器电路 4. 空调器送风机电路 5. 水温传感器电路 6. 电子控制单元	电路短路或断路 熔丝损坏 搭铁不良 电子控制单元损坏
风量控制	送风机无控制	1. 点火电源电路 2. 功率晶体管电路 3. 超高速继电器电路 4. 取暖主继电器电路 5. 送风机电动机电路 6. 水温传感器电路 7. 电子控制单元	电路短路或断路 熔丝损坏 继电器不工作 搭铁不良 电子控制单元损坏
风量控制	风量不足	送风机电动机电路	电路短路或断路
温度控制	无冷空气输出	1. 制冷剂漏量 2. 传动 V 带折断或张力不够 3. 用表阀检查制冷系统 4. 压缩机电路 5. 压力开关电路 6. 压缩机锁定传感器电路 7. 空气混合温度门位置传感器电路 8. 空气混合伺服电动机电路 9. 车内温度传感器电路 10. 大气温度传感器电路 11. 蒸发器温度传感器电路 12. 点火电源电路 13. 空调器控制电源电路 14. 取暖主继电器电路 15. 送风机电动机电路 16. 点火器电路 17. 电子控制单元	制冷系统泄漏 压缩机传动带损坏或调整不当 电路短路或断路 传感器工作不良 继电器损坏 搭铁不良 电子控制单元损坏

续表

故障现象		诊断顺序	故障原因
	无暖风送出	1. 热水阀 2. 水温传感器电路 3. 空气混合温度门位置传感器电路 4. 空气混合伺服电动机电路 5. 点火电源电路 6. 空调器控制电源电路 7. 取暖主继电器电路 8. 送风机电动机电路 9. 车内温度传感器电路 10. 大气温度传感器电路 11. 蒸发器温度传感器电路 12. 电子控制单元	热水阀未打开或卡滞 传感器工作不良 电路短路或断路 制冷系统泄漏 继电器损坏 搭铁不良 电子控制单元损坏
	输出空气温度比规定值高或者低，或者响应缓慢	1. 制冷剂量 2. 传动 V 带张力 3. 用表阀检查制冷系统 4. 冷凝器风机电路 5. 热水阀 6. 送风机电动机电路 7. 阳光辐射传感器电路 8. 车内温度传感器电路 9. 大气温度传感器电路 10. 蒸发器温度传感器电路 11. 水温传感器电路 12. 空气混合门位置传感器电路 13. 空气混合伺服电动机电路 14. 进气风门位置传感器电路 15. 进气风门伺服电动机电路 16. 冷凝器 17. 储液干燥器 18. 蒸发器 19. 加热器心 20. 膨胀阀 21. 电子控制单元	制冷剂不足 压缩机传动带损坏或调整不当 热水阀常开或卡滞 传感器工作不良 电路短路或断路 制冷系统泄漏 继电器损坏 搭铁不良 冷凝器翅片堵塞 储液干燥器堵塞 蒸发器空气过滤网堵塞 加热器心损坏 膨胀阀滤网堵塞 电子控制单元损坏

续表

<table>
<tr><th colspan="2">故障现象</th><th>诊断顺序</th><th>故障原因</th></tr>
<tr><td rowspan="4"></td><td>无温度控制，只有冷气或暖气最足</td><td>1. 车内温度传感器电路
2. 大气温度传感器电路
3. 空气混合门位置传感器电路
4. 空气混合伺服电动机电路
5. 电子控制单元</td><td>传感器工作不良
电路短路或断路
电子控制单元损坏</td></tr>
<tr><td>无进气控制</td><td>1. 进气风门位置传感器电路
2. 进气风门伺服电动机电路
3. 电子控制单元</td><td>传感器工作不良
电路短路或断路
电子控制单元损坏</td></tr>
<tr><td>出气气流无法控制</td><td>1. 功能选择键伺服电动机电路
2. 冷气最大伺服电动机电路
3. 空调电子控制单元</td><td>电路短路或断路
电子控制单元损坏</td></tr>
<tr><td>发动机怠速时，不出现转速升高或持续提高</td><td>1. 压缩机电路
2. 空调电子控制单元
3. 发动机和变速器电子控制单元</td><td>电路短路或断路
电子控制单元损坏</td></tr>
<tr><td rowspan="5">后置空调器故障</td><td>后送风机不运行</td><td>1. 后空调器送风机电动机电路
2. 后空调器控制开关电路
3. 电子控制单元</td><td>电路短路或断路
电子控制单元损坏</td></tr>
<tr><td>无后送风机控制</td><td>1. 后空调器高速送风机控制电路
2. 后空调器超低速送风机控制电路
3. 烟雾传感器电路
4. 后空调器控制开关电路
5. 电子控制单元</td><td>电路短路或断路
电子控制单元损坏</td></tr>
<tr><td>无后冷气输出</td><td>1. 后空调器电磁阀电路
2. 电子控制单元</td><td>电路短路或断路
电子控制单元损坏</td></tr>
<tr><td>后输出空气温度与规定值不符，或响应缓慢</td><td>1. 后空调器电磁阀电路
2. 后空调器高速送风机控制电路
3. 烟雾传感器电路
4. 后空调器控制开关电路
5. 空调电子控制单元</td><td>电路短路或断路
传感器工作不良
电子控制单元损坏</td></tr>
<tr><td>后气流风口不可控制</td><td>1. 后空调器控制开关电路
2. 空调电子控制单元</td><td>电路短路或断路
电子控制单元损坏</td></tr>
</table>

单元小结

1. 自动空调系统分两类；半自动空调系统和全自动空调系统，两者的主要差别在于是否有自诊断功能，半自动空调系统没有提供故障码存储器，全自动空调系统具有监控系统，监控系统的随机存取器存储诊断码，其次的差别是所用的执行机构形式和传感器数量不同。

2. 自动空调主要由冷气、热风、送风、操作和控制等部分组成。控制系统主要由输入信号电路、电子控制单元、执行机构三个部分构成。

3. 鼓风机控制内容主要有转速自动控制、高速控制、鼓风机起动控制、时滞控制、车速补偿、预热控制等。

4. 进气控制分为手动模式和自动模式。在手动模式中，进气门只有两种位置：内循环、外循环。在自动模式中，进气门有三种位置：内循环、20％新鲜空气、外循环。

5. 模式门控制分为手动控制和自动控制。在手动模式中，模式门有五种位置：吹脸、双层、吹脚、吹脚/除雾、除雾。在自动模式中，模式门一般只有三种位置：吹脸、吹脚、双层。

6. 压缩机控制内容要有：基本控制、低温保护、高速控制、加速切断、高温控制、打滑保护、低速控制、低压保护、高压保护等。

7. 自动空调系统中，常用传感器主要有：车内温度传感器、车外温度传感器、阳光辐射传感器、蒸发器温度传感器、制冷剂流量传感器、压缩机转速传感器、冷却液温度传感器、制冷剂压力传感器、调温门位置传感器、发动机转速传感器、空气质量传感器、烟雾传感器等。

8. 自动空调系统中，执行元件主要有混合门伺服电机、模式伺服电机、进风控制伺服电机。

9. 当自动空调系统有故障代码显示，而空调故障仍然存在或重新出现时，应针对每种故障现象，按诊断顺序逐一检查每种电路和空调器件。自动空调系统故障主要表现在风量控制和温度控制两方面。常见故障有：送风机不运行、送风机无控制、风量不足、无冷空气输出等。

单元8 汽车控制器局域网（CAN）的原理与检修

培训目标

本单元主要讲述汽车控制器局域网的原理检修，通过本单元的学习，读者应：

◎掌握三类汽车网络的特点；

◎了解汽车电控单元的三种网络连接方式；

◎熟悉汽车网络的基本概念，如多路传输、节点、数据总线、网关、帧等；

◎掌握汽车网络参考模型的构成；

◎掌握CAN总线的特点、组成及传输过程；

◎了解CAN总线的分层结构；

◎掌握CAN总线的数据链路层和物理层的结构原理；

◎能诊断排除CAN总线的常见故障，能进行CAN总线的自诊断。

§8—1 汽车网络

汽车网络是指能使用电气或电子媒介发送/接收信息的控制模块和接线。有些网络允许电子模块共享输入信息，让多个模块一起工作，实现复杂的汽车操作。网络的使用也提高了汽车的自诊断能力。

本书讨论的车载计算机网络是指车辆本身的内部网络系统，它由车载网络计算机控制，通过数据总线连接数个子网，控制发动机及其他总成、仪表板显示器、中控门锁、无线电话等，各个子网都具有不同的时钟速度和各自的功能。

一、汽车网络的类型

目前存在的多种汽车网络标准，其侧重的功能有所不同，为方便研究和设计应用，美国汽车工程师协会（SAE）车辆网络委员会将汽车数据传输网划分为 A、B、C 三类，见表 8—1。

表 8—1　　汽车数据传输网的类型用其应用范围

类别	对　象	传输速度	应用范围
A	传感器/执行器控制的低速网络	<100 kbps	灯光照明、电动门窗、座椅调节等系统
B	独立模块间数据共享的中速网络	10～125 kbps	车辆电子信息中心、安全气囊、故障诊断、仪表显示等系统
C	高速、实时闭环控制的多路传输网	125 kbps～1 Mbps	牵引控制、先进发动机控制、悬架控制、ABS 等系统

A 类：面向传感器、执行器控制的低速网络，数据传输位速率通常只有 1～10 kbps。主要应用于电动门窗、座椅调节、灯光照明等控制。

B 类：面向独立模块间数据共享的中速网络，数据传输位速率一般在 10～100 kbps 之间。主要应用于电子车辆信息中心、故障诊断、仪表显示、安全气囊等系统，以减少冗余的传感器和其他电子部件。

C 类：面向高速、实时闭环控制的多路传输网，最高数据传输位速率可达 1 Mbps，主要用于悬架控制、牵引控制、先进发动机控制、ABS 等系统，以简化分布式控制和进一步减少车身线束。到目前为止，满足 C 类网要求的汽车控制局域网只有 CAN。

SAE 的网络分类仅仅是功能上的分类：A 类网面向低水平的传感器/执行器控制；B 类侧重于参数共享；C 类网面向实时控制。三类网络功能均向下涵盖，即 B 类网支持 A 类网的功能，C 类网能同时实现 B 类和 A 类网功能。典型的 A 类网应用如图 8－1 所示的汽车防盗报警系统。由于车门开关及行李箱开关等信号只在一定的情况下产生，正常时没有信号，所以对数据传输速率要求极低，低速 A 类网就能充分满足系统要求，并且和传统的系统设计相比，车身线束大大减少，设计更为简单方便。

当大量共享数据需要在车辆各智能模块间进行交换时，A 类网不再胜任，需采用 B 类网络系统。典型 B 类网络系统如图 8—2 所示，车辆信息中心和仪表组单元无需单独挂接液位、温度、车灯、车门及安全带等信号传感器，就能从总线上获取上述信息，大大地减少了传感器和其他电子器件数量，有效地节约了安装空间和系统成本。

为进一步减少车身线束，方便故障诊断，满足主要电子单元或系统间大量数据信息实时的交换需要，使汽车各方面性能趋于最佳状态，则需建立 C 类网络系统。它可以有效地将发动机控制

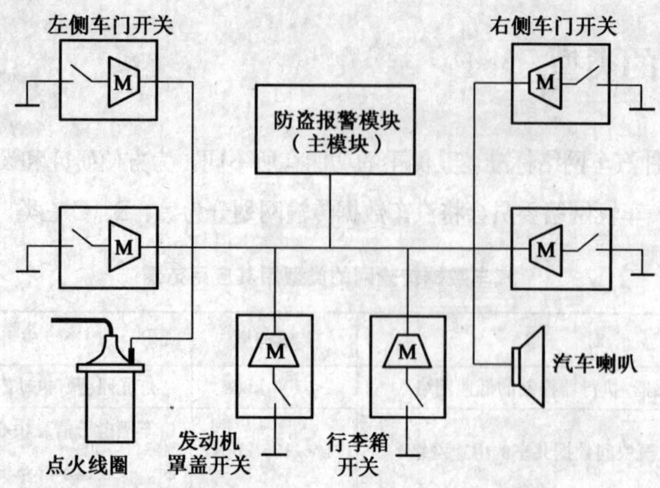

图 8—1 典型的 A 类网络（汽车防盗系统）

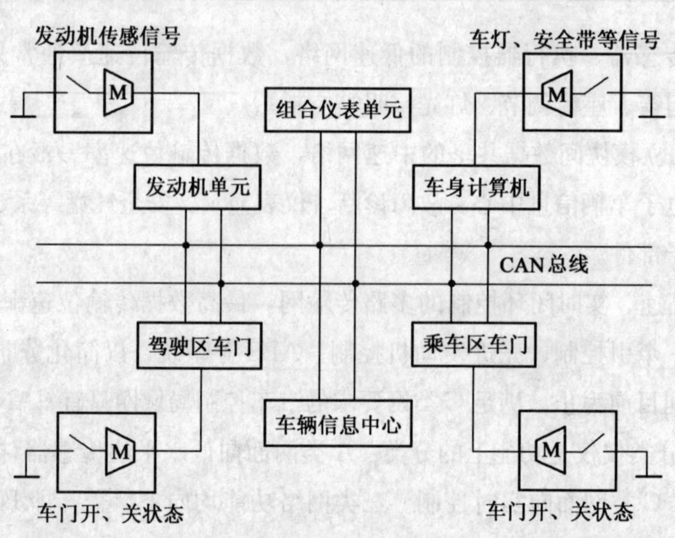

图 8—2 典型的 B 类网络

系统、驱动防滑系统及自动巡航系统等连接成为一个综合控制系统，整车性能得到大幅度提高。

考虑到汽车上各种电器对网络信息传输延迟的敏感程度差别很大，发动机控制器、自动变速器控制器、ABS 控制器、安全气囊控制器等之间的协调关系所要求的实时性很强，而车灯开关、车门开闭、座位调节等简单事件对信息传输延迟的要求要宽松得多，如果将这些功能简单的节点都挂在 C 类高速总线上，势必会提高对节点的技术要求，为此有必要进行多路总线设计。图 8—3 所示是采用了 2 条 CAN 总线，一条是低速 CAN 总线，一条是高速 CAN 总线。

两条 CAN 总线相互独立，信息通过网关服务器进行数据交换和资源共享。中央控制器是整车管理系统的控制核心，也是整车综合控制的基础，主要功能是对各种信息进行分析处

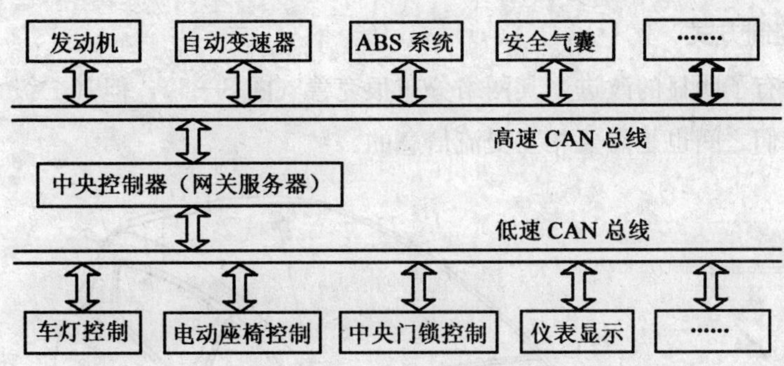

图 8—3　典型的 C 类网络

理，并发出指令，协调汽车各控制单元及电器设备的工作。同时，中央控制器也是高速 CAN 总线和低速 CAN 总线的网关服务器。

目前 B 类汽车局域网应用最为广泛，A 类网趋于淘汰，C 类网应用日益广泛。按发展趋势，在不久的将来 C 类网将占据主导地位。到目前为止，满足 C 类网要求的汽车控制局域网只有 CAN 协议。随着技术的发展，人们越来越多地倾向于使用 CAN。

二、汽车电控单元的连接方式

1. 中控式控制方式

中控式系统中，唯一的中央 ECU 控制一切运行（图 8—4），因此需要中央 ECU 具有超强的工作能力，一旦其运行出现故障，整个网络都将瘫痪。

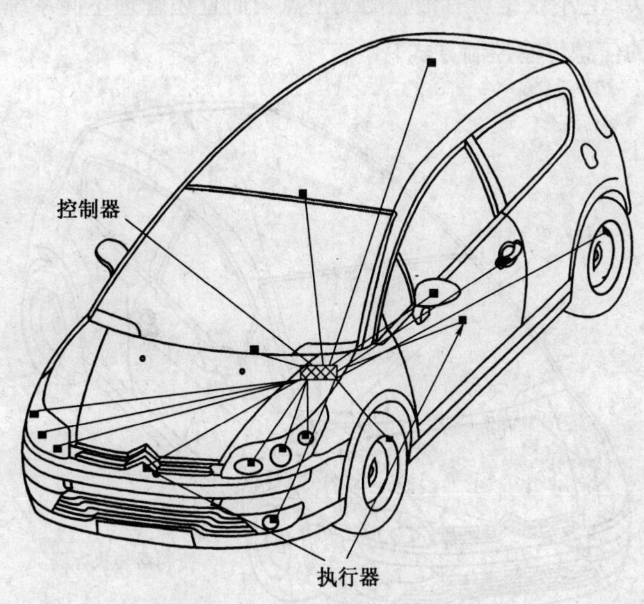

图 8—4　中控式控制的分布图

2. 区域式控制方式

区域式控制有了明显的改进，其网络分布很完善（图 8—5），但其二级系统间仍缺乏有效的连接，而它们之间也是需要相互交流信息的。

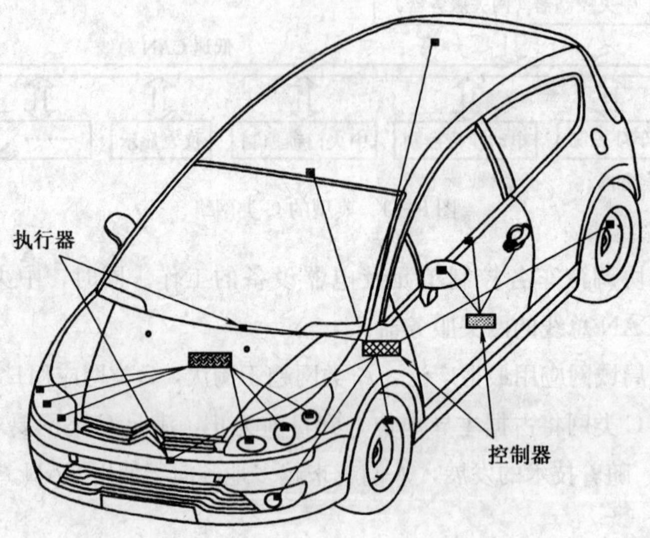

图 8—5　区域式控制的分布图

3. 分配式控制方式

分配式控制系统由一个具有充当“管理者”角色的 ECU——网关负责二级系统间计算机的连接（图 8—6）。它不仅是所有信息的交汇点，而且还管理不同系统间信息的交流。这是目前汽车上采用的信息传输控制方式。

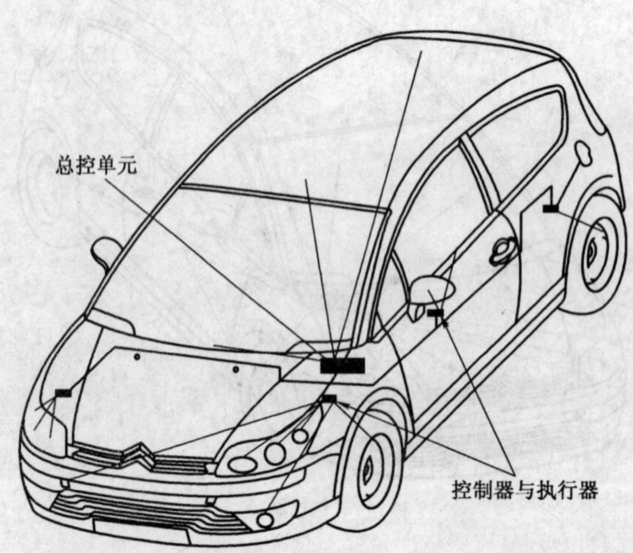

图 8—6　分配式控制的分布图

三、汽车网络的基本概念

1. 多路传输

多路传输——在同一通道或线路上同时传输多条信息。

事实上数据是依次传输的，但速度非常之快，似乎就是同时传输的。但对一台运算速度相对慢的计算机来说，1/10 s 也太长了。如果将 1/10 s 分成许多时间间隔，每个时间间隔叫做一个时间片，每个时间片由其中的一个信号占用，这样利用每个信号在时间上的交叉，便可在同一物理通信线路上传输多个数字信号。这实际上是多个信号轮流使用同一物理传输介质（总线），这就是分时多路传输。

分时多路传输又叫分时多路复用（TDM），是多路复用技术的一种。该技术利用时间分割信道的方法，使每个控制系统独占信道时间片而共享总线的频率资源。常见的多路复用技术包括频分多路复用（FDM）和波分多路复用（CDMA）技术。频分多路复用利用频率分割信道的方法，使每个控制系统独占信道频道而共享总线的时间资源；而波分多路复用利用分配给每个控制系统不同的扩频编码以区分不同的信号的方法，就可以同时使用同一频率进行通信。另外在全光纤通信中也可采用波分多路复用技术（WDM）。

正如可把无线电广播和移动电话的电波分为不同的频率，也可以同时传输不同频率的信号。随着现在和未来的汽车装备无线多路传输装置的增加，基于频率、幅值或其他方法的同时数据传输也成为可能。汽车上用的是单线或双线分时多路传输系统。

2. 模块/节点

模块——一种电子装置（可以理解为 ECU），简单一点的如温度和压力传感器，复杂的如计算机（微处理器）。传感器是一个模块装置，根据温度和压力的不同可产生不同的电压信号。这些电压信号在计算机的输入接口被模数转换器（ADC）转变成数字信号。在计算机多路传输系统中一些简单的模块被称为节点。

3. 数据总线

数据总线（Bus）——模块间传递数据的通道。如果一条数据总线既可以发送也可以接收数据，则这样的数据总线就称之为双向数据总线。汽车上的数据总线实际是一条导线，或者是两条导线。两线制的其中一条导线不是用作额外的通道，它的作用有点像公路的路肩，上面立有交通标志和信号灯。一旦数据通道出了故障，这“路肩”在有些数据总线中被用来承载“交通”，或者令数据换向通过一条或两条数据总线中未发生故障的部分。

为了抗电子干扰，双线制数据总线的两条线是绞在一起的（双绞线）。各汽车制造商一直在设计各自的数据总线，如果不兼容，就称为专用数据总线；如果是按照某种国际标准设计的，就是非专用的。事实上，一般所了解到的可能都是专用的数据总线。

4. 网络

网络——为了实现信息共享而把多条数据总线或者把数据总线和模块当作一个系统连在一起。如新型的凌志 LS 430 的几条数据总线间共有 29 块相互交换信息的模块。

从物理意义上讲，汽车上许多模块和数据总线距离很近，因此被称之为 LAN（局域网）。

摩托罗拉公司设计的一种智能车身辅助装置网络，被称之为 UN（局域互联网）。

5. 通信协议

通信协议——通信实体双方控制信息交换规则的集合。要实现车内各 ECU 之间的通信，必须制定规则保证通信双方能相互配合，即通信方法、通信时间、通信内容，这是通信双方同样能遵守、可接受的一组规定和规则。

数据总线的通信协议关于优先权的处理机制可举例简单说明。当模块 A 检测到发动机已接近过热时，相对于其他不太重要的信息（如模块 B 发送的最新的大气压力变化数据）就具有优先权。

目前，全球各大汽车制造商采用的车载计算机网络通信协议主要有：

(1) VAN：由法国标致—雪铁龙汽车集团与雷诺汽车公司和 JAEGER 公司联合开发，主要应用于车身系统，在通信速率要求方面已进一步优化。

(2) CAN：由德国博世公司开发，应用于高速率网络传输。

(3) J1850：由美国汽车工程师学会开发，应用于车身系统，美国汽车公司和日本汽车公司多采用这一协议。

(4) A-BUS：由德国大众汽车公司开发，应用于低速和高速信息网络传输。

(5) I-BUS：应用于低速信息网络传输，由德国宝马汽车公司开发。

(6) ST-FIAT：由法国 SGS. Thomson 公司和意大利菲亚特汽车公司联合开发，应用于低速信息网络传输。

(7) MI-BUS：由美国摩托罗拉公司开发，应用于低速信息网络传输，应用于汽车车身和空调系统。

在德国，宝马公司已经设计并采用 K-BUS，大众公司已经设计并采用 A-BUS。

在日本，丰田公司已经设计并采用 BEAN（车身电子局域网络）。

在美国，福特公司、克莱斯勒公司和通用汽车公司已经设计 J1850 并使用不同的安装程序应用于同一种协议。

由于车辆的种类很多，而且车上网络技术处于发展阶段，应用于车辆上的网络系统有多种协议。如果包括飞机、船只、农机以及其他独立行走和运载的工具，这些与汽车有一些共同特点（长途移动、相对独立、自带动力源）的系统网络，网络协议不下几十种。这些网络有很多应用在不同领域，如 CAN 在汽车、非公路车辆、飞机等领域都有应用。表 8—2 是一些车辆类系统应用的网络系统协议。

表 8—2　　车辆网络标准

协议	机构	应用领域	介质	位编码	访问方式	错误检测	数据域长度（bit）	传输速度（kbps）
A-BUS	VW	控制	单线	NRZ	竞争	校验位	16	500
APC	Ford	媒体	双绞线	NRZ	CSMA/CA	校验位	64	9.6
AUTOLAN	General Inst	控制	双绞线	API	主/从	CRC	0～64	4 000
BEAN	Toyota	控制	单线	NRZ	CSMA/CA	CRC	8～88	10
CAN	Bosch	控制	双绞线	NRA＋位填充	竞争	CRC	0～64	1 000
CCD	Crysler	传输器总线	双绞线	NRZ	CSMA/CA	CRC	无限制	约 7.8
CSC	Crysler	媒体	双绞线	电压	Polling/Ad dressing	—	1	约 1
D2B	Optical Chip	仪表板	光纤	PWM	竞争	—	—	12 000
DAN	Alfa Romeo	传感器总线	双绞线	NRZ	主/从	CRC	8	9.6
DSI	Motorola	控制	双线	电压/电流	主/从	CRC	16	5
IVMS	Nissan	控制	双绞线	PWM	Polling	—	16	约 27.8
J1850 PWM	SAE	控制	双线	PWM	CSMA/CR	CRC	8～64	41.6
J1850 VPW	SAE	控制	单线	VPW	CSMA/CR	CRC	8～64	10.4
J1939	SAE	多媒体	双绞线	NRZ＋	竞争	CRC	0～64	1 000
MML	Delphi	多媒体	光纤	NRZ	主/从	—	2 048	110 000
MOST	Most Co-op	控制	光纤	—	—	—	—	25 000
PALMNET	Maszd	实时控制	双绞线	NRZ	竞争	CRC	32 或 64	1 000
TTP	TTTech	控制	双通线	MEM	TDMA	CRC	128	2 000（未来）4 000
VAN	协议联合体	控制	双绞线	manchester	竞争	CRC	0～64	约 250
FlexRay	控制	控制	双通线		FTDMA	CRC	96	1 000

6. 总线速度

总线速度——数据总线的速度有波特率（每秒传输的码元数）和比特率（每秒传输的二进制位数）之分，如果一个码元只携带一个比特的信息，则波特率和比特率在数值上相等。

传输速度快并不能说明一切。高速数据总线及网络容易产生电噪声（电磁干扰），这种电噪声会导致数据传输出错。数据总线有多种检错方法，如检测一段特定数据的长度，如果出错，数据将重新传输，但这就会导致各系统的运行速度减慢。解决的方法有：使用价格高、功能更强大、结构更复杂的模块；使用屏蔽双绞线。为了使价格适中，数据总线及网络必须避免无谓的高速和复杂。大多数的设计都有 3 种基本型，即低速型、中速型和高速型。

7. 网关

因为现代汽车上有很多电子控制模块，有可能各个系统所采用的数据总线的传输速度不同，或是采用的通信协议不同，那么在这种情况下是不可能所有的控制模块实现信息共享的。网关的作用就是为在不同通信协议和不同传输速度的模块之间进行通信时，建立连接和信息解码，重新编译，并将数据传输给其他系统。例如：车门打开时发动机控制模块也许需要被唤醒。为了使采用不同协议及速度的数据总线间实现无差错数据传输，必须要用一种特殊功能的 ECU，这种 ECU 就叫做网关。法国雪铁龙车系上的网关被称为 BSI（智能服务器）。

网关实际上就是一种模块，它工作的好坏决定了不同的总线、模块和网络相互间通信的好坏。网关就像一个居民小区的门卫，在他让任何客人进大门之前，他得问问客人是否是应邀前来，或者通知某位住户有人来访了。对不兼容但却需要互相通信的总线和网络来说，网关所起作用就和门卫一样。但当信息不能传递时，不要责怪信使（网关），一个或两个模块的软件或许有错。

总之，网关是汽车内部通信的核心，通过它可以实现各条总线上信息的共享以及实现汽车内部的网络管理和故障诊断功能。

8. 帧

为了可靠地传输数据，通常将原始数据分割成一定长度的数据单元，这就是数据传输的单元，称其为帧。一帧内应包括同步信号（例如帧的开始与终止）、差错控制（各类检错码或纠错码，大多数采用检错重发的控制方式）、流量控制（协调发送方与接收方的速率）、控制信息、数据信息、寻址（在信道共享的情况下，保证每一帧都能正确地到达目的地站，接收方也能知道信息来自何站）等。

四、汽车网络的参考模型

汽车网络结构一般主要包括两大部分，一是通信部分，二是网络管理部分。现场总线的通信结构只采用了 ISO/OSI 的三层模型：物理层、数据链路层和应用层，如图 8—7 所示。

这种结构简单，层次较少的通信结构主要是针对过程控制的特点，使数据在网络流动中尽量减少中间环节，加快数据传递速度，提高网络通信及数据处理的实时性。

1. 应用层

在汽车工业，许多制造商都应用他们自己的标准，其主要功能是为应用软件提供服务和接口。

2. 物理层

(1) 介质

物理层能够使用很多物理介质，例如双绞线、光纤等，最常用的就是双绞线。

双绞线是由两根各自封装在彩色塑料套内的铜线缠绕而成的，其结构如图 8—8 所示，缠绕在一起的目的是降低它们之间的干扰。多对双绞线之外再套上一层保护套就构成了双绞线电缆。

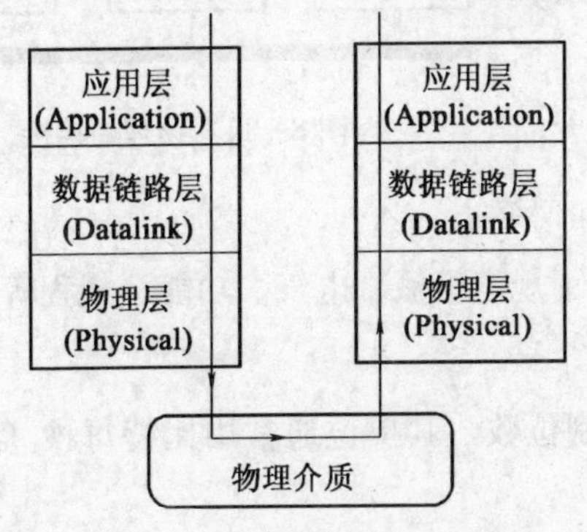

图 8—7　汽车网络的参考模型

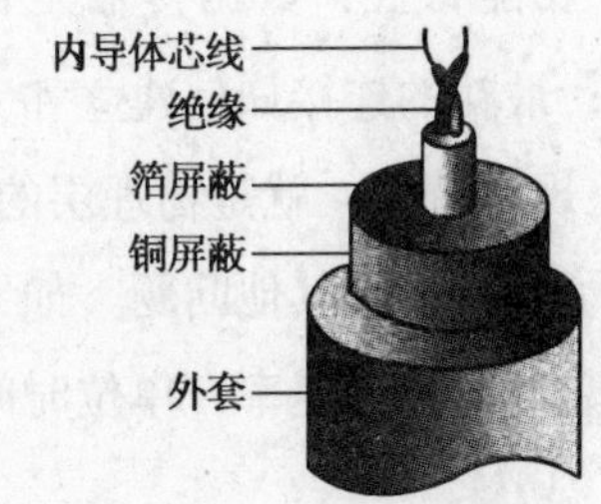

图 8—8　双绞线的结构

双绞线分为屏蔽型（STP）和非屏蔽型（UTP）两类，STP 在 UTP 外面再加上一个由金属丝纺织而成的屏蔽层，以提高其抗电磁干扰能力，因此 STF 抗外界干扰的性能优于 UTP，但价格要比 UTP 昂贵。相互缠绕的一对双绞线可作为一条信息通路。

光纤是有线传输介质中性能最好的一类，其结构如图 8—9 所示。它是一种直径为 50～100 txm 柔软的传导光波的介质，一般由玻璃纤维和塑料构成，在折射率较高的纤芯外面，用折射率较低的包层包住，再在包层的外面加上一层保护套，就构成了一根单芯光缆。

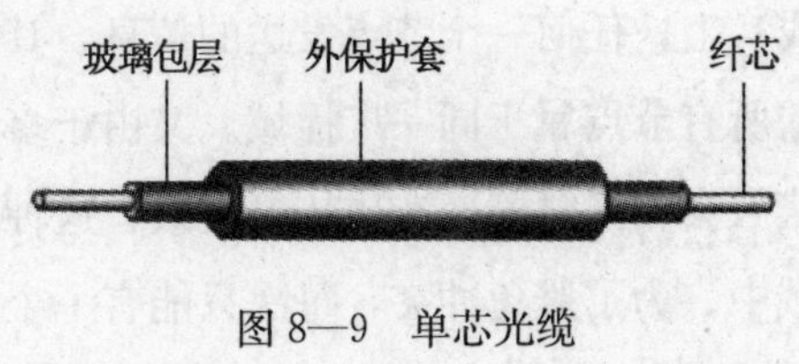

图 8—9　单芯光缆

光纤传输数字信号是利用光脉冲的有无来代表“1”和“0”的。典型的光纤传输系统如图 8—10 所示。在发送端，可用发光二极管（LED）或激光二极管（LD）等光电转换器件把电信号转换成光信号，再耦合到光纤中进行传输；在接收端，通过光电二极管（PIN）等器件进行逆变换，把光纤传来的光脉冲转换成电信号输出。

不管是双绞线还是光纤，其作用都是传输各种数据的比特流，其物理层的连接如图 8—11 所示。

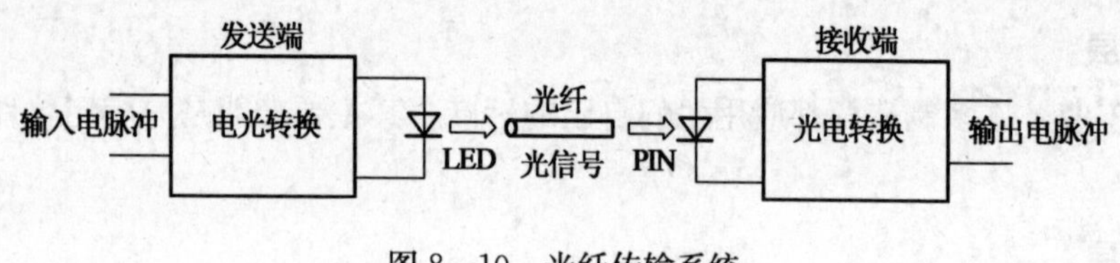

图 8—10　光纤传输系统

(2) 协议

物理层协议所涉及的典型问题是：

1）机械特性：物理接口（插头和插座）有多少针以及各针的用途。

2）电气特性：使用什么样的物理信号来表示数据“l”和“0”；一位持续的时间多长。

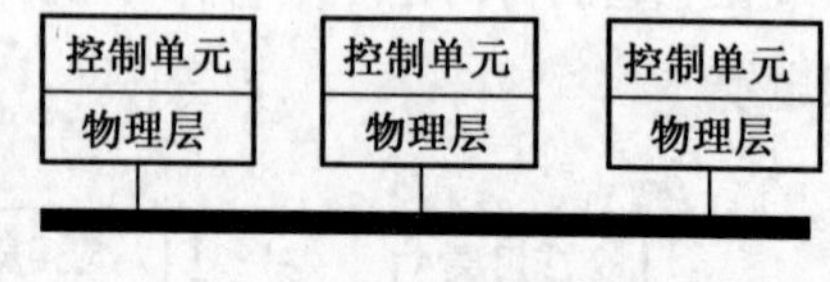

图 8—11　物理层连接

3）功能特性：数据传输是否可同时在两个方向上进行；最初的连接如何建立和完成通信后连接如何终止。

4）规程特性：就是物理层的协议。物理层除了规定机械、电气、功能、规程等特征外，还考虑了网络中的其他问题，如：

·数据的传输速率：单位时间内传输的二进制位数，其单位通常用比特每秒（b/s）表示。

·信道容量：即信道能支持的最大数据传输速率，它是由信道的带宽和信噪比决定的。

·数据的编码与（或）译码：当处于数据发送状态时，物理层接收数据链路层下发的数据，并将其以某种电气信号进行编码并发送。当处于数据接收状态时，将相应的电气信号编码为二进制，并送到数据链路层。

由于采用单一信道作为传输介质，所有节点均通过相应硬件接口接至这个公共信道（总线）上，任何一个节点发送的信息，其他的节点都能接收，这种现象称为广播，因而总线上的所有节点属于同一广播域。又由于多个节点共享同一公共信道，当多点同时发送信号时，信号会相互碰撞而造成传输失败，这种现象称为冲突，因而总线上的所有节点处在同一冲突域中。为了避免冲突，每次只能有一个节点发送信号，因此必须有一种仲裁机制来决定每次由哪个节点使用信道，这就是数据链路层的任务。

在物理线路上，由于噪声干扰、信号衰减等多种原因，数据传输过程中常常出现差错，而物理层只负责透明地传输结构的原始比特流，不可能进行任何差错控制。因此，当需要在一条线路上传送数据时，除了必须有一条物理线路（链路）外，还必须有一些必要的规程来控制这些数据的传输。把实现这些规程的硬件和软件加到链路上，就构成了数据链路层(Data Link Layer)。

数据链路层最重要的作用就是通过一些数据链路层的协议，在不可靠的物理链路上实现可靠的数据传输。为此，通常将原始数据分割成一定长度的数据单元——帧，一帧内应包含同步信号、差错控制、流量控制、控制信息、数据信息、地址信息等。

§8—2　汽车控制器局域网（CAN）总线

一、CAN总线的特点与组成

1. CAN总线的特点

CAN，全称为“Controller Area Network”，即控制器局域网，是国际上应用最广泛的现场总线之一。

CAN数据总线将各个控制单元连接在一起形成一个整体。所有信息都沿总线传输，与所连接的控制单元数及所涉及的信息量的大小无关，这样就解决了随着新增信息量的加大，线路及控制单元上插头数目也增加的问题，并且使不同信息需要不同线路的问题也得以解决。

由于采了许多新技术及独特的设计，CAN总线与一般的总线相比，其数据通信具有突出的可靠性、实时性和灵活性，其主要特点可归纳为：

（1）国际标准

CAN是到目前为止唯一有国际标准且成本较低的现场总线。

（2）多主方式

CAN为多主方式工作，网络上任一节点均可在任意时刻主动地向网络上其他节点发送信息，而不分主从，有极高的总线利用率。

（3）标识符报文

报文中不包含源地址或目标地址，仅用标识符来表示功能信息及优先级信息。在报文标识符上，CAN上的节点分成不同的优先级，可满足不同的实时要求，优先级高的数据最多可在134 μs内得到传输。

（4）总线仲裁技术

CAN采用非破坏总线仲裁技术。当多个节点同时向总线发送信息出现冲突时，优先级低的节点会主动退出发送，而最高优先级的节点可不受影响地继续传输数据，从而大大节省了总线冲突仲裁时间。尤其是在网络负载很重的情况下，也不会现网络瘫痪情况。

（5）数据传输方式灵活

CAN节点只需通过报文的标识符滤波即可实现点对点、点对多点及全局广播等几种方式传送接收数据。

(6) 通信距离与速率

CAN 的直接通信距离最远可达 10 km（速率 5 kbps 以下）；通信速率最高可达 1 Mbps（此时通信距离最长为 40 m）。

(7) 节点数

CAN 上的节点数主要取决于总线驱动电路，目前可达 110 个。在 CAN 2.0A 标准帧报文中标识符有 11 位，而在 CAN 2.0B 扩展帧报文中标识符有 29 位，使节点的个数几乎不受限制。

(8) 短帧结构

报文采用短帧结构，其传输时间短，受干扰概率低，保证了数据的出错率极低。

(9) 校验及检错

CAN 的每帧信息都有 CRC 校验及其他检错措施，保证了极好的检错效果，从而保证了数据的可靠传输。

(10) 通信介质

CAN 的通信介质可为双绞线、同轴电缆或光纤，选择灵活。

(11) 自动关闭和自动重发

CAN 节点在错误严重的情况下，具有自动关闭输出功能，以使总线上其他节点的操作不受影响，而且发送的信息遭到破坏后，可自动重发。

2. CAN 总线的组成

CAN 数据总线由一个控制器，一个收发器，两个数据传输终端以及两条数据传输线组成。除了数据传输线，其他元件都置于控制单元内部。控制单元功能不变，如图 8—12 所示。

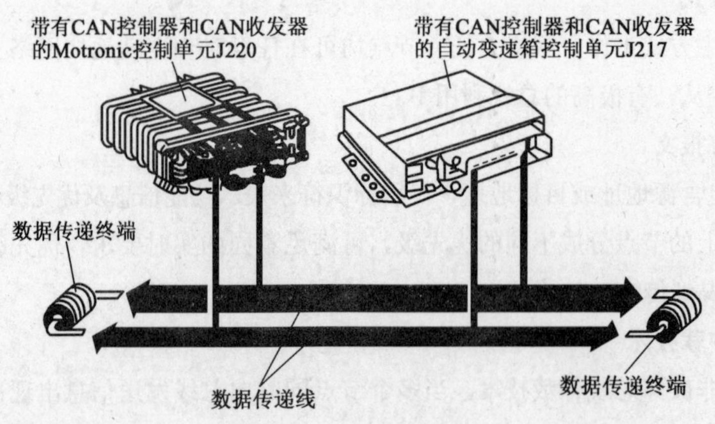

图 8—12　CAN 总线的组成

(1) CAN 控制器

CAN 控制器的作用是接收控制单元中微机传来的数据，对这些数据进行处理并将其传往 CAN 收发器。同样，CAN 控制器也接收由 CAN 收发器传来的数据，对这些数据进行处理并将其传往控制单元中的微机。

(2) CAN 收发器

它将 CAN 控制器传来的数据转化为电信号并将其送入数据传输线。它也为 CAN 控制器接收和转发数据。

(3) 数据传输终端

它是一个电阻器，其作用是防止数据在终端被反射，并以回声的形式返回。数据在终端的反射会影响数据的传输。

(4) 数据传输线

数据传输线为双线，两条线分别称为 CAN 高线和 CAN 低线。为了防止外界电磁波的干扰和向外辐射，CAN 总线将两条线缠绕在一起（双绞线），如图 8—13 所示。

这两条线的电位总相反，如果一条是 5 V，另一条就是 0 V，始终保持电压总和为一常数。通过这种方法，CAN 数据总线得到了保护而免受外界的电磁场干扰，同时 CAN 数据总线向外辐射也保持中性，即无辐射。

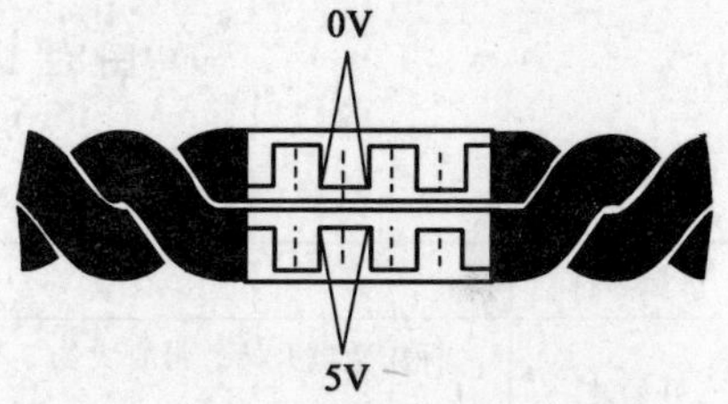

图 8—13　CAN 数据传输线（双绞线）

二、CAN 总线的传输过程

每条数据的传递包括以下 5 个过程：

提供数据 → 发送数据 → 接收数据 → 检查数据 → 接受数据

例如：发动机 ECU 向某 ECUCAN 收发器发送数据，该 ECUCAN 收发器接收到数据，转换信号并发给本 ECU 的控制器。CAN 数据传输系统的其他 ECU 收发器均接收到此数据，但是要判断此数据是否是所需要的数据，如果不是将忽略掉，如图 8—14 所示。

1. 提供数据

各控制单元向 CAN 控制器提供数据用于传输。

2. 发送数据

CAN 收发器从 CAN 控制器处接收数据，将其转化为电信号发出。这些数据以数据列的形式进行传输，数据列是由一长串二进制（高电平与低电平）数字组成，如：0110100100111011。

一条数据由 7 个区域组成，即开始域、状态域、检查域、数据域、安全域、确认域和结束域（见图 8—15）。各区域功能如下表 8—3 所示。

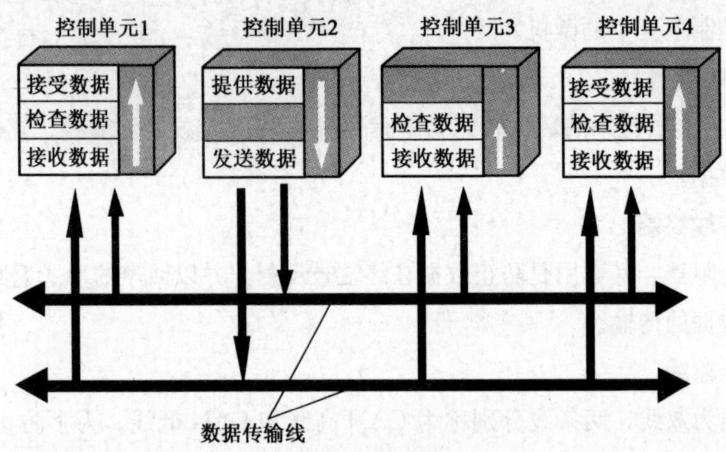

图 8—14　CAN 总线的数据传递过程

表 8—3　　数据中各区域的功能

区域名称	区　域　功　能
开始域	标志数据开始。带有大约 5 V 电压（由系统决定）的 1 位，被送入 CAN 高位传输线，带有 0 V 电压的 1 位被送入 CAN 低位传输线
状态域	判定数据中优先权。举例说明，如果两个控制单元都要同时发送各自的数据，那么，具有较高优先权的控制单元，优先发送
检查域	显示数据域所包含的信息项目，在这里允许任何接收器检查是否已接收到所有信息
数据域	信息被传递到其他控制单元
安全域	检测传输数据中的错误
确认域	在确认域中，接收器信号通知发送器，接收器已经正确接收到数据。如果检查到错误，接收器立刻通知发送器，发送器然后再发送一次数据
结束域	标志着数据报告结束。在这里是显示错误并重复发送数据最后一次机会

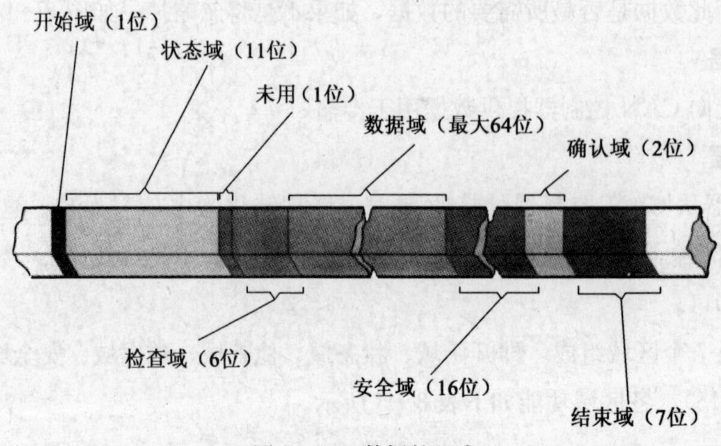

图 8—15　数据的组成

3. 接收数据

所有与 CAN 数据总线一起构成网络的控制单元称为接收器，接收其他 ECU 发来的电信号。

4. 检验数据

控制单元对接收到的数据进行检测，看是否是其功能所需。

5. 接受数据

如果所接收的数据是重要的，将被认可及处理，反之将其忽略。

三、数据的构成

数据由多位构成。在数据中，位数的多少由数据域的大小决定。一位是信息的最小单位（单位时间电路状态）。在电子学中，一位只有“0”或“1”两个值。也就是只有“是”或“不是”两个状态。

1. 灯开关的状态

打开或关闭，这说明灯开关有 2 个不同状态。

（1）灯开关处于值“1”的状态：开关闭合；灯亮。

（2）灯开关处于值“0”的状态：开关打开；灯不亮。

2. 发送器的状态

从原理上讲，CAN 数据总线的功能与灯开关的状态是一致的。

（1）位值为“1”的状态

1）发送器打开，在舒适系统中，电压为 5 V（动力传动系统中，电压为 2.5 V）。

2）相同电压施加到传输线上：在舒适系统中，大约为 5 V 电压；在动力传动系统中大约为 2.5 V。

（2）位值为“0”的状态

1）发送器关闭，接地。

2）传输线同样接地，大约为 0 V。

3. 位与变化状态

（1）2 位

对于 2 位，可产生 4 个变化状态。每一项信息都可由每一个变化状态表示，并与所有的控制单元联系。

例如：电动窗工作或冷却板温度信息。当位 1 和位 2 都是 0 V 传递时，表示运动或 10℃；当位 1 为 0 V，位 2 为 5 V 传递时，表示不运动或 20℃等等（见表 8—4）。

表 8—4　　2 位表示 4 种状态信息

变化	2 位（V）	1 位（V）	电动窗状态信息	冷却液温度信息（℃）
1	0	0	动作	10
2	0	5	静止	20
3	5	0	—	30
4	5	5	—	40

（2）2 位以上

随着位数的增加，信息量相应增加，每增加 1 位数，产生的信息就会增加一倍，其关系见表 8—5 和表 8—6。

表 8—5　　位数与变化次数的关系

位数	变化次数	位数	变化次数
1	2（2^1）	4	16（24）
2	4（2^2）	…	…
3	8（2^3）	n	（$2n$）

表 8—6　　位数 1、2、3 对应的信息量

包含 1 位的位变化（V）	产生的信息（℃）	包含 2 位的位变化（V）	产生的信息（℃）	包含 3 位的位变化（V）	产生的信息（℃）
0	10	0，0	10	0，0，0	10
5	20	0，5	20	0，0，5	20
		5，0	30	0，5，0	30
		5，5	40	0，5，5	40
				5，0，0	50
				5，0，5	60
				5，5，0	70
				5，5，5	80

四、数据报告优先权

如果多个控制单元要同时发送各自的数据，那么系统就必须决定哪一个单元首先发送。具有最高优先级的数据，首先发送。基于安全考虑，由 ABS/DEL 控制单元提供的数据比自

动变速控制单元提供的数据（驾驶舒适）更重要。

1. 数据分配

每个位都有1个值，这个值定义为电位。这样就有2个可能：高电位或低电位。

2. 数据报告的优先权

在状态域中，由11位组成的编码，其数据的组合形式决定了优先权（见表8—7）。

表8—7　　根据状态的11位编码决定优先权

优先权	数据报告	状态域形式
1	ABS/DEL	001 1010 0000
2	Motronic	010 1000 0000
3	自动变速器	100 0100 0000

三个控制单元同时发送数据，此时，在数据传输线上进行1位的数据比较。如果一个控制单元发送了一个低电压，而检测到一个高电位，那么这个控制单元就停止发送，而转为接收，即发出高电位的数据具有优先权，而发出低电位的数据丧失优先权。

举例说明如下：

当ABS/DEL控制单元发送了一个高电位，Motronic控制单元也发送了一个高电位，自动变速箱控制单元发送了一个低电位而检测到一个高电位，那么它将失去优先权，而转为接收（见图8—16）。

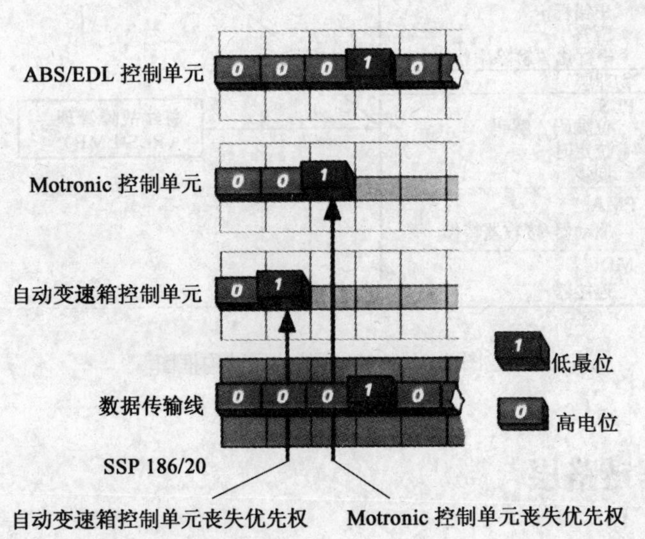

图8—16　数据报告优先权的确定

§8—3　CAN 总线传输原理

一、CAN 的分层结构

根据汽车网络的参考模型，CAN 结构涉及其中的两层：数据链路层和物理层（图 8—17），其功能框图如图 8－18 所示。

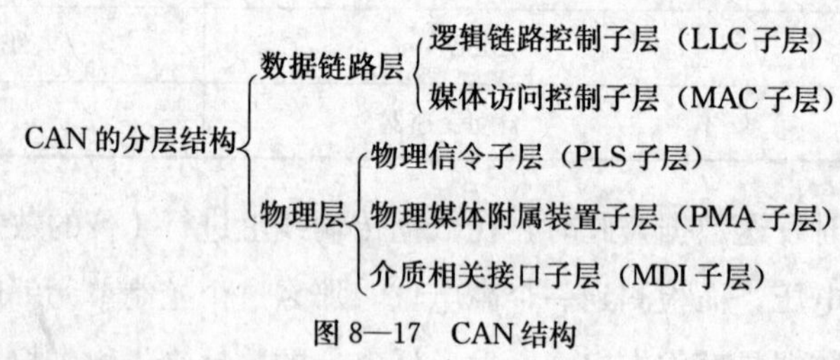

图 8—17　CAN 结构

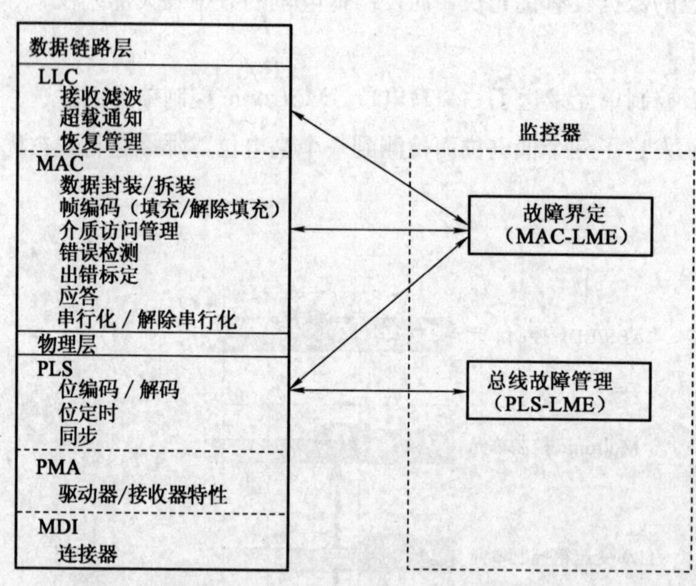

图 8—18　CAN 的分层结构框图

二、CAN 数据链路层

CAN 数据链路层包括逻辑链路控制子层（LLC 子层）和媒体访问控制子层（MAC 子层）。

1. LLC 子层

(1) LLC 子层的功能

LLC 子层提供的功能包括帧接收滤波、超载通告和恢复管理。

1）接收滤波　在 LLC 子层上开始的帧跃变是独立的，其自身操作与先前的帧跃变无关。帧内容由标识符命名。标识符并不能指明帧的目的地，但描述数据的含义，每个接收器通过帧接收滤波确定此帧与其是否有关。

2）超载通告　如果接收器内部条件要求延迟下一个 LLC 数据帧或 LLC 远程帧，则通过 LLC 子层开始发送超载帧。最多可产生两个超载帧，以延迟下一个数据帧或远程帧。

(2) LLC 子层的结构

LLC 是等同 LLC 实体（LPDU）之间进行交换的数据单元。LLC 数据帧由 3 个域，即标识符域、数据长度码（DLC）域和 LLC 数据域组成。

1）标识符域　标识符域有 11 位，用来识别报文以及决定总线访问的优先权。标识符长度为 11 位，其最高 7 位（ID-10～ID-4）不应全为“1”，标识符的二进制值越小其优先权就越高。报文的优先权分配是 CAN 总线的特征之一，特别在一个强大的实时控制环境里，这一点非常吸引人。标识符域中所有的位都能够决定报文的优先权，CAN 规范保证了优先权与延时是相关联的。

2）DLC 域　DLC 指出数据域字节数。DLC 由 4 位构成，数据帧允许数据字节数目范围为 0～8，表 8—8 中规定数值以外的其他数值不能使用。

表 8—8　由 DLC 表示的数据字节数目编码

数据字节数目	DLC			
	DLC3	DLC2	DLC1	DLC0
0	0	0	0	0
1	0	0	0	1
2	0	0	1	0
3	0	0	1	1
4	0	1	0	0
5	0	1	0	1
6	0	1	1	0
7	0	1	1	1
8	1	0	0	0

3）数据域　数据域由帧内被发送的数据组成，它可包括 0～8 个字节，每个字节包括 8 位。

2. MAC 子层

(1) MAC 子层的结构功能模型

MAC 子层的功能模型由发送部分和接收部分组成（图 8—19）。

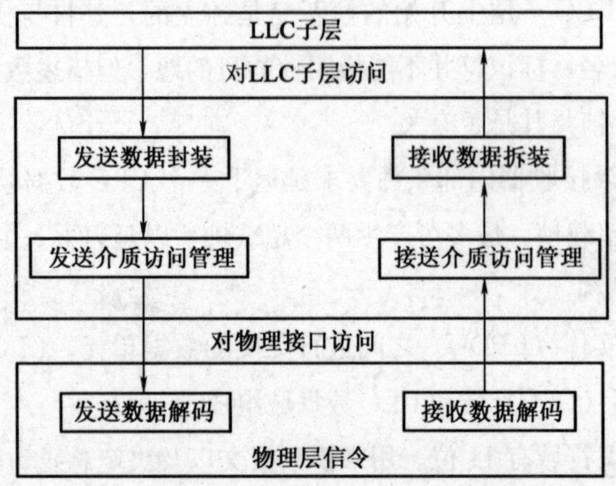

图 8—19　MAC 子层的结构功能模型

1）发送部分功能　发送期间，对于丢失仲裁或被错误干扰的帧，LLC 子层具有自动重发功能。在发送完成前，帧发送服务不被用户认可。

① 发送数据封装：

• 接收 LLC 帧接口控制信息。

• CRC 循环冗余检验。

• 通过向 LLC 帧附加起始 SOF 和远程发送请求 RTR、保留位、CRC、应答 ACK 和帧结束 EOF。

② 发送介质访问管理：

• 确认总线空闲后，开始发送过程（通过帧间空闲应答）。

• MAC 帧串行化。

• 插入填充位（位填充）。

• 在丢失仲裁情况下，退出仲裁并转入接收方式。

• 错误检测（监控、格式检验）。

• 应答校验。

• 确认超载条件。

• 构造超载帧并开始发送。

• 构造出错帧并开始发送。

• 输出串行位流至物理层并准备发送。

2）接收部分功能

①接收介质访问管理：

• 由物理层接收串行位流。

• 解除串行结构并重新构造帧结构。

• 检测填充位（解除位填充）。

• 错误检测（CRC、格式校验填充规则校验）。

• 发送应答。

• 构造错误帧并开始发送。

• 确认超载条件。

• 重激活超载帧结构并开始发送。

② 接收数据拆装：

• 由接收帧中去除 MAC 特定信息。

• 输出 LLC 帧和接口控制信息至 LLC 子层。

(2) MAC 子层的结构

MAC 子层主要由数据帧、远程帧、出错帧和超载帧 4 种不同类型的帧组成。

1）MAC 的数据帧　MAC 数据帧的作用是将数据由发送器传至接收器。

一个 MAC 数据帧由 7 个不同域构成，即：帧起始、仲裁域、控制域（两位保留位＋DLC 域）、数据域、CRC 域、ACK 域和帧结束。

2）MAC 的远程帧　MAC 远程帧的作用是请求发送具有相同标识符的数据帧。

激活为数据接收器的节点，可以通过发送一个远程帧，启动源节点发送各自的数据。一个远程帧由 6 个不同的域构成：帧起始（SOF）、仲裁域、控制域（两位保留位＋DLC 域）、CRC 域、ACK 域和帧结束（EOF）。

其中，仲裁域由来自 LLC 子层的标识符和 RTR 位构成。在 MAC 数据帧中，RTR 位数值为“1”。帧起始、控制域、CRC 域、ACK 域和帧结束等域均与 MAC 数据帧的相应域相同。

3）MAC 的出错帧　MAC 出错帧的作用是从任何节点出发，检验总线错误。

出错帧由两个不同的域构成，第一个由来自不同节点的错误标志叠加给出，第二个为错误界定符。

①错误标志：它有两种错误标志形式，即活动错误标志和认可错误标志。前者由 6 位连续的“显性”位组成；后者由 6 位连续的“隐性”位构成。认可错误标志的某些或所有位可由来自其他节点的“显性”位改写。

②错误界定符：它由 8 位“隐性”位构成。发送错误标志后，每个节点送出“隐性”位，并监控总线，直至其检测到“隐性”位。此后，它开始发送剩余的 7 个“隐性”位。

4）MAC 的超载帧　MAC 超载帧的作用是用于提供先前和后续数据帧或远程帧之间的

附加延时。

存在两类具有相同格式的超载帧：LLC 要求的超载帧和重激活超载帧，前者为 LLC 子层所要求，以表明内部超载状态；后者由 MAC 子层的一些出错条件启动发送。

超载帧包括两个域：超载标志和超载界定符。超载标志的完整形式相应于活动错误标志；超载界定符与错误界定符具有相同形式。超载标志由 6 个“显性”位构成，超载界定符由 8 位“隐性”位构成。

(3) MAC 子层的帧间间隔

数据帧和远程帧同前述的任何帧（数据帧、远程帧、出错帧、超载帧）以帧间间隔位域隔开。与此相反，超载帧和错误帧前面不存在帧间间隔，并且多个超载帧也不用帧间间空间分隔。

帧间间隔包括间歇域和总线空闲域，并且对先前帧已发送“错误—认可”的节点还有暂停发送域，如图 8—20 所示。

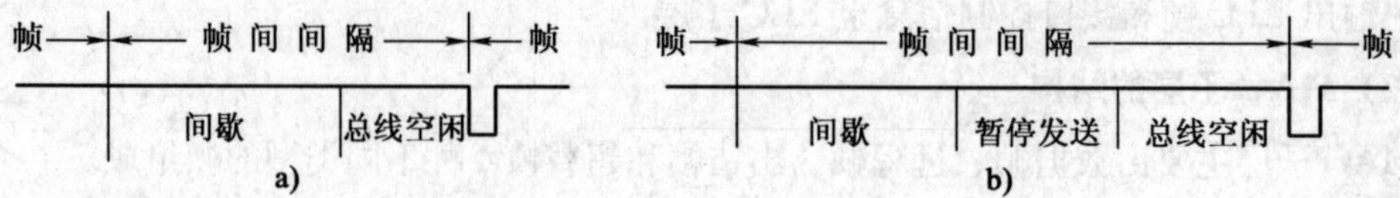

图 8—20　MAC 子层的帧间间隔

a）非“错误—认可”或已收到先前帧节点的帧间间隔

b）先前帧已发送“错误—认可”节点的帧间间隔

1）间歇域　间歇域由 3 个“隐性”位构成。间歇期间不允许节点开始发送数据帧或远程帧，仅起标注超载条件的作用。

2）总线空闲域　总线空闲域可以是任意。总线空闲任意时，任何节点均可访问总线以便发送。其他帧发送期间，等待发送的帧在紧随间歇域后的第一位启动。如果在总线空闲期间检测到总线上“显性”位将被理解为帧起始。

3）暂停发送域　“错误—认可”节点完成发送后，其在紧随间歇后，被允许发送下一帧前，送出 8 位“隐性”位。期间，若有发送启动（由其他节点引起），则节点变为该帧的接收器。

三、CAN 物理层

物理层是将 ECU 连接至总线的电路实现。ECU 的总线将受限于总线上的电气负载。

1. 物理层功能模型

如图 8—21 所示，CAN 的物理层划分为物理信令子层、媒体附属装置子层和媒体相关接口子层三部分。其中，媒体附属装置子层和媒体相关接口子层构成了媒体访问单元(MAU)，MAU 表示用于耦合节点至发送媒体部分。MAU 由物理层媒体附属装置、PMA

和媒体相关接口（MDI）构成。

（1）物理信令子层（PLS）实现与位表示、定时和同步相关的功能。

（2）PMA 子层实现总线发送/接收的功能电路并可提供总线故障检测方法。

（3）媒体相关接口子层（MDU）是物理媒体和 MAU 之间的机械和电气接口。

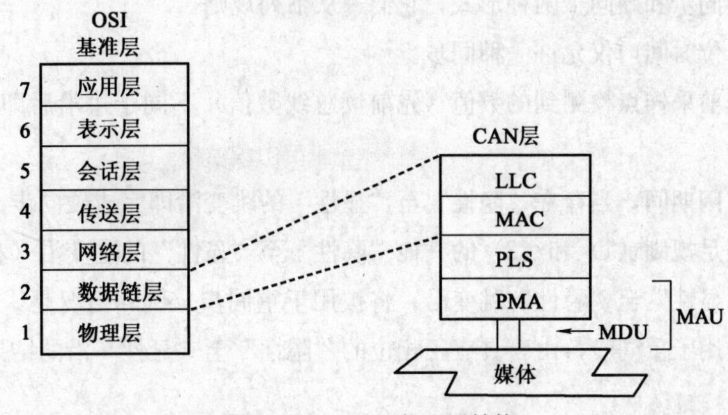

图 8—21　CAN 物理层结构

2. 位时间

位时间被定义为一位的持续时间。在位时间框架内执行的总线管理功能诸如 ECU 同步状态、网络发送延迟补偿和采样点定位，均由 CAN 协议集成电路的可编程位定时逻辑确定。

正常位时间由同步时间段、传播时间段、相位缓冲段 1 和相位缓冲段 2 组成（图 8—22）。

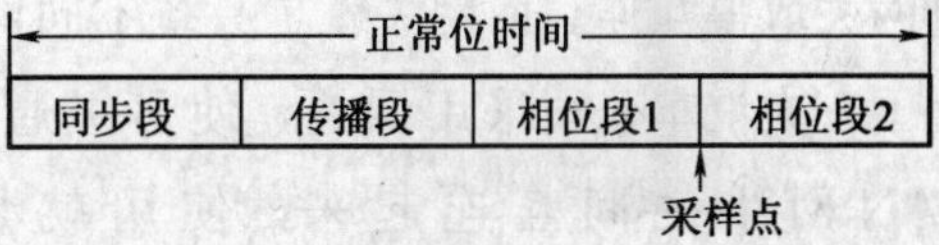

正常位时间

同步段	传播段	相位段1	相位段2

采样点

图 8—22　位时间的组成

同步时间段用于同步总线上的各种 ECU，在此段内，等待一个跳变沿。传播时间段用于补偿网络内的物理延迟时间。这些延迟时间包括总线上的信号传播时间和 ECU 的内部延迟时间。两个相位缓冲段用于被补偿沿相位误差。这两个时间段可通过重同步延长或缩短。

采样点是这样一个时点，在此点上，读总线电平，并被理解为相应位数值，并位于相位缓冲段 1 的结束。信息处理时间始于采样点，保留用做计算子序列电平的时间段。

位时间按时间份额进行编程。时间份额是由振荡器周期推出的固定时间单位。当前可编程数的预分刻度范围为 1～32。自时间份额最小值开始，时间份额可具有的长度是

$$时间份额=m\times时间份额最小值$$

式中　m——预分刻度数值。

组成时间的各时间长度分别为：同步时间段长度为一个时间份额。传播时间段长度可编

程为 1，2，3，…，8 或更多时间份额。相位缓冲段为最大值加信息处理时间。信息处理时间长度为小于或等于两个时间份额。位时间中时间份额总数必须为至少 8～25。对于不同 ECU 中振荡器的频率应加以调整，以便提供系统规定的时间份额。

3. 同步

同步包括重同步和硬同步两种形式，它们遵从下列规则：

（1）在一个位时间内仅允许一种同步。

（2）只有先前采样点检测到的数值（先前读总线数值）不同于边沿后即现的总线数值，边沿被用于同步。

（3）总线空闲期间，当存在“隐性”至“显性”的跳变沿即完成硬同步。

（4）所有满足规则（1）和（2）的其他“隐性”至“显性”的跳变沿（和在低位速率情况下，选择的“显性”至“隐性”跳变沿）将被用于重同步。例外情况是，若只有“隐性”至“显性”沿被用于重同步，由于具有正相位的“隐性”至“显性”沿的结果，发送器将不完成重同步。

四、不同版本通信协议的互连

SAE 车辆网络委员会将汽车传输网划分为 A、B、C 三级。不同版本的 CAN，可以通过网关取得互连。而网关就是具备不同网络协议之间信息转换能力的电子控制单元。如美国三大汽车公司采用网关，使 B 级通信协议 SAE J 1850 网络与 C 级通信协议 Bosch CAN 网络之间互连起来，使用就是一个 Intel16 位 87C169KR 单片机。

如图 8—23 所示，两个 CAN 网络执行器是两个独立芯片，由于 CAN 微控制器（单片微机）作为网关，CAN 执行器芯片将像随机存储器一样被网关读写。一旦收到信息，网关就执行接收 CAN 芯片的外部操作，然后按转换信息的逻辑指令，执行外部等的操作，并对网络第二个 CAN 芯片作编程传输。

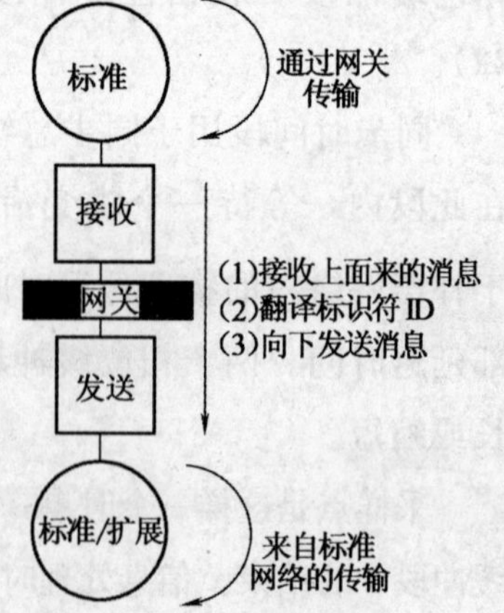

图 8—23　不同版本的 CAN 互连

CAN 2.0B 协议数据位速率可达 1 Mbps，相当于可执行 SAE－C 级高速数据速率的通信协议，故被 SAE 称为“C 级”串行控制和通信网络推荐实施标准，又称为 SAE 1939 规范。由于高速率串行链路的电子元件和相应硬件成本较昂贵，因此某些不需要高速数据速率的控制系统如灯光、车内温度、中央门锁等，可以采用中速（B 级）、低速（A 级）的通信网络。如 SAE J1850 就是采用数据速率为 41.6 kbps 的 B 级通信网络，利用网关将要求高速率 C 级通信的发动机控制互连。ABS 的 CAN 2.0B 网络用网关与 SAE J1850 网络实现互连，如图 8—24 所示。

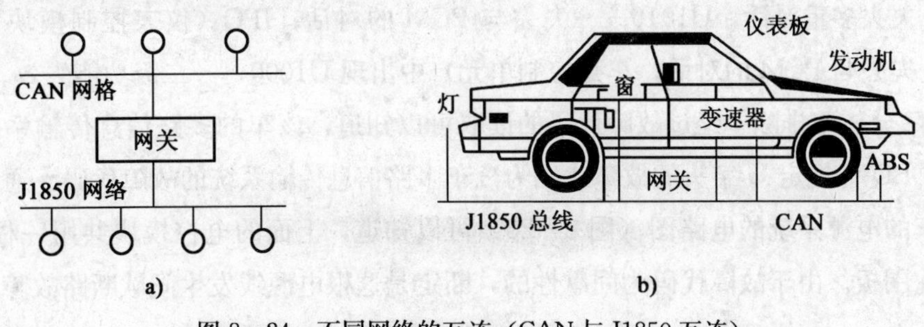

图 8—24　不同网络的互连（CAN 与 J1850 互连）

a）框图　b）布置图

§ 8—4　CAN 总线常见故障诊断

装有 CAN—BUS 多路信息传输系统的车辆出现故障，维修人员应首先检测汽车多路信息系统是否正常。因为如果多路信息传输系统有故障，则整个汽车多路信息传输信息系统中的有些信息将无法传输，接收这些信息的电控模块将无法正常工作，从而为故障诊断带来困难。对于汽车多路信息传输系统故障的维修，应根据多路信息传输系统的具体结构和控制回路具体分析。

一、故障类型

一般说来，引起汽车多路信息传输系统故障的原因有三种：一是汽车电源系统引起的故障；二是汽车多路信息传输系统的链路故障；三是汽车多路信息传输系统的节点故障。

1. 汽车电源系统引起的 CAN—BUS 故障

(1) 故障产生机理

汽车多路信息传输系统的核心部分是含有通信 IC 芯片的电控 ECU，电控 ECU 的正常工作电压在 10.5～15.0 V 的范围内。如果汽车电源系统提供的工作电压低于该值，就会造成一些对工作电压敏感的电控 ECU 出现短暂的停止工作，从而使整个汽车多路信息传输系统出现短暂的无法通讯。这种现象就如同用微机故障诊断仪在未起动发动机时就已经设定好要检测的传感界面，当发动机起动时，往往微机故障诊断仪又回到初始界面。

(2) 故障实例分析

1）故障现象　一辆上海别克轿车，在车辆行使过程中，时常出现转速表、里程表、燃油表和水温表指示为零的现象。

2）故障检测　用 TECH2 扫描工具（微机故障诊断仪）读取故障代码，各个电控模块均没有当前故障代码，而在历史故障代码中出现多个故障代码。其中：SDM（安全气囊控制模块）中出现 U1040——失去与 ABS 控制模块的对话，U1000——二级功能失效，U1064——失去多重对话，U1016——失去与 PCM 的对话；IPC（仪表控制模块）中出现 U1016——失去与 PCM 的对话；车身控制单元）中出现 U1000——二级功能失效。

3）故障分析与排除　经过故障代码的读取可以知道，该车的多路信息传输系统存在故障，因为 OBD-Ⅱ规定 U 字头的故障代码为汽车多路信息传输系统的故障代码。通过查阅上海别克轿车的电源系统的电路图（图 8—25）可以知道，上面的电控模块共用一根电源线，并且通过前围板。由于故障代码为间歇性的，断定是这根电源线发生间歇断路故障。

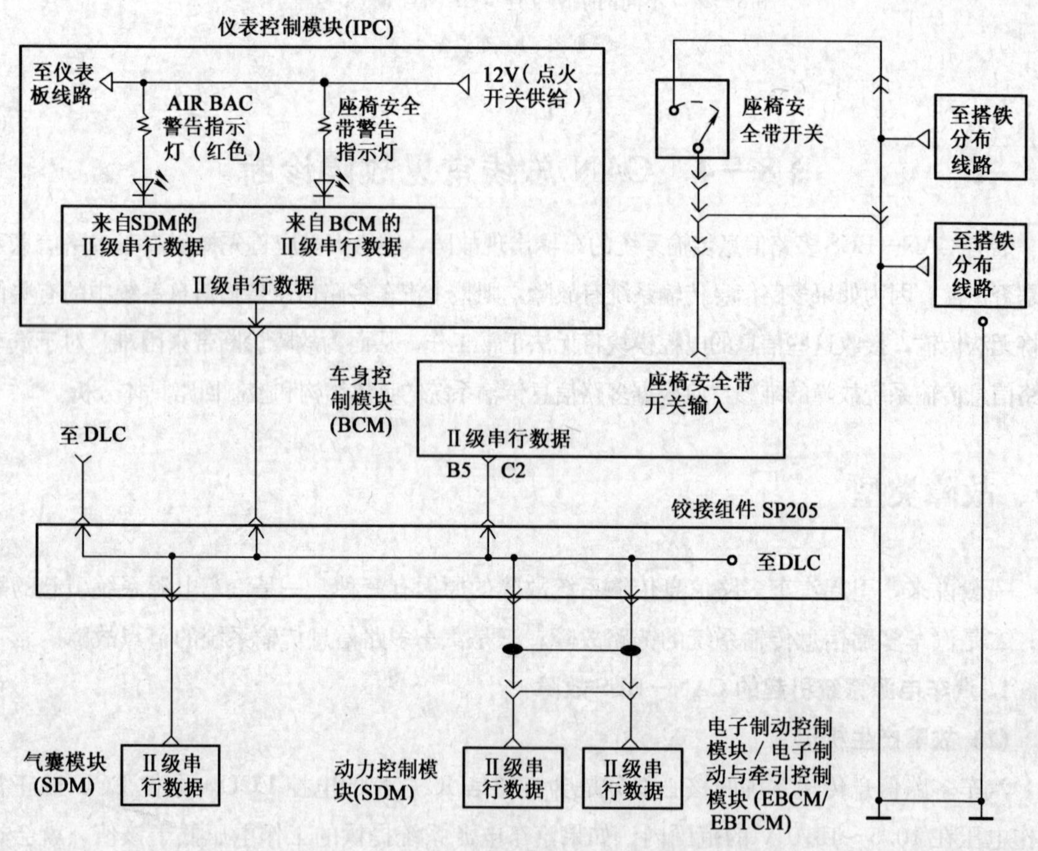

图 8—25　上海别克轿车的多路传输系统

2. 节点故障

(1) 故障形成机理

节点是汽车多路信息传输系统中的电控模块，因此节点故障就是电控模块 ECM 的故障。它包括软件故障即传输协议或软件程序有缺陷或冲突，从而使汽车多路信息传输系统通讯出现混乱或无法工作，这种故障一般成批出现，且无法维修。硬件故障一般由于通讯芯片或集成电路故障，造成汽车多路信息传输系统无法正常工作。对于采用低版本信息传输协议或点到点信息传输协议的汽车多路信息传输系统，如果有节点故障，将出现整个汽车多路信息传输系统无法工作。

(2) 故障实例分析

1）故障现象　一辆上海帕萨特 B5 轿车在使用中出现机油压力报警灯与安全气囊故障指示灯报警，同时发动机转速表不能运行故障。

2）故障检测　用 V. A. G. 1552 故障阅读仪读取发动机控制系统的故障代码，发现有两个偶发性故障代码：18044/P165035——安全气囊控制单元无信号输出；18048/P165035——仪表数据输出错误。用 V. A. G. 1552 故障阅读仪读取仪表系统的故障代码为：01314049 发动机控制单元无通讯；01321049——到安全气囊控制单元无通讯。

(3) 故障分析和排除

通过读取故障代码可以初步判断故障在汽车多路信息传输系统。通过对汽车电气线路进行分析，电源系统引起故障的概率很小，故障很可能是节点或链路故障。用替换法尝试安全气囊控制单元，故障得以排除。

3. 链路故障

(1) 故障形成机理

当汽车多路信息传输系统的链路（或通讯线路）出现故障时，如：通讯线路的短路、断路以及线路物理性质引起的通讯信号衰减或失真，都会引起多个电控单元无法工作或电控系统错误等多路信息传输系统无法工作。

判断是否为链路故障时，一般采用示波器或汽车专用光纤诊断仪来观察通讯数据信号是否与标准通讯数据信号相符。

(2) 故障实例分析

1）故障现象　一辆奥迪 100 轿车的电控自动空调系统在开关接通的情况下，鼓风机能工作，但是空调系统却不制冷。

2）故障检测与排除　通过观察，发现空调压缩机的电磁离合器不吸合，但发动机工作正常。检查电磁离合器线路的电阻值，电阻值符合规定值，检查空调控制单元的输出端没有输出信号。此时用 V. A. G. 1552 故障阅读仪读取发动机控制系统和空调控制系统的故障代码，均无故障代码。用 V. A. G. 1552 故障阅读仪读取空调控制单元的数据流，发动机的转速数据为零。由于发动机工作正常，因此发动机控制单元接收的发动机转速信号应该正常，检查发动机控制单元和空调控制单元之间的通讯线路，发现两者之间的专用通讯线接脚变形造成链路断路，修复接插件后故障排除。

二、故障诊断步骤

对于多路信息传输系统的故障诊断，一般采用以下步骤进行：

第一步：了解该车型多路信息传输系统的特点，包括：

• 传输介质：如双绞线、网轴电缆、光纤。

• 局域网形式：如 CAN 网、LAN 网。

• 网络通讯协议的类型：如 CAN 协议、A-BUS 协议、VAN 协议、PALMENT 协议、CCD 协议、HBCC、DLCS 协议等。

第二步：了解汽车多路信息传输系统的各种功能，如有无唤醒功能、休眠功能等。

第三步：检测汽车电源系统是否存在故障，如交流发电机的输出波形是否正常（若不正常将导致信号干扰等故障）等。

第四步：检查汽车多路信息传输系统的链路是否存在故障，采用替换法或采用跨线法进行检测。

第五步：检查节点。如果是节点故障，只能采用替换法进行检测。

三、CAN 总线的检测方法

1. CAN 总线用在国产轿车的车型

CAN 双线式数据总线系统是一个有两条线的总线系统，通过这两条数据总线，数据便可以按顺序传到与系统相连的控制单元。这些控制单元就是通过 CAN 总线彼此相通的（即通 CAN 总线传递数据）。CAN 双线式系统目前已经广泛应用在电控汽车上，国产一汽宝来（BORA）、一汽奥迪 A6、上海帕萨特 B5 和波罗（POLO）轿车上均不同程度地采用了 CAN 双线式数据总线系统。

2. 检测控制单元的功能故障

在检查数据总路线系统前，须保证所有与数据总线相连的控制单元无功能故障。功能故障指示不会直接影响数据总线系统，但会影响某一系统的功能故障。例如：传感器损坏，其结果是传感器信号不能通过数据总线传递。这种功能故障对数据总线系统有间接影响。这会影响需要该传感器信号的控制单元的通讯。如存在功能故障，先排除该故障，记下该故障并消除所有控制单元的故障代码。

3. 检测 CAN 总线的故障

（1）两个控制单元组成的双线式数据总线系统的检测

检测时，关闭点火开关，断开两个控制单元（图 8—26）。检查数据总线是否断路、短路或对正极/地短路。如果数据总线无故障，更换较易拆下（或较便宜）的一个控制单元试一下。如果数据总线系统仍不能正常工作，更换另一个控制单元。

（2）三个或更多控制单元组成的双线式数据总路线系统的检测

检测时，先读出控制单元内的故障代码。如图 8—27 所示，如果控制单元 1 与控制单元

2 和控制单元 3 之间无通讯，关闭点火开关，断开总路线相连的控制单元，检查数据总线是否断路。如果数据总线无故障，更换控制单元 1，如果所有控制单元均不能发送和接收信号（存储器“硬件故障”），则关闭点火开头，断开与数据总线相连的控制单元，检测数据总线是否短路，是否对正极/地短路。

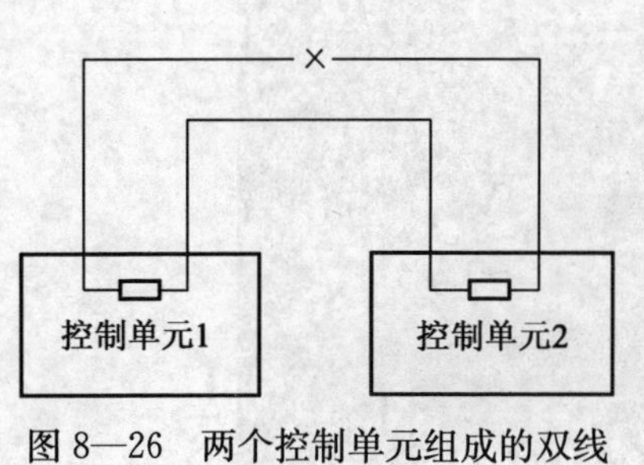

图 8—26　两个控制单元组成的双线式数据总路线系统

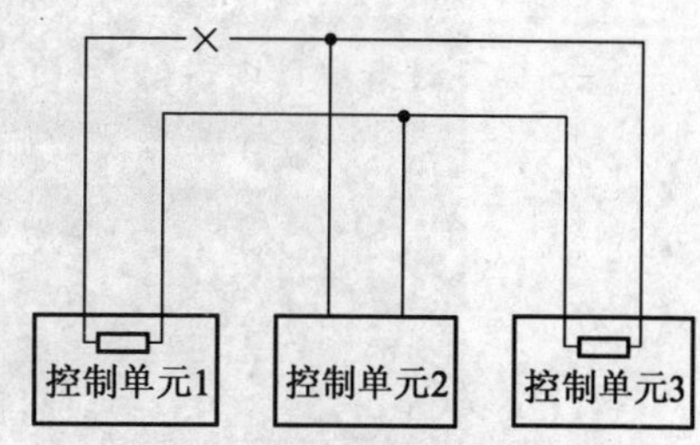

图 8—27　三个控制单元组成的双线式数据总路线系统

如果数据总线上查不出引起硬件损坏的原因，检查是否某一控制单元引起该故障。

对于大众车系，其检查方法是：断开所有通过 CAN 数据总线传递数据的控制单元，关闭点火开关，接上其中一个控制单元，连接 V. A. G. 1551 或 V. A. G. 1552，然后打开点火开关，清除刚接上的控制单元的故障代码。用功能 06 来结束输出，关闭再打开点火开关，打开点火开关 10 s 后用故障阅读仪读取刚接上的控制单元故障存储器内的内容。如显示“硬件损坏”，则更换则接上的控制单元；如未显示“硬件损坏”，接上下一个控制单元，重复上述过程。

连接蓄电池接线柱后，输入收音机防盗密码，进行玻璃升降器单触功能的基本设定及时钟的调整，对于汽油发动机的汽车，还应进行节气门控制单元的自适应。

4. 检测波形

分析 CAN 总线的故障时，可用专用示波器测量双绞线的波形，通过分析其波形，可诊断其故障，主要是比绞线短路或断路故障。典型波形如图 8—28 所示。

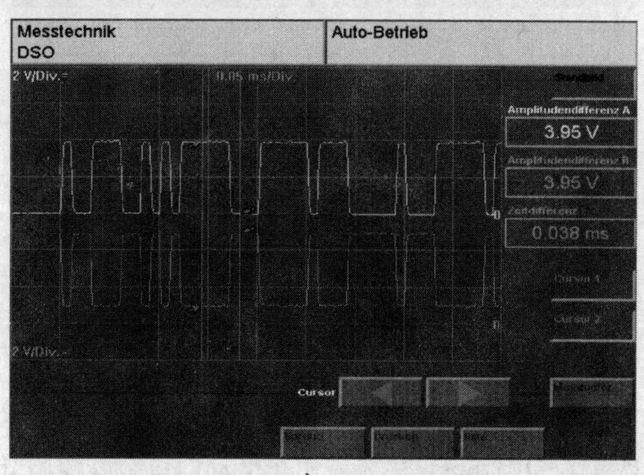

a)

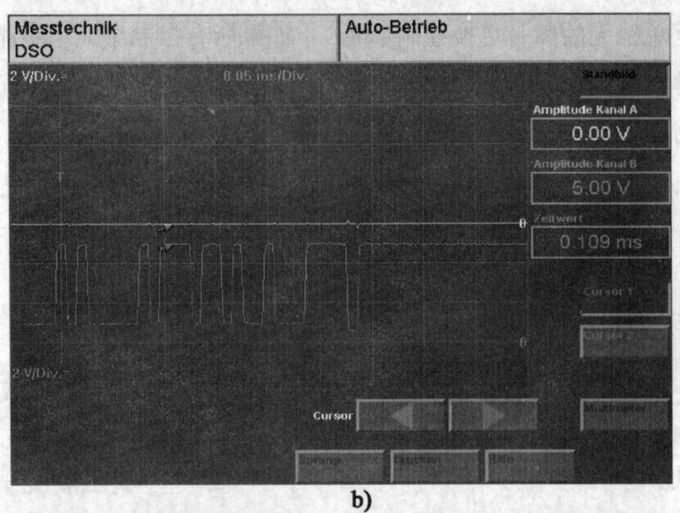

b)

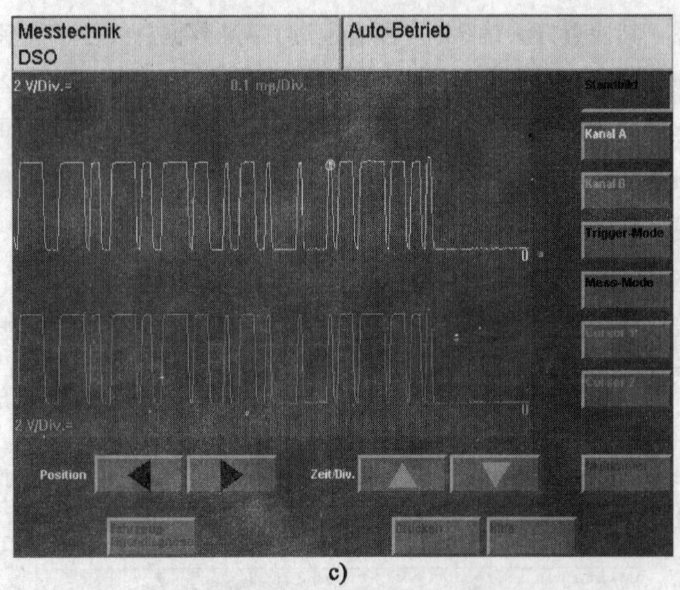

c)

图 8—28　CAN 总线的典型波形测试

a）正常波形　b）对地短路　c）CAN 高与 CAN 低两线短接

单 元 小 结

1. 汽车网络通常划分为 A、B、C 三类。A 类是面向传感器、执行器控制的低速网络，数据传输位速率通常只有 1～10 kbps，主要应用于电动门窗、座椅调节、灯光照明等控制。

B类是面向独立模块间数据共享的中速网络，位速率一般在10～100 kbps之间，主要应用于电子车辆信息中心、故障诊断、仪表显示、安全气囊等系统。C类是面向高速、实时闭环控制的多路传输网，最高位速率可达1 Mbps，主要用于悬架控制、牵引控制、先进发动机控制、ABS等系统。满足C类网要求的汽车控制局域网主要是CAN协议。

2. 汽车电控单元的连接方式主要有中控式控制方式、区域式控制方式、分配式控制方式3种。

3. 汽车网络的基本概念有很多，主要有多路传输、模块/节点、数据总线、网络、通信协议、总线速度、网关、帧等。

4. 汽车网络结构一般主要包括两大部分，一是通信部分；二是网络管理部分。现场总线的通信结构只采用了ISO/OSI的3层模型：物理层、数据链路层和应用层。

5. CAN，全称为“Controller Area Network”，即控制器局域网，是国际上应用最广泛的现场总线之一。CAN总线由一个控制器、一个收发器、两个数据传输终端以及两条数据传输线组成。除了数据传输线，其他元件都置于控制单元内部。

6. CAN总线的传输过程包括5个过程：提供数据、发送数据、接收数据、检查数据和接受数据。

7. 一条数据的形成由7个区域组成，即开始域、状态域、检查域、数据域、安全域、确认域和结束域。

8. 多个控制单元同时发送各自的数据时，具有最高优先级的数据，首先发送。基于安全考虑，由ABS/DEL控制单元提供的数据比自动变速控制单元提供的数据（驾驶舒适）更重要。

9. 根据汽车网络的参考模型，CAN结构涉及其中的两层：数据链路层和物理层。CAN数据链路层包括逻辑链路控制子层（LLC子层）和媒体访问控制子层（MAC子层）。CAN的物理层包括物理信令子层、物理媒体附属装置子层和介质相关接口子层。

10. 汽车多路信息传输系统故障的原因有3种：一是汽车电源系统引起的故障；二是汽车多路信息传输系统的链路故障；三是汽车多路信息传输系统的节点故障。

单元9 汽车数据流和波形分析

培训目标

本单元主要讲述数据流和波形分析，通过本单元学习，读者应：

◎掌握数据流分析的基本方法，即数值分析法、时间分析法、因果分析法、关联分析法和比较分析法；

◎能正确读取数据流；

◎能分析判断发动机数据流变化规律；

◎能分析判断自动变速器数据流变化规律；

◎能分析判断 ABS 数据流变化规律；

◎能掌握波形分析的基本方法，正确读波形；

◎能正确测试传感器波形并能分析；

◎能正确测试执行器波形并能分析；

◎能正确测试点火波形并能分析。

§9—1 数据流分析

一、数据流分析基础

1. 数据显示方式

数据参数分析在测量结果显示方式上可分为数值显示和波形显示两种方式。

(1) 数值显示

数值显示是对控制计算机串行数据参数的数字表示方式，它对开关量（或称为数字量或非连续性）参数可以精确地描述出状态变化，但是模拟量参数特别是高速变化的模拟量因串行输出的原因，只能间断地反映出某个数据参数值的变化，特别是当串行数据较多而刷新速率较慢时。

1）数字量（或开关量）参数　信号电压（或电流）随时间变化不是连续变化的信号称为数字信号（图 9—1）。

脉冲信号或数字信号（高电平或低电平），通过输入回路处理后，可以直接传输到微机进行运算处理。

2）模拟量参数　信号电压（或电流）随时间变化而连续变化的信号称为模拟信号（图 9—2）。

由于计算机不能识别模拟量，因此需要经过 A/D 转换器将连续变化的模拟量转换成数字之后，才能输入微机。

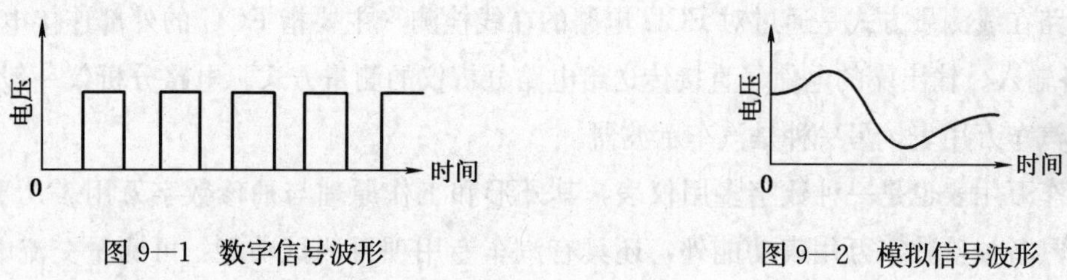

图 9—1　数字信号波形　　图 9—2　模拟信号波形

(2) 波形显示

波形显示是对数据参数用连续性图形表示的方法，它对开关量和模拟量都可以精确描述，特别是对高速变化的模拟量可以准确形象地描述变化过程的全貌，有利于捕捉突变的信号变化（故障）。

2. 数据测量方式

数据参数的测量手段是获取数据值的具体途径，常见的有电脑通讯测量式、电路在线测量式和元件模拟测量式三种。

(1) 电脑通讯方式

电脑通讯方式是通过控制系统在诊断插座中的数据通讯线将 ECU 的实时数据参数以串行的方式传送给诊断仪。之所以称其为数据流，是因为数据的传输就像队伍排队一样一个一个通过通讯线流向诊断仪。在数据流中包括故障的信息、ECU 的实时运行参数、ECU 与诊断仪之间的相互控制指令。诊断仪在接收到这些信号数据后，按照预定的通讯协议将其显示为相应的文字和数码，以使维修人员观察系统的运行状态并分析这些内容，发现其中不合理或不正确的信息，进行故障的诊断。

电脑诊断仪有两种，一种称为通用诊断仪，另一种称为专用诊断仪。

通用诊断仪的主要功能有：ECU 版本的识别、故障码读取和清除、动态数据参数显示、传感器和部分执行器的功能测试与调整、某些特殊参数的设定、维修资料及故障诊断提示及路试记录等。通用诊断仪可测试的车型较多，适应范围也较宽，因此被称为通用型仪器，但它与专用诊断型相比，无法完成某些特殊功能。这也是大多数通用仪器的不足之处。

专用诊断仪是汽车生产厂家的专业测试仪，它除了具备通用诊断仪的各种功能外，还有参数修改、数据设定、防盗密码设定、更改等各种特殊功能。专用诊断仪是汽车厂家自行或委托设定的专业测试仪器，它只适用于本厂家生产的车型。

通用诊断仪和专用诊断仪的动态数据显示功能不仅可以对控制系统的运行参数（最多可达上百个参数）进行数据分析，还可以观察电脑的动态控制过程，因此它具有从电脑内部分析过程的诊断功能。它是进行数据分析的主要手段。

(2) 在线测量方式

电路在线测量方式是通过对 ECU 电路的在线检测（主要指 ECU 的外部连接电路），将 ECU 各输入、输出端的电信号直接传送给电路分析仪的测量方式。电路分析仪一般有两种，一种是汽车万用表，另一种是汽车示波器。

汽车万用表也是一种数字多用仪表，其外形和工作原理与袖珍数字万用表几乎没有区别，除具备袖珍数字万用表功能外，还具有汽车专用项目测试功能：可测量交流电压与电流、直流电压与电流、电阻、频率、电容、占空比、温度、二极管、闭合角、转速；也有一些新颖功能，如自动断电、自动变换量程、模拟条图显示、峰值保持、读数保持（数据锁定）、电池测试（低电压提示）等。为实现某些功能（例如测量温度、转速），汽车万用表还配有一套配套件，如热电偶适配器、热电偶探头、电感式拾取器以及 AC/DC 感应式电流夹钳等。

汽车示波器是用波形显示的方式表现电路中电参数的动态变化过程的专业仪器，它能够对电路上的电参数进行连续式图形显示，是分析复杂电路上电信号波形变化的专业仪器。汽车示波器通常用两个或两个以上的测试通道，它可以同时对多路电信号进行同步显示，具有高速动态分析各信号间相互关系的优点。通常汽车示波器设有测试菜单，使用时无需像普通示波器那样繁琐地设定，只需点一下要测试的传感器或执行器的菜单就可以自动进入测量。电子存储示波器还具有连续记忆和重放功能，便于捕捉间歇性故障。同时也可以通过一定的软件与 PC 机连接，将采集的数据进行存储、打印、再现。

(3) 元器件模拟方式

元件模拟式测量是通过信号模拟器替代传感器向 ECU 输送模拟的传感器信号，并对 ECU 的响应参数进行分析比较的测量方式。信号模拟器有两种，一种是单路信号模拟器，另一种是同步信号模拟器。

1）单路信号模拟器　单路信号模拟器是单一通道信号发生器，它只能输出一路信号，模拟一个传感器的动态变化信号。主要信号有可变电压信号（0～15 V），可变交直流频率信号（0～10 Hz）。可变电阻信号，用可变模拟信号去动态分析 ECU 系统的响应，进而分析 ECU 及系统的工作情况。

2）同步信号模拟器　同步信号模拟器是两通道以上的信号发生器，它主要用于产生有相关逻辑关系的信号，如曲轴转角和凸轮轴传感器同步信号，用于模拟发动机运转工况，完成在发动机未转动的情况下对 ECU 进行动态响应数据分析的实验。同步信号模拟器的功用也有两个，即用对比方式比较传感器好坏，以及分析 ECU 系统的响应数据参数。

3. 数据流分析方法

数据流分析方法有以下几种方法，即数值分析法、时间分析法、因果分析法、关联分析法、比较分析法等。

(1) 数值分析法

数值分析是对数据的数值变化规律和数值变化范围的分析，数值的变化如转速、车速、电脑读值和实际值的差异等。

在控制系统运行时，控制模块将以一定的时间间隔不断接受各个传感器的输入信号和向各个执行器发出控制指令，对某些执行器的工作状态还根据相应传感器的反馈信号再加以修正。可以通过诊断仪器读取这些信号参数的数值并加以分析。

［例 9—1］　系统电压，在发动机未起动时，其值应约为当时的蓄电池电压，在起动后应等于该车充电系统的电压。若出现不正常的数值，表示充电系统或发动机控制系统可能出现故障（因有些车型的充电系统是由发动机 ECU 控制的），有时甚至是电脑内部的电源部分出现故障。

［例 9—2］　在进行 ABS 系统的测试时，应注意观察四轮的轮速信号值（对四轮 ABS 系统），在未施加制动时，四轮车速在正常情况下应基本一致（除非四个轮在某一时刻行驶在不同附着系数的路面上），在施加制动但 ABS 功能尚未起作用时，四轮轮速会出现不一致，而一旦 ABS 功能起作用，四轮轮速将趋于一致，否则表示制动系统或控制系统可能存在故障。而某些前驱动的车型上，若因半轴外球笼损坏更换时未对球笼上的 ABS 信号发生器齿环齿数和齿环直径进行测量，安装后轮速信号始终错误，ABS 故障灯将点亮，故障码提示轮速错误，但在观察时又有轮速信号，这时应注意各个轮速信号的频率或电压，在有些系统中可直接读到轮速值。

［例 9—3］　对于发动机不能起动（起动系统正常）的情况，应注意观察发动机的转速信号（用诊断仪）。因为大多数发动机控制系统在对发动机进行控制时都必须知道发动机的转速（取信号的方式各车型会不同），否则将无法确定发动机是否在转动，当然也无法计算进气量和进行点火及喷油的控制。

[例 9—4] 广州本田雅阁轿车冷却风扇的控制不是采用安装在散热器上的温控开关，而是发动机 ECU 接受冷却液温度传感器的电压信号，判断冷却液的温度变化，当达到规定的温度点时，ECU 将控制风扇继电器接通，使风扇工作。如一辆广州本田雅阁 2.32 轿车，发动机起动时间不长，冷却风扇即工作，此时凭手感只有 40～50℃。有的人因无法找到真正的故障原因，只得改动风扇的控制电路，用一个手动开关人工控制。根据该车的电路图，可确定该车的风扇是由 ECU 的，故接上检测仪，没有故障码存在，但在观察数据时，电脑读取的冷却液温度为 115℃。根据该车的设计，发动机的电动风扇的工作点为 91～95℃（开关 A 低速挡）和 103～109℃（开关 B 变速挡）。所以，可以判断 ECU 对风扇的控制电路是正常的，问题是在于 ECU 得到的温度信号是不正确的，这可能是由于冷却液温度传感器、线束接头或 ECU 本身有故障。经检查发现传感器的阻值不正确，更换后一切正常。

为什么在前面检查中没有故障码呢？这是因为该车在故障码的设定中，只规定了开路（读值一般在－35℃以上）和短路（读值一般在 120℃以上）状态，并不能判断传感器温度值是否实际温度值，当然也就无法给出故障码了。

从此例中可看出，应注意测量值和实际值的关系，对一个确定的物理量，不论是通过诊断仪还是直接测量得到的值，与实际值应差异不大（因测量手段不同），否则就有可能是测量值的问题了。

(2) 时间分析法

ECU 在分析某些数据参数时，不仅要考虑传感器的数值，而且要判断其响应的速率，以获得最佳的效果。

[例 9—5] 如氧传感器的信号，不仅要求有信号电压和电压的变化，而且信号电压的变化频率在一定时间内要超过一定的次数（如某些车要求大于 6～10 次/s），当小于此值时，就会产生故障码，表示氧传感响应过慢。有了故障码是比较好解决的，但当次数并未超过限定值，而又反应迟缓时，并不会产生故障码。此时不仔细体会，可能会感到一丝故障症状。应接上仪器观察氧传感器的数据（包括信号电压和在 0.45 V 上下的变化状态）以判断传感器的好坏。对采用 OBD－Ⅱ系统的车催化转化器前后氧传感器的信号变化频率是不一样的。通常后氧传感器的信号变化频率至少应低于前氧传感器的一半，否则可能催化转化器的转化效率已减低了。

(3) 因果分析法

因果分析法是对相互联系的数据间响应情况和响应速度的分析。

在各个系统的控制中，许多参数是有因果关系的。如 ECU 得到一个输入，肯定要根据此输入给出下一个输出，在认为某个过程有问题时可以将这些参数连贯起来观察，以判断故障出现在何处。

［例 9—6］　在自动空调系统中，通常当按下空调选择开关后，该开关并不是直接接通空调压缩机离合器，而是将该开关信号作为空调请求后空调选择信号被发送给发动机 ECU，发动机 ECU 接受到此信号后，检查是否满足设定的条件，若满足，就会向压缩机继电器发出控制指令，接通继电器使压缩机工作。所以当空调不工作时，可观察在按下空调开关后，空调请求（选择）、空调允许、空调继电器等参数的状态变化，来判断故障点。

［例 9—7］　许多车上都装有 EGR（废气再循环）系统，该排放装置的作用主要是降低氮氧化物。通常 ECU 是根据反馈传感器（如 EGR 位置传感器、DFPE 传感器或其他传感器）来判断 EGR 阀的工作状态。当有 EGR 系统未工作的故障码出现时，应首先在相应工况下检察 ECU 对 EGR 电磁阀控制电磁阀的输出指令和反馈传感器的值，若无控制输出，可能工况条件不满足或 ECU 有故障；若反馈值没有变化，则可能是传感器、线路或 EGR 阀（包括废气通道）有问题。此时可直接在 EGR 阀上施加一定的真空（发动机在怠速时），若发动机出现明显抖动或熄火，则说明 EGR 阀本身和废气通道无问题，故障可能在传感器、线路或 ECU 上，应检查找电路。若无明显抖动，则可能是 EGR 阀或废气通道有问题，属于常规机械故障。

(4) 关联分析法

ECU 对故障的判断是根据几个相关传感器信号的比较，当发现他们之间的关系不合理时，会给出一个或几个故障码，或指出某个信号不合理。此时不要轻易断定是某个传感器不良，需要根据他们之间的相互关系作进一步的检测，以得到正确结论。

［例 9—8］　本田轿车有时会给出节气门位置传感器信号不正确，但不论用什么方法检查，该传感器和其设定值都无问题。而若能认真地观察转速信号（用仪器或示波器），就会发现转速信号不正确，更换曲轴上的曲轴位置传感器（CKP 传感器后），故障排除。故障原因是 ECU 接收到此时不正确的转速信号后，并不能判断转速信号是否正确（因无比较量），而是比较此时的节气门位置传感器信号，认为其信号与接收到的错误转速信号不相符，故给出节气门位置传感器的故障码。

(5) 比较分析法

比较分析是对相同车种及系统在相同条件下的相同数据组进行的分析。

在很多时候，没有足够的详细技术资料和详尽的标准数据，无法正确地断定某个器件好坏。此时可与同类车型或同类系统的数据加以比较。当然在修理中，很多人会使用替换实验进行判断，这也是一种简单的方法，但在进行时注意应首先做一定的基本诊断，在基本确定故障趋势后，再替换被怀疑有问题的器件，不可一上来就换这换那，其结果可能是换了所有的器件，仍未发现问题。另外需注意的是用于替换的器件一定要确认是良好的，而不一定是新的，因新的未必是良好的。这是做替换实验的基本原则。

4. 数据流分析的一般步骤

(1) 有故障码时

在进行故障码分析并确认有故障码存在时，可以直接找出与该故障码相关的各组数据进行分析，并根据故障码设定的条件分析故障码产生的原因，进而对数据的数值及波形进行分析，找出故障点。

(2) 无故障码时

故障码分析确认无故障码存在时，从故障现象入手，根据控制系统的工作原理和结构，推断相关数据参数，再用数据分析的方法对相关数据参数进行观察和全面的分析。

在进行数据分析时，常常需要知道所修车系统的基本原理和结构、基本控制参数及其在不同工况条件下的正确读值，并经过认真的分析，才有可能得出准确的判断。

二、发动机数据流分析

采用不同的诊断仪器读取发动机数据流的方式有所不同，但读取的数值是一样的，下面以桑塔纳轿车为例，介绍用 V. A. G. 1552 读取 AJR 发动机数据流的方法及其分析。

1. 数据流读取的基本条件

读取发动机数据流，必须具备以下条件：

(1) 蓄电池电压大于 11. 5 V。

(2) 熔丝正常。

(3) 发动机搭铁线正常。

2. 读取数据流的步骤

用故障阅读仪 V. A. G. 1552 读取发动机数据流的步骤如下：

第一步：打开诊断插口盖板，将故障阅读仪 V. A. G. 1552 用 V. A. G. 1551/3 电缆连接到车上位于变速器操纵杆前的诊断插座上（图 9—3）。

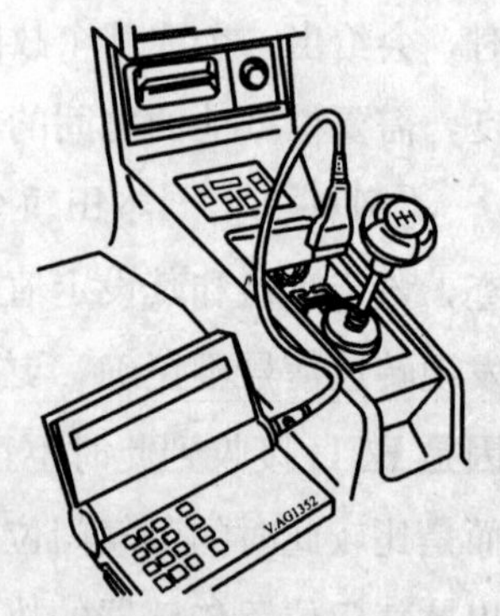

图 9—3 连接 V. A. G. 1552

第二步：打开点火开关或者发动机怠速运转，同时打开阅读仪的电源开关，这时，屏幕上首先显示：

Test of vehicle systems HELP Insert address word ××	车辆系统测试 帮助 输入地址码 ××

第三步：输入“发动机电子系统”的地址指令 01，并按“Q”键确认，屏幕上将显示：

330 907 404 1. 8LR4/2VMOTR HS D01→	
Coding 08001	WSC ×××××

330 907 404 1. 8LR4/2VMOTR HS D01→	
编码 08001	WSC ×××××

其中：330 907 404 为发动机电控单元零件编号；1. 8L 为发动机排量；R4/2V 为直列式发动机，4 缸，每缸 2 气门；MOTR 为 Motronic；HS 为手动变速器；D01 为电控单元软件版本；Coding 08001 为控制单元编码；WSC ×××××为维修站代码。

第四步：按下“→”键，屏幕上将显示：

Test of vehicle systems	HELP
Select function	

车辆系统测试	帮助
选择功能 ××	

根据需要，选择故障阅读仪功能。V. A. G. 1552 故障阅读仪的功能见表 9—1。

表 9—1　V. A. G. 1552 故障阅读仪的功能

功能代码	含义（英文）	点火开关是否接通	发动机怠速是否运转
01	Interrogate control unit versions/询问控制单元版本	是	否
02	Interrogate fault memory/查询故障存储	是	是
03	Final control diagnosis/最终控制诊断	是	否
04	Introduction of basic setting/基本设定	是	否
05	Erase fault memory/清除故障存储	是	是
06	End output/结束输出	是	是
07	Code control unit/控制单元编码	是	否
08	Read measuring value block/读测量数据块	是	是
09	Read individual measuring value/读取单个测量数据	×	×
10	Adaptation/匹配，自适应	×	×
12	Login procedure/登录	×	×

注：必须在下述工作完成后进行：

①更换控制单元、节气门控制单元发动机或拆下蓄电池接线；

②仅在冷却液温度高于 80℃时能进行，在此之前这项功能锁止；

③目前仅用于厂内检测。

第五步：输入 08 功能“读测量数据块”，按“Q”键确认，屏幕上将显示：

Read measuring value block	HELP
Enter display group number ××	

读测量数据块	帮助
输入显示组别号 ××	

根据需要，输入组别号，即可读出发动机各部分的数据流。

3. 发动机正常数据流

发动机各输入信号与输出信号的数值变化范围（怠速）见表 9—2。

表 9—2　　桑塔纳 AJR 发动机的数据流分析

显示组号	屏幕显示	参数说明	怠速值
00 基本功能	Read measuring value block 0 1 2 3 4 5 6 7 8 9 10	1—冷却液温度	170～204
		2—发动机负荷	20～50
		3—发动机转速	70～90
		4—蓄电池电压	146～212
		5—节气门角度	0～12
		6—怠速空气流量控制值	118～138
		7—怠速空气流量测量值	112～144
		8—混合气成分控制值（λ 控制值）	78～178
		9—混合气成分测量值（λ 测量值）	115～141
		10—混合气成分测量值（λ 测量值）	118～138
01 基本功能	Read measuring value block 1 1 2 3 4	1—发动机转速	800±30 r/min
		2—发动机负荷（曲轴每转喷射持续时间）	1.00～2.50 ms
		3—节气门角度	0°～5°
		4—点火提前角	12°±4.5°
02 基本功能	Read measuring value block 2 1 2 3 4	1—发动机转速	800±30 r/min
		2—发动机负荷（曲轴每转喷射持续时间）	1.00～2.50 ms
		3—发动机每循环喷射持续时间	2.0～5.0 ms
		4—进气流量	2.0～4.0 g/s
03 基本功能	Read measuring value block 3 1 2 3 4	1—发动机转速	800±30 r/min
		2—蓄电池电压	10.0～14.5 V
		3—冷却液温度	80～105℃
		4—进气温度	随环境温度变化
04 怠速稳定	Read measuring value block 4 1 2 3 4	1—节气门角度	0°～5°
		2—怠速空气流量测量值（空挡位置）	−1.70～+170 g/s
		3—怠速空气流量测量值（自动变速器驱动挡）	—
		4—工作状况	Leerlauf 怠速 Teillast 部分负荷 Vollast 全负荷 Schub 加浓 Anreicherung 超速

续表

显示组号	屏幕显示	参数说明	怠速值
05 怠速稳定	Read measuring value block 5 1 2 3 4	1—怠速转速（测量值）	800±30 r/min
		2—怠速转速（规定值）	800 r/min
		3—怠速控制	−10%～+10%
		4—进气流量	2.0～4.0 g/s
06 怠速稳定	Read measuring value block 6 1 2 3 4	1—怠速转速	800±30 r/min
		2—怠速控制	−10%～+10%
		3—混合气 λ 控制	−10%～+10%
		4—点火提前角	12°±4.5°
07 λ 控制和 ACF 阀系统	Read measuring value block 7 1 2 3 4	1—混合气 λ 控制	−10%～+10%
		2—λ 传感器电压	0.1～1.0 V
		3—活性炭罐电磁阀 N80 占空比	0%～99%
		4—油箱净化系统动作时混合气修正因素	1.00
08 λ 调节值	Read measuring value block 8 1 2 3 4	1—发动机每循环喷射持续时间	2.0～5.0 ms
		2—怠速时 λ 调节值	−10%～+10%
		3—部分负荷时 λ 调节值	−8%～+8%
		4—油箱净化系统	TE active 活性炭罐电磁阀动作 TE not active 活性炭罐电磁阀关闭 λ adaptation 活性炭罐电磁阀关闭 λ 调节起作用
09 λ 调节值	Read measuring value block 9 1 2 3 4	1—发动机转速（测量值）	800±30 r/min
		2—混合气 λ 控制	−10%～+10%
		3—λ 传感器电压	0～1.0 V
		4—怠速时 λ 调节值	−10%～+10%
10 λ 调节值	Read measuring value block 10 1 2 3 4	1—活性炭罐电磁阀 N80 占空比	0%～99%
		2—油箱净化系统动作时混合气修正因素	1.00
		3—活性炭罐过滤器充满水平	−3%～+32%
		4—ACF 阀供应空气的比例	0.00
11 燃油消耗	Read measuring value block 11 1 2 3 4	1—发动机转速	800 r/min
		2—发动机负荷（曲轴每转喷射持续时间）	1.00～2.50 ms
		3—车速	0 km/h
		4—燃油消耗	0.5～1.5 L/h

续表

显示组号	屏幕显示	参数说明	怠速值
12 燃油消耗	Read measuring value block 12 1 2 3 4	1—发动机转速	800 r/min
		2—蓄电池电压	10.0～14.5 V
		3—燃油消耗	0.5～1.5 L/h
		4—点火提前角	12°±4.5°
13 爆燃控制	Read measuring value block 13 1 2 3 4	1—第1缸爆燃控制点火滞后角	0°～15°
		2—第2缸爆燃控制点火滞后角	0°～15°
		3—第3缸爆燃控制点火滞后角	0°～15°
		4—第4缸爆燃控制点火滞后角	0°～15°
14 爆燃控制	Read measuring value block 14 1 2 3 4	1—发动机转速	800 r/min
		2—发动机负荷（曲轴每转喷射持续时间）	1.00～2.50 ms
		3—第1缸爆燃控制点火滞后角	0°～15°
		4—第2缸爆燃控制点火滞后角	0°～15°
15 爆燃控制	Read measuring value block 15 1 2 3 4	1—发动机转速	800 r/min
		2—发动机负荷（曲轴每转喷射持续时间）	1.00～2.50 ms
		3—第3缸爆燃控制点火滞后角	0°～15°
		4—第4缸爆燃控制点火滞后角	0°～15°
16 爆燃控制	Read measuring value block 16 1 2 3 4	1—第1缸爆燃传感器信号电压	0.3～1.4 V
		2—第2缸爆燃传感器信号电压	0.3～1.4 V
		3—第3缸爆燃传感器信号电压	0.3～1.4 V
		4—第4缸爆燃传感器信号电压	0.3～1.4 V
17 催化转换器加热	Read measuring value block 17 1 2 3 4	1—发动机转速	800 r/min
		2—发动机负荷（曲轴每转喷射持续时间）	1.00～2.50 ms
		3—催化转换器加热能量平衡	～
		4—点火提前角（目前催化转换器未装）	12°±4.5°
18 海拔高度适配	Read measuring value block 18 1 2 3 4	1—发动机转速	800±30 r/min
		2—发动机负荷（没有高度修正）	1.00～2.50 ms
		3—发动机负荷（有高度修正）	未规定
		4—按空气密度来修正的高度修正因素	0～20%
19 转矩减小	Read measuring value block 19 1 2 3 4	1—发动机转速	800±30 r/min
		2—发动机负荷（曲轴每转喷射持续时间）	1.00～2.50 ms
		3—变速器挡位信号	N
		4—点火提前角	12°±4.5°
20 工作状态	Read measuring value block 20 1 2 3 4	1—发动机转速	800±30 r/min
		2—选挡杆位置	
		3—空调开关	Low/High
		4—空调压缩机	AVS（关） EIN（开）

续表

显示组号	屏幕显示	参数说明	怠速值
21 λ 控制工作状态	Read measuring value block 21 1 2 3 4	1—发动机转速	800±30 r/min
		2—发动机负荷（曲轴每转喷射持续时间）	1.00～2.50 ms
		3—冷却液温度	80～105℃
		4—λ 控制	EIN（闭环） AVS（开环）
22		略	
23 节气门控制部件	Read measuring value block 23 1 2 3 4	1—节气门控制部件工作状态	01000000
		2—节气门定位器最小停止位置	72%～95%
		3—节气门定位器紧急运行停止位置	67%～83%
		4—节气门定位器最大停止位置	18%～54%
24 爆燃控制	Read measuring value block 24 1 2 3 4	1—发动机转速	800±30 r/min
		2—发动机负荷（曲轴每转喷射持续时间）	1.00～2.50 ms
		3—点火提前角	12°±4.5°
		4—第 1 至第 4 缸总点火滞后角平均值	0°
98 节气门控制部件匹配	Read measuring value block 98 1 2 3 4	1—节气门电位计电压	0～5 V
		2—节气门定位电位计电压	0～5 V
		3—工作状态：怠速/部分负荷	Leerlanf
		4—匹配状态	正在匹配 匹配完成 匹配未完成 匹配错误
99 λ 控制	Read measuring value block 99 1 2 3 4	1—发动机转速	800±30 r/min
		2—冷却液温度	80～105℃
		3—混合气成分 λ 控制	−10%～+10%
		4—λ 控制	λ－AVS（关闭）/ EIN（打开）

三、底盘数据流分析

1. 自动变速器数据流分析

（1）标准值

不同变速器因结构和控制方法不同，其数据流显示有一定差异，帕萨特 B5 轿车 01N 自动变速器的数据流标准值见表 9—3。

表 9—3　　帕萨特 B5 轿车 01N 自动变速器的数据流标准值

显示组号	屏幕显示	参数	标准值
001	Read measuring value block 1 1 2 3 4	1—换挡杆位置	P，R，N，D，3，2，1
		2—节气门电压计电压	0.156～0.8 V（怠速时） 3.5～4.68 V（全开）
		3—加速踏板数值	0～1%（怠速） 99%～100%（节气门全开）
		4—开关位置	0 000 011
002	Read measuring value block 2 1 2 3 4	1—电磁阀 N93 的实际电流	0.0～1.1 A
		2—电磁阀 N93 的额定电流	0.0～1.1 A
		3—蓄电池电压	10.8～16.0 V
		4—车速传感器 N68 的电压	2.20～2.52 V
003	Read measuring value block 3 1 2 3 4	1—车速	实际车速
		2—发动机转速	820 r/min（怠速）
		3—挡位状态	随行驶时挡位而变化
		4—加速踏板数值	0～1%（怠速） 99%～100%（节气门全开）
004	Read measuring value block 4 1 2 3 4	1—电磁阀工作状态	1 000 000
		2—挡位状态	随车速而变化
		3—换挡杆位置	P，R，N，D，3，2，1
		4—车速	实际车速
005	Read measuring value block 5 1 2 3 4	1—AFT 温度	显示 AFT 的工作温度
		2—换挡输出	0 011 011
		3—挡位状态	随车速而变化
		4—发动机转速	820 rpm（怠速时）
006		忽略	
007	Read measuring value block 7 1 2 3 4	1—挡位状态	随车速而变化
		2—锁止离合器滑转速度	0～130 r/min
		3—发动机转速	820 r/min（怠速时）
		4—加速踏板的数值	0～1%（怠速） 99%～100%（节气门全开）
008		忽略	

(2) 实例分析

［例 9—9］　自动变速器行驶无力，有时还打滑。

车型：帕萨特 B5 GSi 轿车（01N 自动变速器）。

故障症状：该车行驶无力，在急加速时有时出现打滑现象。该车行驶了 30 000 km。

诊断与排除：连接故障阅读仪 V. A. G. 1551 进行诊断，自动变速器电控系统无故障码存在。观察自动变速器，没进入紧急运行状态。看来问题比较复杂，因为出现此种情况多为自动变速器内部故障所致。但仔细一想，一辆刚行驶 30 000 km 的新车，自动变速器内部能有什么故障呢？询问司机得知，该车前段时间做过保养，更换了自动变速器油，分析问题可能出在自动变速器油上。检查自动变速器油，发现油质不太好，再检查一下油位。

将车辆置于水平位置，换挡杆置于 P/N 位置，切断空调，发动机怠速运转，连接故障阅读仪 V. A. G. 1551，选择"02——变速器电控系统"，选择"08——阅读数据块"，其 004 组的 1 区为自动变速器油温度。让发动机工作，当油温为 35～45℃时，拧下油液检查螺栓，应有少许油液流出，而该车却无油液流出。司机说原来保养时还剩下半升多油，他拿来些油加上，也未见油液流出，看来该车油量不足。

鉴于该车所换的自动变速器油的油质不是太好，所以就重新更换了自动变速器油，并加至规定油位。再试车，故障排除。

自动变速器油一般不用更换。若更换，则应采用故障阅读仪配合加注，否则易引起加注不足或过多的现象，影响自动变速器正常工作。

2. ABS 数据流分析

桑塔纳 2000 轿车采用 MK20-Ⅰ型 ABS，其数据流显示组只有 3 组，见表 9—4。帕萨特 B5 轿车采用 Bosch 5. 3 型 ABS，其数据流显示组有 4 组，见表 9—5。

表 9—4　　桑塔纳 2000 型轿车 ABS 的数据流标准值

显示组号	屏幕显示	参数说明
01（静态）	Read measuring value block 1 1　2　3　4	1. 左前轮转速 2. 右前轮转速 3. 左后轮转速 4. 右后轮转速
02（动态）	Read measuring value block 2 1　2　3　4	1. 左前轮转速 2. 右前轮转速 3. 左后轮转速 4. 右后轮转速
03	Read measuring value block 3 1	1. 制动开关

表 9—5　　帕萨塔 B5 轿车 ABS 的数据流标准值

显示组号	指示区域	参　数	标　准　值
001	1	前左轮传感器的轮速	1～19 km/h
	2	前右轮传感器的轮速	1～19 km/h
	3	后左轮传感器的轮速	1～19 km/h
	4	后右轮传感器的轮速	1～19 km/h
002	1	制动灯开关	0（未踏下）；1（踏下）
	2	回油泵电动机电压	0（正常）；1（不正常）
	3	电磁阀继电器	0 或 1
	4	未用	—
003	1	发动机转速（汽车配备有 ASR）	60～8 000 r/min
	2	实际发动机转矩（MMI）（汽车配备有 ASR）	0%～100%
	3	ASR 按钮（汽车配备有 ASR）	0 或 1
	4	未用	—
004	1	停止时间（只装有 EDS 配备的汽车）	xx h xx min
	2	由于太高的制动温度导致 EDS 断开	0 或 1
	3	EDS/ASR 断开（汽车具有 EDS 或 ASR 配备）	0 或 1
	4	未用	—

§9—2　波形分析

一、波形分析基础

1. 汽车电子信号的类型

汽车电子信号基本可分为模拟信号和数字信号两种，可进一步细分为五大基本类型，即直流信号、交流信号、频率调制信号、脉宽调制信号和串行数据信号。

(1) 直流信号

直流信号是一种模拟信号（图 9—4），汽车上产生直流信号的传感器元件有：发动机冷却液温度传感器、燃油温度传感器、进气温度传感器、节气门位置传感器、废气再循环压强和位置传感器、翼板式或热丝式空气流量计、真空和节气门开关、进气压力传感器。

12V

图 9—4　直流信号

(2) 交流信号

交流信号也是一种模拟信号（图 9—5）。在汽车中产生交流信号的传感器和装置有：车速传感器、防滑制动轮速传感器、磁电式曲轴位置传感器、凸轮轴位置传感器和爆震传感器等。

（3）频率调制信号（图 9—6）

汽车中产生可变频率信号的传感器有：数字式空气流量计、数字式进气压力传感器、光电式车速传感器、霍尔式车速传感器、光电式凸轮轴和曲轴位置传感器、霍尔式车速传感器、霍尔式凸轮轴和曲轴位置传感器。

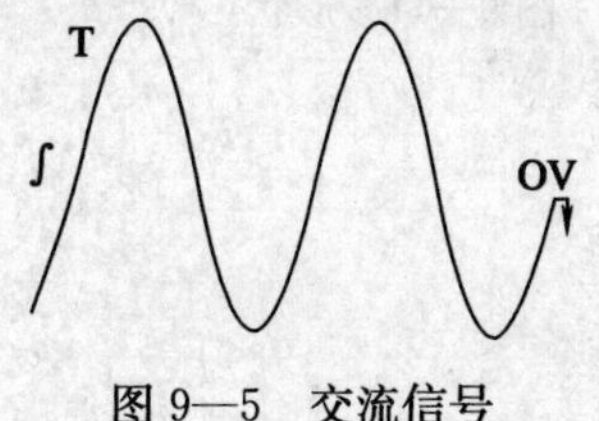

图 9—5　交流信号

图 9—6　频率调制信号

（4）脉宽调制信号（图 9—7）

在汽车中产生脉宽调制信号的电路或装置有：初级点火线圈，电子点火正时电路，废气再循环控制、净化、涡轮增压和其他控制电磁阀，喷油器、怠速控制发动机和电磁阀。

（5）串行数据（多路）信号（图 9—8）

若汽车中具备有自诊断能力和其他串行数据传送能力的控制模块，则串行数据是由发动机 ECU、车身 ECU 和防滑制动系统或其他控制模块产生。

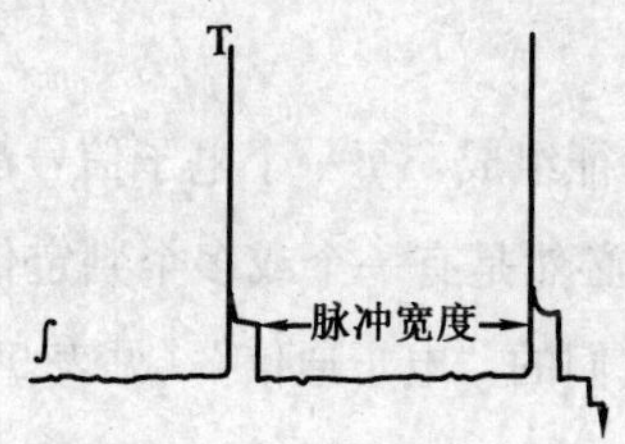

图 9—7　脉宽调制信号

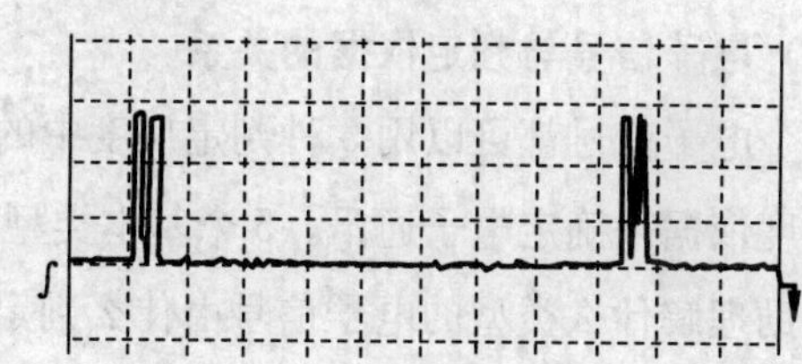
图 9—8　串行数据（多路）信号

2. 汽车电子信号的判定依据

通过 5 种基本汽车电子信号——直流、交流、频率调制、脉宽调制和串行数据信号，根据汽车电子信号的 5 种基本特征——幅值、频率、脉冲宽度、形状和阵列，即 5 个判定依据，即可诊断出汽车的故障。

（1）幅值

幅值是指电子信号在一定点上的瞬时电压（图 9—9）。

（2）频率

频率是指电子信号在两个事件或循环之间的时间，一般指 1 s 的循环次数（Hz）（图 9—10）。

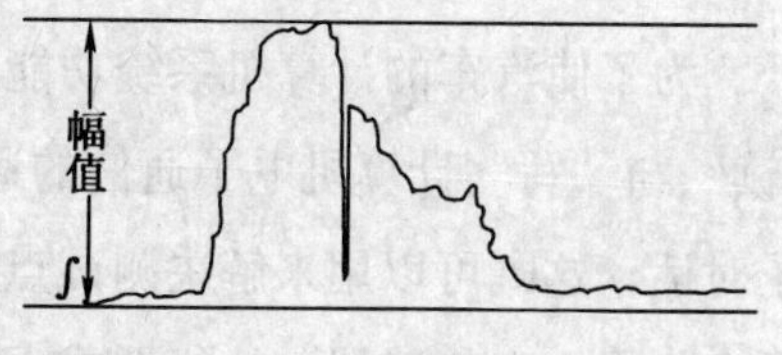

图 9—9　幅值

（3）形状

形状是指电子信号的外形特征，它的曲线、轮廓、上升沿、下降沿等（图 9—11）。

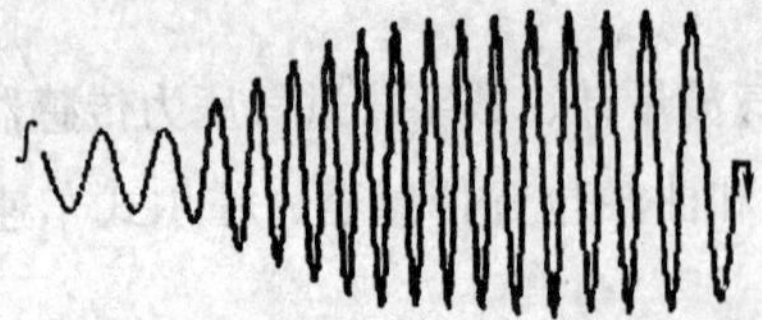

图 9—10　频率

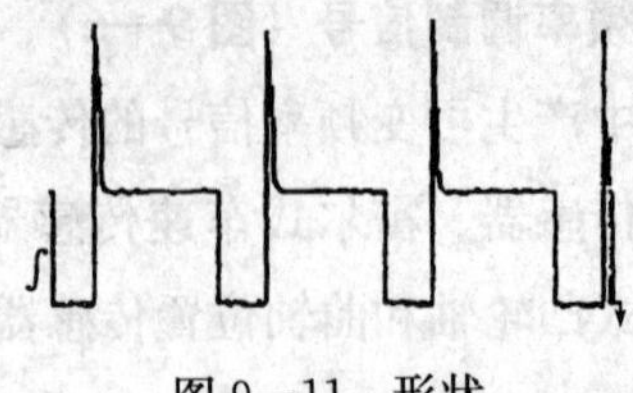

图 9—11　形状

(4) 脉冲宽度

脉冲宽度是指电子信号所占的时间或占空比（图 9—12）。

(5) 阵列

阵列是指组成信息信号的重复方式（图 9—13）。

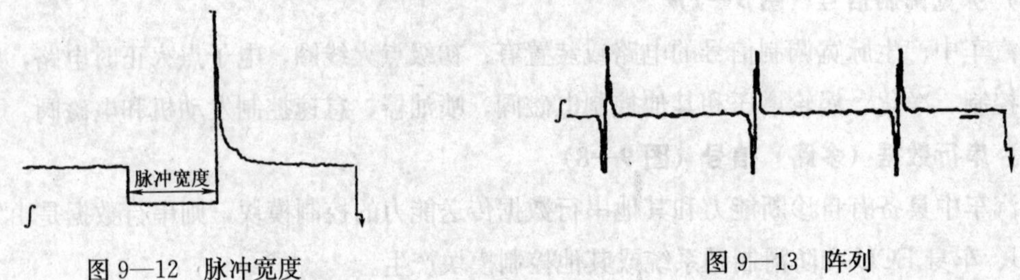

图 9—12　脉冲宽度　　图 9—13　阵列

(6) 电子信号与判定依据的关系

每个电子信号都可以用 5 种判定尺度中的一个或多个特征组成，每一个电子信号都要用判定尺度依据来确定电子通讯。5 个基本类型中的任何一个必然是有一个或多个判定依据尺度来帮助理解什么类型的电子信号由什么判定依据来进行它们的“电子通信”（见表 9—6）。

表 9—6　电子信号与判定依据的关系

信号类型	判定依据				
	幅度	频率	外形	脉冲宽度	阵列
直流	√				
交流	√	√	√		
频率调制	√		√		
脉宽调制	√	√	√	√	
串行数据	√	√	√	√	√

为了使汽车的计算机系统功能正常，必须测量用于通讯的电子信号，换言之就是必须能“读”与“写”计算机电子通信的通用语言。用汽车示波器可以“截听”到汽车计算机中电子对话，这既可以用来解决测试点问题，也可以用来验证修理工作完成后的情况是否恢复正常。如果一个传感器、执行器或 ECU 产生了不正确判定尺度的电子信号，该电路可能遭到“通讯中断”的损失，它会表现为行驶能力及排放等故障，在一些情况下还会产生故障码。

在汽车发动机 ECU 和其他电子智能设备中用来通信的串行数字信号是最复杂的信号，它是包含在汽车电子信号中的最复杂的“电子句子”，在实际中，要用专门的诊断仪去读取信息，即汽车专用示波器。

3. 波形识别

(1) 几个术语

1）峰—峰值　表示波形的最高和最低的差值（图 9—14）。

2）频率　表示信号每秒的周期数（图 9—15）。例如：信号周期＝20 ms＝0.025 s，频率＝1/0.02＝50 Hz。

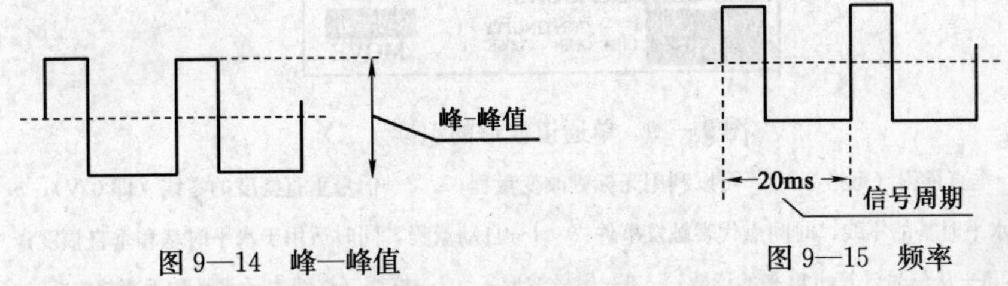

图 9—14　峰—峰值　　图 9—15　频率

3）脉冲宽度　表示信号负电压部分的宽度（图 9—16）。

4）占空比　表示信号的脉冲宽度与信号周期的比值，以百分比表示（图 9—17）。例如：占空比＝15 ms/20 ms×100％＝75％，脉冲宽度＝15 ms。

图 9—16　脉冲宽度　　图 9—17　占空比

(2) 波形界面

1）单通道波形　单通道波形的识读见图 9—18、图 9—19。

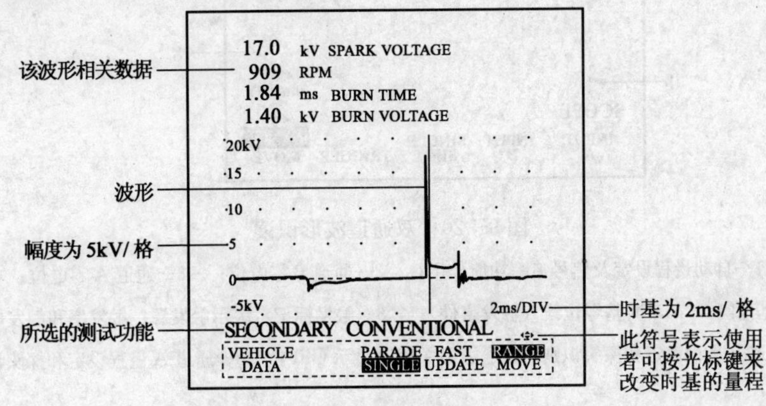

图 9—18　单通道波形的识读（一）

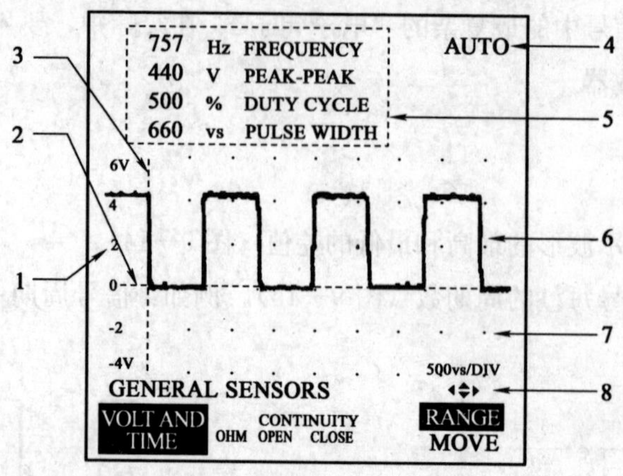

图 9—19 单通道波形的识读（二）

1—垂直量程（每格 2 V），可以利用光标键改变量程； 2—信号垂直幅度的零线（即 0 V）；
3—水平时基的零线，时间点代表触发事件； 4—自动量程，同时适用于水平时基和垂直幅度；
5—从信号计算机出来的读数； 6—信号波形； 7—格线（格线表示水平和垂直格）
8—水平时基（每格 500 μS）可以利用光标键改变时基

（2）双通道波形

双通道波形识读见图 9—20。

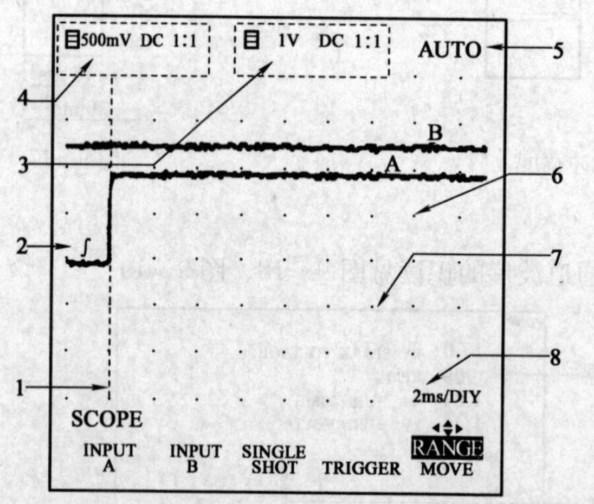

图 9—20 双通道波形识读

1—自动量程设定及信号追踪功能作用； 2—通道 B 零电位； 3—通道 A 零电位；
4—时基范围； 5—时基零位线（触发事件）； 6—触发标记：表示触发源、触发率和触发电平；
7—通道 B 量程设定和探头识别。在通道 B 关闭时显示 OFF； 8—通道 A 量程设定和探头识别

二、传感器波形分析

1. 空气流量计的波形分析

(1) 翼板式空气流量计

1）波形测试方法　关闭所有附属电气设备，起动发动机，并使其怠速运转。当怠速稳定后，检查怠速时输出信号。做加速和减速试验，应有类似图9—21中的波形出现。将发动机转速从怠速加至油门全开（加速时不宜太急），油门全开后持续2 s，但不要使发动机超速运转；再将发动机降至怠速运转并保持2 s；再从怠速急加速发动机至油门全开，然后再收油门使发动机怠速；定住波形。

2）波形特点　空气流量的大小与测量片的开度成正比；电压增加表示进入进气歧管的空气流量增加；峰值电压表示进入歧管的最大空气流量；电压减小表示进入进气歧管的空气流量减少；最小电压表示节气门关闭。

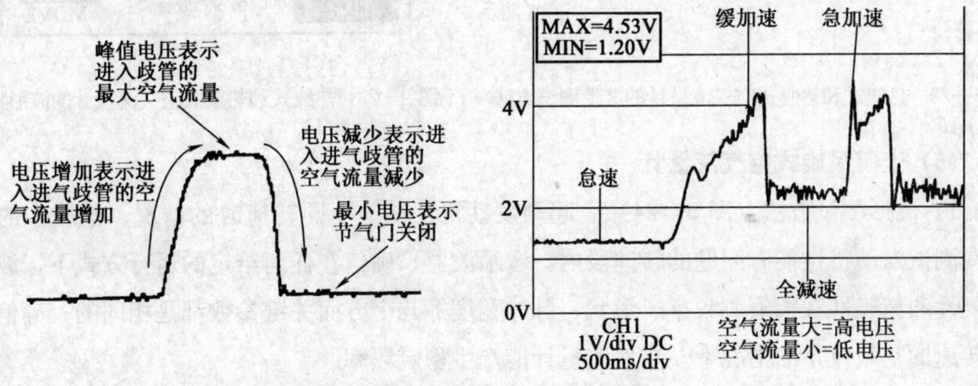

图9—21　翼板式空气流量计波形特点

当发现空气流量传感器波形有问题，即在加速或减速时输出波形的幅值（或频率）没有变化或变化微弱，考虑更换传感器之前，应对与它相关的项目进一步检查确认：汽车蓄电池是否大于12 V以上；空气滤清器有无阻塞；进气管及歧管总成有无漏气现象；发动机冷却风扇散热是否足够；传感器电源是否正确；主继电器工作是否正常；传感器接地电压是否小于0.1 V以下；检查接插器和线束有无松动或污损；传感器本身是否受到油污；其他损伤。

(2) 热线式和热膜式空气流量计

1）波形测试方法（图9—22）　关闭所有附属电气设备，起动发动机，并使其怠速运转。怠速稳定后，检查怠速输出信号电压，做加速和减速试验，应有类似图9—23中的波形出现。将发动机转速从怠速加到油门全开（加速过程中油门以缓中速打开），持续约2 s，不宜超速。再减速回到怠速状况，持续约 2 s。再怠加速至油门全开，然后再回到怠速。定住波形，仔细观察空气流量计波形。

2）波形特点　通常热线式空气流量计输出电压范围是从怠速时超过 0.2 V 变至油门全开时超过 4 V，当全减速时输出电压比怠速时的电压稍低（图 9—23）。

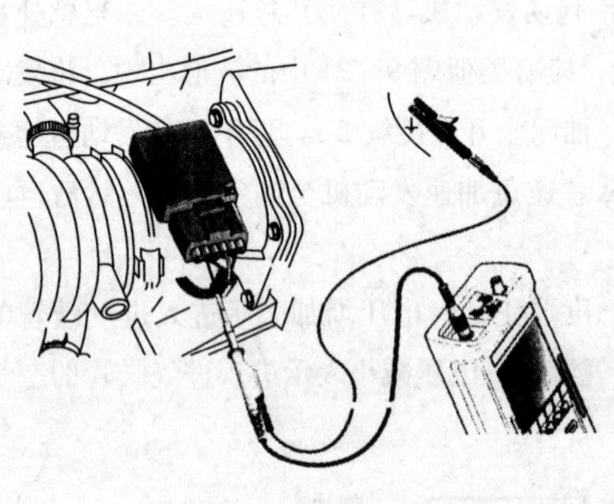

图 9—22　热线式和热膜式空气流量计的波形测试方法

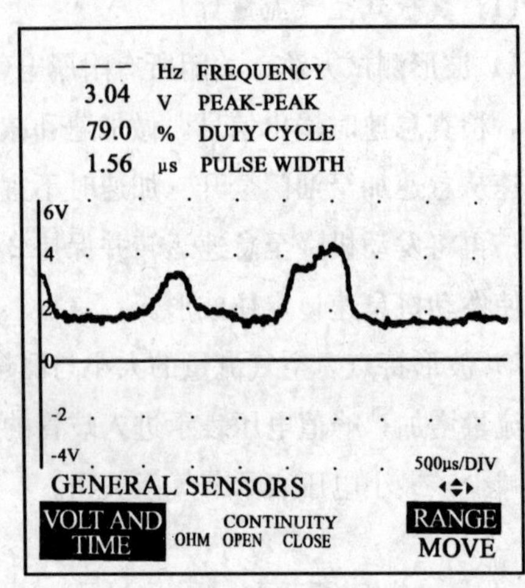

图 9—23　热线式和热膜式空气流量计的波形特点

(3) 卡门涡旋式空气流量计

1）波形测试方法（图 9—24）　起动发动机，试验不同转速时的情况，把较多的时间用在测试发动机性能有问题的转速段内，看示波器；确信在任何给定的运行方式下，波形的重复性和精确性在幅值、频率、形状、脉冲宽度等几个方面关键参数都是相同的；确信在稳定转速的空气流量的情况下，空气流量计能产生稳定频率。

2）波形特点　在大多数情况下，波形的振幅应该满 5 V，同时也要按照一致原则看波形的正确形状，矩形脉冲的方角及垂直沿；在稳定的空气流量下流量计产生的频率也应该是稳定的，无论是什么样的值都应该是一致的。当这种型号的空气流量计工作正常时，脉冲宽度将随加速的变化而变化。这是为了加速加浓时，能够向 ECU 提供非同步加浓及额外喷射脉冲信号（图 9—25）。

2. 进气压力传感器的波形分析

(1) 波形测试方法（图 9—26）

关闭所有附属电气设备，起动发动机，并使其怠速运转，怠速稳定后，检查怠速输出信号电压。做加速和减速试验，应有类似图 9—27 中的波形出现。将发动机转速从怠速加到油门全开（加速过程中油门缓中速打开），并持续约 2 s，不宜超速。再减速回到怠速状况，持续约 2 s；再急加速至油门全开，然后再回到怠速；将波形定位在屏幕上，观察波形并与波形图比较。

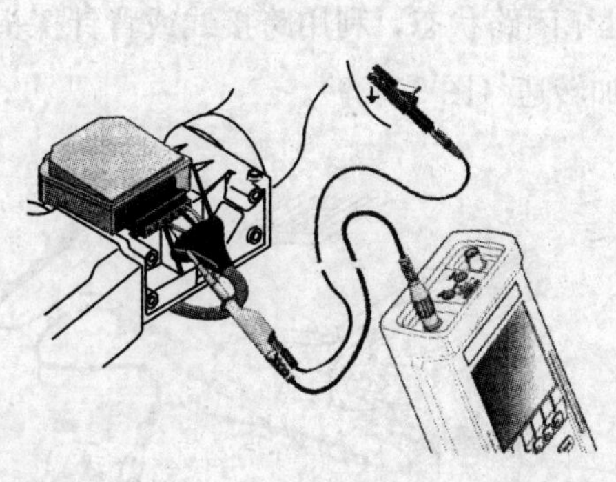
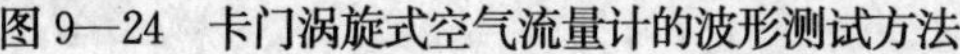

图 9—24 卡门涡旋式空气流量计的波形测试方法

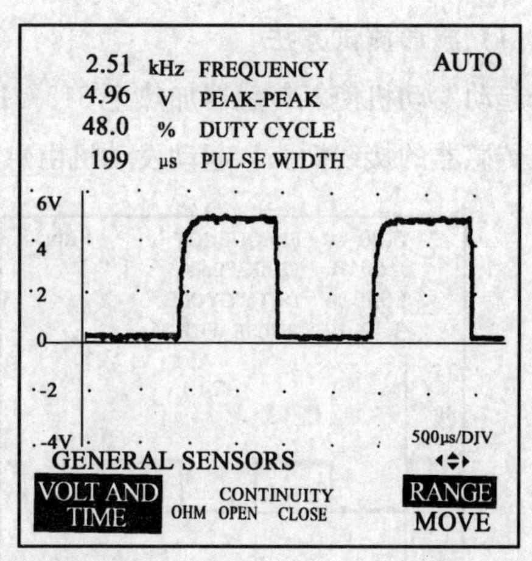

图 9—25 卡门涡旋式空气流量计的波形特点

(2) 模拟输出进气压力传感器的波形特点

当发动机加速或回到怠速时，传感器的电压信号将增大或减小。高电压表示高的进气歧管压力（低真空），这时发动机负荷大；低电压表示低的进气歧管压力（高真空），这时发动机负荷小。当节气门打开时，歧管压力升高（歧管真空降低）；一般信号电压从怠速时的1～1.5 V变化到节气门全开的 4.5 V，全减速时接近 0 V。

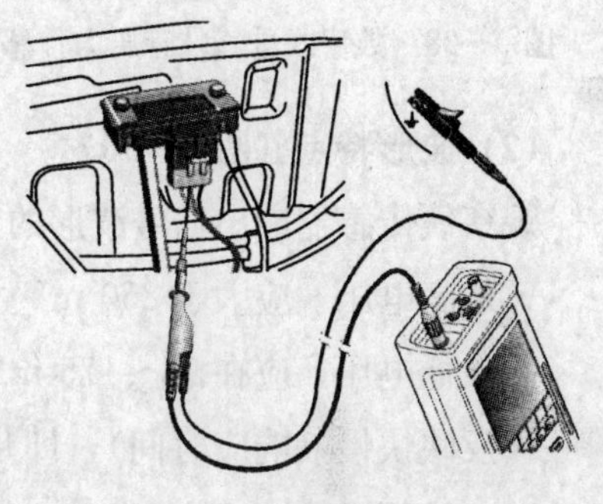

图 9—26 进气压力传感器的波形测试方法

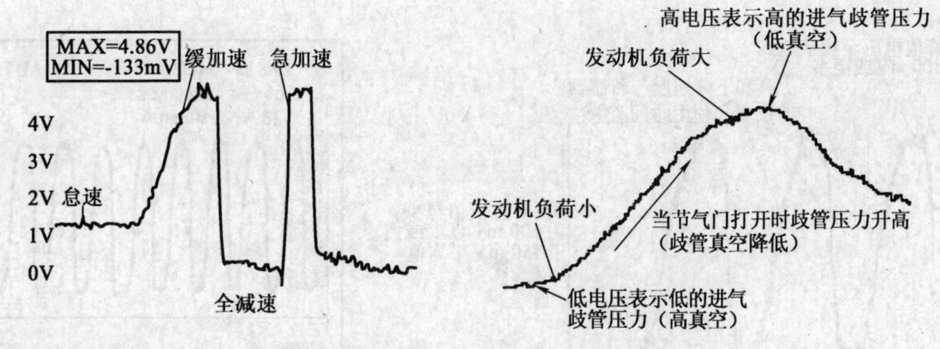

图 9—27 模拟输出进气压力传感器的波形特点

(3) 数字式进气歧管压力传感器的波形特点（图 9—28）

电压信号的水平上线应达到参考电压；电压信号的水平下线应达到地电位；峰—峰电压应等于参考电压，一般为 5 V；电压降不应超过 400 mV。

3. 氧传感器的波形分析

(1) 波形测试方法

起动发动机使氧传感器加热至 315℃以上，且处于闭路状态，利用跨接线或背针探头连接至传感器的接线插头，起动发动机由怠速开始增加转速（图 9—29）。

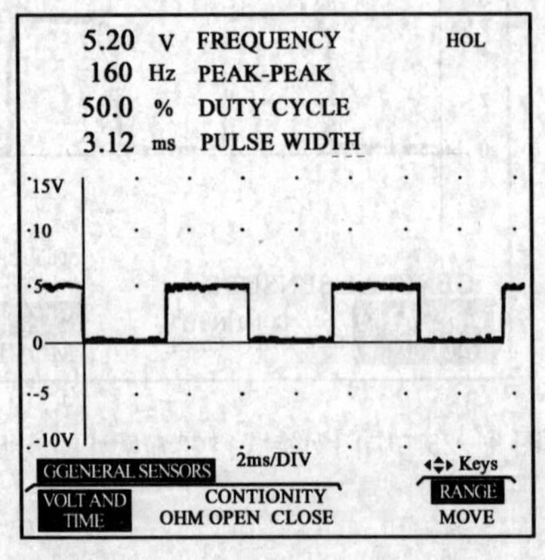

图 9—28　数字式进气歧管压力传感器的波形特点

图 9—29　氧传感器的波形测试方法

(2) 波形特点（图 9—30）

观察氧传感器输出信号波形的三要素，其特点为：

• 最高电压，应大于 850 mV；

• 最低电压，应在 75～175 mV 之间；

• 反映快慢（响应时间），即从浓到稀的允许响应时间（允许中间的下降沿），应少于 100 ms（波形垂直下降在 300～600 ms 应该垂直下降）。

• 空燃比由稀到浓应小于 100 ms，由浓到稀应小于 125 ms。

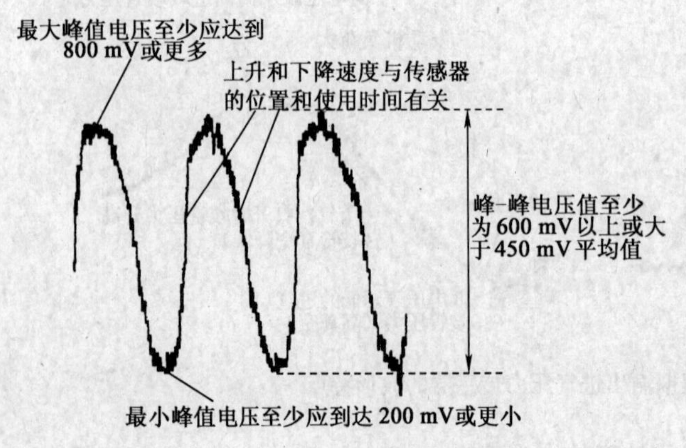

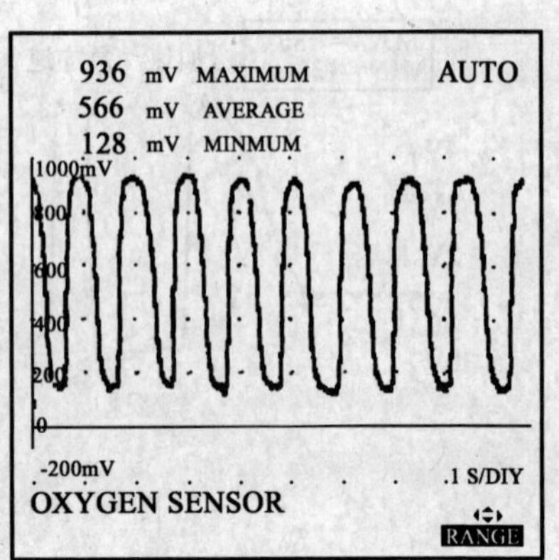

图 9—30　氧传感器的波形特点

氧传感器信号通常有杂波，杂波主要由以下原因引起：

• 气缸的点火不良（各种不同的原因，如点火系统造成的点火不良，混合气过稀造成的点火不良，混合气过浓造成的点火不良，气缸压力造成的点火不良，真空泄漏、进气门积炭喷油不平衡造成的点火不良）；

• 系统设计问题，例如：不同的进气管通道长度等；

• 由于发动机和零部件老化造成的，系统设计问题的扩大（由于气缸压力不平衡造成的不同进气管通道长度问题的扩大）；

• 系统的各种故障（进气管堵塞、气门卡住）。

4. 温度传感器的波形分析

(1) 波形测试方法

将开关接通，发动机停机，将温度传感器的接线可靠连接，测量其输出电压（发动机冷车）；起动发动机，然后在发动机暖车过程中观察其电压下降的情况，也可以观察其电阻值的变化情况。此时传感器接线必须断开。

(2) 波形特点

当温度上升时电阻值和电压会下降，反之则相反。

大部分的温度传感器是负温度系数（NTC）热敏电阻，用半导体材料做成。当温度改变时其电阻值会预期地有较大的改变，当温度上升时电阻值会下降，反之则相反（图 9—31）。

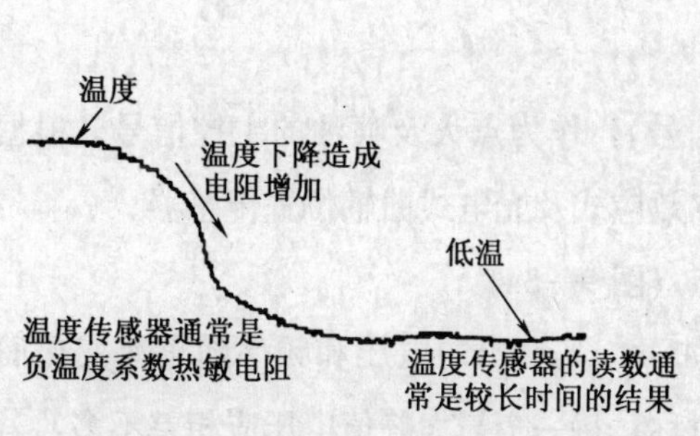

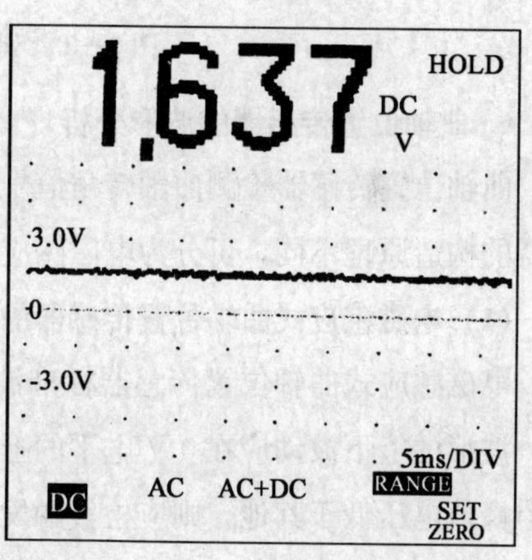

图 9—31　温度传感器的波形特点

5. 节气门位置传感器的波形分析

(1) 波形测试方法（图 9—32）

开关接通，发动机停机，将节气门转到全开的位置，然后再转到全关的位置，或是相反。

(2) 波形特点（图 9—33）

电位器型节气门位置传感器波形特点如下：电压信号随节气门的开度而增大；最小电压

表示节气门关闭；最大电压表示节气门大开；电压增加表示混合气增加；电压下降表示混合气变稀；直流偏离电压表示钥匙接通而节气门关闭有位置。

正常的电位器型 TPS 一般在节气门怠速位置时有 1 000 Ω 电阻值，而节气门全开时为 400 Ω，在怠速时的输出电压为 0.5～1 V，节气门全开时是 4.5 V。

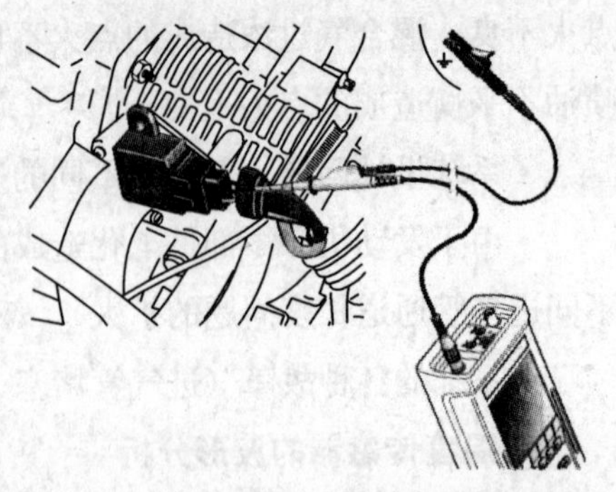

图 9—32　节气门位置传感器的波形测试方法

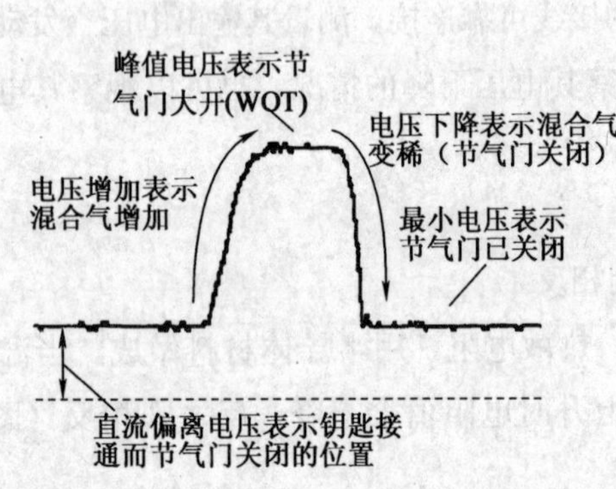

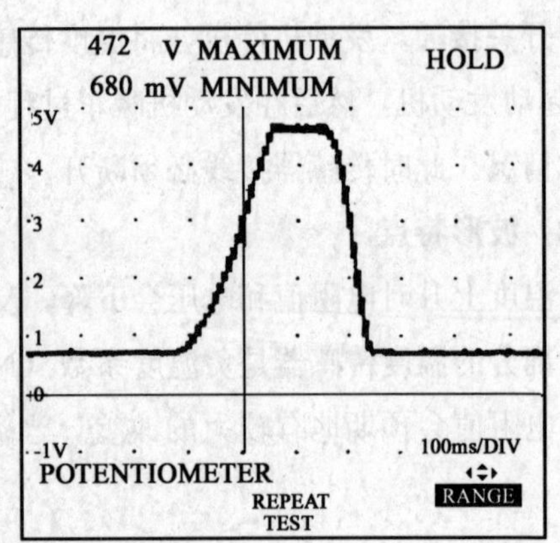

图 9—33　节气门位置传感器的波形特点

6. 曲轴位置传感器的波形分析

曲轴位置传感器检测曲轴转角信号（转速信号），作为点火及喷油的主控信号。根据传感器的构造原理不同，可分为电磁感应式、霍尔效应式及光电式曲轴位置传感器。

(1) 电磁感应式曲轴位置传感器的波形特点（图 9—34）

电磁感应式曲轴位置传感器标准波形特点如下：其输出的电压和频率随车速变化而改变；波形的上下波动应在 0 V 电平的上下基本对称；每一个最大峰值电压应相差不多，若某一个峰值电压低于其他，则应检查触发轮是否有缺角或弯曲；每一个最小峰值电压应相差不多，若某一个峰值电压高于其他，则应检查触发轮是否有缺角和弯曲。

所有的电压最大峰值与最小峰值几乎都一样，相差很小。每一个波形从负到正（峰值）至少上升了 3 V。

(2) 霍尔式曲轴位置传感器波形特点（图 9—34）

霍尔效应曲轴位置传感器标准波形特点如下：其输出电压的幅度不变，频率随发动机转速变化而改变；水平上线应达到参考电压；水平下线应几乎到达地电位，若离地太高说明电阻太大或接地不良；电压的峰—峰值应等于参考电压；电压的转变应是垂直的直线。

波形为方形，电压的上下水平平滑且为直线。波形的上升和下降的拐角为 90°，各波形的形状幅值均匀一致。

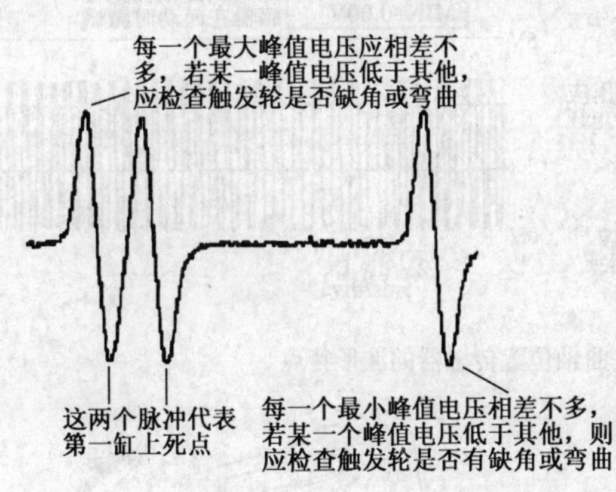

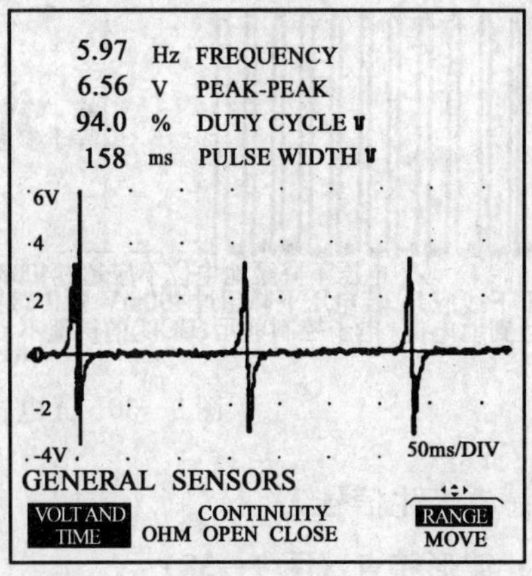

图 9—34　电磁感应式曲轴位置传感器的波形特点

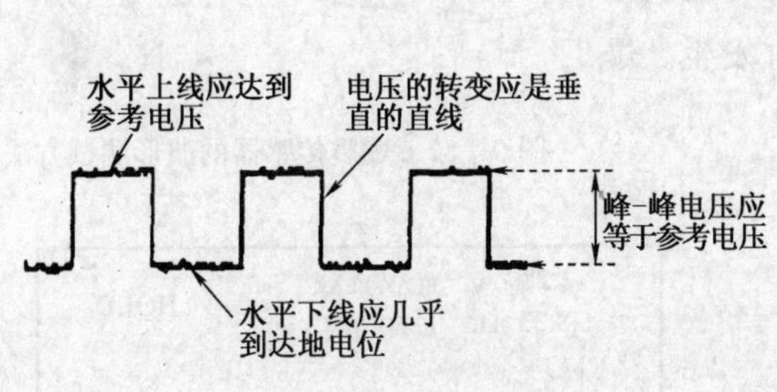

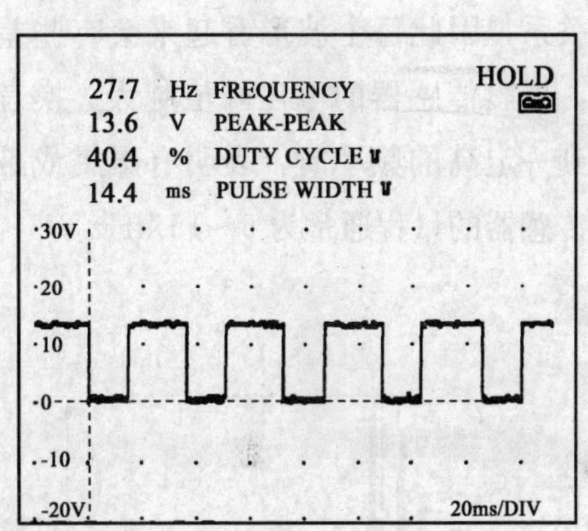

图 9—35　霍尔式曲轴位置传感器波形特点

(3) 光电式曲轴位置传感器的波形特点（图 9—36）

1）输出电压的幅值不变，频率随车速变化而改变。

2）水平上线应达到参考电压。

3）水平下线应几乎到达地电位。

4）电压的峰一峰值应等于参考电压。

5）电压的转变应是垂直的直线。

6）电压下降到地电位不应超过 400 mV。如电压下降超过 400 mV，则传感器或电子控制单元（ECU）接地不良。

7. 爆震传感器的波形分析

(1) 波形测试方法（图 9－37）

将爆震传感器的连线断开，连接仪器到传感器上；使用木槌在靠近传感器的缸体上敲击

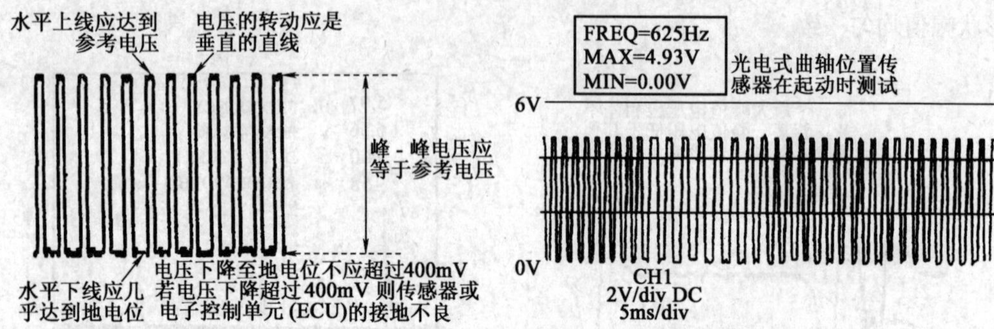

图 9—36　光电式曲轴位置传感器的波形特点

以使传感器产生信号。

(2) 波形特点（图 9—38）

爆震传感器的波形与爆震程度及爆震原因有直接关系，因此每个波形看起来会有些差异，震动越大，爆震传感器的电压峰值越大。换言之，当波形达到一定高的频率时，表明有爆震或敲缸发生。爆震传感器的量程通常为 5～15 kHz。

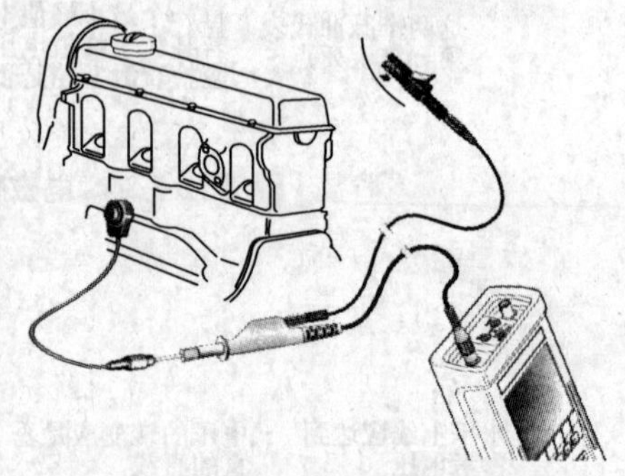

图 9—37　爆震传感器的波形测试方法

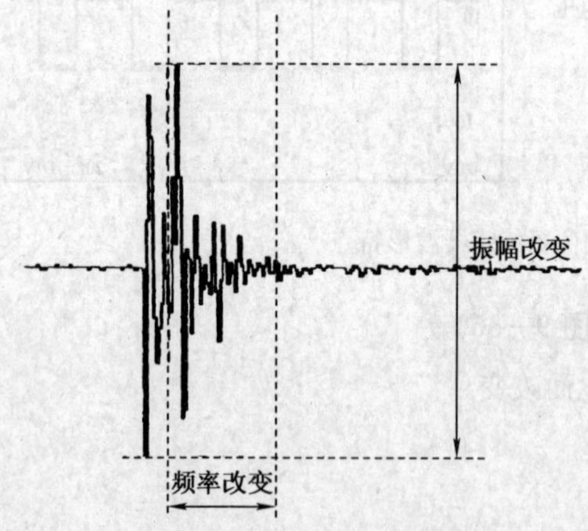

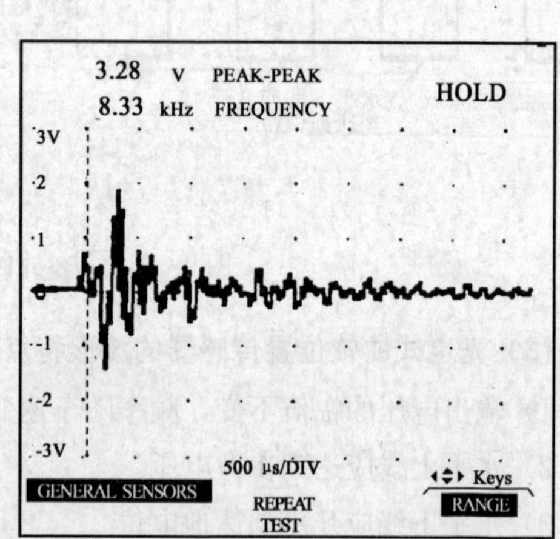

图 9—38　爆震传感器的波形特点

8. ABS 轮速传感器的波形分析

(1) 波形测试方法（图 9—39）

将汽车顶离地面，开关切断，发动机停机，断开车速传感器连线，连接仪器至车速传感器，然后转动车轮；或者发动发动机，将探头插到车速传感器接头的背后（或使用分线盒）。变速器进入驱动挡位，慢慢加速驱动。

闭角部分：闭角部分代表线圈的通电状态，这段时间是白金触点接合或晶体管导通的时间。

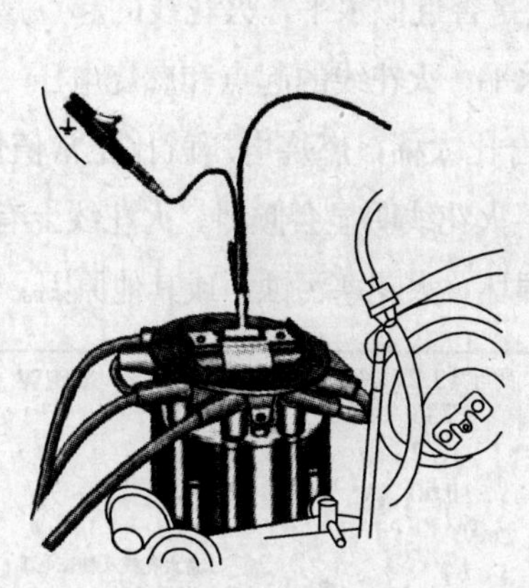

图 9—51　测试高能量点火系统的次级点火波形

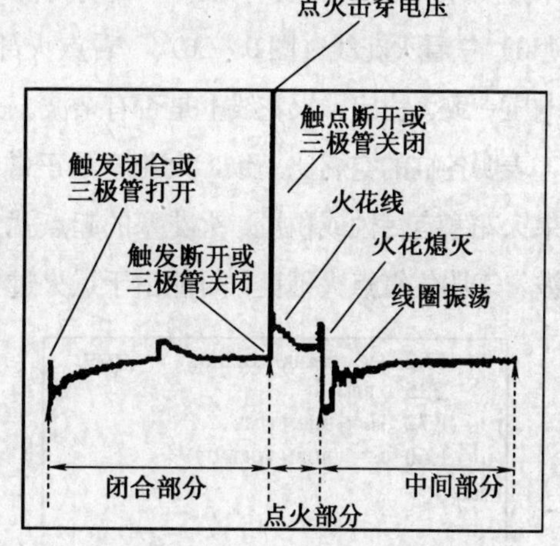

图 9—52　单缸标准波形

2）多缸并列标准波形　多缸并列标准波形是：各缸波形的形状、电压峰值、频率、脉冲宽度等都一致，且波形测试数据在标准数据范围内（图 9—53）。

(3) 分析次级点火波形的要点

1）一看闭合部分（图 9—54）　观察点火线圈在开始充电时是否保持相对一致的波形的下降沿。下降沿一致，表明各缸闭合角一致，点火正时正确。

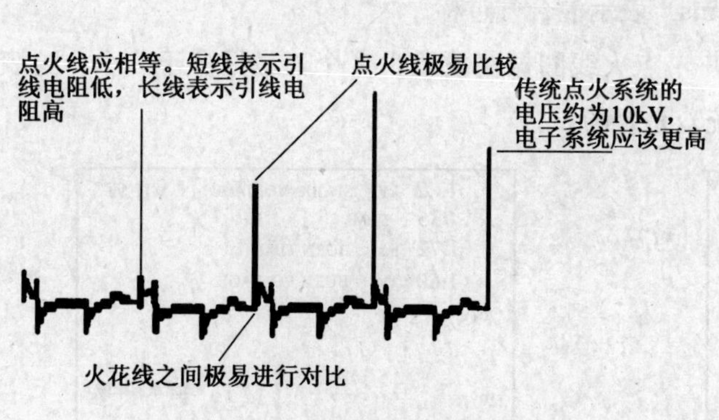

图 9—53　多缸并列标准波形

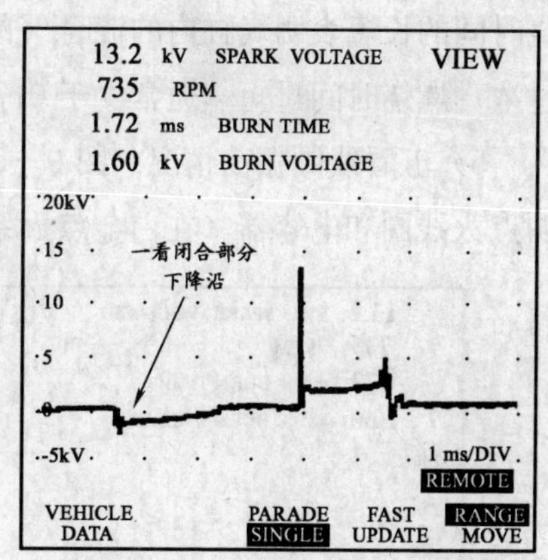

图 9—54　分析次级点火波形的要点之一——看闭合部分

2）二看点火线（图 9—55）　观察各缸点火（也称跳火）电压高度（电压峰值）是否一致，是否符合该车技术参数，点火线的中、后段是否有杂讯。怠速时，次级点火电压通常为 10～15 kV。点火电压太高，表明在次级线路中存在着高电阻，例如火花塞、高压线开路或损坏，火花塞空气间隙过大。点火电压太低，表明点火次级电路电阻低于正常值，例如火花塞污蚀或破损、火花塞、高压线漏电等。点火线的中段或后段线条特别粗，称为有杂讯。如果点火线中段或后段有杂讯，表明可能喷油器或进气阀上积炭严重。

3）三看火花线（图 9—56） 看点火部分的火花线是否近似水平，火花线的起点是否和燃烧电压一致、稳定，火花线上是否有杂波。火花线近似水平，火花线的起点和燃烧电压一致且稳定，表明各缸的空燃比一致，火花塞是正常的。如果混合比太稀，燃烧电压就比正常值低一些。如果火花塞有污蚀或积炭，火花塞的起点就会上下跳动，火花线明显会倾斜。火花线上有过多的杂波，表明气缸点火不良，可能由于点火过早，喷油器损坏，火花塞污蚀，或其他原因。

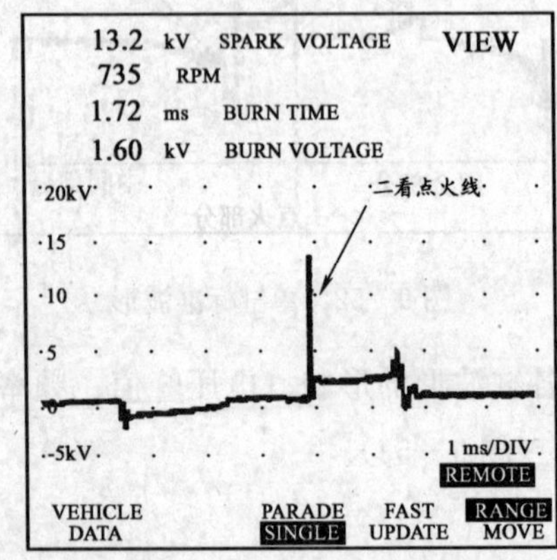

图 9—55 分析次级点火波形的要点之二——看点火线

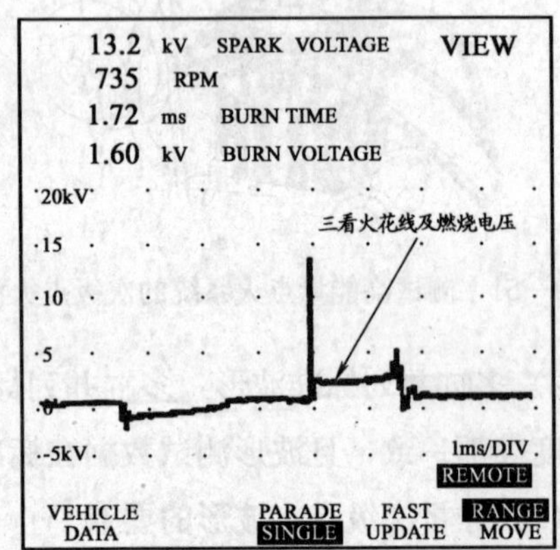

图 9—56 分析次级点火波形的要点之三——看火花线

4）四看燃烧时间（图 9—57） 看点火部分的燃烧时间是否符合该车的技术参数。燃烧时间的长短表明气缸内的混合气的浓与稀。燃烧时间过长（通常超过 2 ms）表示混合气过浓；燃烧时间过短（通常少于 0.75 ms）表示混合气过稀。

5）五看线圈振荡情况（图 9—58） 点火线圈振荡波最少 2 个，最好多于 3 个，这表明点火线圈和电容器（在白金点火系统）是好的。

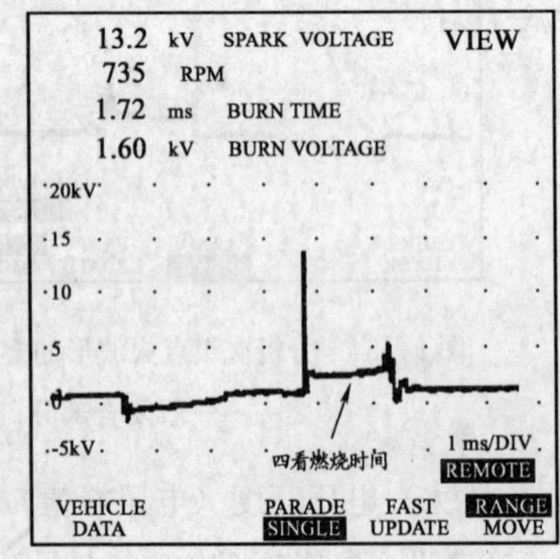

图 9—57 分析次级点火波形的要点之四——看燃烧时间

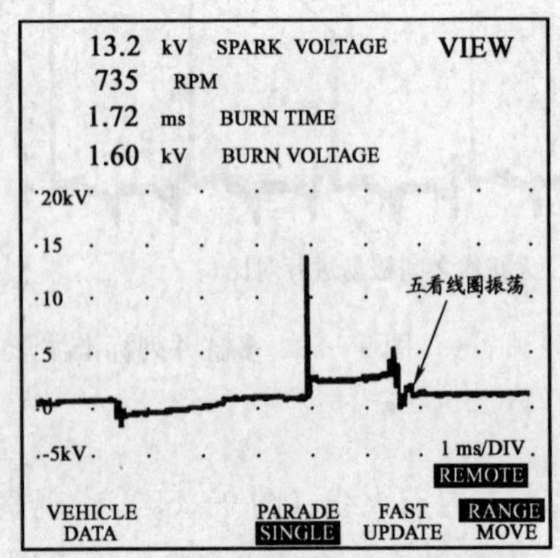

图 9—58 分析次级点火波形的要点之五——看线圈振荡情况

2. 闭合角波形分析

(1) 闭合角波形的测试方法

1）将示波器（表）的测试头插入点火线圈负极线束中。

2）起动发动机，在不同负荷及速度下测试点火系统以检查闭合角的大小。

(2) 波形特点（图 9—59）

1）各缸电压峰值、频率、脉冲宽度、形状等判定尺度一致。

2）闭合角数据符合汽车制造厂技术资料规定。

3）在具有可变闭合角的晶体管点火系统中，闭合角随转速升高而增大。因此测试时应考虑闭合角和发动机转速的相关性，注意发动机在高速运转时的效果对比。

通常发动机转速 1 000 r/min 时闭合角约 60%，发动机转速 3 000 r/min 时闭合角约 70%，发动机转速 5 000 r/min 时闭合角约 80%。

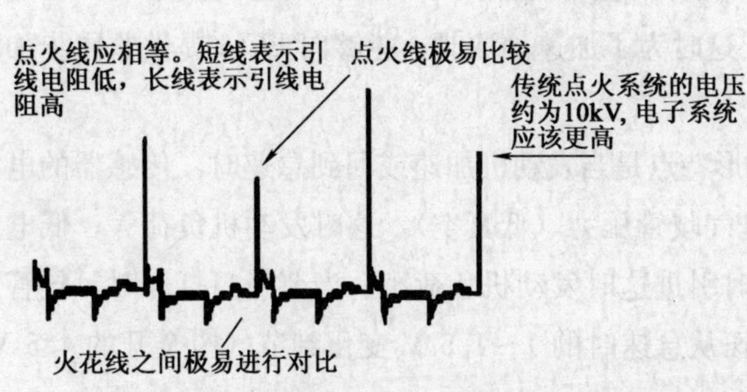

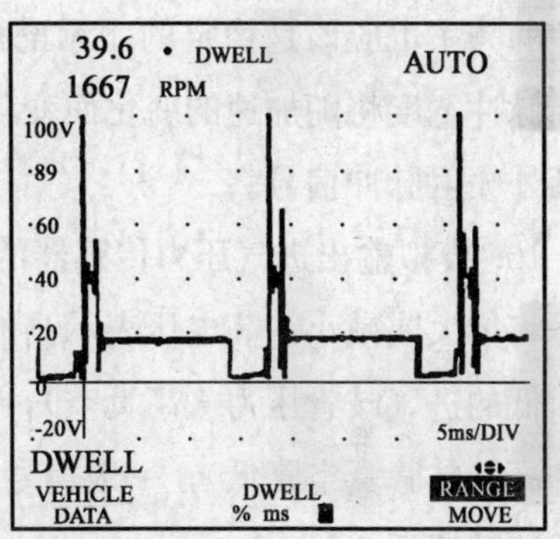

图 9—59　闭合角波形分析

单元小结

1. 数据参数分析在测量结果显示方式上可分为数值显示和波形显示两种方式。在测量手段上又可分为电脑通讯式测量、电路在线式测量以及元件模拟式测量 3 种。

2. 数据流分析方法主要有数值分析法、时间分析法、因果分析法、关联分析法、比较分析法等。

3. 在进行数据分析时应理解所诊断系统的基本原理和结构、基本的控制参数及其在不同工况条件下的正确读值，并经过认真的分析，才有可能得出准确的判断。采用不同的诊断仪器读取发动机数据流的方式有所不同，但读取的数值是一样的。

4. 汽车电子信号基本可分为模拟信号和数字信号两种，可细分为 5 大基本类型，即直流信号、交流信号、频率调制信号、脉宽调制信号和串行数据信号。

5. 汽车电子信号的5种基本特征是幅值、频率、脉冲宽度、形状和陈列，即5个判定依据，即可诊断出汽车的故障。

6. 在波形识别时，应理解波形中的术语，主要术语有峰—峰值、频率、脉冲宽度、占空比等。理解各种波形的特点。

7. 翼板式空气流量计波形特点是空气流量的大小与测量片的开度成正比；电压增加表示进入进气歧管的空气流量增加；峰值电压表示进入歧管的量大空气流量；电压减小表示进入进气歧管的空气流量减少；最小电压表示节气门关闭。

8. 热线式和热膜式空气流量计波形特点是输出电压范围是从怠速时超过0.2 V变至油门全开时超过4 V，当全减速时输出电压比怠速时的电压稍低。

9. 卡门涡旋式空气流量计波形特点是在大多数情况下，波形的振幅应该满5 V，同时也要按照一致原则看波形的正确形状，矩形脉冲的方角及垂直沿；在稳定的空气流量下流量计产生的频率也应该是稳定的，无论是什么样的值都应该是一致的。当空气流量计工作正常时，脉冲宽度将随加速的变化而变化。这时为了加速加浓时，能够向ECU提供非同步加浓及额外喷射脉冲信号。

10. 模拟输出进气压力传感器的波形特点是当发动机加速或回到怠速时，传感器的电压信号将增大或减小。高电压表示高的进气歧管压力（低真空），这时发动机负荷大；低电压表示低的进气歧管压力（高真空），这时引进这时发动机负荷小；当节气门打开时，歧管压力升高（歧管真空降低）；一般信号电压从怠速时的1～1.5 V变化到节气门全开的4.5 V。全减速时接近0 V。

11. 数字式进气歧管压力传感器的波形特点是电压信号的水平上线应达到参考电压；电压信号的水平下线应达到地电位；峰—峰电压应等于参考电压，一般为5 V；电压降不应超过400 mV。

12. 氧传感器的波形特点是最高电压，应大于850 mV；最低电压，应在75～175 mV之间；反映快慢（响应时间），即从浓到稀的允许响应时间（允许中间的下降沿），应少于100 ms（波形垂直下降在300～600 ms应该垂直下降）。

13. 温度传感器的波形特点是当温度上升时电阻值和电压会下降，反之则相反。

14. 电位器型节气门位置传感器波形特点如下：电压信号随节气门的开度而增大；最小电压表示节气门关闭；最大电压表示节气门大开；电压增加表示混合气增加；电压下降表示混合气变稀；直流偏离电压表示钥匙接通而节气门关闭有位置。

15. 磁感应式曲轴位置传感器波形特点如下：其输出的电压和频率随车速变化而改变；波形的上下波动应在0 V电平的上下基本对称；每一个最大峰值电压应相差不多，每一个波形从负到正（峰值）至少上升了3 V。

16. 霍尔效应曲轴位置传感器波形特点是：其输出电压的幅度不变，频率随发动机转速变化而改变；水平上线应达到参考电压；水平下线几乎到达地电位；电压的峰—峰值应等于参考电压；电压的转变应是垂直的直线。波形为方形，电压的上下水平平滑且为直线。波形的上升和下降的拐角为 90°，各波形的形状幅值均匀一致。

17. ABS 轮速传感器的波形特点：峰一峰值应一致，而且波形看起来应对称；传感器信号的频率与速度成正比，随着车速的加快而增加。

18. 次级点火波形的分析要点是：一看闭合部分，二看点火线，三看火花线，四看燃烧时间，五看线圈振荡情况。